UTB 8226

## Eine Arbeitsgemeinschaft der Verlage

Böhlau Verlag · Köln · Weimar · Wien
Verlag Barbara Budrich · Opladen · Farmington Hills
facultas.wuv · Wien
Wilhelm Fink · München
A. Francke Verlag · Tübingen und Basel
Haupt Verlag · Bern · Stuttgart · Wien
Julius Klinkhardt Verlagsbuchhandlung · Bad Heilbrunn
Lucius & Lucius Verlagsgesellschaft · Stuttgart
Mohr Siebeck · Tübingen
Nomos Verlagsgesellschaft · Baden-Baden
Orell Füssli Verlag · Zürich
Ernst Reinhardt Verlag · München · Basel
Ferdinand Schöningh · Paderborn · München · Wien · Zürich
Eugen Ulmer Verlag · Stuttgart
UVK Verlagsgesellschaft · Konstanz
Vandenhoeck & Ruprecht · Göttingen · Oakville
vdf Hochschulverlag AG an der ETH Zürich

Ralf Bohnsack
Winfried Marotzki
Michael Meuser (Hrsg.)

# Hauptbegriffe
# Qualitativer Sozialforschung

3., durchgesehene Auflage

Verlag Barbara Budrich
Opladen & Farmington Hills, MI 2011

Bibliografische Informationen der Deutschen Nationalbibliothek
Die Deutsche Nationalbibliothek verzeichnet diese Publikation in der Deutschen
Nationalbibliografie; detaillierte bibliografische Daten sind im Internet über
http://dnb.d-nb.de abrufbar.

Gedruckt auf säurefreiem und alterungsbeständigem Papier.

**UTB-ISBN  978-3-8252-8226-4**

Satz: Beate Glaubitz Redaktion und Satz, Leverkusen
Umschlaggestaltung: Atelier Reichert, Stuttgart
Druck: Friedrich Pustet KG, Regensburg
Printed in Germany

# Inhalt

# Vorwort

Im Bereich der qualitativen Sozialforschung haben wir es seit nunmehr einem Viertel Jahrhundert mit einer erstaunlich dynamischen und durch hohes Engagement getragenen Entwicklung zu tun. Obschon an den Universitäten – wenn wir uns an der Stellenausstattung orientieren – den qualitativen Methoden in der Lehre nach wie vor eine vergleichsweise marginale Stellung zugewiesen wird, können wir außergewöhnliche methodische Fortschritte verzeichnen – insbesondere aufgrund des zunehmenden Interesses in der jüngeren Generation.

Angesichts der Dynamik und Offenheit der Entwicklung in diesem Bereich mag es gewagt erscheinen, „Hauptbegriffe" ausmachen zu wollen. Es hat sich jedoch – und dies konnte aufgrund unserer Erfahrungen mit der Arbeit an diesem Band bestätigt werden – ein Kanon methodischer Verfahrensweisen herausgebildet, der methodologisch gut begründet ist und dessen Grundbegriffe empirisch erprobt und theoretisch ausgearbeitet sind. Der Zugang über die Systematik von Begrifflichkeiten erscheint besonders geeignet, um denjenigen, für die das Terrain der qualitativen Methoden Neuland ist, einen strukturierten Überblick zu vermitteln.

Bei der Erstellung des Bandes sind wir folgenden Weg gegangen:

- Wir haben ausgewiesene Fachleute der unterschiedlichen und derzeit wichtigsten Richtungen, Strömungen, „Schulen" oder Methodologien qualitativer Forschung gebeten, die zentralen Artikel zu verfassen. Die in diesen Artikeln von den Autor(inn)en selbst ins Zentrum gerückten Begriffe haben wir ergänzend in unsere Begriffsliste aufgenommen. Auf dieser Grundlage haben wir in einigen Fällen um zusätzliche kleinere Artikel gebeten.
- Kriterium für die Auswahl der Begriffe ist deren Bedeutung für die *Praxis* qualitativer Forschung. Entscheidend ist also primär deren Stellenwert innerhalb der mit der Forschungspraxis direkt verbundenen und z.T. aus ihr entwickelten *Methodiken* und *Verfahrensweisen* qualitativer Forschung und erst sekundär deren Stellenwert im Kanon von *Theorie*-Traditionen. Lediglich jene Theorie-Traditionen, die für die Entwicklung qualitativer Methodologien von paradigmatischer Bedeutung sind und auf die in den Artikeln immer wieder Bezug genommen wird, haben wir mit einigen ihrer zentralen Begriffe in unsere Liste aufgenommen und in manchen Fällen durch ausgewiesene Fachleute in eigenständigen Artikeln erläutern lassen.

–   Der Band sollte überschaubar und in einem auch für Studierende erschwingli-
    chen Preisbereich gehalten werden. Wir haben uns deshalb auf die Forschungs-
    praktiken und Methodiken beschränkt, wie sie aktuell im *deutschsprachigen*
    *Raum* verbreitet Anwendung finden. Das findet seinen Ausdruck (mit einer
    Ausnahme) auch in der Herkunft der Autorinnen und Autoren.

Der Kreis der Autorinnen und Autoren ist interdisziplinär zusammengesetzt – mit
eindeutigen Schwerpunkten im Bereich der Soziologie und der Erziehungswissenschaft. Dies spiegelt wider, dass derzeit die hauptsächlichen Impulse zur (Weiter-)-
Entwicklung der qualitativen Methodologien von diesen beiden Disziplinen ausgehen.
    Wir danken allen Autorinnen und Autoren für die sehr erfreuliche Kooperation,
für Ideenreichtum und Sorgfalt. Herrn Budrich danken wir für seine Geduld, seine
Unterstützung und seine bewährte Voraussicht.

*Ralf Bohnsack*
*Winfried Marotzki*
*Michael Meuser*
Berlin/Magdeburg/Siegen

Im März 2003

# Darstellungskonventionen und Symbole

Die in diesem Band versammelten (Haupt-) Begriffe sind – soweit sie nicht selbst direkt in Artikeln erläutert werden – durch Pfeile (→) mit Verweisen auf Artikel versehen, in denen diese Begriffe Verwendung finden.

In den Artikeln selbst verweisen die Pfeile (→) auf solche Begriffe, die in einem eigenständigen Artikel erläutert werden.

Die den Artikeln nachgestellte „weiterführende Literatur" ist von den Autor(inn)en selbst zum Zwecke einer schnellen, über den Artikel hinausgehenden Information ausgewählt worden.

# Stichwörter

## Abduktion

Der Begriff ‚Abduktion' ist im wesentlichen von dem amerikanischen Logiker, Mathematiker, Philosophen, Geometer und Begründer des → Pragmatismus Charles Sanders Peirce (1839-1914) in die wissenschaftliche Debatte eingeführt worden, und er bezeichnet (so Peirce) das *einzige* wirklich kenntniserweiternde Schlussverfahren, das sich von den geläufigen logischen Schlüssen – nämlich der Deduktion und der Induktion – kategorial unterscheidet. In seinem Spätwerk, also etwa ab 1898, ersetzte Peirce den Begriff der ‚abduction' oft auch durch den der ‚retroduction'. Die Abduktion ist als Entdeckungsverfahren der erste Teil einer umfassenden Logik der Forschung.

Wenn man in der (qualitativen wie der quantitativen) Forschung ernsthaft damit beginnt, erhobene Daten auszuwerten, also diese entlang bestimmter Merkmale und Merkmalsordnungen zu typisieren, dann stellt sich sehr schnell die Frage, wie man ein wenig Ordnung in sein Datenchaos bringen kann. Das ist nur zu einem geringen Teil eine arbeitsorganisatorische Frage (Sortieren der Daten), sondern sehr viel mehr die Frage, wie die Mannigfaltigkeit der Daten mit (vorhandenen oder noch zu findenden) Theorien in Verbindung gebracht werden können.

Bei diesem Unternehmen sind (folgt man den Überlegungen von Peirce) ideal-typisch *drei* Verfahren zu unterscheiden, wobei das zweite Verfahren in zwei Untergruppen geteilt wird – jedoch nicht, weil zwischen den beiden gravierende Unterschiede vorliegen, sondern weil so die Unterscheidung zwischen Abduktion und qualitativer Induktion klarer gemacht werden kann (ausführlicher hierzu Reichertz 1991, Riemer 1988, Wartenberg 1971)

(1) Eine Art der Datenauswertung besteht in dem Verfahren der *Subsumtion*. Die Subsumtion geht von einem bereits *bekannten* Merkmalszusammenhang, also einer bekannten *Regel* aus (z.B.: Alle Einbrecher, die auch den Medizinschrank plündern, sind drogenabhängig.) und versucht diesen allgemeinen Zusammenhang in den Daten wiederzufinden (z.B.: Der unbekannte Einbrecher hat den Medizinschrank geplündert.), um dann über den Einzelfall Kenntnisse zu erlangen (z.B.: Der unbekannte Einbrecher ist drogenabhängig.). Die logische Form dieser gedanklichen Operation ist die der *Deduktion*: Der in Frage stehende Einzel-Fall wird einer bereits bekannten Regel untergeordnet. Hier wird eine vertraute und bewährte Ordnung auf einen neuen Fall angewendet. Neues (über die Ordnung der Welt) erfährt man auf diese Weise nicht. Deduktionen sind also *tautologisch*, sie besagen nicht

Neues. Deduktionen sind jedoch nicht nur tautologisch, sondern auch *wahrheits-übertragend*: Ist die zur Anwendung gebrachte Regel gültig, dann ist nämlich auch das Ergebnis der Regelanwendung gültig. Deduziert man, dann hat man sich entschlossen, das zu Untersuchende als Wiederkehr des Bekannten und Bewährten anzusehen.

(2a) Eine zweite Art der Auswertung besteht darin, im Datenmaterial vorgefundene Merkmalskombinationen zu einer Ordnung oder Regel zu ‚verlängern‘, zu *generalisieren*. Ausgehend von der Beobachtung: ‚Bei den Einbrüchen a, b und c ist der Medizinschrank geplündert worden.‘ und der Fallkenntnis: ‚Herr Müller beging die Einbrüche a, b und c‘ wird der Schluss gezogen: ‚Herr Müller plündert bei Einbrüchen immer den Medizinschrank‘. Die logische Form dieser gedanklichen Operation ist die der *quantitativen Induktion*. Sie überträgt die quantitativen Eigenschaften einer Stichprobe auf die Gesamtheit, sie ‚verlängert‘ den Einzelfall zu einer Regel. Quantitative Induktionen sind also (streng genommen) ebenfalls tautologisch (da sie keine neue Idee in die Welt bringen), jedoch nicht wahrheitsübertragend. Die Resultate dieser Form des Schlussfolgerns sind lediglich *wahrscheinlich*.

(2b) Eine besondere Variante der induktiven Bearbeitung der Daten besteht nun darin, bestimmte Merkmale der untersuchten Stichprobe so zusammenzustellen, dass diese Merkmalskombination einer anderen (bereits im Wissensrepertoire der Interaktionsgemeinschaft vorhandenen) in wesentlichen Punkten gleicht. In diesem Fall kann man den bereits existierenden Begriff für diese Kombination benutzen, um die ‚eigene‘ Form zu benennen. Die logische Form dieser Operation ist die der *qualitativen Induktion*. Sie schließt von der Existenz bestimmter qualitativer Merkmale einer Stichprobe auf das Vorhandensein anderer Merkmale (z.B. Ich sehe hier am Tatort eine bestimmte Spurenlage. In sehr vielen Elementen stimmt sie mit dem Spurenmuster von Müller überein. Schluss: Müller ist der Spurenleger). Die qualitative Induktion schließt also, und das ist entscheidend, von *zwei* bekannten Größen, nämlich Resultat und Regel auf den Fall. Der beobachtete Fall (*token*) ist ein Exemplar einer bekannten Ordnung (*type*).

Kurz: Schließt die quantitative Induktion von den quantitativen Eigenschaften einer Stichprobe auf die Gesamtheit, so ergänzt die qualitative Induktion dagegen die wahrgenommenen Merkmale einer Stichprobe mit anderen, nicht wahrgenommenen. Nur in diesem Sinne überschreitet diese Art der Induktion die Grenzen der Erfahrung – nämlich lediglich die Erfahrung mit der in Frage stehenden Stichprobe. Kenntniserweiternd ist dieser Schluss nur insofern, als er von einer begrenzten Auswahl auf eine größere Gesamtheit schließt. Neues Wissen (im strengen Sinne) wird auf diese Weise nicht gewonnen, bekanntes lediglich ausgeweitet. Die qualitative Induktion ist ebenfalls kein gültiger, sondern ein nur wahrscheinlicher Schluss. Allen wissenschaftlichen Verfahren, die in den erhobenen Daten nur neue Formen des bereits Bekannten erkennen, liegt die qualitative Induktion zugrunde.

(3) Die Abduktion ist innerhalb des Forschungsprozesses gefordert, wenn in den erhobenen Daten solche Merkmalskombinationen vorkommen, für die sich im bereits existierenden wissenschaftlichen Wissensvorratslager *keine* entsprechende Erklärung oder Regel findet. Etwas Unverständliches wird in den Daten vorgefunden und aufgrund des geistigen Entwurfs einer *neuen* Regel wird sowohl die Regel gefunden bzw. erfunden und zugleich klar, was der Fall ist. Die logische Form die-

ser Operation ist die der *Abduktion*. Hier hat man sich (wie bewusst auch immer und aus welchen Motiven auch immer) entschlossen, der bewährten Sicht der Dinge nicht mehr zu folgen. (z.B. Ich sehe am Tatort eine unvertraute, also in wesentlichen Teilen unbekannte Spurenlage und entwerfe einen in wesentlichen Teilen neuen Handlungs- und Motivtyp, der die Spurenlage in allen wesentlichen Teilen verständlich macht. Für die ‚Profiler‘, die aufgrund der Art der Tatbegehung die typische Einzigartigkeit (Handschrift) des Serientäters erfassen wollen, gehört die Abduktion zum alltäglichen Rüstzeug.)

Eine solche Bildung eines neuen ‚types‘, also die Zusammenstellung einer neuen typischen Merkmalskombination ist ein kreativer Schluss, der ein neue Idee in die Welt bringt. Diese Art des Zusammenschlusses ist nicht zwingend, eher sehr waghalsig. Wenn jemand beim Anblick einer Spielkarte mit den Merkmalen: ‚rote Ziffern 6‘ und darunter ‚runde und ebenfalls rote Symbole‘ sagt: „Dies ist keine Herz 6, sondern ein Fehldruck der Spielkarte Pik 6“, dann hat er eine solche Abduktion getätigt. Die Abduktion ‚schlussfolgert‘ also aus *einer* bekannten Größe (= Resultat) auf *zwei* unbekannte (= Regel und Fall).

Die Abduktion ist ein mentaler Prozess, ein geistiger Akt, ein gedanklicher Sprung, der das zusammenbringt, von dem man nie dachte, dass es zusammengehört. Abduktionen ereignen sich, sie kommen so unerwartet wie ein Blitz („flash“), sie lassen sich nicht willentlich herbei zwingen, und sie stellen sich nicht ein, wenn man gewissenhaft einem operationalisierten Verfahrensprogramm folgt. Begleitet wird die Abduktion von einem angenehmen Gefühl, das überzeugender ist als jede Wahrscheinlichkeitsrechnung. Leider irrt dieses gute Gefühl nur allzu oft. Abduktionen resultieren aus Prozessen, die nicht rational begründ- und kritisierbar sind. Deshalb ist abduktives Schlussfolgern nach Peirce nicht mehr und nicht weniger als *Raten* („neither more nor less than guessing“).

Maßnahmen, günstige Bedingungen für Abduktionen zu schaffen, zielen neben einer sehr guten Kenntnis der Daten stets auf eins: auf die Erlangung einer *Haltung*, bereit zu sein, alte Überzeugungen aufgeben und neue zu suchen. Abduktives ‚Räsonieren‘ ist also kein glückliches, zufälliges Raten ins Blaue hinein, sondern ein informiertes Raten. Wenn man so will: *das Glück trifft immer nur den vorbereiteten Geist*. Die Abduktion sucht angesichts überraschender Fakten nach einer sinnstiftenden Regel, nach einer möglicherweise gültigen bzw. passenden Erklärung, welche das Überraschende an den Fakten beseitigt. *Ergebnis* und Endpunkt dieser Suche ist eine (sprachliche) Hypothese. Ist diese gefunden, beginnt ein mehrstufiger Überprüfungsprozess.

Besteht die erste Stufe des wissenschaftlichen Erkenntnisprozesses in der *Findung einer Hypothese* mittels Abduktion, dann besteht die zweite aus der *Ableitung von Voraussagen* aus der Hypothese, also einer Deduktion, und die dritte in der *Suche nach Fakten*, welche die Vorannahmen ‚verifizieren‘, also einer Induktion. Sollten sich die Fakten nicht finden lassen, beginnt der Prozess von neuem, und dies wiederholt sich so oft, bis die ‚passenden‘ Fakten erreicht sind. Mit dieser Bestimmung entwirft Peirce eine dreistufige Erkenntnislogik von Abduktion, Deduktion und Induktion.

*Gewissheit* über die Gültigkeit abduktiver Schlüsse ist jedoch selbst dann nicht zu erreichen, wenn man die abduktiv gewonnene Hypothese einer extensiven Prü-

fung unterwirft, also aus ihr Konsequenzen deduziert und diese dann induktiv aufzuspüren sucht und dann diesen Dreischritt immer wieder repetiert. Was man allein
auf diesem Wege erhält, ist eine intersubjektiv aufgebaute und geteilte ‚Wahrheit'.
Diese ist (nach Peirce) allerdings erst erreicht, wenn *alle* Gemeinschaftsmitglieder
zu der gleichen *Überzeugung* gekommen sind. Da mit ‚alle' (bei Peirce) auch die
gemeint sind, die nach uns geboren werden, ist der Prozess der Überprüfung grundsätzlich nicht abzuschließen.

### Weiterführende Literatur

Kelle, Udo (1994): Empirisch begründete Theoriebildung. Zur Logik und Methodologie interpretativer Sozialforschung. München, Weinheim.
Reichertz, Jo (2003): Die Abduktion in der qualitativen Sozialforschung. Form und Funktion einer Denkform. Opladen.

*Jo Reichertz*

**abweichende Fälle** → Konversationsanalyse

**account** → Ethnomethodologie

**affektives Verstehen** → Tiefenhermeneutik

# Aktionsforschung

Aktionsforschung (vgl. Heinze 2001) versteht sich als ein von klassisch-empirischer
Sozialforschung sich distanzierender sozialwissenschaftlicher Forschungsansatz, in
dem die Fragen nach dem Verhältnis von Theorie und Praxis, Theorie und Empirie
sowie der Interaktion von Forscher und Erforschten neu aufgeworfen werden. Die
theoretischen und methodologischen Wurzeln, auf die der Ursprung des Aktionsforschungsansatzes zurückzuführen ist, liegen im Umfeld der interaktionistisch orientierten amerikanisch-englischen Human-Relations-Bewegung der 40er und 50er
Jahre des letzten Jahrhunderts.

Eine zweite Linie findet sich in der – im Kontext der Studentenbewegung aktualisierten – Auseinandersetzung zwischen Kritischem Rationalismus (Popper, Albert) und Kritischer Theorie (Adorno, Habermas) – bekannt geworden als Positivismusstreit. Als Reaktion auf das Praxis-Defizit der Kritischen Theorie konstituierte sich die Aktionsforschung mit dem Anspruch, Praxisrelevanz und kritische
Intentionen zu verbinden sowie empirische Forschung als eingreifende Praxis zu
entwerfen (vgl. Klafki 1976).

Methodologischer Bezugsrahmen für Aktionsforschung als spezifische Variante
von Feldforschung ist der sog. → symbolische Interaktionismus (vgl. Blumer
1973). In Analogie zu Blumer (1973) sind in der Exploration und Inspektion wesentliche Etappen des Aktionsforschungsprozesses zu sehen. Exploration impliziert
eine flexible Vorgehensweise bezüglich der Verwendung von Untersuchungsmethoden sowie eine relative Breite und Unstrukturiertheit des theoretischen Vorver

ständnisses des Forschers, das im Verlaufe des Forschungsprozesses zunehmend eingeengt und gleichzeitig differenziert wird. Mit Inspektion ist die Phase der Systematisierung und Strukturierung der im Feld gewonnenen Erfahrungen und Ergebnisse gemeint.

Methodologisches Kernstück der Aktionsforschung ist das Konzept der kommunikativen Validierung (vgl. Heinze/Thiemann 1982). Kommunikative Validierung beruht auf der Vorstellung, dass für Aktionsforschung der Dialog mit den Erforschten mit in den Problemhorizont der Geltungsbegründung fällt und insofern wissenschaftliche Erkenntnis und praktische Konsequenzen aufeinander bezogen sind. Mit anderen Worten: Kommunikative Validierungsverfahren haben dort ihren Sinn und ihre unaufhebbare Notwendigkeit, wo die theoretischen Interpretationen von Aussagen, insbesondere Selbstdarstellungen, die Funktion haben, eine mit den Erforschten gemeinsame Praxis vorzubereiten und zu strukturieren, für die die Richtigkeit der Interpretationen insofern bedeutsam ist, als sich die Beteiligten über die objektiven Bedingungen des Untersuchungsfeldes und die darin enthaltenen Veränderungsmöglichkeiten zu verständigen haben.

Forschungspraktisch wird man unterschiedliche Verfahren der Validierung (→ Gütekriterien) zu suchen haben. Dabei wird entscheidend sein, wie nah man am subjektiven Selbstverständnis der Erforschten anknüpfen kann, welches Maß an Diskursfähigkeit bei ihnen zu erwarten ist sowie in welchen interaktionellen und institutionellen Handlungskontexten die Erforschten sich befinden (vgl. Gruschka/ Geisler 1982).

Bezüglich der Forschungsmethoden ist zu konstatieren, dass Aktionsforschung sich nicht als Alternative zur kritisch-rationalistischen und phänomenologisch-interpretierenden Methodologie versteht, sondern als eine Verfahrensweise, die „das Forschungsinstrumentarium dieser Tradition der Bildungsforschung aufnimmt, ergänzt, kritisch korrigiert und in einen veränderten ‚Verwertungszusammenhang‘ stellt" (Hurrelmann 1977, S. 62). Hierbei geht es vor allem um die Wiederaufwertung hermeneutischer Verfahren (→ Hermeneutik) (vgl. Heinze-Prause/Heinze 1996) und ‚sinnlicher‘ Erkenntnismittel (z.B. → teilnehmende Beobachtung).

*Thomas Heinze*

**analytische Abstraktion** → Erzählanalyse

**Arbeitsbogen (arc of work)** → Forschungswerkstatt; → symbolischer Interaktionismus

**Argumentationsschema** → Erzählanalyse

**atheoretisches Wissen** → Bildinterpretation; → dokumentarische Methode; → Orientierungsmuster; → praxeologische Wissenssoziologie

**ATLAS.ti** → Computerunterstützung in der qualitativen Sozialforschung

**Attitude** → Pragmatismus

**Aufzeichnungspostulat** → Konversationsanalyse

**Ausklammern von Gewissheiten** → Ethnografie

# Autobiografie

„Autobiografie" ist die Bezeichnung für eine literarische Gattung. Gemeint sind
Bücher, in denen Autoren oder Autorinnen ihr Leben beschreiben oder größere
Teile ihres Lebens – insbesondere ihre Kindheit und Jugend. Der Leser kann davon
ausgehen, dass der Autor als „Ich" sein Leben erzählt, wie er es erlebt hat. Den
Grund dieser Annahme nennt man den „autobiografischen Pakt" (Lejeune 1973).
Im autobiografischen Roman hingegen verschmilzt der authentische Bericht mit der
fiktiven Ausmalung des tatsächlichen Geschehens: Wahrheit wird Dichtung. –
Doch ‚autobiografisch' in einem umfassenderen Sinne sind alle möglichen Arten
von Äußerungen und Mitteilungen eines Menschen, die sich auf ihn selbst und seine Lebensgeschichte beziehen: mündliche Erzählungen und Auskünfte bei verschiedenen Anlässen, Lebensläufe in Bewerbungen und Annoncierungen, Briefe,
Tagebücher, Reiseberichte, Dokumente und Aufsätze mit persönlichen Informationen, Sammlungen von Bildern, Fotos, Postkarten oder Erinnerungsstücken bis hin
zu ausgearbeiteten Lebensbeschreibungen. – Dieses ‚autobiografische Material' ist
eine wichtige Quelle zur Erschließung persönlicher Entwicklungs- und Lernprozesse, Wirklichkeitserfahrungen, Deutungsmuster, Weltsichten und Selbstbilder (→
Deutungsmusteranalyse). Aber da die Selbsterfahrung immer an äußere Gegebenheiten und Ereignisse geknüpft ist, gibt dieses Material zugleich auch Auskunft über
gruppenspezifische Lebenswelten, Erfahrungsräume, Überlieferungen und Kon-
fliktfelder, über soziale und kulturelle Beziehungsnetze und über die Auswirkungen
historischer Einbrüche oder Wandlungen (Schulze 2002) (→ Biografizität).
    Die literarische Gattung „Autobiografie" etabliert sich im 18. Jahrhundert.
Doch schon lange zuvor gibt es Vorformen in Gestalt von Familienchroniken,
Hausbüchern, Eigenlob der Herrscher und Selbstanzeige der Dichter (vgl. Misch
1949). Das wissenschaftliche Interesse an der Erschließung autobiografischer Erzählungen und Texte entwickelte sich erst, wenn man von Vorläufern absieht, im
20. Jahrhundert – vornehmlich in Verbindung mit der Methode des biografischen
Interviews. Ein *biografisches Interview* ist ein arrangiertes und zum Zwecke der
Auswertung aufgezeichnetes Gespräch, in dem der Interviewer in Verabredung mit
dem Interviewten explizit und extensiv auf dessen Lebensgeschichte und lebensgeschichtliche Erfahrungen eingeht. Während im sog. → „narrativen Interview" der
Interviewte seine bisherige Lebensgeschichte weitgehend spontan und frei assoziie-
rend erzählt, werden im sog. → „thematischen Interview" jeweils besondere Themen oder Ereignisse angesprochen (Schütze 1983, Jakob 1997, Marotzki 1999).
    Um autobiografisches Material angemessen interpretieren zu können, ist es
wichtig, vor allem zwei Zusammenhänge genauer zu verstehen – den Prozess der
autobiografischen Produktion und den Prozess der biografischen Gestaltung: „Autobiografische Aussagen" entstehen nicht in der direkten und distanzierten Beobachtung, sondern auf dem Umweg über reflektierte Erinnerungen. „Erinnerungsar-
beit" ist ein mehrstufiger Prozess (Rosenthal 1995, Schulze 1997). In die Erinne-
rung der Gegebenheiten und Geschehnisse mischen sich Erlebnis und Emotion,
Verdichtung und Verdrängung, Auswahl und Deutung. Diese Momente gelten als
hinderlich und verfälschend. Sie wecken immer wieder Zweifel an dem „objektiven" Wert autobiografischer Aussagen. Aber sie enthalten zugleich den Schlüssel

zu ihrem subjektiven Verständnis, und sie lassen die gestaltenden Kräfte der biografischen Organisation erkennbar werden. Autobiografische Aussagen beziehen sich nicht einfach auf den tatsächlichen, der Beobachtung zugänglichen Ablauf des Lebens, sondern auf die Gestaltung dieses Ablaufs im Sinne einer erzählbaren Biografie (→ Biografieforschung). So sind denn autobiografische Aussagen, die man im übertragenen Sinne auch als „biografisches Handeln" bezeichnen könnte, nicht identisch mit alltäglichem, routiniertem oder projektiertem Handeln. Es hat einen anderen Zeitrahmen. Es bezieht sich auf Entscheidungen über die Erhaltung, Erschließung oder Vernichtung von Handlungsräumen und Lebensmöglichkeiten, und es stützt sich vornehmlich auf Erfahrungen und Erwartungen. Es wird vom biografischen Subjekt vollzogen, aber es ist nicht allein von ihm abhängig. So zeigen sich in der Analyse autobiografischer Erzählungen unterschiedliche *biografische Handlungsschemata*. Das sind Erfahrungshaltungen, die der Erzähler gegenüber den Ereignisabläufen seiner Biografie einnimmt (Schütze 1984). Eine Biografie *von außen* zu betrachten, bedeutet, sie als → Lebenslauf zu sehen, d.h. sozusagen als eine Bewegung im „sozialen Raum", bedingt durch die Herkunft, gebunden an institutionalisierte Laufbahnen, abhängig von der Verteilung ökonomischer, sozialer und kultureller Ressourcen in der Gesellschaft und bestimmt durch den Horizont gesellschaftlichen Wandels. Doch *von innen* gesehen, in autobiografischer Perspektive, ist sie die stärkste Form der Selbstvergewisserung des individuellen menschlichen Subjekts.

## Weiterführende Literatur

Schulze, Theodor (1993): Autobiografie und Lebensgeschichte. In: Baacke, Dieter/Schulze, Theodor (Hg.): Aus Geschichten lernen. Zur Einübung pädagogischen Verstehens. München. 3. Auflage. S. 126-174.
Sloterdijk, Peter (1978): Literatur und Lebenserfahrung. Autobiografie der zwanziger Jahre. München/Wien.

*Theodor Schulze*

**autobiografisch-narratives Interview** → Erzählanalyse; → narratives Interview

**axiales Kodieren** → Grounded Theory; → theoretisches Sampling

**Begründungszusammenhang** (vs. Entdeckungszusammenhang) → rekonstruktive Sozialforschung

**beobachtende Teilhabe** → lebensweltliche Ethnografie

**Beobachtung erster/zweiter Ordnung** → dokumentarische Methode; → praxeologische Wissenssoziologie

**Beobachtungsprotokolle** → Biografieforschung; → hermeneutische Wissenssoziologie; → teilnehmende Beobachtung

**Beschreibungsschema** → Erzählanalyse

**Bewertung** → Evaluationsforschung

# Bildinterpretation

Die wesentlichen Fortschritte qualitativer Methoden in den letzten zwanzig Jahren waren vor allem mit neuen Erkenntnissen im Bereich der Interpretation von Texten verbunden. Sie standen im Zusammenhang mit dem ‚linguistic turn‘ in den Sozialwissenschaften und gingen einher mit einer Marginalisierung der Bildinterpretation. Dies hat dazu geführt, dass die qualitativen Methoden in diesem Bereich kaum entfaltet sind. Erst in allerjüngster Zeit zeichnet sich im Zuge eines ‚pictorial turn‘ (Mitchell 1994) eine Entdeckung der Bildinterpretation ab.

## Die marginale Bedeutung der Bildinterpretation

Der linguistic turn hatte nicht zuletzt deshalb für die empirischen Methoden so tiefgreifende Konsequenzen, weil in allen sozialwissenschaftlichen Methodologien jene Prämisse Gültigkeit hat, die zuerst wohl von Karl Popper in prägnanter Form vorgetragen worden ist: Wirklichkeit muss, wenn sie wissenschaftliche Relevanz gewinnen will, in Form von Beobachtungssätzen oder „Protokollsätzen" (auch: „Basissätzen"; vgl. Popper 1971), also in Form von Texten, vorliegen. Die qualitative oder rekonstruktive Sozialforschung ist dem nicht nur gefolgt, sondern sie hat aus dieser Prämisse noch weitergehende Konsequenzen gezogen: Nur dort, wo das sprachliche, das verbale Handeln der Erforschten, also die von ihnen selbst produzierten Texte, die Ursprungsdaten darstellen, brauchen diese nicht noch einmal durch die Forscher oder Beobachter in Texte, also Protokoll- oder Beobachtungssätze transformiert zu werden. Letzteres ist aber im Bereich der Bildinterpretation in besonderem Maße der Fall und stellt diese – wie auch beispielsweise die teilnehmende Beobachtung – sogleich unter den Verdacht von Validitätsproblemen.

Die marginale Bedeutung der Bildinterpretation ist in einigen Bereichen der qualitativen Sozialforschung noch durch eine Marginalisierung der Eigensinnigkeit von Bildhaftigkeit, von Ikonizität verschärft worden, indem das Verständnis der „Textförmigkeit sozialer Wirklichkeit" radikalisiert wurde. So wurde beispielweise von Seiten der → *objektiven Hermeneutik* nicht allein die Sprach- und somit auch Textförmigkeit der wissenschaftlichen Analyse, sondern jeglicher Verständigung, also auch der alltäglichen, behauptet. In Anknüpfung daran findet sich u.a. bei Müller-Doohm (1993, S. 448) die Behauptung „einer Textförmigkeit des Bildes, die es überhaupt lesbar und hermeneutisch deutbar macht". Dies wurde u.a. von Seiten der → *hermeneutischen Wissenssoziologie* kritisiert (Reichertz 1992). Dort wird dann zwar ein (individuelles, monologisches) Verstehen, nicht aber eine (intersubjektive) Verständigung im Medium der Bildhaftigkeit zugrundegelegt. Eine derartige Verständigung *durch* das Bild (jenseits von Sprache und Text) ist zu unterscheiden von einer (sprachlich-textlichen) Verständigung *über* das Bild (genauer dazu: Bohnsack 2003a).

## Die Konstitution der Wirklichkeit durch Bilder

Um einer Verständigung *durch* das Bild theoretisch und methodologisch gerecht werden zu können, müssen wir auf Erkenntnisse über unser alltägliches Verstehen und Handeln zurückgreifen, die weit in die Handlungs-, Zeichen-, Wissens- und Erkenntnistheorien hineingreifen. Dass wir uns im Alltag *durch* Bilder verständigen, bedeutet, dass unsere Welt, unsere gesellschaftliche Wirklichkeit durch Bilder nicht nur repräsentiert, sondern auch konstituiert wird: „not merely represented by pictures, but actually constituted and brought into being by picture-making" (Mitchell 1994, S. 41). Dabei ist die Herstellung der Welt durch Bilder nicht lediglich in dem Sinne zu verstehen, dass die *Deutung* der Welt sich wesentlich im Medium der Ikonizität vollzieht. Vielmehr sind Bilder *handlungsleitend*. Sie sind eingelassen in die vorreflexiven, impliziten oder „atheoretischen" Wissensbestände (Mannheim 1964b), in ein implizites oder inkorporiertes Wissen, welches vor allem auch das habituelle Handeln strukturiert (→ praxeologische Wissenssoziologie). Vor allem dieses Handeln wird erlernt im Modus der Verinnerlichung bzw. der „mimetischen" Aneignung (→ Mimesis) von sozialen Szenerien, von Gebärden, Gestik und Mimik, die im Medium des Bildes dann auch vergegenwärtigt und verstanden werden, sodass „Bild und Sprache an einer gemeinsamen Ebene der ‚Bildlichkeit' partizipieren" (Boehm 1978, S. 447).

Erst der Rückgriff auf solche Handlungs-, Zeichen- und Wissenstheorien, die in dieser oder einer ähnlich anspruchsvollen Weise gleichermaßen der Ikonizität, der Bildhaftigkeit wie auch der Sprach- und Textförmigkeit alltäglichen Handelns und Verstehens gerecht zu werden vermögen, schafft die Voraussetzungen für eine Methodologie und Methode des Interpretierens, die der Eigenart und Eigensinnigkeit des Bildes, der Ikonizität im Unterschied zum Text auf die Spur zu kommen vermag. Dabei werden vorrangig solche Zeichen- und Wissenstheorien für die Entwicklung qualitativer Methoden Relevanz gewinnen, in denen bereits eine Methodologie, wenn nicht sogar eine Methode der Bildinterpretation, zumindest impliziert ist.

## Korrespondenzen zwischen den wichtigsten Methodologien der Bildinterpretation

Alle diese Voraussetzungen werden erfüllt von den semiotischen bzw. semiologischen Theorien und Methodologien von Roland Barthes (u.a. 1990) und Umberto Eco (u.a. 1994) einerseits, der ikonografisch-ikonologischen Methode des Kunsthistorikers Erwin Panofsky (u.a. 1975) in ihrer Weiterentwicklung durch Imdahl (u.a. 1994) andererseits sowie drittens der Mannheimschen Wissenssoziologie und der von ihm ursprünglich am Beispiel der Kunstinterpretation (1964b) entworfenen → dokumentarischen Methode, welche den Brückenschlag zur sozialwissenschaftlichen Handlungstheorie leistet. Zwischen diesen Theorietraditionen und Methodologien werden deutliche Korrespondenzen sichtbar. (Genauer dazu: Bohnsack 2003a; auch Müller-Doohm 1997 zielt auf derartige Korrespondenzen, kommt allerdings zu anderen Ergebnissen). Übereinstimmungen zeigen sich u.a. zwischen der für die Semiotik bestimmenden Differenzierung zwischen denotierender und konnotierender Sinnebene auf der einen Seite (genauer dazu auch Barthes 1983) und der ikonologischen Methode von Panofsky auf der anderen Seite, bei der zwischen vorikonografischer und ikonografischer Sinnebene differenziert wird. Um diese Differenzierung an einem Beispiel von Eco (1994, S. 243) zu erläutern (der den konnotativen Code an dieser Stelle explizit als ikonografischen Code bezeichnet), so kann ich auf der *denotativen* bzw. *vorikonografischen* Ebene auf einem Bild „eine halbnackte Frau mit einem Männerkopf auf einem Teller" identifizieren. Erst auf der *konnotativen* bzw. *ikonografischen* Ebene erscheint mir dieses Bild als die Darstellung von „Salomé". Auf der konnotativen Ebene ist der denotierende Sinngehalt immer schon vorausgesetzt: „Wir können also festhalten, dass ein zugrundeliegender denotativer Code existiert, auf den sich weitere, oft optionale Codes aufbauen (die wir konnotative Codes genannt haben)" (Eco 1994, S. 67).

## Die Besonderheiten ikonischer Zeichen und ihrer Interpretation

Die Besonderheit und Eigensinnigkeit des Bildes im Unterschied zum Text, d.h. die Besonderheit der bildhaften, der ikonischen Zeichen, entscheidet sich auf der denotativen Ebene. Für Roland Barthes (1990, S. 15) ist die Fotografie dadurch charakterisiert, dass „die denotierte Botschaft rein analogisch ist, das heißt auf keinerlei Code beruht". Demgegenüber spricht Eco auch im Falle des Fotos auf der denotativen Ebene von einem Code, den er den „ikonischen Code" nennt. Allerdings sind die ikonischen Codes ganz anders als die Codes der verbalen Sprache beschaffen. – Der ikonische Code unterscheidet sich wiederum vom „ikonografischen Code". Die Entschlüsselung des ikonischen Code bzw. der denotativen Botschaft, also jener Botschaft, die nur durch das Bild zu vermitteln ist, geht immer durch den ikonografischen oder konnotativen Code hindurch, „entledigt" sich aber der (ikonografischen) Konnotationen und ist somit „eine Restbotschaft, die aus dem besteht, was vom Bild übrig bleibt, wenn man (geistig) die Konnotationszeichen ausgelöscht hat" (Barthes 1990, S. 37). In Foucaults Bildinterpretation am Beispiel von Velasquez: Las Meninas heißt dies (1971, S. 36): „Man muss also so tun, als wisse man nicht". Und im Sinne von Imdahl (1996a, S. 435) kann eine derartige Analyse „prinzipiell von der Wahrnehmung des literarischen oder szenischen Bildinhalts absehen, ja sie ist oft besonders erfolgreich gerade dann, wenn die Kenntnis des dargestellten Sujets sozusagen methodisch verdrängt wird".

Eine derartige Sinninterpretation, die die Sinngehalte auf der konnotativen Ebene, welche in hohem Maße durch unser textförmiges Wissen geprägt sind, gleichsam einklammert und die somit in einer noch genauer zu bestimmenden Analyseeinstellung lediglich auf der Basis der denotativen Botschaft operiert, hat Roland Barthes (1990) vorgelegt und als *stumpfen Sinn* („sens obtue") bezeichnet (in einer früheren Arbeit – Barthes 1985 – ist in verwandter Bedeutung von dem Sinngehalt des *punctum* die Rede), welcher sich ganz wesentlich von dem durch konnotative bzw. ikonografische Wissensbestände geprägten *entgegenkommenden* (oder: ‚offensichtlichen') Sinn („sens obvie") unterscheidet. So zeigt Barthes an Fotos aus dem Eisenstein-Film „Der Panzerkreuzer Potemkin", dass beispielsweise die Sinnhaftigkeit der Mimik einer „weinenden alten Frau" sich in einer simplen ikonografischen Kategorisierung nach Art des „entgegenkommenden Sinnes" nicht erschöpft. Sie ist weder im schlichten Sinne eine ‚tragische' Mimik, noch kippt sie in eine ‚Komik' um. Vielmehr erhält sie ihre spezifische Signifikanz durch die Vermittlung von *Gegensätzlichkeiten* bzw. läßt sich in sprachlich-textlicher Form diese Signifikanz lediglich in Gegensätzlichkeiten fassen. Auch Imdahl (1994, S. 300) versteht „das Bild als eine solche Vermittlung von Sinn, die durch nichts anderes zu ersetzen ist" und sieht ebenfalls das Spezifische dieses Sinnes in einer „Sinnkomplexität des Übergegensätzlichen" (1996a, S. 107).

Während Imdahl diese Sinnkomplexität durchaus für beschreibbar hält, beharrt Barthes darauf, dass man den „stumpfen Sinn" „theoretisch situieren, aber nicht beschreiben kann" (1990, S. 63). „Der stumpfe Sinn ist nicht in der Sprache (nicht einmal in der der Symbole)" (a.a.O., S. 58). Bei Barthes transzendiert der stumpfe Sinn den entgegenkommenden Sinn in ähnlicher Weise wie bei Panofsky die ikonologische Interpretation den (auf der Ebene von Common Sense-Typisierungen angesiedelten) ikonografischen Sinngehalt. Indem Panofsky seine Methode auch am Beispiel des „Alltagslebens" (1975, S. 38) und nicht allein der Kunst erläutert, wird darin deren handlungs- und sozialwissenschaftliche Relevanz sichtbar: Die Gebärde eines Mannes, die auf der vorikonografischen Ebene als ein ‚Hutziehen' identifizierbar ist, kann – auf der ikonografischen Ebene – einerseits als ein ‚Grüßen' interpretiert werden. Andererseits wird diese Gebärde – in einer gegenüber dem Common-Sense veränderten Analyseeinstellung – aber auch zum Ausdruck, zum Dokument für die „Wesensart", den „Wesenssinn" dieses Menschen (Panofsky 1964, S. 93), seinen „Habitus" (Panofsky 1989) – sei dieser nun individueller (z.B.: „linkisches Wesen") oder „kollektiver Art" (Ausdruck eines Milieus, einer zeitgeschichtlichen Phase oder einer Epoche). Trotz ihrer sozialwissenschaftlichen Relevanz ist die Methode von Panofsky für die sozialwissenschaftliche Bildinterpretation nicht systematisch genutzt worden (mit Ausnahme von Pilarczyk u. Mietzner 2000 sowie Michel 2001). Der Unterschied zwischen der ikonografischen und der ikonologischen Interpretation lässt sich als Wechsel von der Frage nach dem *Was* (geschieht hier) zur Frage nach dem *Wie* (der Herstellung) dieser Gebärde charakterisieren. Panofsky ist mit dieser veränderten Analyseeinstellung der → „*dokumentarischen Methode*" von Mannheim (1964b) gefolgt, auf den er sich explizit bezieht (Panofsky 1964, S. 93). Auch Goffman (1979, S. 24) setzt mit der von ihm vorgelegten Fotointerpretation ganz wesentlich auf der Ebene von Gebärden auf der vorikonografischen Sinnebene an, die er – unterhalb der Ebene einer Interpretation von *Handlungen* (wie z.B. ‚Grüßen') – als „*small behaviors*" bezeichnet.

## Kompositionsvariation versus Sequenzanalyse

Mit der von mir selbst im Anschluss an die → dokumentarische Methode ausgearbeiteten Bildinterpretation (vgl. Bohnsack 2001c u. d) habe ich an Panofsky und Mannheim angeschlossen, ganz wesentlich beeinflusst auch durch Imdahl, der in der Tradition von Panofsky stehend dessen Methode kritisch erweitert. Die besondere Leistung von Panofsky, den Dokument- oder Wesenssinn (einer Epoche) gerade aus den Analogien oder Homologien unterschiedlichster Medien oder Darstellungs- und Kunstgattungen (von der Literatur über die Malerei und Architektur bis zur Musik) hervortreten zu lassen, ist für Imdahl (1994 u. 1996a) Ausgangspunkt seiner kritischen Frage danach, wo dann (noch) das Besondere des Mediums Bild zu suchen sei. Er kritisiert die reduzierte Bedeutung der formalen Komposition des Bildes bei Panofsky. Denn die Formalstruktur stellt die Grundlage der Vermittlung jenes Sinnes dar, der durch den Text und unser textförmiges (ikonografisches) Vor-Wissen nicht zu vermitteln ist. Auch Mollenhauer (1983, S. 179) unterstreicht in seiner in Anknüpfung an Panofsky und Imdahl (allerdings in bildungstheoretischer, nicht in methodologischer Hinsicht) entworfenen Bildinterpretation die Bedeutung der „formalästhetischen Charakteristika". Imdahl hat – in der Rekonstruktion eigener umfangreicher forschungspraktischer Erfahrungen – seine Methode entwickelt, die „*Ikonik*", welche die formale Komposition zum Ausgangspunkt nimmt. Die strikte Fundierung der Interpretation in der Formalstruktur hat ganz wesentlich den Sinn, sich von einer an der Textförmigkeit orientierten Sequentialität und Narrativität zu lösen, wie Imdahl (1996a, S. 137) sie an den konventionellen Interpretationsverfahren kritisiert, und sich der für das Bild konstitutiven „Simultanstruktur" zu nähern (a.a.O., S. 23).

All dies legt nahe, dass das am Modell der Textinterpretation gewonnene und von allen neueren qualitativen Methoden in Anspruch genommene Prinzip der „*Sequenzanalyse*" der spezifischen Sinnstruktur der Ikonizität nicht gerecht wird, wie sich auch an den Versuchen zeigt, dieses Prinzip auf die Bildinterpretation zu übertragen (u.a. Englisch 1991; Loer 1994). Aussichtsreicher ist dagegen das Prinzip der „*Kompositionsvariation*" (vgl. Bohnsack 2001c u. 2001d), welches auch den Fallvergleich, die → *komparative Analyse*, einschließt. Voraussetzung der Kompositionsvariation ist, wie Imdahl eindrucksvoll gezeigt hat, die Rekonstruktion der Formalstruktur des Bildes. Hierbei kann und sollte an die Erfahrungen der Kunstgeschichte angeschlossen werden, sodass „sich die Marginalität der Kunstgeschichte durchaus in eine Position des intellektuellen Zentrums" der Humanwissenschaften wandeln könnte (Mitchell 1997; S. 17).

## Weiterführende Literatur

Barthes, Roland (1990): Der entgegenkommende und der stumpfe Sinn. Kritische Essays III. Frankfurt a.M. (Original: 1982). Darin: S. 11-66.
Bohnsack, Ralf (2003a): Qualitative Methoden der Bildinterpretation. In: Zeitschrift für Erziehungswissenschaft 6, Heft 2, S. 239-256.
Panofsky, Erwin (1975): Ikonografie und Ikonologie. Eine Einführung in die Kunst der Renaissance. In: Ders.: Sinn und Deutung in der bildenden Kunst. Köln, S. 36-67 (Original: 1955).

*Ralf Bohnsack*

**Biografie** → Autobiografie; → Biografieforschung; → Biografizität; → Erzählanalyse; →; Fallanalysen in der sozialen Arbeit; → Forschungswerkstatt; → Lebenslauf; → Oral History

# Biografieforschung

Eine Biografie ist die wissenschaftliche oder literarische Darstellung der Lebensgeschichte von Menschen. *Bios* bedeutet, aus dem Griechischen stammend, *Leben*, aber auch *Lebensform*; *Grafe* bedeutet *Schrift*. *Biografie* ist also gleichsam die Schrift eines Lebens, individuell oder kollektiv. Biografieforschung ist dementsprechend die Entzifferung dieser Schrift eines Lebens.

Biografieforschung folgt zwei in der Qualitativen Sozialforschung grundlegenden methodologischen Annahmen: *zum einen* folgt sie der Annahme der Unhintergehbarkeit von Interpretationen bei der Wahrnehmung des Selbst, Anderer und der Welt. Weil die objektive Realität immer nur durch die Evidenzen der Subjekte hindurch analysierbar wird, konnte auch Edmund Husserl sagen, dass das Objektive selbst nicht erfahrbar, sondern Erfahrung eine Evidenz der Lebenswelt sei (vgl. Husserl

1954, S. 131). *Zum anderen* folgt sie der Annahme, dass die soziale Wirklichkeit grundsätzlich in kulturellen Symbolsystemen konstituiert wird. Beide Annahmen führen zu dem Sachverhalt, dass die sinnhafte Strukturierung des sozialen Handelns wie auch der Aufbau von Selbst- und Weltbildern durch die Subjekte selbst geschehen. Wir bewegen uns immer schon in interpretativ von uns selbst erzeugten Horizonten und begegnen anderen in interaktiven Zusammenhängen über und durch symbolisch strukturierte Horizonte, die solche Selbst- und Weltauslegungen darstellen (vgl. Marotzki 1991b). Gegenstand der Biografieforschung ist demzufolge die soziale Wirklichkeit, die die Menschen in Auseinandersetzung mit sich, mit anderen und der Welt für sich jeweils herstellen (→ Biografizität). Aus diesem Grunde genießt das Subjekt eine gewisse Vorrangstellung bei der Frage der grundlegenden Konstitution von Subjektivität, und deshalb wird dem Subjekt mit seinen Manifestationen bei empirischen Analysen der primordiale Analysefokus zugestanden (Primat des Individuellen).

Natürlich können auch Gruppen, Gemeinschaften oder Kollektive eine Biografie haben. Biografien können – um es anders zu formulieren – auf einer Mikro-, Meso- und Makroebene sozialer Realität studiert werden (vgl. Baacke 1979). Es handelt sich dann lediglich um ein höheres Aggregationsniveau von Sozialität, d.h. das Einzelne ist dann nicht der einzelne Mensch, sondern beispielsweise eine Familie oder eine Gruppe, möglicherweise auch eine Nation. Man kann dann darüber streiten, ob es Sinn macht, in solchen Fällen noch von *Biografie* zu sprechen. Systematisch ausgeschlossen ist diese Verwendungsweise des Begriffs aber nicht. Im folgenden werde ich mich auf das untere Aggregationsniveau beziehen, nämlich auf die Mikroebene des einzelnen Menschen.

Subjektivität ist – wie oben angedeutet – nur über deren kulturell-symbolische Manifestationen zu entschlüsseln. Aus diesen sind die Selbst- und Weltbezüge der Menschen zu verstehen. Ein Wissen über Biografien aufzubauen heißt also, durch die Auslegung der kulturell-symbolischen Manifestationen herauszubekommen, wie Angehörige einer bestimmten Kultur ein Verhältnis zu sich, zu ihrer natürlichen und sozialen Umwelt (Selbst- Weltreferenzen) aufgebaut haben. Eine solche Formulierung spielt auf ein bildungstheoretisches Verständnis von Biografieforschung an, das häufig mit einer solchen Forschungsrichtung verknüpft wird (vgl. Marotzki 1990, 1991a). Zu den symbolischen Manifestationen gehören autobiografische Dokumente (→ Autobiografie) (Tagebücher, Bilder, Briefe), alltagskulturelle Dokumente (Kleidung, Einrichtung, Musikpräferenzen), Materialien, die zum Zwecke der Forschung erhoben worden sind (Interviews, Beobachtungsprotokolle) und künstlerische Dokumente (Bilder, Filme, belletristische Literatur). In der Forschungspraxis überwiegen Interviewtechniken, weil durch ihren Einsatz Datenmaterial erhoben werden kann, das es erlaubt, *individuumsnahe Erfahrungsräume* zu explorieren, in dem Sinne der Analyse der Ordnung sozialer Wirklichkeit, wie sie von den Subjekten in unhintergehbar ablaufenden Interpretationsprozessen hergestellt wird. Dem Erzählen wird in diesem Zusammenhang für die Darstellung von individuellen Lebensgeschichten eine hoher Wert zugeschrieben (vgl. Gieschler 1999; Ezzy 1998).

Unabhängig von dem Diktum der Vorrangstellung des Subjektes in der Biografieforschung gilt natürlich auch für diese Art der Forschung, dass die jeweiligen sozialen und kulturellen Räume verstanden und empirisch exploriert werden müssen. Es wäre demzufolge nicht fair, würde der Biografieforschung vorgeworfen werden, sie würde die gesellschaftlichen und kulturellen Kontexte vernachlässigen, sie würde gleichsam einem Subjektivismus huldigen. Obwohl dieses Wissen um die jeweiligen gesellschaftlichen und kulturellen Bedingungen und Kontexte da sein muss, erfährt es doch hinsichtlich des Analysefokus eine Respezifikation: Es geht darum, welche Bedeutung einzelne interessierende soziale Phänomene für einzelne Menschen haben. Die interessierenden sozialen Phänomene werden insofern aus dem Blickwinkel einzelner Menschen analysiert.

Biografieforschung nimmt eine gewisse Mittelstellung ein: *Zum einen* verfolgt sie eine klassisch anthropologische Fragestellung, wie sie beispielsweise bei Jean Paul Sartre vorliegt, wenn er zu Beginn seiner Flaubert-Studie formuliert: „Was kann man heute von einem Menschen wissen?" (Sartre 1977, S. 7). M.a.W.: Was sollen wir heute angesichts der gravierenden Veränderungen im soziotechnischen Gefüge einer Gesellschaft noch unter dem Menschen verstehen? Welches ist sein Ort? Diese Frage ist deshalb nicht trivial, weil sie angesichts der Entwicklung Neuer Informations- und Gentechnologien allzu rasch unter Heranziehung *harter* Wissenschaftsdisziplinen, z.B. Biologie, Gentechnologie, Kybernetik, Künstliche Intelligenz, beantwortet und die biografische und soziale Dimension vernachlässigt wird.

Auf der *anderen Seite* ist Biografieforschung ein Weg, über die subjektiven Konstruktionen von Menschen soziale, kulturelle und gesellschaftliche Räume zu explorieren (vgl. auch Schulze 1999). Das erzeugt ein sozialwissenschaftlich fundiertes Wissen über komplexe Biografien und neue soziale Phänomene in der (Post-)Moderne.

Wenn eingangs Biografie etwas emphatisch als *Schrift des Lebens* bezeichnet worden ist, dann kann abschließend gesagt werden, dass Biografieforschung ein ehrgeiziges Programm darstellt, diese Schrift des Lebens zu entziffern, wohl wissend, dass es nicht nur die biologische Ebene ist, die für den Menschen konstitutiv ist, sondern dass es vor allem die soziale Ebene der kulturell-symbolischen Entwürfe ist, die den Menschen zum Menschen macht. Eine so verstandene Biografieforschung vermag einen Blick für Vielgestaltigkeit, für Polymorphien und Differenzen subjektiver Lebensentwürfe zu vermitteln (vgl. Schulze 1999). Sie sensibilisiert dafür, dass der Mensch sozial konstituiert ist und zuallererst aus diesen sozialen Bezügen heraus verstanden werden kann.

## Weiterführende Literatur

Behnken, Imbke/Schulze, Theodor (Hg.) (1997): Tatort: Biografie. Spuren – Zugänge – Orte – Ereignisse. Opladen.
Kraul, Margret/Marotzki, Winfried (Hg.) (2002): Biografische Arbeit. Perspektiven erziehungswissenschaftlicher Biografieforschung. Opladen.

*Winfried Marotzki*

**biografisches Handlungsschema** (*siehe* Handlungsschema)
**biografische Konstruktion** → Autobiografie; → Biografieforschung; → Biografizität
**Biografisches Interview** → narratives Interview

# Biografizität

Das Konzept der *Biografizität* hat eine gewisse Nähe zu figurationssoziologischen Überlegungen. Es koinzidiert mit der These von Norbert Elias oder Michel Foucault, dass der Prozess der Moderne die Individuen zwinge, die Kontrolle über sich selbst zu verinnerlichen und eine Art „Zwang zur Langsicht" (Elias 1969) zu entwickeln. Die allmähliche Herauslösung aus vormodernen Lebenswelten, die gewachsene Anforderung, mit einer Reihe funktional ausdifferenzierter systemischer Umwelten *gleichzeitig* umzugehen, unterschiedliche Rollen zu übernehmen und doch „identisch" zu bleiben, erzeugt eine Disposition zur eigenen Biografie, die als internalisiertes Handlungs- und Planungspotential des modernen Individuums beschrieben werden könnte (vgl. Alheit/Dausien 2000).

Martin Kohli, der den Begriff *Biografizität* in die soziologische Diskussion eingeführt hat, definiert ihn als „Code von personaler Entwicklung und Emergenz" (Kohli 1988, S. 37). In sozial- und erziehungswissenschaftlichen Folgestudien (Alheit 1990, 1995, 1997; Alheit/Dausien 2000; Egger 1995) ist diese Definition mit Bezug auf sozialkonstruktivistische und systemtheoretische Theoriereferenzen weiter ausgearbeitet worden. Biografizität erscheint als selbstreferenzielles Vermögen moderner Individuen, neue, auch riskante Erfahrungen an einen „inneren Erfahrungscode" anzuschließen, der seinerseits die selektive Synthese vorgängig verarbeiteter Erfahrungen darstellt (vgl. Alheit 1997). Diese „Innenwelt der Außenwelt" verbürgt die Handlungsfähigkeit in einer dramatisch sich wandelnden Gesellschaft. Sie „ist allerdings nicht nur eine spontane Konstruktion, die unser Gedächtnis als Reaktion auf neue Außenimpulse erzeugt, um seine Kontinuität und Konsistenz zu wahren. Sie muss als Konstruktion ‚in der Zeit', als *biografische Temporalisierung sozialer Strukturen* begriffen werden." (Alheit 1997, S. 944). Diese Pointierung des Biografizitäts-Konstrukts hat auch den erziehungswissenschaftlichen Diskurs beeinflusst und zu dem Vorschlag geführt, Biografizität als eine Art „Schlüsselqualifikation" moderner Existenz zu betrachten, als „die Fähigkeit, moderne Wissensbestände an biografische Sinnressourcen anzuschließen und sich mit diesem Wissen neu zu assoziieren" (Alheit 1995, S. 292).

Freilich, die theoretisch anspruchsvolle Begriffsentwicklung hat durchaus noch nicht zu einer terminologischen Akzeptanz beigetragen. Inhaltlich sehr ähnliche Überlegungen werden vorläufig noch mit verwandten Labels wie „biografische Identität" (Nassehi/Weber 1990) oder „biografische Konstruktion" (Alheit/Dausien 2000) versehen (→ Biografieforschung). Auch das offensichtliche Missverständnis, Biografizität als normative Disposition notorischer Jugendlichkeit zu deuten (Meulemann/Birkelbach 1999), verweist auf einen anhaltenden Klärungsbedarf.

*Peter Alheit*

**blinder Fleck** → dichte Beschreibung; → dokumentarische Methode; → komparative Analyse
**case studies** → Chicagoer Schule; → Fallanalysen in der sozialen Arbeit; → Fallrekonstuktion

# Chicagoer Schule

Der Begriff „Chicagoer Schule" (Bulmer 1984, 1985; Carey 1975) verweist gewöhnlich auf einen noch heute bedeutsamen soziologischen Forschungs- und Ausbildungs-
zusammenhang, der sich ca. zwischen 1915 und 1935 – insbesondere unter dem Einfluss von Robert Park und in Anknüpfung an William Thomas, der bis 1918 in Chicago tätig war (Thomas/Znaniecki 1918-1920) – an der Universität von Chicago entwickelt hatte und in dieser Zeit die amerikanische Soziologie dominierte. Parks Denken war insbesondere vom amerikanischen Pragmatismus, von William Thomas, von
der Soziologie Georg Simmels und von ökologischen Betrachtungsweisen geprägt
(Park/Burgess 1921). In den letzten Jahren ist auch – in Abgrenzung von dieser „ersten Chicagoer Schule", aber auch zur Unterstreichung von Kontinuitäten – von einer
„zweiten Chicagoer Schule" die Rede (Fine 1995), um den Blick auf das anregende
soziologische Milieu an dieser Universität in den späten vierziger und frühen fünfzi-
ger Jahren zu richten, das für die Ausprägung des Forschungsstils vieler junger Soziologen bedeutsam wurde, die in der Folgezeit als „Symbolische Interaktionisten" in
Erscheinung traten und wichtige Beiträge zur Soziologie abweichenden Verhaltens
(„labeling approach"), zur Professions- und Arbeitssoziologie und anderen Gebieten
lieferten. Zentrale Akteure in der Traditionsvermittlung der frühen Chicagoer Soziologie waren in diesem Kontext Louis Wirth und vor allem Herbert Blumer und Everett Hughes, die in den zwanziger Jahren in Chicago studiert und promoviert hatten.
Während Blumer, auf den der Begriff des → „Symbolischen Interaktionismus" zurückgeht und der für die Konturierung dieses Forschungsansatzes entscheidend war,
insbesondere durch seine programmatischen Schriften und seine Kritik am positivisti-
schen Mainstream der amerikanischen Soziologie bekannt wurde (Blumer 1969), ver-
körperte Everett Hughes (vgl. Hughes 1984, Strauss 1996), der bis 1961 in Chicago
lehrte, die Park'sche Tradition der ethnografischen Feldforschung und wurde insofern
zentral für die Anregung und Begleitung vieler empirischer Studien seiner Studenten;
seine Arbeiten wiesen auch eine besondere Nähe zur Sozialanthropologie auf. Eine
Reihe von Studenten der „zweiten Chicagoer Schule" – so vor allem Erving Goffman,
der sich auch als Student von Hughes verstand – wurden ebenfalls durch den Chicagoer Anthropologen Lloyd Warner geprägt.

   Der 1930 entstandene und erst später gebräuchlich gewordene Begriff der „Chicagoer Schule" (Bulmer 1985, S. 62) ist insofern nicht unumstritten, als er – so die
Kritik – im Rückblick zu sehr die Homogenität eines Forschungsprogramms und
eines von einer charismatischen Führungsfigur verbreiteten und verpflichtenden
Denkstils suggerieren könnte (Becker 1999). Auch gab es, wenn man an den Zeitraum der „ersten Chicagoer Schule" denkt, wichtige Gegenströmungen an der soziologischen Fakultät der Universität von Chicago, die schließlich auch dominant
wurden: Vor allem der 1927 berufene William Ogburn propagierte früh statistische
Verfahren – im Unterschied zur primär qualitativen und von Robert Park präferier-
ten „case study method" – und verschob zugleich in folgenreicher Weise den Fokus
auf die Untersuchung großflächiger nationaler Trends. Mit dem Begriff der „Schule" könnte zu stark auf vermeintliche Höhepunktphasen abgestellt werden und die
Kontinuität und Weiterentwicklung eines Forschungsstils – losgelöst von einer spezifischen Ortsbindung – aus dem Blick geraten. In aktuellen Schriften ist – auch zur

Charakterisierung neuer Forschungen – von „Chicago sociological interactionism"
(Strauss 1993; Fisher/Strauss 1978) die Rede; vgl. ebenfalls den ausführlichen
Überblicksartikel von Schütze (1987b). Unter Interaktionisten gibt es eine ausge-
prägte Kultur der mündlichen Traditionsvermittlung und -bekräftigung, die an die
frühen Chicagoer Wurzeln anschließt (vgl. etwa Reinharz 1995).

Wenn man sich auf den anfangs erwähnten Zeitraum (ca. 1915 bis 1935) bezieht, dann ist – unabhängig von der Problematik des Begriffs „Schule" – offensichtlich, wie sehr die empirischen Forschungen von Robert Parks stadtsoziologi-
scher programmatischer Perspektive geprägt wurden, die er erstmals in seinem 1916
erschienen Aufsatz „The City: Suggestions for the Investigation of Human Behavior in the Urban Environment" (Park 1916) formuliert hatte. Die moderne Groß-
stadt erschien ihm als ein „soziales Laboratorium", in dem neuartige chaotische
Entwicklungen multikultureller Einwanderungsgesellschaften und gleichzeitig die
prozesshaften Ordnungsphänomene, die in seinen Augen die soziale Welt kenn-
zeichneten, auf engstem Raume beobachtet werden konnten. Dieser Aufsatz hatte,
wie Hughes (1984, S. 546) festhält, weitreichende Folgen, da er schon viele der
Fragestellungen der Chicagoer empirischen Monografien der zwanziger und dreißiger Jahre vorwegnahm. Er ist nicht durch ein Gerüst systematisch entwickelter Hypothesen gekennzeichnet, die anderen zur Überprüfung angeboten würden, sondern
zeichnet sich dadurch aus, dass er sowohl in loser Form einige der Erscheinungen
des modernen Großstadtlebens skizziert, die in Parks Augen von zentralem theoretischen Interesse sind, als auch dazugehörige offene – insbesondere deskriptive und
prozessanalytische – Fragen festhält, die sich in der Folge für die (vor allem ethnografische) Untersuchung ganz unterschiedlicher empirischer Gegebenheiten anbo-
ten. Auffällig sind dabei die für die Chicagoer Soziologie stilbildende Distanz gegenüber der Aufgeregtheit über Erscheinungen moralischen „Verfalls" und gegenüber „moralischen Kreuzzügen" und die Skepsis gegenüber administrativen Pla-
nungsprogrammen und Wohlfahrts-Interventionen auf mangelhafter empirischer
Grundlage – eine Detachiertheit gegenüber „do-gooders", die gleichwohl nicht mit
Indifferenz zu verwechseln ist. Park, der vor seiner spät beginnenden Universitäts-
karriere lange Zeit als Journalist und dann als Sekretär des schwarzen Reformers
Booker T. Washington tätig war, blieb in vielfältiger Weise sozial engagiert und sah
seine soziologische Arbeit und die Arbeiten seiner Studenten als Beitrag zur Herstellung einer aufgeklärten demokratischen Öffentlichkeit.

Bei dem größten Teil der von Robert Park und Ernest Burgess angeregten und
begleiteten empirischen Studien, an die man heute im Zusammenhang mit dem Begriff der „Chicagoer Schule" denkt und die oft als „Klassiker" der empirischen Sozialforschung betrachtet werden (im Überblick: Kurtz 1984), handelt es sich um
Master-Arbeiten und Dissertationen von Studenten, die sich mit Hilfe naturalistischer Feldforschung auf bestimmte soziale Phänomene, Problemkonstellationen
und „natural areas" in Chicago konzentrierten und versuchten, unabhängig von offi-
ziellen Zuschreibungen von Respektabilität und Glaubwürdigkeit die Sichtweisen
der unterschiedlichen Betroffenen zu erfassen – insbesondere auch die Perspektiven
von Gruppen, Milieus und Individuen, die aufgrund ihrer Marginalisierung und
Diskreditierung in öffentlichen Auseinandersetzungsarenen keine Rolle spielten
oder nur verzerrt wahrgenommen wurden. (Die hier diskutierte Chicagoer Forschungstradition hat sich von Anfang an durch eine besondere Sensibilität für die

Lebenssituation und die Leidensprozesse von randständigen Gesellschaftsmitgliedern ausgezeichnet.) Gleichzeitig wurde mit diesen Arbeiten der Anspruch erhoben, allgemeine Einsichten in Prozesse des modernen Großstadtlebens überhaupt zu gewinnen. Diese Untersuchungen entstanden nicht isoliert von einander, sondern in enger Kooperation und unter Rückgriff auf wechselseitig verfügbare Datenbestände, sodass sich unter den beteiligten Soziologen nach und nach ein dichtes Bild von „natural areas" und eine intime Vertrautheit mit neuartigen gesellschaftlichen Phänomenen und sozialen Problemen entwickelte.

Die meisten der „klassischen" Monografien sind primär qualitative Mehrebenenuntersuchungen – allerdings oft unter Berücksichtigung von stadtteilbezogenen sozialstatistischen Teilen – , in denen unter Verwendung ganz unterschiedlicher „persönlicher Dokumente" und offener Beobachtungsmaterialien kollektive und biografische Prozesse aufeinander bezogen wurden und eine differenzierte Perspektivenlandschaft sichtbar wurde, auch wenn die Auswertungsstrategien noch rudimentär blieben. Besonders eindrucksvoll geschieht dies etwa in Cresseys (1932) Studie „The Taxi-Dance Hall", in der sowohl die historische Entwicklung dieser damals neuartigen großstädtischen Institution, das Innenleben der „taxi-dance hall" als einer abgegrenzten „sozialen Welt" und die Lebensgeschichten der hier beschäftigten Tänzerinnen fokussiert werden. (Eine „Taxi-Dance Hall" war ein Ort, in dem die männlichen Besucher, meist alleinstehende Immigranten, mit jungen Frauen – den „taxi dancers" – tanzen konnten, indem sie für diesen Tanz bezahlten.) Zu den „persönlichen Dokumenten" in den Chicagoer Studien zählen u.a. neben Tagebüchern und Briefen verschriftlichte Lebensgeschichten (vgl. etwa Shaw 1930); in diesem Zusammenhang ist natürlich auch schon – als Vorläuferuntersuchung zu den Studien der Studenten von Park und Burgess – die ausführliche Arbeit von Thomas und Znaniecki (1918-1920) zu sehen. Park und Burgess, die sich in ihrer Unterschiedlichkeit kreativ ergänzten (Bulmer 1984, S. 117), gelang es auch, Studenten dazu zu bewegen, sich mit einer verfremdenden Perspektive sozialen Phänomenen zuzuwenden, die ihnen aufgrund ihrer Lebensgeschichte vertraut waren (vgl. Anderson 1923). Ihre biografischen Erfahrungen wurden zu wichtigen Ressourcen im Forschungsprozess, und gleichzeitig lernten sie, sich ihnen mit einem fremden und vergleichenden Blick zuzuwenden (vgl. dazu auch später Hughes 1984, S. 566-576).

Wenn bisher auf den stilbildenden Einfluss von Park hingewiesen worden ist, der ja (vor seiner Heidelberger Promotion bei Windelband im Jahr 1904) wesentliche Impulse während seines Studiums in Deutschland durch Georg Simmel empfangen hatte, so ist zum Verständnis der Gesamtgestalt der Chicagoer Soziologie in den zwanziger und frühen dreißiger Jahren und ihrer zentralen theoretischen Vorstellungen von Problemorientierung und von kooperativer Interaktion die Philosophie des → Pragmatismus zu nennen. Anselm Strauss hat immer wieder (vgl. Strauss 1993) den frühen und nachhaltigen Einfluss von Deweys Handlungstheorie auf das Denken von Soziologen betont, die der Chicagoer interaktionistischen Tradition zuzurechnen sind. Park selbst war durch Dewey und James geprägt, während seine Studenten außerdem durch den in dieser Zeit in Chicago lehrenden George Herbert Mead beeinflusst wurden. Es war aber erst Herbert Blumer, der später das Gedankengut von Mead – insbesondere dessen Überlegungen zur Bildung der Selbstidentität als Prozess – systematisch für die Konturierung des „Symbolischen Interaktionismus" nutzte.

Die frühen Chicagoer Studien bleiben als Beispiele einer offenen und prozess-analytischen Untersuchungshaltung wichtig, in der der Dualismus von Mikro- und Makrosoziologie überwunden ist. Die enge Verbindung von qualitativer Datenerhe-bung, -analyse und Theoriebildung ist schon eine erste Form von Grounded Theory, auch wenn die methodologische Systematisierung und Selbstvergewisserung erst sehr viel später möglich war (Glaser/Strauss 1967). Strauss (1996) deutet an, dass die Theoriebildung in Form von kontinuierlichen kontrastiven Vergleichen, wie sie von ihm und Barney Glaser ausbuchstabiert wurde, bereits ein Charakteristikum von Parks und – in seiner Nachfolge – Hughes' Denken war. Die bleibende Aktua-lität von Robert Park besteht in seiner rigorosen Analyse der Abfolge und Bedin-gungsrahmen sozialer Prozesse, wie dies in seiner immer wieder gebrauchten Ana-lysekategorie der „natural history" zum Ausdruck kommt. Und Konzepte wie „so-cial world", die in gegenwärtigen interaktionistischen Untersuchungen noch immer eine zentrale Rolle spielen (vgl. Strauss 1978a, Becker 1982, Schütze 1987b, S. 540f.), hatten sich erstmals in Studien der – wenn man so will – „ersten Chicagoer Schule" (etwa Cressey 1932) bewährt.

### Weiterführende Literatur

Bulmer, Martin (1984): The Chicago School of Sociology. Institutionalization, Diversity, and the Rise of Sociological Research. Chicago und London.
Fine, Gary A. (Hg.) (1995): A Second Chicago School? The Development of a Postwar American Sociology. Chicago und London.
Hughes, Everett C. (1984): The Sociological Eye. Selected Papers. New Brunswick und London.

*Gerhard Riemann*

**Codieren** (*siehe* Kodieren)
**Cognitive Anthropology** → ethnografische Semantik

# Computerunterstützung in der qualitativen Forschung

Die interpretative Analyse großer Textmengen kann organisatorisch sehr aufwendig sein: in qualitativen Interviewstudien sind Datenbestände von mehr als 1000 Seiten keine Seltenheit. Hinzu kommen theoretische Kommentare und Memos, die sich oftmals verstreut in Notizbüchern und Karteikarten befinden. Schlecht organisierte Daten erhöhen nicht nur den Arbeitsaufwand, sondern auch die Gefahr, dass weit-reichende Aussagen auf einige wenige Zitate gestützt und Gegenbeispiele im Da-tenmaterial übersehen werden. Das in hermeneutischen Wissenschaften, etwa der Theologie, entwickelte Handwerkszeug im Umgang mit großen Textmengen, wie die Konstruktion von Registern und Konkordanzen, ist zwar im Prinzip auch in der qualitativen Sozialforschung einsetzbar. Der Aufbau von Fundstellenregistern mit Hilfe manueller Methoden ist allerdings sehr aufwendig, und die in der qualitativen Forschung seit langem genutzten manuellen Techniken (vgl. Glaser/Strauss 1998, S.111ff.; Taylor/Bogdan 1984, S.136), bei denen Textpassagen zu Karteien geordnet werden können, haben den Nachteil, dass damit der hermeneutische Zirkel (→ Hermeneutik) künstlich durchbrochen wird, indem Textpassagen aus ihrem Kontext entfernt werden.

Der Verwaltung von Textdaten mit Hilfe von Standardsoftware für Textverarbeitung oder Datenbanken sind enge Grenzen gesetzt. Die Entwicklung spezieller Softwareprogramme, wie THE ETHNOGRAPH, winMAX bzw. MaxQDA, ATLAS/ti oder Nvivo und viele andere für die Zwecke qualitativer Sozialforschung seit den 1980er Jahren, hat jedoch auch dem Missverständnis Vorschub geleistet, hier könne der Computer – ähnlich wie SPSS für statistische Analysen – zur Analyse von Textdaten verwendet werden. Software zur Unterstützung von qualitativer Forschung ist jedoch vor allem ein Werkzeug zur besseren Strukturierung und Organisation von Daten. Die hierzu entwickelten Softwarepakete unterstützen in der Regel vor allem die Zuordnung von Kategorien zu Textsegmenten (= „Kodierung") und die Suche nach Textsegmenten, die derselben Kategorien zugeordnet wurden (= „Retrieval")

Viele der Programme bieten darüber hinaus mit unterschiedlicher Schwerpunktsetzung zusätzliche Funktionen an, etwa die Beschränkung der Suche nach Textpassagen durch Filterführungen (sodass die Suche nach Textpassagen auf bestimmte Dokumente beschränkt werden kann), Funktionen zur Kodierung von Bild- und Tonmaterial oder zur Speicherung und Verwaltung von Memos. Einige der Programme (insbesondere ATLAS.ti) erlauben zusätzlich die Einfügung elektronischer Querverweise („hyperlinks"), mit denen Textpassagen direkt untereinander verbunden werden können, oder die Verknüpfung von Textpassagen mit anderen Objekten, wie Tabellen. Die verwendeten Kodeworte können in jeweils unterschiedlicher Weise zu komplexeren Baum- oder Netzwerkstrukturen miteinander verbunden werden. Schließlich soll in einigen Softwarepaketen auch die Verbindung der interpretativen Analyse mit formalen und quantifizierenden Verfahren erleichtert werden, etwa durch statistische Funktionen zur Durchführung quantitativer Inhaltsanalysen (→ Inhaltsanalyse).

Der Wettbewerb zwischen den Entwicklern führt dazu, dass die für einzelne Programme entwickelten Funktionen rasch von anderen übernommen werden. Dennoch unterscheidet sich die Software nach wie vor stark in ihrer Benutzerfreundlichkeit und verwendet für dieselben Aufgabenstellungen und Techniken jeweils sehr verschiedene Metaphern und Modelle. Vor ihrer Verwendung sollten deshalb stets Demonstrationsversionen verschiedener Programme auf ihre Brauchbarkeit für die jeweilige Problemstellung und den eigenen Denk- und Arbeitsstil hin kritisch geprüft werden. Solche Demonstrationsversionen sind auf der Webseite des „CAQDAS-Networking Project" (http://www.soc.surrey.ac.uk/caqdas) verfügbar, und hier finden sich auch Hinweise auf verschiedene Mailinglisten, in denen EDV-gestützte Methoden qualitativer Datenanalyse diskutiert werden.

Zwar haben manche zu Beginn der Entwicklung geäußerten Befürchtungen, wonach Software bei der qualitativen Analyse gegen die methodologischen Intentionen der Nutzer ein Eigenleben entwickelt und den Analyseprozess determiniert (vgl. Agar 1991; Coffey et al. 1996; Lee/Fielding 1995), in der Forschungspraxis nur wenig Bestätigung (vgl. Lee/Fielding 1998) gefunden. Dennoch sind manche der Funktionen, insbesondere wenn sie auf der Schnittstelle zwischen interpretativen und quantifizierenden Verfahren liegen, nicht ohne Tücken und erfordern, dass Forscher sich beständig Rechenschaft geben über die Bedeutung der komplexen Algorithmen, die aufgrund manchmal nur eines Knopfdrucks ablaufen. Bei einem methodologisch reflektierten Einsatz jedoch eröffnen EDV-gestützte Techniken vielfältige Möglichkeiten, qualitative Daten systematischer zu analysieren.

## Weiterführende Literatur

Kuckartz, Udo (1999): Computergestützte Analyse qualitativer Daten. Eine Einführung in Methoden und Arbeitstechniken. Opladen.
Kelle, Udo (2000): Computergestützte Analyse qualitativer Daten. In: Flick, Uwe/von Kardorff, Ernst/Steinke, Ines (Hg.): Qualitative Forschung. Ein Handbuch. Reinbek bei Hamburg, S. 485-502.

*Udo Kelle*

**Cultural Studies** → Gruppendiskussion; → Medienkommunikation

**Daten-Triangulation** → Triangulation

**Deduktion** → Abduktion

**deduktiv-nomologisch** › rekonstruktive Sozialforschung

**Denotation** → Bildinterpretation; →Semiotik

# Deutungsmusteranalyse

Deutungsmuster ist ein Begriff, dessen Verwendung in der sozial- und kulturwissenschaftlichen Forschung so breit wie uneinheitlich ist. Vielfach wird Deutungsmuster synonym gebraucht mit solchen Begriffen wie Deutungsschema, Typisierung, Alltagstheorie, Taxonomie, script u.a. (vgl. Lüders/Meuser 1997). Von einer solchen unspezifischen Begriffsverwendung, die oft nicht mehr bezeichnet als die Organisation der Wahrnehmung, ist das Konzept der Deutungsmusteranalyse zu unterscheiden, wie es in einem von Ulrich Oevermann im Jahr 1973 verfassten Papier, das erst ca. 30 Jahre später publiziert wurde, ursprünglich entwickelt worden ist (vgl. Oevermann 2001a).

Als Deutungsmuster begreift Oevermann ein „ensemble" von Wissensbeständen, das eine „innere Logik" aufweist: ein „nach allgemeinen Konsistenzregeln" strukturierter Argumentationszusammenhang. Ein Deutungsmuster weist einen funktionalen Bezug auf eine Systematik deutungsbedürftiger objektiver Handlungsprobleme auf, gibt eine intersubjektiv verbindliche Antwort auf diese Probleme und verbürgt somit „eine wie selbstverständlich für gültig gehaltene Orientierung" (Oevermann 2001b, S. 43) in der sozialen Welt. Das Merkmal der objektiven Gegebenheit eignet nicht nur den Handlungsproblemen, auf die Deutungsmuster eine Antwort darstellen, auch die in einem Deutungsmuster repräsentierten Sinnzusammenhänge sind als „objektive Strukturen" und als „soziale Tatsachen sui generis" (Oevermann 2001a, S. 4) zu begreifen. Deutungsmuster lösen sich tendenziell von den Bedingungen ihres Entstehens ab, verselbständigen sich und entwickeln so eine gewisse Persistenz; sie sind *relativ* autonom und stellen dergestalt eine eigenständige Dimension sozialer Wirklichkeit dar. Das vor allem macht sie zu einem zentralen Gegenstand der sozialwissenschaftlichen Analyse von Alltagswissen. Im Unterschied zu einem phänomenologischen Verständnis von Alltagswissen (→ Phänomenologie) geht es der Deutungsmusteranalyse allerdings nicht um die Rekonstruktion des subjektiv gemeinten Sinns, der Blick richtet sich vielmehr auf „kollektive Strukturen eines sozialen Unbewussten" (Oevermann 2001b, S. 37), welche individuelle Sinnzuschreibungen zwar nicht determinieren, aber generieren. Deutungsmusteranalysen zielen gewissermaßen darauf, den für eine bestimmte Kollektivität gültigen Möglichkeitsraum subjektiver Interpretationen von Welt zu erfassen.

Der Geltungsbereich bzw. die Reichweite von Deutungsmustern variiert sowohl in diachronischer als auch in synchronischer Hinsicht. Ihre Geltung kann sich erstens sowohl auf große historische Epochen erstrecken (z.B. auf die bürgerliche Gesellschaft) als auch auf vergleichsweise kurze sozialhistorische Zeiträume (z.B. auf das „Dritte Reich"). Deutungsmuster können zweitens sowohl für eine gesamte Gesellschaft (z.B. die Gesellschaft der Bundesrepublik Deutschland) als auch für bestimmte soziale Milieus, Subkulturen und Szenen bedeutsam sein (z.B. für das Arbeitermilieu, für eine schwule Subkultur oder für die Hip-Hop-Szene). Oevermann (2001a: 19) nimmt an, dass der Grad der Selbstverständlichkeit eines Deutungsmusters mit dessen Reichweite korrespondiert. Insbesondere epochale und/oder für eine gesamte Gesellschaft (und bisweilen auch darüber hinaus) Geltung beanspruchende Deutungsmuster erweisen sich als hochgradig veränderungsresistent, wie sich beispielsweise bei während der Formation der bürgerlichen Gesellschaft entstandenen, auf das Geschlechterverhältnis bezogenen Deutungsmustern beobachten lässt (vgl. z.B. Honegger 1991; Meuser 1998; Schütze 1986).

Obschon Deutungsmuster mentale oder kognitive Strukturen sind, sind sie den Akteuren in der Regel nicht diskursiv verfügbar. Sie haben die Eigenschaft eines „tacit knowledge" bzw. eines „impliziten Wissens", was zur Konsequenz hat, dass die Akteure die innere Logik derjenigen Deutungsmuster, die ihre Wahrnehmung von Welt strukturieren und ihrem Handeln eine Orientierung geben, gewöhnlich nicht oder allenfalls bruchstückhaft explizieren können. Methodologisch gewendet heißt das: Die innere Logik von Deutungsmustern ist nicht abfragbar, sie erschließt sich allein einer rekonstruktiv verfahrenden Forschung (→ rekonstruktive Sozialforschung), welche an den Ent-Äußerungen der Akteure ansetzt und diese als Dokumente begreift, an denen sich das ihrer Erzeugung zugrunde liegende Deutungsmuster und dessen Logik ablesen lassen.

Für empirische Deutungsmusteranalysen erweisen sich gesellschaftliche Umbruch- und Krisensituationen als günstige Forschungsgelegenheiten. In solchen Situationen entwickelt sich eine erhöhte lebensweltliche Reflexivität, als deren Folge Deutungsmuster zumindest zeitweise manifest werden. Mit der Herausbildung des Neuen geht eine von dessen ‚Protagonisten' geführte Auseinandersetzung mit dem Alten einher, aus dem heraus das Neue transformatorisch entwickelt wird (vgl. Oevermann 1991, S. 314f.; Meuser/Sackmann 1992, S. 20f.). Das schafft die forschungsstrategisch günstige Situation, aufbrechende alte und entstehende neue Deutungsmuster gleichzeitig und vergleichend rekonstruieren zu können. Die „brüchig gewordenen Alltagserfahrungen" (Lüders 1991, S. 378) weisen der sozialwissenschaftlichen Analyse gewissermaßen den Weg, auf dem sie Zugang zu den Deutungsmustern finden kann. Die Deutungsmusteranalyse lässt sich in diesem Sinne als ein Verfahren der mikrosoziologischen Analyse gesellschaftlichen Strukturwandels einsetzen (vgl. Becker u.a. 1998, S. 13ff.).

Deutungsmusteranalyse bezeichnet – ähnlich wie → Diskursanalyse – ein Forschungsprogramm, nicht aber ein spezifisches methodisches Verfahren der Dateninterpretation. Obschon von Oevermann in engem Bezug zum Verfahren der → objektiven Hermeneutik entwickelt, ist eine solche Engführung nicht zwingend. Auch andere auf die Rekonstruktion kollektiver Sinnzusammenhänge gerichtete, insbesondere wissenssoziologische Verfahren sind geeignet (→ rekonstruktive Sozialforschung). Die Notwendigkeit einer (begrenzten) Pluralität von rekonstruktiven Verfahren ergibt sich nicht zuletzt aus der Vielfalt des Datenmaterials, das von historischen Quellen jedweder Art über literarische Texte bis zu Transkripten von → Interviews und Gruppendiskussionen (→ Gruppendiskussion) reicht. Diese Vielfalt impliziert eine große Unterschiedlichkeit sowohl der Textgestalten als auch der jeweils zu analysierenden Datenmengen (vgl. Lüders/Meuser 1997).

### Weiterführende Literatur

Lüders, Christian/Meuser, Michael (1997): Deutungsmusteranalyse. In: Hitzler, Ronald/Honer, Anne (Hg.): Sozialwissenschaftliche Hermeneutik. Eine Einführung. Opladen, S. 57-79.
Oevermann, Ulrich (2001): Zur Analyse der Struktur von sozialen Deutungsmustern. In: Sozialer Sinn 2, S. 3-33.

*Michael Meuser*

# Dichte Beschreibung

Dichte Beschreibung bezeichnet eine Form der schriftlichen Darstellung von Feldforschungsergebnissen, bei der Szenen, Ereignisse, Erfahrungen und Dialoge literarisch verdichtet und im Kontext des Gesamtzusammenhangs der untersuchten Kultur präsentiert werden. Dabei gilt es, aus der Fülle von Daten und Beobachtungen („dünne Beschreibung") mit Hilfe von hermeneutischen Rekonstruktionen die intendierten Bedeutungen und den sozialen Sinn herauszuarbeiten und in einer Weise darzustellen, die den Lesenden mitten hinein versetzt in das Geschehen, ihnen einen Zugang zur Gedankenwelt und Alltagserfahrung der untersuchten Subjekte eröffnet und dabei den kulturellen Gesamtkontext erschließt. Um zur dichten Beschreibung zu gelangen, werden verschiedene Datenmaterialien (teilnehmende Beobachtungsberichte, Interviews und andere Materialien) durch die analytische und theoretische Arbeit zum Sprechen gebracht. Eine dichte Beschreibung basiert auf Selektions-, Rekonstruktions- und Interpretationsprozessen, um auf diesem Weg zum Verstehen einer Kultur zu gelangen.

Die Bezeichnung „dichte Beschreibung" wurde von Clifford Geertz in die Methodologie qualitativer Sozialforschung eingeführt (vgl. Geertz 1983, S. 294). Der

Ausdruck „dichte Beschreibung" geht auf Gilbert Ryle zurück, von dem auch das Beispiel des Zwinkerns stammt, das Geertz zur Veranschaulichung verwendet (vgl. Geertz 1983, S. 10f.). Eine dünne Beschreibung könnte sich mit der Beschreibung der Handlung des Anderen begnügen, schnell das rechte Augenlid zu bewegen. Demgegenüber sucht dichte Beschreibung die intendierte Bedeutung dieser Handlung zu erfassen, ohne die ein Zwinkern unverständlich bleibt, und prüft zugleich, ob es sich vielleicht um ein ungewolltes Zucken, ein Scheinzwinkern, ein parodiertes Scheinzwinkern oder eine ähnliche Variante handelt und was dieses Verhaltensmuster jeweils in der untersuchten Kultur bedeutet (vgl. dazu auch Kelle 1997, S. 200f.). Geertz geht dabei davon aus, dass die Bedeutung den Dingen nicht innewohnt, sondern erst ihren Sinn im menschlichen Gebrauch und in ihrer Beziehung zu anderen Dingen erhält, das Verstehenskonzept, das zur dichten Beschreibung führt, kann man als „hermeneutische Ethnografie" bezeichnen. Clifford Geertz, Vertreter einer „symbolischen Anthropologie" (vgl. Fröhlich/Mörth 1998), schlägt vor, eine Kultur wie einen Text zu verstehen. Das Verstehenskonzept basiert auf der → Hermeneutik, der Denkfigur des hermeneutischen Zirkel nach Dilthey (vgl. Geertz 1983, S. 307). Das Ganze wird aus der Perspektive seiner Teile betrachtet und die Teile aus der Perspektive des Ganzen verständlich. → Ethnografie ist eine Form der Präsentation von Feldforschungsergebnissen, in die Deskription und Deutung zugleich einfließen. Interpretationen erschließen die Daten und werden durch diese wiederum angeregt. In die Darstellung selbst gehen die Deutungen ständig mit ein und vermitteln den sozialen Sinn einer Handlung oder Äußerung, somit sind in die „dichte Beschreibung" Interpretationen eingewoben.

Weit über die Ethnologie hinaus wurde dieser Ansatz in der qualitativen Sozialforschung bedeutsam und unter dem Stichwort „dichte Beschreibung" (Geertz 1983) breit rezipiert. Ziegler (1998) kennzeichnet dichte Beschreibungen als „exemplarische Fallgeschichten" und zeichnet die zentralen Merkmale des „essayistischen Theoretisierens" bei Geertz nach. Geertz beginnt in der Regel mit dem Bericht eines konkreten Falls, dabei führt er zugleich eine übergreifende Fragestellung ein, die nicht nur die fremde, sondern auch die eigene Kultur berührt (vgl. dazu auch Lenk 1993). Statt einer systematischen Bestandsaufnahme des untersuchten Feldes analysiert Geertz dann einen Teilaspekt, heroische Personen, Feiern, Rituale dienen als Schlüsselszenen für das Ganze, das sich in einer Szene verdichten kann (vgl. Ziegler 1998, S. 55). Dichte Beschreibungen liefern Einblicke in fremde Lebenswelten und reduzieren die Komplexität des sozialen Lebens weniger als andere methodische Verfahren, sodass ein Überschuss an Informationen auch Möglichkeiten für Reanalysen eröffnet.

Kritisch zu betrachten ist, dass bei der Darstellung der Forschungsergebnisse in Form einer dichten Beschreibung auf bekannte Präsentationsformen wie literarische Darstellungen zurückgegriffen wird, um den üblichen Rezeptionsgewohnheiten Rechnung zu tragen. Geertz selbst hat auf dieses Problem aufmerksam gemacht und den Anthropologen als Schriftsteller enttarnt (vgl. Geertz 1993). Außerdem wird kritisiert, dass das dichte Verweben von Daten und Beschreibungen mit dem Kontextwissen des Autors über eine Kultur eine Nachprüfbarkeit seiner Schlussfolgerungen am Material fast unmöglich macht (vgl. Wolff 1992, S. 355; Amann 1997, S. 298). Clifford setzt sich in seinem Beitrag über „ethnografische Autorität" mit diesen Problemen von Kulturinterpretationen auseinander und kritisiert, dass der Interpret traditionell als „Wahrheitslieferant" auftritt (vgl. Clifford 1993, S. 114). Eine dichte Beschreibung bleibt das Produkt der schriftstellerischen Tätigkeit eines Kulturforschenden, dessen Interpretationen mit den Daten eng verwoben sind. Damit gerät diese Textform in die Debatten um die Repräsentation und Konstruktion sozialer Wirklichkeit im wissenschaftlichen Text. Die daraus entstandene Krise der Ethnografie wird in einer literarischen Wende zu lösen gesucht, Polyphonie soll dazu beitragen, den verschiedenen Stimmen einer Kultur neben der Autorität des Anthropologen Geltung zu verschaffen (vgl. Habermeyer 1996, S. 69). Eine Lösung dieser Probleme der Ethnografie und dichter Beschreibungen ist gegenwärtig jedoch nicht in Sicht. Pierre Bourdieu schlägt eine reflexive Anthropologie vor, die sich der eigenen blinden Flecken bewusst wird und sich darum bemüht, die Doxa und Bias der eigenen Deutungen aufzuklären (vgl. Bourdieu/Wacquant 1996).

### Weiterführende Literatur

Denzin, Norman K./Lincoln, Yvonna S. (Eds.) 1994: Handbook of Qualitative Research. Thousand Oaks, London, New Delhi.
Soeffner, Hans-Georg/Ronald Hitzler (1994): Hermeneutik als Haltung und Handlung. Über methodisch kontrolliertes Verstehen. In: Schröer, Norbert (Hg.): Interpretative Sozialforschung. Auf dem Weg zu einer hermeneutischen Wissenssoziologie. Opladen, S. 28-54.

*Barbara Friebertshäuser*

**Dimensionalisierung/Dimensionen** (von Konzepten) → Grounded Theory; → Typenbildung

**Dimensionen** (von Erfahrungsräumen oder Typologien) → dokumentarische Methode; → Typenbildung

# Diskursanalyse

Die Diskursanalyse untersucht die Produktion, die Verbreitung und den historischen Wandel von Deutungen für soziale und politische Handlungszusammenhänge. Ihr Untersuchungsgegenstand sind Texte und die Beziehungen, die diese Texte untereinander eingehen, wenn sie sich zu spezifischen Diskursen verflechten. Als empirisches Forschungsprogramm wurde die Diskursanalyse von Michel Foucault sukzessive im Zuge seiner empirischen Studien zur Sexualität, zur Geschichte des Wahnsinns oder des Gefängnisses entwickelt und systematisch in den beiden Arbeiten „Archäologie des Wissens" und „Die Ordnung des Diskurses" (Foucault 1990, S. 1991) begründet. Die für die heutige Forschung folgenreichste Konzeptualisierung des Diskursbegriffs wird in der Archäologie des Wissens geleistet. In ihr entwickelt Foucault im Rückblick auf seine empirischen Arbeiten eine Methodologie der Diskursanalyse. Er beschreibt Diskurse als regelgeleitete Praktiken, die sich intern in vier diskursive Formationen untergliedern. Hierzu gehören die Formationen der Gegenstände, der Äußerungsmodalitäten, der Begriffe und der Strategien. Diese diskursiven Formationen erzeugen die Gegenstände, die sie behandeln; sie bestimmen den Gebrauch und das semantische Feld der Begriffe, die zur Beschreibung dieser Gegenstände verwendet werden; sie legen die Modalitäten fest, in denen eine Äußerung legitimerweise erfolgen kann; schließlich entscheiden sie über die möglichen Strategien, die die Diskursteilnehmer mit ihrer Rede verfolgen können. Ihr Zusammenspiel produziert spezifische Diskurse und bestimmt die operativen Regeln, denen diese Diskurse gehorchen. In der Ordnung des Diskurses ergänzt Foucault die in der Archäologie des Wissens entwickelte Methodologie der Diskursanalyse um eine Rekonstruktion unterschiedlicher Techniken der Kontrolle und Einschränkung diskursiver Prozesse. Er beschreibt Mechanismen, die den Zugang zum Diskurs reglementieren, Diskurse organisieren und das thematische Spektrum eines Diskurses begrenzen.

Der Foucaultsche Diskurs ist eine „soziale Tatsache" im Durkheimschen Sinne. Diskurse bestimmen darüber wer legitimerweise an welchem Ort, zu welcher Zeit und in welcher Form über bestimmte Gegenstände des Diskurses sprechen kann. Als institutionalisierte Ordnungen führen Diskurse eher die Diskursteilnehmer, als dass sie von diesen Teilnehmern geführt würden. Auch bilden Diskurs und Macht im Konzept Foucaults – anders als etwa bei Habermas – eine unauflösliche Einheit. Diskurse entfalten ebenso eigenständige Machtwirkungen wie umgekehrt die Ausübung von Macht mit einer Produktion von Diskursen einher geht. Diskurse sind auf produktive Weise mit Prozessen der Machtgewinnung und -akkumulation verflochten. Sie spiegeln die Wirklichkeit, auf die sie sich beziehen, nicht einfach wider, vielmehr organisieren sie diese Wirklichkeit. Und sie sind Gegenstand von Konflikten, weil Diskurse das Richtige vom Falschen, das Gute vom Bösen, das Angemessene vom Unangemessenen oder das Normale vom Abweichenden trennen und damit soziales und politisches Handeln legitimieren. Wie Foucault in der „Ordnung des Diskurses" schreibt, wird deshalb auch „die Produktion des Diskurses zugleich kontrolliert, selektiert, organisiert und kanalisiert" – der Diskurs „ist dasjenige, worum und womit man kämpft; er ist die Macht, deren man sich zu bemächtigen sucht" (Foucault 1991, S. 11).

## Akteure und Arenen der Diskursproduktion

Wie die Bestimmung des Diskursbegriffs durch Foucault belegt, ist ein Diskurs zugleich Produkt, Gegenstand und Instrument öffentlicher Auseinandersetzungen. Die Träger solcher Auseinandersetzungen sind *diskursive Eliten*. Hierzu gehören zum Beispiel Politiker, bekannte Intellektuelle, Vertreter von Organisationen oder Institutionen, Leitartikler großer Tages- und Wochenzeitungen oder Wissenschaftler. Sie verfügen über Zugang zur Öffentlichkeit, können öffentliche Aufmerksamkeit binden, Unterstützung mobilisieren und Zustimmung abrufen. Vor allem aber: Diskursive Eliten repräsentieren in der Regel mehr oder weniger umfangreiche *diskursive Gemeinschaften*. Solche Diskursgemeinschaften weisen unterschiedliche Grade der Institutionalisierung auf und können aus organisierten Kollektiven oder aus lediglich diskursiv verbundenen politisch-kulturellen Milieus bestehen. Entsprechend umfasst das Spektrum diskursiver Gemeinschaften auf der einen Seite politische Parteien, Gewerkschafts- und Arbeitgeberverbände, kirchliche Organisationen und andere organisierte Kollektive, die sich durch klare Strukturen im Innern und eine durch Mitgliedschaftsregeln eindeutig fixierte Grenze nach außen auszeichnen. Es umfasst auf der anderen Seite Gemeinschaften, die zwar über eine gemeinsame Diskurspraxis verfügen aber keine Organisationsstruktur und keine eindeutigen Grenzen besitzen. Diese Diskursgemeinschaften besitzen eher den Charakter politisch-kultureller Milieus. Sie bilden jedoch Diskursgemeinschaften, weil ihre Mitglieder sich im öffentlichen Diskurs aneinander orientieren. Beispiele für solche eher diffuse Diskursgemeinschaften liefern die gebräuchlichen Untergliederungen des politischen Raumes in „Die Rechte" oder „Die Linke". Zwischen diesen beiden Eckpunkten, die die extremen Pole möglicher Formen diskursiver Gemeinschaften markieren, liegen eine Vielzahl mehr oder weniger lose strukturierter Kollektive mit mehr oder weniger eindeutigen Grenzen und Mitgliedschaftsregeln. Diese Diskursgemeinschaften repräsentieren beispielhaft Bürgerinitiativen oder soziale Bewegungen.

Die diskursiven Auseinandersetzungen, in deren Verlauf Diskurse produziert und reorganisiert werden, werden nicht in einem voraussetzungslosen Raum ausgetragen. Sie finden in mehr oder weniger öffentlichen Arenen statt, die als *diskursive Felder* den Akteuren dieser Auseinandersetzungen spezifische Rollen zuweisen, ihre Zugangschancen zum Diskurs begrenzen und ihre diskursiven Möglichkeiten vorstrukturieren. Diese Diskursfelder bestimmen in entscheidender Weise sowohl die Chancen der Diskursteilnehmer, in der Öffentlichkeit Gehör zu finden, als auch ihre Chancen, sich mit ihren Deutungsangeboten gegen konkurrierende Deutungsangebote anderer Akteure durchzusetzen. Sie sind das stets umkämpfte Produkt einer Differenzierung und Institutionalisierung von Handlungsrollen. Ihre soziale Struktur besteht aus den Machtverteilungen, Bündniskonstellationen und Konfliktlinien zwischen den Akteuren dieser Felder. Ihre diskursive Struktur besteht aus Konventionen und Regeln für eine diesen Feldern angemessene Produktion diskursiver Beiträge. Diskursfelder besitzen fließende Grenzen und können mehr oder weniger eng miteinander kooperieren. So bedient sich etwa die Politik wissenschaftlicher Gutachten, um politische Entscheidungen zu legitimieren, oder das mediale Feld beobachtet das politische Feld und nimmt Einfluss auf die politischen Prozesse, die in diesem Feld ablaufen. Und Diskursfelder untergliedern sich intern zumeist in spezifische Unterfelder. Sie bestehen aus dominanten und dominierten Fraktionen oder strukturieren sich um historisch gewachsene und feldintern institutionalisierte Grenzen. Ein Beispiel für eine solche Untergliederung bildet das Feld der Politik mit seiner Unterscheidung zwischen Regierung und Opposition.

Diskurse und ihre Verbindung zu diskursiven Formationen sind historische Ordnungen, die an bestehende Deutungen anknüpfen und kontinuierlich in ihrer Geltung bestätigt oder verändert werden (vgl. hierzu Landwehr 2001). Diskursformationen behandeln Themenfelder, die historisch gewachsen und intern bereits strukturiert sind. Im Kampf um die angemessene Interpretation politischer oder sozialer Handlungszusammenhänge werden diese Themenfelder reinterpretiert, in Beziehung zu anderen Themenfeldern gesetzt und zu kollektiv mehr oder weniger anerkannten Deutungsvorgaben verdichtet. Diskursive Formationen institutionalisieren legitime Sichtweisen zu Themenfeldern wie Krieg, Gewalt, Nationalsozialismus, Ökologie, soziale Ungleichheit, die Asylgesetzgebung oder Geschlechterverhältnisse. Sie interpretieren, erklären und rechtfertigen soziale Handlungszusammenhänge und sind das Produkt eines Interpretationsprozesses, in dem Diskurse miteinander verbunden oder voneinander abgegrenzt, reorganisiert oder reproduziert werden. Dasselbe gilt für Diskursgemeinschaften und Diskursfelder. Auch sie sind historische Ordnungen und bilden eine jeweils eigene gemeinschafts- und feldspezifische diskursive Praxis aus. Diese diskursive Praxis ist das Produkt einer Diskursgeschichte, in deren Verlauf das thematische Spektrum, das argumentative Repertoire und die Form des Diskurses sowie die Eliten oder Wortführer diskursiver Gemeinschaften und Felder ausdifferenziert werden.

## Methodische Aspekte der Diskursanalyse

Die Diskursanalyse verfügt über keine einheitliche Methode zur Analyse diskursiver Prozesse. Wie Reiner Keller zutreffend feststellt: „Diskursanalyse formuliert zuallererst einen breiten Gegenstandsbereich, ein Untersuchungsprogramm, keine Methode" (Keller 1997, S. 325). Auch die Methodologie der Diskursanalyse, die Foucault in der Archäologie des Wissens entwickelt, ist eher ein programmatischer Entwurf als ein methodisch abgesichertes Verfahren zur Rekonstruktion diskursiver Prozesse. Die dort entwickelte Untergliederung des Diskurses in diskursive Gegenstände, Begriffe, Äußerungsmodalitäten und Strategien wirft zahlreiche methodische Probleme auf und sperrt sich gegen eine systematische Umsetzung in der empirischen Analyse. Entsprechend orientiert sich die empirische Diskursanalyse methodisch an etablierten und zumeist qualitativen Verfahren der Textanalyse – von der Feinanalyse einzelner Diskursbeiträge mit den Mitteln sozialwissenschaftlicher → Hermeneutik (→ hermeneutische Wissenssoziologie, → objektive Hermeneutik) über den Einsatz der → Grounded Theory bis hin zu sprach- und literaturwissenschaftlichen Analyseverfahren (Fairclough 1989, 1995; Jäger 1993; Schwab-Trapp 2002; Titscher et al. 1998; Wodak et al. 1990, 1998).

Welche Methode auch immer eingesetzt wird: Zur Diskursanalyse wird die Analyse diskursiver Beiträge nur dort, wo diese Analyse Vergleichshorizonte einbindet und die Beiträge, die sie untersucht, in Beziehung zu anderen Diskursbeiträgen und Diskursen setzt. Diskursanalyse ist immer *Kontextanalyse*. Sie ist Kontextanalyse, weil Diskursbeiträge zum einen Bestandteil diskursiver Auseinandersetzungen sind und sich mehr oder weniger direkt auf andere Diskursbeiträge beziehen, die ebenfalls Bestandteil dieser Auseinandersetzungen sind. Und sie ist Kontextanalyse, weil Diskursbeiträge zum anderen immer auch Beziehungen zu mehr oder weniger verwandten Diskursen herstellen und auf diese Weise Diskurse miteinander verknüpfen. So etwa wenn der Diskurs über die Terroranschläge vom 11. September sich mit dem Diskurs über Globalisierung oder der Diskurs über die deutsche Beteiligung an militärischen Interventionen sich mit dem Diskurs über die deutsche Vergangenheit des Nationalsozialismus verbinden. Diskursbeiträge sind damit in Kontexte unterschiedlicher politischer, historischer und sozialräumlicher Reichweite eingebettet, die aus Beziehungen der Konkurrenz, des Widerspruchs oder der wechselseitigen Bestätigung erwachsen, in die die Beiträge eines Diskurses untereinander treten.

Keine Diskursanalyse erfasst Diskurse jemals vollständig. Dafür sind Diskurse zu umfangreich an Beiträgen und zu entwicklungsoffen. Sie besitzen in der Regel keinen exakt datierbaren Beginn und werden in die Zukunft fortgeschrieben. Ebenso wenig lässt sich das thematische Spektrum, das ein Diskurs umfasst, eindeutig begrenzen. Die Kontextgebundenheit diskursiver Beiträge eröffnet jedoch Möglichkeiten der Generalisierung, die diese Beschränkung der Diskursanalyse ausgleichen. So kann etwa die Analyse eines spezifischen Diskurses die Beiträge dieses Diskurses auf die Geschichte und den Wandel diskursiver Gemeinschaften und Felder beziehen oder mit der Geschichte politischer Konflikte verbinden. Hierbei gilt es jedoch immer, eine Beschränkung im Auge zu behalten, um nicht in den Grundirrtum zu verfallen, einfach alles zum Diskurs zu erklären und soziales oder politisches Handeln ausschließlich über Diskurse zu bestimmen. Die Diskursanalyse untersucht einen eng definierten Gegenstandsbereich: Die öffentlich diskutierten, miteinander konkurrierenden und mehr oder weniger kollektiv geteilten Deutungen für politische und soziale Handlungszusammenhänge. Ihr entgehen deshalb auch systematisch all jene Aspekte sozialer und politischer Wirklichkeit, die in solchen öffentlichen Auseinandersetzungen entweder erst gar nicht erscheinen oder nicht explizit zur Geltung gebracht werden. Hierzu gehören die alltäglichen Kommunikationsprozesse im Alltag der Menschen ebenso wie Handlungsroutinen, Selbstverständlichkeiten und Normen sozialen Handelns oder informelle Netzwerke und Regeln.

## Weiterführende Literatur

Jäger, Siegfried (1993): Kritische Diskursanalyse. Eine Einführung. Duisburg.
Schwab-Trapp, Michael (2002): Kriegsdiskurse. Die politische Kultur des Krieges im Wandel 1991-1999. Opladen.
Keller, Reiner/Andreas Hirseland/Werner Schneider et al. (Hg.) (2001): Handbuch Sozialwissenschaftliche Diskursanalyse, Bd. 1: Theorien und Methoden. Opladen.

*Michael Schwab-Trapp*

**Diskursbeschreibung** → Gruppendiskussion

**Diskursproduktion** → Diskursanalyse

**diskursive Formation** → Diskursanalyse

**diskursives (vs. praktisches) Bewusstsein** → rekonstruktive Sozialforschung

**Diskursorganisation** → Fokussierungsmetapher; → Gruppendiskussion

**Diskursuniversum** → Konstruktivismus

**Dokumentarfilm** → Film- und Videoarbeit

**dokumentarische Interpretation** → dokumentarische Methode; → Ethnomethodologie; → rekonstruktive Sozialforschung

# Dokumentarische Methode

Die dokumentarische Methode ist in der Tradition der Wissenssoziologie von Karl Mannheim (1964b; zuerst: 1921/22) und der → Ethnomethodologie (Garfinkel 1961b und 1967) entfaltet und in der heutigen Form zuerst 1983, vor allem aber 1989 (vgl. Bohnsack 1983 u. 1989) für die sozialwissenschaftliche Empirie fruchtbar gemacht worden (vgl. zusammenfassend auch: Bohnsack 1997a u. 2001a). In dieser Form hat die Methode inzwischen vor allem in den Sozial- und Erziehungswissenschaften ein breites Anwendungsfeld gefunden (für einen Überblick siehe: Bohnsack/Nentwig-Gesemann/Nohl 2001). Dieses reicht von der Rekonstruktion von Kindergesprächen (Nentwig-Gesemann 2002), über die Jugend- und Gender-Forschung (u.a. Bohnsack 1989; Bohnsack et al. 1995, Schäffer 1996; Meuser 1998; Breitenbach 2000, Weller 2003), die Organisationskulturforschung (u.a. Liebig 2001), die Mediennutzungsanalyse (u.a. Fritzsche 2001; Schäffer 2003; Bohnsack/Schäffer 2002), die Ritualforschung (u.a. Wulf et al. 2001; Wagner-Willi 2001; Bohnsack 2003b) bis hin zur Wissenschaftsforschung (u.a. Siefkes et al. 1998; Stach 2001). Neben der Auswertung von → Gruppendiskussionen, offenen wie biografischen Interviews und Feldforschungsprotokollen ist auch die dokumentarische Interpretation von historischen Texten sowie von Bildern, Fotos und Videografien erprobt und methodologisch reflektiert worden. Insbesondere im Bereich der → Bildinterpretation werden derzeit neue methodische Perspektiven erschlossen (Bohnsack 2001c und 2001d sowie 2003a; Michel 2001).

Die Analyseverfahren der dokumentarischen Methode eröffnen einen Zugang nicht nur zum reflexiven oder theoretischen, sondern auch zum *handlungsleitenden* Wissen der Akteure und somit zur Handlungspraxis. Die Rekonstruktion der Handlungspraxis zielt insbesondere auf das dieser Praxis zugrundeliegende habitualisierte und z.T. inkorporierte Orientierungswissen, welches dieses Handeln relativ unabhängig vom subjektiv gemeinten Sinn strukturiert. Dennoch wird dabei die empirische Basis des Akteurswissens nicht verlassen. Dies unterscheidet die dokumentarische Methode von objektivistischen Zugängen, die nach Handlungsstrukturen ‚hinter dem Rücken der Akteure‘ suchen, wie u.a. die → objektive Hermeneutik. Die in den objektivistischen Zugängen herausgearbeitete Differenz von subjektiv gemeintem Sinn und „objektiver“ Struktur wird häufig mit Ansprüchen auf einen privilegierten Zugang zur Realität verbunden. Es zeigt sich die Tendenz, die Perspektive des Beobachters auf diese objektiven Strukturmerkmale und somit dessen Wissen mehr oder weniger absolut zu setzen, die eigene ‚Standortgebundenheit‘ oder auch Standort*ver*bundenheit (vgl. Mannheim 1952b), also den eigenen ‚blinden Fleck‘ nicht konsequent zu reflektieren (vgl. zu dieser Kritik: Bohnsack 2003c, Kap. 5 u. 10).

Auf der anderen Seite unterscheidet sich die dokumentarische Methode aber auch von Zugängen, die dem Postulat von Max Weber nach einem Verstehen des subjektiv gemeinten Sinns in der Weise folgen, dass sie die *Theorien* des Common Sense, die Alltagstheorien nachzeichnen und systematisieren. Dies entspricht der Methodologie der Sozialphänomenologie (→ Phänomenologie) und den Methoden der → hermeneutischen Wissenssoziologie. Auf diese Weise erfahren wir sehr viel über die Theorien, Vorstellungen und subjektiven Intentionen der Akteure. Allerdings kann die Perspektive des sozialwissenschaftlichen Beobachters von der Perspektive der Akteure auf deren eigenes Handeln, können also Theorie und Handlungspraxis der Akteure methodologisch nicht hinreichend unterschieden werden (vgl. zu dieser Kritik auch: Bohnsack 2001a sowie Meuser 1999).

## Der Beitrag zur Überwindung der Kluft zwischen Subjektivismus und Objektivismus

Zur Überwindung des skizzierten Dilemmas, also der Aporie zwischen einem theoretisch-methodischen Zugang, der den subjektiv gemeinten Sinn lediglich nachzeichnet, ihn allenfalls systematisiert und damit weitgehend innerhalb der Selbstverständlichkeiten des Common Sense verbleibt, auf der *einen* Seite und dem objektivistischen Anspruch auf einen privilegierten Zugang zur Realität auf der *anderen* Seite, hat Karl Mannheim bereits in den 20er Jahren des vorigen Jahrhunderts einen entscheidenden Beitrag geleistet (Mannheim 1952b, 1952b, 1964b, 1964c, 1980; vgl. auch Bohnsack/Schäffer 2002). Die Mannheimsche Wissenssoziologie eröffnet eine Beobachterperspektive, die zwar auch auf die Differenz der Sinnstruktur des beobachteten Handelns vom subjektiv gemeinten Sinn der Akteure zielt, gleichwohl aber das Wissen der Akteure selbst als die empirische Basis der Analyse beläßt. Voraussetzung für diese spezifische Beobachterhaltung ist die Unterscheidung zwischen einem reflexiven oder theoretischen Wissen der Akteure einerseits und dem handlungsleitenden oder inkorporierten Wissen andererseits. Letzteres bezeichnet Mannheim (1964b) auch als *atheoretisches Wissen* – in Übereinstimmung mit dem „tacit knowledge", dem *stillschweigenden* oder *impliziten* Wissen bei Michael Polanyi (1985). Dieses atheoretische Wissen bildet einen Strukturzusammenhang, der als kollektiver Wissenszusammenhang das Handeln relativ unabhängig vom subjektiv gemeinten Sinn orientiert, ohne den Akteuren aber (im Durkheimschen Sinne) ‚exterior' zu sein.

Diese Struktur ist somit – und dies ist entscheidend – bei den Akteuren selbst wissensmäßig repräsentiert. Die sozialwissenschaftlichen Interpret(inn)en im Sinne der Mannheimschen Wissenssoziologie gehen also nicht davon aus, dass sie *mehr* wissen als die Akteure oder Akteurinnen (wie dies für objektivistische Ansätze charakteristisch ist), sondern davon, dass letztere selbst nicht wissen, was sie da eigentlich (implizit) alles wissen.

## Der methodische Zugang zum handlungsleitenden Erfahrungswissen als einem impliziten (atheoretischen) Wissen

Die Aufgabe des sozialwissenschaftlichen Beobachters besteht demnach darin, dieses implizite oder atheoretische Wissen als ein den Erforschten bekanntes, von ihnen aber selbst nicht expliziertes handlungsleitendes (Regel-) Wissen – *abduktiv* – zur (begrifflich-theoretischen) Explikation zu bringen (→ Abduktion). Dies ist zu unterscheiden von einer Vorgehensweise, bei der der Forscher an den von ihm interpretierten Fällen ein ihm bereits bekanntes allgemeines Regel-Wissen – *induktiv* – zur (je fallspezischen) Anwendung bringt. Die abduktive Analyseeinstellung setzt eine methodische Fremdheitshaltung voraus, hinsichtlich derer die Mannheimsche Wissenssoziologie mit der → Chicagoer Schule übereinstimmt (vgl. Bohnsack/Nohl 2001a). Diese Analyseeinstellung hat Konsequenzen für die gesamte Methodologie wie auch für die konkreten Arbeitsschritte der Textinterpretation und die spezifische Art der → Sequenzanalyse (vgl. Bohnsack 2001a sowie Bohnsack/Nohl 2001b).

## Der Wechsel der Analyseeinstellung vom Was zum Wie

Die Analyseeinstellung der dokumentarischen Interpretation unterscheidet sich vom Common Sense durch einen Wechsel von der Frage, *was* die gesellschaftliche Realität in der Perspektive der Akteure *ist*, zur Frage danach, *wie* diese in der Praxis *hergestellt* wird. Dieser Wechsel ist mit der Einklammerung bzw. Suspendierung von Geltungsansprüchen (hinsichtlich faktischer Wahrheit und normativer Richtigkeit) von Realitätskonstruktionen verbunden. Aufgrund der Bedeutung der Handlungspraxis bezeichnen wir die von uns vertretene Wissenssoziologie auch als eine *praxeologische* (→ praxeologische Wissenssoziologie). Gemeint ist die Praxis des Handelns ebenso wie diejenige des Sprechens, Darstellens und Argumentierens. Die Frage nach dem *Wie* ist die Frage nach dem *modus operandi*, nach dem der Praxis zugrundeliegenden *Habitus* (vgl. Bohnsack 1997a u. 2001b; Meuser 2001).

Mit der dokumentarischen Methode hat Karl Mannheim bereits in den 20er Jahren des vergangenen Jahrhunderts die erste umfassende Begründung der Beobachterhaltung in den Sozialwissenschaften vorgelegt, die den Ansprüchen einer erkenntnistheoretischen Fundierung auch heute noch standzuhalten vermag. So ist der Wechsel von der Frage nach dem *Was* der gesellschaftlichen Realität zur Frage nach dem *Wie* ihrer Herstellung konstitutiv für die konstruktivistische Analyseeinstellung. Im Sinne der Luhmann'schen Systemtheorie ist dies der Übergang von den Beobachtungen *erster* zu den Beobachtungen *zweiter* Ordnung (Luhmann 1990, S. 86ff.).

Für die *empirische* Umsetzung dieser Analyseeinstellung hat die Ethnomethodologie den entscheidenden Beitrag geleistet. Sie hat dieser Hinsicht explizit an Karl Mannheim angeschlossen und seinen Begriff der dokumentarischen Methode aufgegriffen (Garfinkel 1961b u. 1967). Die Analyse der Ethnomethodologen blieb allerdings auf die *formalen* und ubiquitären Strukturen dieses Handelns beschränkt. Dies gilt z.B. auch für die in dieser Tradition stehende → Konversationsanalyse. Das handlungsleitende oder auch inkorporierte Wissen, welches diese Handlungspraxen semantisch-inhaltlich in ihrer je milieu- und kulturspezifischen Ausprägung strukturiert, bleibt aus der Betrachtung ausgeschlossen.

## Die Differenzierung von kommunikativem (gesellschaftlichem) und konjunktivem (milieuspezifischem) Wissen

Im Unterschied zur Ethnomethodologie und Konversationsanalyse hat die Wissenssoziologie Mannheims der Doppelstruktur alltäglicher Verständigung und Interaktion systematisch Rechnung getragen. Denn Bezeichnungen und Äußerungen haben einerseits eine öffentliche oder gesellschaftliche und andererseits eine nichtöffentliche oder milieuspezifische Bedeutung. So ist uns die öffentliche oder auch ‚wörtliche‘ Bedeutung des Begriffs ‚Familie‘ unproblematisch gegeben, da wir alle ein Wissen um die *Institution* Familie (bspw. um die Rollenverteilung Mutter-Vater-Kind) haben. Wir sprechen hier – im Anschluss an Mannheim (1980) – von einem *kommunikativen* oder auch *kommunikativ-generalisierenden* Wissen. Davon zu unterscheiden ist ein Wissen innerhalb des Erfahrungsraums der konkreten Fa-

milie in ihrer je milieuspezifischen oder auch individuell-fallspezifischen Besonderheit. Wir sprechen hier von einem *konjunktiven* Wissen und von konjunktiven
Erfahrungsräumen (vgl. Mannheim 1980 sowie Bohnsack 1989, 1997a, 1998b u.
Bohnsack/Schäffer 2002). Entsprechend lassen sich auch konjunktive und kommunikative *Rituale* unterscheiden (Bohnsack 2003b und Wagner-Willi 2001).

Während der methodische Zugang zum kommunikativen Wissen unproblematisch ist, da es ohne große Schwierigkeiten abgefragt werden kann, erschließt sich
uns das konjunktive Wissen nur dann, wenn wir uns (auf dem Wege von Erzählungen und Beschreibungen oder auch der direkten Beobachtung) mit der Handlungspraxis vertraut gemacht haben. Die dokumentarische Methode ist darauf gerichtet, einen Zugang zum konjunktiven Wissen als dem je milieuspezifischen Orientierungswissen zu erschließen.

## Die Arbeitsschritte der formulierenden und reflektierenden Interpretation

Die methodologische (Leit-)Differenz von kommunikativ-generalisierendem, wörtlichen oder ,immanentem' Sinngehalt auf der einen und dem konjunktiven, metaphorischen oder eben dokumentarischen Sinngehalt auf der anderen Seite findet ihren Ausdruck auch in zwei klar voneinander abgrenzbaren Arbeitsschritten der
Textinterpretation (u.a. Bohnsack 2003c), die sich auch in der Bildinterpretation
wiederfinden (vgl. Bohnsack 2001c), nämlich in den Schritten der *formulierenden
Interpretation* einerseits und der *reflektierenden Interpretation* andererseits. In diesem Sinne geht es darum, das, *was* (wörtlich) gesagt wird, also das, was *thematisch*
wird, von dem zu unterscheiden, *wie* ein Thema, d.h. in welchem *Rahmen* es behandelt wird. Dieser Orientierungs*rahmen* (oder auch: *Habitus)* einer Gruppe oder
eines Individuums (vgl. Bohnsack 1998a) ist der zentrale Gegenstand dokumentarischer Interpretation. Hierbei kommt der → komparativen Analyse von Anfang an
eine zentrale Bedeutung zu, da sich der Orientierungsrahmen erst vor dem Ver-
gleichshorizont anderer Fälle im Modus von Homologien und Kontrasten in kontu-
rierter und empirisch überprüfbarer Weise herauskristallisiert (vgl. Bohnsack 2001b
sowie Nohl 2001a). Hier zeigen sich Parallelen zur → Grounded Theory.

Im ersten Schritt, demjenigen der formulierenden Interpretation, geht es also
darum, das, was von den Akteuren im Forschungsfeld bereits selbst interpretiert, also begrifflich expliziert wurde, noch einmal zusammenfassend zu „formulieren".
Auf dieser Grundlage kann dann sehr genau bestimmt werden, ab welchem Punkt
vom Forscher in einem zweiten Schritt, demjenigen der reflektierenden Interpretation, eigene Interpretationen in „Reflexion" auf die implizierten Selbstverständlichkeiten des Wissens der Akteure erbracht werden.

## Die Mehrdimensionalität des handlungspraktischen Erfahrungswissens: Typenbildung, Generalisierung und komparative Analyse

Die dokumentarische Interpretation ist, wie gesagt, darauf gerichtet, einen Zugang
zum konjunktiven Erfahrungswissen zu erschließen. Das konjunktive (Orientie-
rungs-)Wissen als ein in die Handlungspraxis eingelassenes und diese Praxis orien-
tierendes und somit vorreflexives oder implizites Erfahrungswissen ist dem Interpreten nur zugänglich, wenn er sich den je individuellen oder kollektiven *Erfah-*

*rungsraum* erschließt. Das heißt, eine Äußerung oder Handlung wird mir nur verständlich, wenn ich den dazugehörigen Erfahrungsraum (Kontext) kenne. Dabei resultiert die Komplexität der empirischen Analyse daraus, dass das Individuum bzw. die konkrete Gruppe, welche jeweils den zu untersuchenden Fall bilden, immer schon teilhaben an *unterschiedlichen* Erfahrungsräumen. Oder anders formuliert: Der je fallspezifische Erfahrungsraum konstituiert sich immer schon in der Überlagerung bzw. wechselseitigen Durchdringung unterschiedlicher (milieusspezifischer) Erfahrungsräume bzw. Dimensionen – beispielsweise bildungs-, geschlechts- und generations*typischer*, aber auch alters*typischer*, d.h. lebenszyklischer Art (vgl. Bohnsack 1989).

So wird u.a. in der Gender-Forschung derzeit betont, dass geschlechtsspezifische Orientierungen oder Habitus lediglich im Kontext anderer Dimensionen – u.a im Kontext von Milieu, Generation und Lebenszyklus – und in der Überlagerung und ‚Brechung' durch diese anderen Dimensionen oder *Typen* in ihrer Relevanz für die Akteure erschließbar und auch *generalisierbar* sind. Der Komplexität einer derartigen mehrdimensionalen → *Typenbildung* und den Anforderungen der *Generalisierbarkeit* (→ Gütekriterien) (vgl. Bohnsack 2001b sowie Nentwig-Gesemann 2001) wird die dokumentarische Methode gerecht, indem sie sich auf das in umfangreichen Forschungserfahrungen ausgearbeitete Modell der → komparativen Analyse stützt.

## Weiterführende Literatur

Bohnsack, Ralf (2003c): Rekonstruktive Sozialforschung. Einführung in qualitative Methoden. Opladen (5. Aufl.). Darin: Kap. 3, 5, 8-12.

Bohnsack, Ralf (2001): Dokumentarische Methode. Theorie und Praxis wissenssoziologischer Interpretation. In: Theo Hug (Hg.): Wie kommt Wissenschaft zu Wissen? – Band 3: Einführung in die Methodologie der Sozial- und Kulturwissenschaften. Baltmannsweiler, S. 326-345.

Mannheim, Karl (1964): Beiträge zur Theorie der Weltanschauungsinterpretation. In: Ders.: Wissenssoziologie (urspr. 1921-22). Neuwied, S. 388-407.

*Ralf Bohnsack*

**Dokumentsinn** → Bildinterpretation; → dokumentarische Methode; → Gruppendiskussion

**Dramaturgie des Diskurses/dramaturgische Höhepunkte** → Fokussierungsmetapher; → Gruppendiskussion

**durchschnittlich gemeinter Sinn** → Typenbildung

**eindimensionale Typenbildung** → Typenbildung

**eidetische Reduktion** → Phänomenologie

**Einklammerung (Suspendierung) des Geltungscharakters** → dokumentarische Methode

**Entdeckungszusammenhang (vs. Begründungszusammenhang)** → rekonstruktive Sozialforschung

**entgegenkommender Sinn (vs. stumpfer Sinn)** → Bildinterpretation

**Erfahrungsraum** (*siehe* konjunktiver Erfahrungsraum)

**Erfahrungshaltung** → Erzählanalyse; → Autobiografie

**Erklären (vs. Verstehen)** → Hermeneutik

**erklärendes Verstehen** → Typenbildung

# Erzählanalyse

In den letzten zwei Jahrzehnten hat sich ein interdisziplinärer Diskurs von Sprach-, Literatur- und Sozialwissenschaftlern zum Thema des Erzählens entwickelt (vgl. Lämmert 1982; vgl. auch die Zeitschrift „Narrative Inquiry", vormals „Journal of Narrative and Life History"). Die unterschiedlichen Varianten des interdisziplinären Interesses an Erzählungen können im Folgenden nicht rekonstruiert werden, stattdessen geht es hier um eine spezifische Form der sozialwissenschaftlichen Erzählanalyse, die sich im deutschsprachigen Raum, aber auch in anderen Ländern (z.B. in Polen) in der Soziologie, in den Erziehungswissenschaften und anderen Disziplinen verbreitet und wichtige Anstöße zur Entwicklung der → Biografieforschung, von Interaktionsfeldstudien (Schütze 1982, 1987a), der Analyse professionellen Handelns und von anderen Forschungsbereichen geliefert hat.

Dieses Analyseinstrumentarium hat sich in der Auseinandersetzung mit autobiografisch → *narrativen Interviews* entwickelt (Schütze 1983), aber auch in der Anwendung auf andere Formen des narrativen Interviews – wie etwa das interaktionsgeschichtliche Interview (Riemann 2000) – und auf schriftliche Selbstzeugnisse bewährt. Zu seiner spezifischen Ausformung haben sowohl das von der Konversationsanalyse herrührende Interesse an formalen Strukturen als auch Forschungsstrategien von Glaser und Strauss (1967) beigetragen (vgl. die Integration von Datenerhebung und -analyse, das → „theoretische Sampling", die Bildung kontrastiver Vergleiche und das Konzept der „theoretischen Sättigung": Elemente der → Grounded Theory). Die bloße Auflistung von Analyseschritten vermittelt nur einen sehr flüchtigen und möglicherweise missverständlichen Eindruck, sodass die Lektüre von einer der zahlreichen prozessanalytischen Studien (z.B. Riemann 1987; Schütze 1992, 1995, 2001; Nittel 1992; Inowlocki 2000, Treichel 2001), in denen diese Auswertungsprozeduren angewandt wurden, sinnvoll erscheint, um sich mit dem Analysestil und den Spezifika der Darstellungen, insbesondere von formalinhaltlichen strukturellen Beschreibungen (im Unterschied etwa zum „offenen Kodieren"), vertraut zu machen. Es sollte erwähnt werden, dass sich – in Anknüpfung an dieses Instrumentarium – auch andere Ansätze der sozialwissenschaftlichen Erzählanalyse entwickelt haben, in die weitere Elemente integriert wurden, etwa bei Rosenthal (1995) und Fischer-Rosenthal und Rosenthal (1997) Elemente aus den Arbeiten des Phänomenologen Aron Gurwitsch und aus der objektiven Hermeneutik; auf der Grundlage dieser Verfahren sind eine Reihe von Forschungsarbeiten entstanden, etwa Rosenthal (1997).

Die Unterstützung durch das soziale Arrangement einer → Forschungswerkstatt hat sich – vor allem mit Blick auf „Forschungsnovizen" – bewährt. Auf das wichtige Thema der Bedeutung und der Integration des mündlichen Werkstattdiskurses und der (einsamen) schriftlichen Analysearbeit kann hier nicht gesondert eingegangen werden. Es handelt sich stichwortartig um folgende Arbeitsschritte, die hier in ihrer „Normalform" – natürlich gibt es Abweichungen – und unter besonderer Berücksichtigung biografieanalytischer Projekte auf der Grundlage narrativer Interviews (mit ihren drei Teilen: der vom Interviewer nicht unterbrochenen Anfangserzählung, den auf die Erzählkoda folgenden narrativen Nachfragen und den anschließenden beschreibenden und theoretisch-argumentativen Fragen) skizziert werden:

Themendimensionierung in der Auseinandersetzung mit empirischen Materialien, insbesondere Auszügen aus einem oder mehreren Interviews, die zu diesem Zweck durchgeführt wurden; Neueinrichtung des Forschungsinstruments auf der Grundlage der Reflexion der ersten Feldforschungserfahrungen; Planung der ersten Erhebungsphase unter Gesichtspunkten des → theoretischen Sampling.

Die Auswahl eines ersten Interviews (eines ersten „Eckfalls") aus den zwischenzeitlich erhobenen Daten, das unter verschiedenen – formalen und inhaltlichen – Gesichtspunkten für eine detaillierte Fallanalyse geeignet erscheint und in dem vor allem diejenigen biografischen und anderen sozialen Prozesse repräsentiert zu sein scheinen, auf die sich das spezifische Interesse des Forschungsprojekts richtet. Feintranskription dieses Interviews.

Eine Fallanalyse dieses Interviews, die aus folgenden Schritten besteht:

1.  Interviewkritik und formale *Textsortendifferenzierung* (Bestimmung der globalen Textsorten bzw. Kommunikationsschemata (vgl. Kallmeyer/Schütze 1977) der Erzählung, Beschreibung und Argumentation), um zu einer ersten Einschätzung der Präsentation der Erfahrungsaufschichtung und der rückblickenden biografischen Bearbeitung zu gelangen. Was bedeutet es etwa, wenn in bestimmten Darstellungsteilen über weite Strecken das Argumentationsschema dominant wird (Riemann 1986)?

2.  Eine detaillierte textformale und inhaltliche *strukturelle Beschreibung* der sorgfältig identifizierten Erzählsegmente, Subsegmente und suprasegmentalen Darstellungszusammenhänge der Haupterzählung (und – zumindest partiell – der Sequenzen des Nachfrageteils), die strikt sequenziell erfolgt, von den Textstrukturen als Indikatoren der Erlebnisaufschichtung des Informanten ausgeht und dem Beachtung schenkt, wie der Informant im Laufe seiner Stegreiferzählung erneut von den Ereignissen, in die er verwickelt war, beeinflusst und „eingeholt" wird. In der strukturellen Beschreibung werden dann aber auch detailliert die „inhaltlichen" biografischen Prozessstrukturen und sonstigen sozialen Prozesse, die in der Erzählung repräsentiert sind, herausgearbeitet. Dieser Analyseschritt ist besonders aufwendig. Es müssen bestimmte Darstellungsfertigkeiten entwickelt werden, um der Perspektivenvielfalt des Primärmaterials gerecht zu werden und die formal-inhaltliche Auswertungsarbeit – also alles das, worüber man als Forscher „gestolpert" ist, wie man Fragen und Interpretationslinien entwickelt und Muster identifiziert hat – nachvollziehbar und kritisierbar zu machen. (Es stellt sich in jedem Forschungsprojekt erneut die Frage, wie vollständig oder selektiv die strukturelle Beschreibung in schriftlicher Form dokumentiert werden sollte. Auf jeden Fall sollte das Kriterium eine wichtige Rolle spielen, dass der Leser die Möglichkeit haben sollte, die Analysearbeit des Autors in der Konfrontation mit dem Primärmaterial kritisch zu überprüfen.)

Eine *analytische Abstraktion* auf der Basis der strukturellen Beschreibung, d.h. eine Herausarbeitung (a) der biografischen Gesamtformung: der Abfolge und der Beziehungen der verschiedenen Prozessstrukturen des Lebensablaufs in ihrer Gesamtheit, z.B. der Abfolge einer Verlaufskurve des Erleidens und deren Überwindung in einem kreativen Wandlungsprozess; (b) der hier erkennbaren Beziehungen zwischen biografischen Prozessen und anderen sozialen Prozessen (kollektiven, organisatorischen, Interaktions-Prozessen usw.); (c) der eigentheoretischen und evaluativen Ausführungen des Erzählers und ihrer Beziehungen zu den Prozessstrukturen des Lebensablaufs, wie sie in der vorausgegangenen strukturellen Beschreibung aufgedeckt wurden. Schütze (1983, S. 286f.) spricht davon, dass es in dieser – hier unter (c) angedeuteten – „Wissensanalyse" darum geht, „die eigentheoretischen, argumentativen Einlassungen des Informanten zu seiner Lebensgeschichte und zu seiner Identität sowohl aus den Erzählpassagen der beiden ersten Interviewabschnitte als auch aus dem abschließenden argumentierenden und abstrahierenden Abschnitt des narrativen Interviews zu explizieren und unter Ansehung des Ereignisablaufs, der Erfahrungsaufschichtung und des Wechsels zwischen den dominanten Prozessstrukturen des Lebensablaufs, systematisch auf ihre Orientierungs-, Verarbeitung-, Deutungs-, Selbstdefinitions-, Legitimations-, Ausblendungs- und Verdrängungsfunktion hin zu interpretieren. Ohne den lebensgeschichtlichen Ereignis- und Erfahrungsrahmen für die eigentheoretischen Wissensproduktionen des Biografieträgers zu kennen, ist es unmöglich, den Stellenwert autobiografischer Theorieproduktionen für den Lebensablauf zu bestimmen." – In der analytischen Abstraktion sollte expliziert werden, was vermutlich fallspezifisch und was verallgemeinerbar ist.

Die Auswahl (zumindest) eines weiteren Interviews aus den in der Zwischenzeit erhobenen Daten: d.h., eines zweiten „Eckfalls", der sich in analyserelevanten Dimensionen soweit wie möglich vom ersten Fall unterscheiden sollte. Feintranskription dieses Interviews.

Eine Fallanalyse des zweiten Interviews, die aus den gleichen Analyseschritten wie die erste Fallanalyse besteht: Interviewkritik/Texsortendifferenzierung, strukturelle Beschreibung und analytische Abstraktion.

Ein kontrastiver Vergleich dieser zwei „Eckfälle" und – meist – zusätzlicher Fälle, um die theoretische Varianz des Datenmaterials möglichst auszuschöpfen und weitere theoretische Kategorien zu entdecken. (Es ist deutlich geworden, dass kontrastive Vergleiche bis dahin auch schon immer an bestimmten Stellen eine wichtige Rolle gespielt haben, aber jetzt wird dieser Analyseschritt besonders elaboriert durchgeführt.)

Dabei allmählicher Einstieg in einen Prozess der Generierung eines prozesshaften theoretischen Modells, in dem die theoretischen Kategorien systematisch aufeinander bezogen werden, und seiner anschließenden Überprüfung, Differenzierung und Verdichtung in der kontinuierlichen Konfrontation mit der Gesamtheit des Datenmaterials, bis „theoretische Sättigung" erreicht ist.

## Weiterführende Literatur

Riemann, Gerhard (1987): Das Fremdwerden der eigenen Biografie. München.
Schütze, Fritz (1983): Biografieforschung und narratives Interview. In: Neue Praxis, Heft 3, S. 283-293.
Schütze, Fritz (1992): Pressure and Guilt: War Experiences of a Young German Soldier and their Biografical Implications. In: International Sociology, Vol. 7, No. 2, S. 187-208, und No. 3, S. 347-367.

*Gerhard Riemann*

**Erzählcoda** → Erzählanalyse; → narratives Interview
**Erzählung** (*siehe* Narration)
**Erzählanalyse** → narratives Interview


# Ethnografie

Ethnografie meint ein Forschungsprogramm, das darauf abzielt, andere Lebenswei-
sen, Lebensformen, Lebensstile sozusagen ‚von innen' her zu verstehen, d.h. ‚fremde Welten' auf ihren Eigen-Sinn hin zu erkunden (vgl. Hitzler 1999b). Insofern
‚Welten' als Korrelate des Erlebens von Sinnzusammenhängen zu begreifen sind,
ist damit folglich ein Programm anzuzeigen, das empirisch stark *deskriptiv* orientiert ist – nämlich eben an den *Erfahrungen*, die Menschen machen. Ein solches
Programm, wie es besonders markant im Ansatz der sogenannten → ‚lebensweltlichen' bzw. -lebensweltanalytischen Ethnografie formuliert ist, impliziert ein allgemeines Forschungskonzept, das wegführt vom sozusagen ‚kolonialistischen', pseu-
do-objektivistischen *Über-Blick* (nicht nur) der konventionellen Soziologie – über
die Köpfe der Akteure hinweg – und hin zum mühevollen *Durch-Blick* sozusagen
durch die ‚Augen' der Akteure hindurch.

## Der befremdende Blick

Vom ethnografisch arbeitenden *Ethnologen* unterscheidet den *soziologischen* Ethnografen nun vor allem, dass er (der Soziologe) selber begreifen und insbesondere
auch Dritten begreiflich *machen* muss, dass er die ‚Sprache' des von ihm je untersuchten ‚Feldes' tatsächlich *nicht* ohnehin und selbstverständlich beherrscht, und
„dass die Herstellung von Intersubjektivität nicht nur ein Problem für den Anthropologen in einer fremden Kultur darstellt, sondern auch für die Teilnehmer der Alltagswelt" (Knorr/Cetina 1984, S. 44). Anders ausgedrückt: Der soziologische Ethnograf, muss, sozusagen mitten im modernen Alltag, jene ‚Fremde' überhaupt erst
einmal wieder *entdecken* bzw. sichtbar machen, die der ethnografisch arbeitende
Ethnologe gemeinhin fast zwangsläufig existenziell erfährt, weil und indem seine
alltäglichen Routinen ‚im Feld' fremdartiger Kulturen oft ziemlich brachial er-
schüttert werden.

Anders als der Ethnologe muss der soziologische Ethnograf also erst lernen,
dass er *nicht* voraussetzen darf, „dass seine Auslegung der neuen Kultur- und Zivili-
sationsmuster mit derjenigen zusammenfällt, die unter den Mitgliedern der in-group
gebräuchlich ist" (Schütz 1972a, S. 63). Das heißt, er muss die Fremde *suchen*, sozusagen *entgegen* der Gewissheit des ‚Denkens-wie-üblich', des ‚Und-so-weiter',
der ‚Vertauschbarkeit der Standpunkte' (vgl. Schütz 1971b), mit denen der gemeine
Alltagsverstand – auch mancher Soziologen – alles zu okkupieren pflegt, was als
einigermaßen vertraut oder auch nur bekannt in seinem Horizont erscheint. Kurz:
Der soziologische Ethnograf muss sich typischerweise der Fremdheit des Bekannten und Vertrauten in der ‚eigenen' Gesellschaft durch eine artifizielle Einstellungs-
änderung erst wieder bewusst werden. (Eben diese ‚Fremdheitshaltung' ist auch

Fritz Schütze (1994) zufolge das eigentlich ‚Genuine' der sozialwissenschaftlichen Ethnografie.)

Diese ‚Befremdung der eigenen Kultur' (Hirschauer/Amann 1997) dient dazu, die Relativität jedweder Art von sozialen Konstruktionen zu erkennen, und sie geschieht, erkenntnistheoretisch gesprochen, wesentlich durch artifizielles, methodisches Ausklammern ‚vorgängiger' Alltagsgewissheiten, also durch so etwas wie ‚künstliche Dummheit' (vgl. Hitzler 2001) bzw. durch das, was etwa Blanche Geer (1964) ‚Neutralität' genannt hat. Das heißt u.a.: Durch den ‚befremdenden Blick' auf das je interessierende Phänomen versetzt sich der soziologische Ethnograf in die Lage, sein eigenes, fragloses Vor-Wissen über dieses Phänomen zu *explizieren*.

## Forschungsinteressen und Forschungsprozess

Ethnografien – sowohl soziologische als auch ethnologische – lassen sich nach vielerlei Gesichtspunkten binnendifferenzieren (vgl. dazu z.B. Honer 2000; Knoblauch 2001; Schweizer 1999). Hier sollen lediglich drei Arten von Ethnografie im Hinblick auf divergente Erkenntnisinteressen unterschieden werden: Charakteristisch für das, was man *‚exotische' Ethnografie* nennen könnte, ist die Betonung der Einzelfallspezifik. Dabei geht es wesentlich darum, die Besonderheit (‚Exotik') der je untersuchten Welt herauszuarbeiten. Bei einer *komparativen Ethnografie* geht es demgegenüber um die Betonung struktureller Ähnlichkeiten und Gleichartigkeiten von – oberflächlich betrachtet u.U. hochgradig unterschiedlichen – Welten. Eine *semantische Ethnografie* schließlich zielt auf die Erschließung von Kulturfeldern, wobei das Erkenntnisinteresse – im Rekurs auf textstrukturell interessierte Verfahren, wie z.B. die der → Konversationsanalyse, der → Gattungsanalyse und der → ethnografischen Semantik – entweder auf *strukturelle* Aspekte (z.B. Gattungen des Miteinander-Redens, Formen des Tanzens u.v.a.) oder *historisch* (d.h. auf die Rekonstruktion expliziter *und* impliziter bzw. evtl. nicht erkannter Kulturtraditionen) ausgerichtet ist.

Allen Varianten der Ethnografie *gemeinsam* ist, dass der Forscher mehr oder minder intensiv ‚ins Feld' hineingeht und zugleich ‚im Feld' so agiert, dass er es – im Gegensatz etwa zum sogenannten Aktionsforscher – möglichst *wenig* beeinflusst und verändert. Und symptomatisch ist die prinzipiell feldbedingungsreagible und situationsflexible Form der Datenerhebung, bei der – im Gegensatz etwa zu Repräsentativbefragungen – die Subjektivität des Forschenden nicht durch technische Maßnahmen ‚maximal' eliminiert, sondern reflexiv als Datum anerkannt und berücksichtigt wird: Der Forscher muss hier einerseits (auch emotional) möglichst nahe an sein ‚Feld' heran, um es optimal explorieren zu können, andererseits aber darf er sein forschungsbezogenes Relevanzsystem nicht aufgeben, ohne Gefahr zu laufen, zu ‚verkaffern' („going native"), also nicht mehr ‚aus dem Feld' herauszufinden (vgl. Honer 1993b).

Die besondere methodische Kompetenz des Ethnografen besteht mithin darin, dass er in der Lage ist, erkenntnisoptimierend zwischen existentieller Nähe und analytischer Distanz zu changieren; dies umso mehr, als die Datenerhebung, Datenauswertung und Theoriebildung nicht in einer vorweg festgelegten, linearen Abfolge, sondern – nach dem Prinzip des ‚theoretical sampling' (Glaser 1978) (→ theoretisches Sampling) – in einer zirkulären bzw. spiralförmigen Bewegung stattfinden. Das heißt, auf das – wie auch immer entstandene – Forschungsinteresse bezogen, werden zunächst möglichst viele, möglichst mannigfaltige Daten zusammengetragen und analysiert. Und auf der Basis dieser Datenauswertung werden dann gezielter, nämlich im Hinblick auf ihre mutmaßliche theoretische Relevanz, weitere Daten gesammelt und interpretiert usw., und zwar so lange, bis das Erkenntnisinteresse befriedigt ist oder der Forschungsprozess aus anderen Gründen abgebrochen bzw. zu einem Ende gebracht werden muss. Der Ethnografie schlechthin eignet also ein zunehmend fokussierender (‚trichterförmiger') Forschungsprozess. (Dieses allgemeingültige Prinzip impliziert aber etwas ganz anderes als das, was Hubert Knoblauch neuerdings (2001) als ‚fokussierte Ethnografie' propagiert: Es impliziert nämlich – entgegen dem Knoblauchschen Konzept – dass a priori im Feld *alles* beachtenswert ist, weil man erst im Verlauf des Forschungsprozesses erkennen kann, was hier – aus den Relevanzsetzungen der Untersuchten heraus oder diese eben *explizit* konterkarierend – *besonders* beachtenswert, deutungs- und erklärungsbedürftig ist.)

## Datenerhebung und Datenauswertung

Ethnografen verwenden bei ihrer Forschungsarbeit – idealerweise ‚triangulierend' (vgl. Flick 2000b) (→ Triangulation) – prinzipiell das gesamte Methoden-Arsenal empirischer Sozialforschung. Allerdings hat sich gezeigt, dass sich sogenannte nichtstandardisierte Verfahren für ethnografische Erkenntnisinteressen in der Regel besonders gut eignen, weil Standardverfahren nicht oder nur ungenügend greifen – zum Beispiel und vor allem, wenn es darum geht, (relativ) unerforschte Phänomene zu entdecken und zu erkunden, wenn das ‚Feld' sich als ‚sperrig' erweist gegenüber standardisierten Methoden, wenn sich das Erkenntnisinteresse auf typologische Konstruktionen (statt auf kategoriale Zuordnungen) oder auf die empirisch begründete Bildung von Theorie (statt auf die ‚Prüfung' von Hypothesen) richtet, und vor allem wenn der Forscher geneigt ist, sich von ‚the natives' point of view' (Clifford Geertz 1984), d.h. von den ‚im Feld' geltenden statt von seinen professionellen Relevanzsystemen leiten zu lassen. Das entscheidende Qualitätskriterium für Verfahren im Rahmen *ethnografischer* Forschungsarbeit ist nämlich eben, ob bzw. in welchem Maße sie geeignet sind, Relevanzen, Wissen und Praktiken der je Untersuchten ihrem typisch gemeinten Sinn nach zu rekonstruieren. Dabei bestehen die grundlegenden Techniken der *Datenerhebung* darin, das, was geschieht, mitzubekommen, Materialien aller möglichen Art einzusammeln, mitzunehmen und zu ‚studieren' (Dokumentensicherung) sowie mit den Leuten zu reden (→ Interview).

Die *Datenauswertung* im Rahmen ethnografischer Forschung beginnt, genau genommen, bereits mit der Herstellung künstlicher ‚Dokumentationen', insbesondere also mit Verschriftungen, d.h. mit der → Transkription von Interviews und von Aufzeichnungen natürlicher Kommunikationsvorgänge (vgl. Dittmar 2002). Aber auch nichtverbale Objektivationen (wie Filme bzw. Videos, Bilder, Fotos und andere Artefakte, evtl. sogar Musikaufzeichnungen) sind so gut wie möglich zu verschriftlichen – zum einen, weil (z.B. bei Film- und Musikaufnahmen) die Interpretationszeit gegenüber der der Objektivation ‚eigenen' Verlaufszeit typi-

scherweise divergiert, zum anderen wegen des unumgänglichen Versprachli-
chungsvorganges bei der Interpretation, der damit selber besser kontrollierbar,
d.h. für andere Interpreten rekonstruierbar und v.a. nachvollziehbar wird (vgl.
Reichertz 2000, S. 46-55).

Zur Analyse *aller* – wie auch immer – *fixierter* Daten, d.h. sowohl solcher Daten, die im Feld und über das Feld in fixierter Form vorfindbar sind, als auch solcher, deren Fixierung vom Forscher evoziert wird, oder die vom Forscher in intersubjektiv zugänglicher Form produziert werden, stehen verschiedene Methoden der
*sozialwissenschaftlichen* → *Hermeneutik* zur Verfügung (vgl. die Beiträge in Hitz-
ler/Honer 1997). Diese zielen – bei aller Heterogenität – wesentlich darauf ab, methodisch kontrolliert durch den oberflächlichen Informationsgehalt von – wie auch
immer gearteten – Texten hindurchzustoßen zu tiefer liegenden Sinn- und Bedeu-
tungsschichten und dabei diesen Rekonstruktionsvorgang intersubjektiv nachvollziehbar zu machen bzw. zu halten. Das heißt, ‚zusammengehalten' werden die ansonsten durchaus divergenten Richtungen der sozialwissenschaftlichen Hermeneutik
durch das Prinzip, quasi-naturwüchsiges, alltägliches Verstehen methodisch zu pro-
blematisieren, theoretisch zu hinterfragen und epistemologisch zu reflektieren; kurz:
durch das Prinzip, Verstehen zu *verfremden*. (Das reflexive Grundproblem des interpretierenden Ethnografen besteht folglich darin, für sich selbst und für andere durch-
sichtig zu machen, *wie* er das versteht, was er zu verstehen glaubt, und wie *er* das
weiß, was er zu wissen meint – vgl. dazu Soeffner/Hitzler 1994).

## Zum Sinn soziologischer Ethnografie

Ethnografie ist investigative (aufspürende), explorative (erkundende), interpretative
(deutende) und deskriptive (beschreibende) Forschung (vgl. Douglas 1976). Das
hier angedeutete methodologische und methodische Arsenal der soziologischen
Ethnografie dient zur Rekonstruktion der Arten und Weisen, wie Menschen im Zusammenleben mit anderen *ihre* jeweilige Welt konstruieren. Der Sinn dieser Rekonstruktion je fremder Welten liegt in dem Anliegen, zu *verstehen* und zu *übersetzen*,
welchen Sinn Akteure mit ihrem Tun (und Lassen) je verbinden. Im ‚Pluriversum'
der Spät- und Postmoderne fungiert Ethnografie mithin sozusagen als professionel-
les *Grenzgängertum* zwischen mannigfaltigen, je ‚eigensinnigen' Welten.

*Ronald Hitzler*

## Weiterführende Literatur

Atkinson, Paul/Coffey, Amanda (eds.) (2001): Handbook of Ethnography. London et al.
Gubrium, Jaber (1988): Analyzing Field Research. Newbury et al.
Wolcott, Harry F. (1999): Ethnography – A Way of Seeing. Walnut Creek et a.l.

# Ethnografische Semantik

Die Methoden der ethnografischen Semantik stammen aus der linguistisch orientierten amerikanischen Kulturanthropologie (Frake 1973; Goodenough 1957; Goodenough 1971) und werden heute der sogenannten „Cognitive Anthropology" zugerechnet. Die erste umfassende methodische Systematisierung erfolgte in zwei Übersichtswerken zur Feldarbeit (vgl. Werner/Schoepfle 1986, 1987) und wird theoretisch gebündelt und erweitert durch die Zusammenfassung „The Development of Cognitive Anthropology von D'Andrade (1995). Untersucht werden komplexe kulturelle Szenen, Situationen und Milieus in der eigenen Gesellschaft (vgl. Holland/ Quinn 1987; D'Andrade/Strauss 1992; Maeder 1997; Maeder 2000), aber auch Sprachphänomene wie z.B. Metaphern und andere Kategorien in der Sprachverwendung als Sinn konstituierende Elemente in unterschiedlichen Kontexten (Lakoff/Johnson 1980). Eine Ausweitung des Ansatzes hin zu erkenntnistheoretischen Fragestellungen (Lakoff/Johnson 1999) zeichnet sich ab.

Als Kern einer Methode für jene qualitativ arbeitende Soziologie, die ihre Daten mittels → teilnehmender Beobachtung generiert, wurde die ethnografische Semantik vom Amerikaner James P. Spradley bekannt gemacht. Er hat den Ansatz für seine Forschungen über die Tramps (Spradley 1970; Spradley 1972), die soziale Organisation eines Gefängnisses (Spradley 1973), das Zusammenleben der Geschlechter in einer Bar (Spradley/Mann 1975) und über das Leben tauber Menschen (Spradley/ Spradley 1978) verwendet. Mit den Methodenschriften über das ethnografische → Interview (Spradley 1979), die teilnehmende Beobachtung (Spradley 1980), einem Einführungsbuch in ethnografische Forschung für Studierende (Spradley/McCurdy 1988) und einem in Herausgeberschaft verantworteten Lesebuch zu ethnografischen Arbeiten (Spradley/McCurdy 1990) liegen Texte zur Anwendung, Begründung und Reichweite der Methode in dieser Verwendungsrichtung vor.

Man kann die Grundfrage der ethnografischen Semantik wie folgt umreißen: Welche Bezeichnungen werden von den Mitgliedern einer Kultur, einer Gruppe, einer Szene oder dergleichen benutzt, um *relevante* und *signifikante* Dinge und Ereignisse (auch: Personen und Handlungen, Orte und Zeiten) zu qualifizieren (vgl. Frake 1973)? Die daran anschließende Ausgangsannahme ist: Der *kompetente Gebrauch* dieser Bezeichnungen bestimmt die Grenzen der Zugehörigkeit zu Kulturen, Gruppen und Szenen (ausführlich dazu: Maeder/Brosziewski 1997; Maeder 2002). *Zwei Konsequenzen* dieser Grundposition sind hervorzuheben. *Erstens*: Im Zentrum der semantischen Analysen stehen zunächst *Worte* und *nicht ganze Texte*. Hieran ist die Herkunft dieser Methode aus der Linguistik zu erkennen. Die primäre Einheit der Rekonstruktion sind Bezeichnungen und Worte *im Kontext ihres beobachtbaren Gebrauchs*. Die ethnografische Semantik kann demnach nicht darauf ausgehen, Bedeutungen und Definitionen nur abzufragen oder gar exklusiv aus Gesprächsmaterial in der Form von Transkripten (→ Transkription) allein zu interpretieren. Sie muss den treffenden und in der entsprechenden Kultur akzeptierten Gebrauch beobachten und registrieren. Es geht ihr um das Wissen, das eine aktive Teilnahme an einer Kultur möglich macht, um die gleichsinnig benutzten Formen, welche die Zugehörigkeit und – im Negativen – die Nichtzugehörigkeit bezeichnen. *Zweitens*: Es geht um die Qualifikation von Dingen und Ereignissen, die durch die Bezeichnungen geleistet werden, und nicht um die Definition oder die Bedeutungen der Bezeichnungen selbst. In diesem Sinn kann man von einer *pragmatischen* → *Ethnografie* im doppelten Wortsinn sprechen: Es interessieren die sozialen Handlungen und deren Bezeichnung im Feld und dies unter der Prämisse der symbolischen Interaktion (Blumer 1969). Der Ansatz weist damit in der soziologischen Verwendung eine hohe Affinität zu der von Anselm Strauss angeregten → „Grounded Theory" (Glaser/Strauss 1967; Strauss/Corbin 1999) und der Ethnografie der Kommunikation (vgl. Gumperz 1992; Gumperz/Hymes 1964, 1972; Knoblauch 1991b) auf.

*Christoph Maeder*

**ethnografischer Film** → Film- und Videoarbeit
**ethnografisches Interview** → ethnografische Semantik

# Ethnomethodologie

Ethnomethodologie bezeichnet ein Anfang der sechziger Jahre des 20. Jahrhunderts von Harold Garfinkel (1967) begründetes, auf qualitativer empirischer Forschung basierendes Theorieprogramm, das in dezidierter Abgrenzung vom seinerzeit dominierenden Strukturfunktionalismus sowie von der ebenfalls vorherrschenden deduktiv-nomologischen, standardisierte Verfahren bevorzugenden Methodologie entwickelt worden ist. Der Begriff „Ethnomethodologie" bringt zum Ausdruck, was den Untersuchungsgegenstand ausmacht: eine (empirische) Rekonstruktion derjenigen Methoden, mit denen die Mitglieder einer Gesellschaft in ihren (alltäglichen) Handlungen die Wirklichkeit hervorbringen, in der sie handeln. Mit der Frage, wie *in sozialer Interaktion* soziale Ordnung *hergestellt* wird, nimmt die Ethnomethodologie die soziologische Grundfrage, wie soziale Ordnung möglich ist, in einer neuen Weise auf. Die Ordnung einer Gesellschaft oder einer sonstigen sozialen Einheit lässt sich dem ethnomethodologischen Verständnis zufolge nicht dadurch erfassen, dass man deren Regel- und Normsystem analysiert; denn Ordnung ist nicht als etwas Statisches, nicht als „faits sociaux" im Sinne Durkheims, sondern in Prozesskategorien zu begreifen. Der ethnomethodologische Blick richtet sich auf „norms in use" (Churchill 1971, S. 184), auf den methodischen und kompetenten Regelgebrauch der Gesellschaftsmitglieder; soziale Regeln und Normen existieren nur in ihren Anwendungen in sozialen → Interaktionen und erfahren dabei eine fortwährende (wenn auch in der Regel minimale) Transformation. In diesem Sinne spricht die Ethnomethodologie von der „lokalen" Produktion sozialer Ordnung und von sozialer Wirklichkeit als „an ongoing accomplishment of the concerted activities of daily life" (Garfinkel 1967, S. vii). Darin anderen sozialkonstruktivistischen Ansätzen (→ Konstruktivismus) verwandt, begreift die Ethnomethodologie soziale Wirklichkeit als „Vollzugswirklichkeit" (Bergmann 2000a, S. 122). Sie tut dies insofern in einer radikalen

Weise, als ihrem Verständnis nach außerhalb sozialer Interaktion soziale Wirklichkeit nicht existiert (vgl. Mehan/Wood 1976, S. 44ff.).

Zur Beschreibung der handlungspraktischen Herstellung von sozialer Ordnung verwendet die Ethnomethodologie den Begriff des „account" (vgl. Heritage 1984, S. 135ff.), ins Deutsche annäherungsweise mit Darstellung zu übersetzen. Dem liegt die von Garfinkel (1967, S. 1) als zentral bezeichnete Annahme zugrunde, „that the activities whereby members produce and manage settings of organized everyday affairs are identical with member's procedures for making those settings ‚accountable'." Damit ist gemeint, dass jeder soziale Zusammenhang durch den sich in situ entwickelnden Charakter der ihn konstituierenden Handlungen strukturiert wird und dass dies zugleich in eben diesen und durch diese Handlungen in einer für alle Beteiligten nachvollziehbaren Weise dargestellt wird. Wegen dieser doppelten Funktion richtet sich das ethnomethodologische Interesse auf „accounts". Deren Rekonstruktion eröffnet einen empirischen Zugang zu den Prozessen der Herstellung sozialer Ordnung. Das ist möglich, weil „accounts" keine ‚Auszeiten' sind, in denen sich die Handelnden dem Geschehen reflexiv zuwenden, sondern, wie dargestellt, elementarer Bestandteil des Handelns selbst. „Accounts" können sprachlicher, aber auch nonverbaler Art sein. Ein instruktives Beispiel für einen körperlichen „account" ist das Formieren einer Schlange (vgl. Livingston 1987, S. 12ff.). Mit den Bewegungen der Körper im Raum, die sich hintereinander anordnen, wird eine Ordnung lokal hergestellt, zugleich stellen die Akteure einander und gegenüber anderen dar, dass dies geschieht und wie die Ordnung beschaffen ist.

Die Annahme einer lokalen Produktion sozialer Ordnung impliziert weder diejenige einer Beliebigkeit sozialer Interaktionsverläufe noch die einer Willkürlichkeit von Wirklichkeitskonstruktionen. Mit dem Fokus auf „norms in use" wird zwar einem deterministischen Regelbegriff eine Absage erteilt, keineswegs aber bestritten, dass soziale Regeln und Normen für die Konstitution von Ordnung bedeutsam sind. Um zu beschreiben, wie die Akteure einen Bezug zwischen der je konkreten Handlungssituation und einem übersituativen Muster, z.B. einer sozialen Regel, herstellen, rekurriert Garfinkel auf den von Karl Mannheim (1964a) entwickelten Begriff der „dokumentarischen Methode der Interpretation" (→ dokumentarische Methode). Eine Handlung wird verstanden, indem sie als Dokument eines allgemeinen Musters wahrgenommen wird. Auf dieses wird aus den Besonderheiten der sich entfaltenden Situation geschlossen, es existiert immer nur in situationsbezogenen Anwendungen. Zwischen Handlung und Muster besteht eine rekursive Beziehung. „Jede der beiden Seiten wird benutzt, um die je andere auszuarbeiten." (Garfinkel 1973, S. 199).

Die interpretative Soziologie (→ interpretatives Paradigma) verdankt der Ethnomethodologie nicht nur die Formulierung eines wichtigen Theorieprogrammes, die Ethnomethodologie hat zudem der qualitativen Sozialforschung entscheidende Impulse gegeben. Vor allem Cicourels (1970) Buch „Methode und Messung in der Soziologie" markiert mit seiner präzisen Analyse der Objektivitätsfiktionen (damaliger) standardisierter Methoden einen viel zitierten Ausgangspunkt für die Entwicklung einer genuin qualitativen Methodologie. Mit der von Harvey Sacks begründeten → Konversationsanalyse hat die Ethnomethodologie ein Verfahren zur minutiösen empirischen Rekonstruktion der Herstellung von Ordnung in sozialer

Interaktion entwickelt bzw. zur Rekonstruktion sprachlicher „accounts" (vgl. Bergmann 2000b; Eberle 1997; Sacks 1992). Neben der Konversationsanalyse bedient sich die ethnomethodologische Forschung insbesondere ethnografischer Verfahren (→ Ethnografie); vgl. beispielhaft Cicourels (1976) Untersuchung zur Jugendgerichtsbarkeit, die Fallstudie von Fengler und Fengler (1980) über eine psychiatrische Klinik sowie die sog. „studies of work" (vgl. Garfinkel 1986).

Mit der ausschließlichen Fokussierung auf die lokale Produktion von Ordnung bleibt das ethnomethodologische Verständnis einer Strukturierung sozialen Handelns allerdings situationalistisch begrenzt. Die Ethnomethodologie vermag nicht zu explizieren, wie die situativ hergestellte Ordnung, in deren Rekonstruktion die unbestreitbare Stärke dieses Ansatzes liegt, zu einem Gegebenen (gemacht) wird, das die Spielräume nachfolgender ordnungsproduzierender Handlungen begrenzt. Für eine Analyse des Verhältnisses von sozialem Handeln und historisch entstandener Sozialstruktur, in die es eingelassen ist, verfügt die Ethnomethodologie nicht über angemessene begriffliche Mittel (vgl. Meuser 2001).

### Weiterführende Literatur

Coulter, Jeff (1990): Ethnomethodological Sociology. Aldershot.
Heritage, John (1984): Garfinkel and Ethnomethodology. Cambridge.

*Michael Meuser*


# Evaluationsforschung

Im deutschsprachigen Raum ist qualitative Evaluationsforschung bislang kein methodologisch und methodisch ausgewiesenes Forschungsverfahren. Zwar nimmt die Zahl jener qualitativ angelegten Projekte, die sich selbst als Evaluationsprojekte verstehen bzw. die man aufgrund ihrer Fragestellung und der Projektanlage als Evaluationsprojekte begreifen kann, gegenwärtig in den unterschiedlichen Disziplinen, Forschungs- und Praxisfeldern beständig zu; doch hat dies bislang nicht dazu geführt, dass die damit verbundenen methodologischen Probleme und Herausforderungen fachöffentlich diskutiert werden und die entsprechenden Verfahren Eingang in die Hand- und Lehrbücher finden – ganz im Gegensatz zum englischsprachigen Raum, wo es neben eigenen Fachzeitschriften mittlerweile eine Reihe von konzeptionell und methodologisch angelegten Monografien, Einführungen und einschlägigen Sammelbänden gibt (vgl. z.B. Shaw 1999; Patton 1987, 2002; Pitman/Maxwell 1992).

Erschwert wird die Diskussionslage dadurch, dass der Begriff Evaluation mittlerweile in vielfältigen Zusammenhängen verwendet und dabei zunehmend diffus wird. Ohne die damit einhergehenden Probleme hier im Detail darstellen zu können, wird hier vorgeschlagen, als Evaluationsforschung diejenigen Formen von Evaluationen zu verstehen, die sozialwissenschaftliche Forschungsverfahren als Mittel der Erkenntnisgewinnung einsetzen und sich an Standards der empirischen Sozialforschung orientieren. Der qualitativen Evaluationsforschung wären dann jene Studien und Methodologien zuzuordnen, die auf primär qualitativen bzw. rekonstruktiven Verfahren der Sozialforschung und den entsprechenden Standards basieren und in deren Mittelpunkt evaluative Fragestellungen und entsprechende Gegenstände stehen. Im Gegensatz zu anderen Definitionen von Evaluation wird dabei Evaluationsforschung nicht unmittelbar an wie auch immer geartete Erwartungen bzw. Standards, Evaluation habe der Optimierung von Praxis und den Interessen der Nutzerinnen und Nutzer zu dienen, gekoppelt (vgl. hierzu Lüders/Haubrich 2003).

Das zentrale Problem qualitativer Evaluationsforschung ist die methodologische Frage, wie eine *Bewertung* der Güte oder des Nutzens eines Untersuchungsgegenstandes als Ergebnis qualitativer Forschung möglich ist und welche → Gütekriterien hierfür herangezogen werden können. Geht man davon aus, dass Bewertungen eine empirisch beobachtbare Leistung der Alltagspraxis sind, bestünde ein aussichtsreicher Weg in der empirischen Erhebung und Rekonstruktion der alltagspraktisch erzeugten Bewertungen des jeweiligen Untersuchungsgegenstandes. Damit hätte man einen spezifischen Untersuchungsgegenstand, für den man gegenstandsangemessene Verfahren bräuchte. Leider schweigt sich aber die Literatur weitgehend darüber aus, wie man kunstgerecht gegenstandsbezogen evaluative Äußerungen sowohl in Bezug auf ihre Inhalte wie auch die jeweils zugrundeliegenden Bewertungsmuster, -regeln und -kriterien, z.B. in Interviews oder Gruppengesprächen, anregt und auswertet.

Diesen Problemen entkommt man nur scheinbar, wenn die Sozialforschung selbst die Rolle der Bewertungsinstanz übernimmt. Üblicherweise werden dann auf der Basis einer handwerklich ordentlichen, nach den Regeln der Kunst durchgeführten deskriptiven Rekonstruktion des Falles im Schlusskapitel die evaluativen Bewertungen angefügt. Das Problem dabei ist, dass üblicherweise nicht ausgewiesen und begründet werden kann, aufgrund welcher Kriterien, auf der Basis welcher Verfahren und unter Inanspruchnahme welcher Standards das Urteil gefällt worden ist. Die „eigentliche" Evaluation wird an die sozialwissenschaftliche Beschreibung bzw. Rekonstruktion des Falles „angeklebt", ohne dass deren methodologische Grundlagen geklärt sind. Etwas leichtsinnig geadelt wird dieser Zugang immer wieder durch Begriffe wie „evidence-based evaluation" o.Ä. Dabei wird allerdings gerne vergessen, dass mit dem Konzept „evidence based" in anderen Fächern – vor allem der Medizin – sehr spezifische Untersuchungsdesigns (Kontrollgruppen, Doppelblindversuche, single subject designs etc.) verbunden sind, die die unverzichtbare systematische Voraussetzung für das jeweils „evidente" Ergebnis darstellen.

Allerdings ist damit auch eine Perspektive gegeben: Eine methodologisch zufriedenstellende Beantwortung derartiger Fragen ist nur möglich auf der Basis ausgefeilter, dem jeweiligen Gegenstand angemessener Forschungsdesigns. Qualitative Evaluationsforschung muss sich deshalb zukünftig neben der Frage der Anregung und Auswertung gegenstandsbezogener evaluativer Äußerungen vorrangig der Entwicklung vergleichender Untersuchungsdesigns widmen und dabei die Frage beantworten, inwiefern die in den jeweiligen Fällen sichtbar werdenden Unterschiede Hinweise für eine fachliche Bewertung des Untersuchungsgegenstandes liefern (können).

*Christian Lüders*

# Experteninterview

Das Experteninterview, ein häufig eingesetztes Verfahren in der empirischen Sozialforschung, kommt insbesondere zur Anwendung in der Policy- und Implementationsforschung, in der Industriesoziologie, in der Eliten- und Verwendungsforschung und in vielen Bereichen angewandter Sozialforschung (z.B. in der Sozialberichterstattung). Oft wird es im Rahmen eines Methodenmix eingesetzt, z.B. in Kombination mit einer Dokumentenanalyse (→ Triangulation); es fungiert aber auch als eigenständiges Verfahren. Gemessen am weit verbreiteten Einsatz des Experteninterviews wurde es in der Methodenliteratur hinsichtlich seiner Besonderheit im Vergleich mit anderen Interviewtechniken lange Zeit eher randständig behandelt (vgl. Meuser/Nagel 1991); inzwischen haben zwei Sammelbände diese Diskussion aufgenommen (vgl. Brinkmann/Deeke/Völkel 1995 sowie Bogner/Littig/Menz 2002).

Dieser Mangel an methodischer und methodologischer Reflexion hat zur Folge, dass die Auswahl der Personen, die in der Forschungspraxis als Experten interviewt werden, oft keinen klaren und definierten Kriterien folgt. Der dem Verfahren zugrunde liegende Expertenbegriff ist bislang wenig systematisch diskutiert worden. Die Bestimmung des Expertenbegriffs knüpft an die wissenssoziologische Unterscheidung von Experten und Laien und die entsprechende Unterscheidung von Allgemeinwissen und spezialisiertem Sonderwissen an (vgl. Schütz 1972b; Sprondel 1979). Expertenwissen ist in einer arbeitsteiligen Gesellschaft ein „als notwendig erachtetes Sonderwissen" und lässt sich als „sozial institutionalisierte Expertise" (Sprondel 1979, S. 141 u. 148) begreifen. Als Experte wird interviewt, wer sich durch eine „institutionalisierte Kompetenz zur Konstruktion von Wirklichkeit" (Hitzler/ Honer/Maeder 1994) auszeichnet.

Historisch ist die Entwicklung von Expertentum eng an die Ausdifferenzierung von Berufsrollen geknüpft. In spätmodernen Gesellschaften wird Expertenwissen in zunehmendem Maße auch in außerberuflichen Kontexten generiert. Das hat zu tun mit der Organisation von Gegenmacht und der Ausweitung von Partizipationsstrukturen. Aktivisten in Bürgerinitiativen, Hilfeorganisationen und Selbsthilfegruppen, ehrenamtlich Tätige in Fürsorge und Sozialarbeit erwerben durch ihre Tätigkeit ein spezialisiertes Sonderwissen und verfügen damit über einen privilegierten Zugang zu Informationen. Auch ihre Expertise ist sozial institutionalisiert, wenn auch in anderer Weise als die beruflich gebundene (vgl. Meuser/Nagel 2002).

Im Experteninterview tritt die Person des Experten in ihrer biografischen Motiviertheit in den Hintergrund, stattdessen interessiert der in einen Funktionskontext eingebundene Akteur. Dem Verfahren des Experteninterviews liegt mithin ein enger Expertenbegriff zugrunde, der sich deutlich von jenem inflationären Begriffsgebrauch unterscheidet, der – mit der Figur des ‚Experten für das eigene Leben' – virtuell jede Person zum Experten macht und damit keine Unterscheidung mehr ermöglicht zwischen einem biografischen (→ Biografieforschung) und einem Experteninterview. Das Experteninterview zielt auf den Wissensvorsprung, der aus der privilegierten Position des Experten in einem Funktionskontext resultiert.

Obwohl es sich beim Expertenwissen um ein spezialisiertes Sonderwissen handelt, ist es dem Experten nicht notwendigerweise im Modus des „diskursiven Bewusstseins" (Giddens 1988) verfügbar (vgl. Köhler 1992; Meuser/Nagel 1994;

Schröer 1994c). Diskursiv verfügbar bzw. klar und deutlich präsent sind erinnerte Entscheidungsverläufe und offizielle Entscheidungskriterien, nicht aber die fundierende Logik des Entscheidens und der Routinen des Expertenhandelns. Dessen institutioneller Erfolg beruht gerade auf einem „selbstverständlichen, aber lediglich diffusen Wissen" (Schröer 1994c, S. 231). Da sich die Experten der Relevanzen ihres Handelns keineswegs durchweg bewusst sind, kann Expertenwissen nicht einfach abgefragt werden; es muss aus den Äußerungen der Experten rekonstruiert werden (→ rekonstruktive Sozialforschung).

Als angemessenes Erhebungsinstrument hat sich ein leitfadengestütztes offenes Interview bewährt. Auf jegliche thematische Vorstrukturierung zu verzichten, wie dies für biografisch-narrative Interviews kennzeichnend ist, brächte einerseits die Gefahr mit sich, sich dem Experten als inkompetenter Gesprächspartner darzustellen, und würde andererseits dem auf funktionsbezogenens Sonderwissen gerichteten, mithin thematisch begrenztem Erkenntnisinteresse nicht gerecht. Der Leitfaden wird flexibel und nicht im Sinne eines standardisierten Ablaufschemas gehandhabt, um unerwartete Themendimensionierungen durch den Experten nicht zu unterbinden. Diesem wird Gegelegenheit gegeben, zu berichten, wie er Entscheidungen trifft, anhand von Beispielen zu erläutern, wie er in bestimmten Situationen vorgeht, zu extemporieren usw.

Die Auswertung zielt darauf, im Vergleich der Interviews überindividuell-gemeinsame Wissensbestände herauszuarbeiten. Anders als beim einzelfallanalytischen Vorgehen orientiert sich die Interpretation an thematischen Einheiten, an inhaltlich zusammengehörigen, über die Texte verstreuten Passagen – nicht an der Sequenzialität von Äußerungen je Interview. Demgegenüber gewinnt der Funktionskontext der Experten an Gewicht. Ihre Äußerungen werden von Anfang an im Rahmen der institutionell-organisatorischen Handlungsbedingungen verortet, sie erhalten von hierher ihre Bedeutung und nicht von daher, an welcher Stelle des Interviews sie fallen. Es ist dieser Kontext, der die Vergleichbarkeit der Interviewtexte weitgehend sichert. Die Auswertung erfolgt in sechs Schritten (vgl. dazu ausführlich Meuser/Nagel 1991, S. 451ff.): 1. Themenorientierte Transkription, 2. Paraphrasierung, 3. thematische Übersicht (bis hier verbleibt die Auswertung auf der Ebene der einzelnen Interviews und nah an der Sprache der Texte), 4. thematischer Vergleich zwischen den Interviews, 5. Konzeptualisierung und Begriffsbildung, 6. Einbindung in theoretische Diskurse.

## Weiterführende Literatur

Bogner, Alexander/Littig, Beate/Menz, Wolfgang (Hg.) (2002): Das Experteninterview. Theorie, Methode, Anwendung. Opladen.
Meuser, Michael/Nagel, Ulrike (1991): ExpertInneninterviews – vielfach erprobt, wenig bedacht. Ein Beitrag zur qualitativen Methodendiskussion. In: Garz, Delef/Kraimer, Klaus (Hg.): Qualitativ-empirische Sozialforschung. Konzepte, Methoden, Analysen. Opladen, S. 441-471.

*Michael Meuser* und *Ulrike Nagel*

**explizites Wissen** → Lebenswelt
**Exploration** → Aktionsforschung

**exploratives Interview** → Interview
**Fall** → Fallrekonstruktion; → Typenbildung

# Fallanalyse in der sozialen Arbeit

Mit diesem Begriff wird auf Affinitäten im Fallverstehen der sozialarbeiterischen Praxis und der interpretativen Sozialforschung aufmerksam gemacht, denen lange Zeit – auch unter dem Einfluss des „labeling approach" mit seiner Akzentuierung von Kontroll-, Selektions- und Stigmatisierungspraktiken von Sozialarbeitern und anderen Professionellen – keine Beachtung geschenkt worden war. Ein wichtiger Teil sozialarbeiterischer Praxis besteht aus abgekürzten Analysen angesichts eines hohen Handlungs- und Entscheidungsdrucks – Analysen, die auf dem reichhaltigen Erfahrungswissen und den spezifischen Sensibilitäten der Betroffenen basieren, aber die u.U. auch von einem problematischen Umgang mit Kernproblemen professionellen Handelns (Stereotypenbildung usw.) geprägt sind. In den letzten zwei Jahrzehnten hat sich im deutschsprachigen Raum zunehmend die Einsicht durchgesetzt, dass es für die Fundierung der eigenen professionellen Praxis – und auch für das kollektive Professionalisierungsprojekt – außerordentlich hilfreich ist, wenn (zukünftige) Sozialarbeiter/innen Kompetenzen in unterschiedlichen Spielarten der qualitativen Sozialforschung erwerben und dadurch zur Durchführung eigener sozialwissenschaftlicher Fallanalysen (→ Fallrekonstruktion) befähigt werden (Schütze 1993, 1994). In einer Reihe von sozialarbeiterischen Ausbildungsstätten sind seitdem zahlreiche Untersuchungen im Bereich der Biografieforschung, der Untersuchung langfristiger professioneller Arbeitsabläufe, der Interaktionsanalyse und der ethnografischen Milieuanalyse entstanden. Ausbildungssettings, die sich in diesem Zusammenhang bewährt haben, sind vor allem → Forschungswerkstätten und Analyseseminare, in denen die Teilnehmer/innen die selbstreflexiv-ethnografischen Feldprotokolle, die sie über ihre eigenen Praxiserfahrungen angelegt haben, betrachten und auf weitere Abstraktionsmöglichkeiten hin durchmustern. In diesem Bereich hat sich das traditionelle Belehrungsverhältnis in der Beziehung von Sozialwissenschaftlern und Sozialarbeitern aufgelöst: Beide Seiten können in ihrem Bemühen darum, ein offenes und tieferes Verständnis für Menschen und Phänomene zu gewinnen, die gemeinhin als fremdartig, unmoralisch oder unnormal eingestuft und marginalisiert werden, voneinander lernen (Riemann 2000, S. 319-322). In der Geschichte der Sozialarbeit finden sich Traditionslinien – hier ist vor allem an das „quasi-ethnografische" Verständnis von Fallanalyse bei Mary Richmond zu denken (Schütze 1993, S. 193ff.; 1994, S. 196-204) – , in denen die anfangs erwähnten Affinitäten schon sichtbar werden. Die Bedeutung der qualitativen bzw. rekonstruktiven Sozialforschung für die Soziale Arbeit wurde in jüngster Zeit nicht nur in deutschen Publikationen (etwa Jakob/von Wensierski 1997), sondern auch an vielen anderen Orten betont (vgl. etwa Shaw/Gould 2001 und das neue Journal „Qualitative Social Work", das seit 2002 bei Sage erscheint).

*Gerhard Riemann*

# Fallrekonstruktion

Die Einzelfallstudie gilt als Königsweg der → interpretativen Sozialforschung. Wo „geschlossene" Verfahren sich über große Fallzahlen gesicherte Ergebnisse erhoffen, setzen „offene" Zugänge auf wenige einzelne Fälle, die aber in ihrer konkreten Fülle dokumentiert und auf ihre konstituierenden Prinzipien interpretiert werden, um so zu interessanten, d.h. theoretisch relevanten, Einsichten zu gelangen. Aber es bestehen immer wieder Missverständnisse, was die Notwendigkeit der Deskription und den Anspruch auf Explanation betrifft. Jedenfalls dürfen sich „dichte Beschreibungen" nicht in der Variation möglicher Perspektiven und in der Detaillierung denkbarer Kontexte erschöpfen, sondern müssen das Ganze auf den Punkt einer verstehenden Deutung oder eines erklärenden Zusammenhangs bringen.

Die Probleme beginnen bereits bei der Wahl des Falls oder einer Gruppe von Fällen. Woher weiß man, dass hier die Versenkung ins Einzelne etwas für die Erkenntnis des Allgemeinen bringt? Schon Ende der vierziger Jahre hatte Robert Merton (1968) in Abhebung vom Hempel-Oppenheim-Schema wissenschaftlichen Erklärens das „serendipity pattern" formuliert, das man vielleicht als Regel des Spürsinns übersetzen kann. Dies kommt zum Einsatz bei einem unvorhergesehenen, unnormativen und unspezifischen Datum, das sich bekannten Erklärungen und selbstverständlichen Auffassungen entzieht. Es braucht also am Beginn eines einzelfallbezogenen Vorgehens einer „analytischen Intuition", die einem sagt, dass man hier auf etwas gestoßen ist, das einem Ideen, Kategorie und Formeln für unbeachtete soziale Sachverhalte und unbedachte gesellschaftliche Zusammenhänge liefern kann.

Wie es dann weiter geht, lässt sich mit zwei bekannten Ansätzen beschreiben, die einen Unterschied zwischen einer ins Belieben gesetzten Fallbeschreibung und einer methodisch kontrollierten Fallrekonstruktion machen: mit der Konzeption des → „theoretical sampling" von Barney Glaser und Anselm Strauss (1967) und mit der der Strukturrekonstruktion von Ulrich Oevermann u.a. (1979) (→ objektive Hermeneutik). Beide Ansätze lassen sich forschungslogisch ergänzen: Von Oevermann u.a. ist zu lernen, wie man aus den Relationen zwischen den vielgestaltigen Äußerungen eines Falls das Strukturmuster seiner Erzeugung herauslesen kann. Glaser und Strauss führen vor, wie man durch die Relationierung einzelner Fallrekonstruktionen (→ komparative Analyse) das soziale Feld abstecken kann, in dem die Fälle situiert sind. Beide Ansätze folgen dem Prinzip der Wechselbedingtheit, das besagt, dass das Einzelne seine Bestimmung nicht aus sich, sondern aus den Gesetzen seiner Beziehung zu anderem erhält. Anhand der sequenzanalytischen Anweisungen Oevermanns kann man die Typik des individuellen Falls herausschälen, und mit Hilfe der Kontrastierungstechnik von Glaser und Strauss kann man den typologischen Raum umgrenzen (→ Typenbildung), in dem der einzelne Fall seine Typik entfaltet. Konkret bedeutet das, dass man beim Verfahren der Fallrekonstruktionen immer mit irgendeinem Fall (einem Interview, einem Dokument, einer Beobachtung) beginnen muss. Die Frage lautet: Wie ist das Sosein einer Person, einer Beziehung, einer Gruppe, eines Milieus, einer Generation, einer Organisation oder einer ganzen Gesellschaft in diesem Fall möglich? Hat man verstanden, warum eine Handlungsweise so und nicht anders ausfällt, warum sich ein Gefühl so und nicht anders darstellt und warum eine Erfahrung so und nicht anders bilanziert wird, dann ist zu fragen, wie sich dieses Handlungsmuster, dieser Gefühlsausdruck und diese Erfahrungsbilanz mit anderen, übereinstimmenden oder widersprechenden, in Verbindung setzt. Nach der Logik von Gemeinsamkeit und Unterschied enthält die Rekonstruktion des zweiten insofern die des ersten Falls, als eine Regel formulierbar sein muss, die beide Fälle als Fälle einer Art erweist. So ist im sukzessiven Fallvergleich schließlich zu klären, welches allgemeine Problem der jeweiligen Besonderheit der einzelnen Fälle zugrundeliegt. Der typologische Raum ist von einer Frage definiert, auf die die kontrastierenden individuellen Typen eine Antwort darstellen. Rekonstruiert ist das Ganze, wenn sich weitere Varianten der Bezugnahme auf ein strukturelles Problem nicht finden oder nicht denken lassen.

Fallrekonstruktionen zielen also auf Gesetze des Typischen, nicht des Repräsentativen. Kurt Lewin (1930/31) hat diesen methodologischen Unterschied auf zwei Gesetzesvorstellungen in den modernen Wissenschaften überhaupt zurückgeführt: auf den aristotelischen Begriff des Gesetzlichkeit als Häufigkeit, für den das durchschnittliche Auftreten eines Merkmals als Kriterium für die Gesetzmäßigkeit eines Sachverhalts reicht, und auf die galileische Vorstellung des strengen Gesetzes, das ausnahmslose Geltung fordert. Diesen beiden Gesetzesbegriffen entsprechen unterschiedliche und unvereinbare Bezugnahmen auf den einzelnen Fall: Im Verständnis des Begriffs der Gesetzlichkeit als Häufigkeit ist der individuelle Fall genauso einmalig wie zufällig. Erst die Häufung gleichartig erscheinender Merkmale berührt die Gesetzlichkeit des Durchschnitts. Der strenge Begriff des Gesetzes dagegen behauptet die Gesetzlichkeit auch und gerade des individuellen Falls. Demnach bringt ein einziger widersinniger Fall die Geltung des Gesetzes oder besser: seiner Formulierung zu Fall. An der Vorstellung von der Gesetzlichkeit als Häufigkeit kritisiert Lewin, dass sie an der „historisch-geografischen" Erscheinungsweise des Phänomens kleben bleibt und den Anspruch aufgegeben hat, die Gesetze einer Erzeugung zu klären. Dieser Anspruch bleibt im strengen Begriff des Gesetzes erhalten. Gemäß der Forderung nach ausnahmsloser Geltung ist eine soziales Gesetz erst dann rekonstruiert, wenn die innere Struktur des untersuchten Gebildes oder Geschehensablaufs entschlüsselt ist. Dann kann man die ausnahmslos geltende Struktur eines Phänomens von seinen situationsspezifischen Erscheinungsweisen unterscheiden. In Lewins Worten: „Historische Seltenheit ist kein Gegenargument, historische Regelmäßigkeit kein Beweis für Gesetzlichkeit, weil der Begriff der Gesetzlichkeit streng von dem der Regelmäßigkeit, der Begriff der Ausnahmslosigkeit des Gesetzes, streng von dem Begriff der historischen Konstanz (des Immer) getrennt wird." (1930/31, S. 450) Deshalb entscheidet sich die nötige Fallzahl von Fallrekonstruktionen danach, ob die typische Struktur eines sozialen Sachverhalts getroffen ist, und nicht danach, ob sie die Darstellung einer repräsentativen Verteilung in einer Grundgesamtheit erlaubt (Bude 2002b).

## Weiterführende Literatur

Bude, Heinz (2002): Das Prinzip der Verallgemeinerung. In: Heinz Bude: Lebenskonstruktionen. Für eine neue Sozialforschung. Frankfurt am Main.
Glaser, Barney G./Strauss, Anselm L. (1967): The Discovery of Grounded Theory. Chicago.

*Heinz Bude*

**Fallstruktur** → Fallrekonstruktion; → objektive Hermeneutik; → Tiefenhermeneutik

**Falsifikation(stest)** → objektive Hermeneutik

**Familienähnlichkeit** → Mimesis

**Figuralität** → Rhetorikanalyse


# Film- und Videoarbeit

„Filme sind kulturelle und symbolische Formen und können dazu genutzt werden, wichtige Merkmale des sozialen Lebens aufzudecken und zu beleuchten." (Denzin 2000, S. 428) Generell gelten für die Auseinandersetzung mit Film und Video in der qualitativen Sozialforschung die gleichen filmsprachlichen Codes und Filmstandards wie beim fiktionalen Film, und zwar unabhängig davon, ob es um die Frage der Datenerhebung (audiovisuelle Artikulation) oder der Auswertung selbsterhobener audiovisueller Materialien innerhalb des Forschungsprozesses oder vorgefundener Artefakte (Kinofilme, Kurzfilme oder vorhandene Dokumentarfilme) geht. Audiovisuelle Artikulationen haben gleichsam eine eigene Sprache, die im ersten Schritt skizziert wird. Im zweiten Schritt wird auf einige Besonderheiten des Film- und Videoeinsatzes im Kontext der qualitativen Sozialforschung eingegangen und abschließend werden einige bislang ungenutzte Möglichkeiten audiovisueller Artikulation thematisiert.

## Elemente der Filmsprache

Die „Sprache" audiovisueller Artikulationen kann in Form von sechs Merkmalen beschrieben werden:

*Einstellungen und Einstellungsgrößen:*
Der gewöhnlich in Einstellungen gedrehte sowie der fertig geschnittene Film bauen sich von Schnitt zu Schnitt, von Einstellung zu Einstellung auf. Nach Abschluss der Dreharbeiten werden die Einstellungen vom Cutter und Regisseur und/oder Produzenten bzw. Producer zu einem sinnvollen Ganzen montiert. Die Einstellungsgröße ist zunächst eine filmtechnische Kategorie und bezeichnet die Größe einer Person oder eines Gegenstandes auf dem Bildschirm bzw. auf der Leinwand und damit die Größe des Bildausschnitts. Wenn der Zuschauer ein Gesicht sehr nahe sieht, ist er gleichsam dem Menschen sehr nah – wenn er Menschen nur als kleine Figuren in der Landschaft sieht, weiß er, dass diese weit entfernt sind (vgl. Gast 1993, 16). Zwischen extremer Nähe und extremer Entfernung haben sich verschiedene Skalen etabliert, beispielsweise: Detail, Nah, Halbnah und Weit. *Weiteinstellungen* (Totale, Halbtotale) haben ein geringes Detaillierungsniveau. Sie finden sich häufig zu Beginn (Establishing-Shot) oder am Ende von Handlungen. Sie vermitteln in der Regel Atmosphäre (zu Beginn z.B. eine entdramatisierte Ordnung) und entwerfen symbolische Bilder. In Weiteinstellungen sind Menschen und Gegenstände in voller Größe mit den dazugehörigen Hintergründen (z.B. Landschaft) zu sehen; häufig werden Weiteinstellungen gewählt, wenn Gruppen in ihren Kontexten gezeigt werden sollen. *Halbnah* sind Einstellungen dann, wenn Menschen etwa von den Knien

an zu sehen sind. Halbnahe Einstellungen eignen sich vor allem, um soziale Zweier- oder Dreierkonstellationen wiederzugeben. *Nah* ist eine Einstellung, die das Brustbild einer Person wiedergibt. „Im Fernsehen ist Nah die dominante Einstellungsgröße der Sprecher und Moderatoren. Im Film wird sie häufig dann gewählt, wenn die Aufmerksamkeit auf die Mimik der Personen, oft auch auf die Gestik gelenkt werden soll" (Gast 1993, S. 21). Als *Detail* wird eine Einstellung bezeichnet, die einen vergrößerten Ausschnitt einer Person (z.B. nur die Augen) oder eines Objektes wiedergibt (vgl. ausführlicher Monaco 1997, S. 551).

*Montage*:
Von Beginn an wurden die verschiedenen Montagetechniken als die wesentlichen künstlerischen Weisen des Films angesehen. Im Gegensatz zur traditionelleren analytischen Montage (Griffith) existiert die meist Eisenstein zugeschriebene Form der konstruktiven Montage, die dem Zuschauer mehr Spielraum für seine Assoziationen und Interpretationen lässt (vgl. Bordwell 2001). Durch den Filmschnitt konstruieren die Filmemacher eine bestimmte Lesart des Films. Jeder Schnitt ist ein Schuss, eine Folgerung, eine Assoziation, eine Behauptung, eine Geschichte und damit Teil der Fiktion (vgl. Schändlinger, 1998, S. 85).

*Perspektiven*:
Unterschiedliche Perspektiven geben die unterschiedlichen Blicke des Kameramanns bzw. der Zuschauer auf das Geschehen wieder. Sie bestimmen, was gezeigt werden soll und was nicht und verleihen dadurch dem „perspektivisch Zentralen" Bedeutung. Drei grundsätzlich mögliche Perspektiven werden unterschieden: Normalsicht, Untersicht und Aufsicht. *Normalsicht* bezeichnet eine Perspektive, in der die Kamera das Geschehen aus der Augenhöhe eines erwachsenen Menschen aufnimmt. Dieses entspricht gleichsam der Normalsicht der alltäglichen Wahrnehmung. „Die Normalsicht hat häufig die Aufgabe, den Eindruck von Realismus, von Authentizität, von Objektivität der filmischen Darstellung auf filmsprachlicher Ebene zu unterstützen" (Gast 1993, S. 24). Die Illusion, es handele sich um die Wirklichkeit selbst und nicht um einen Film, wird durch diese Perspektivenwahl erzeugt. Als *Untersicht* wird eine Perspektive bezeichnet, die das Dargestellte von unten aufnimmt (Froschperspektive). Je nach Grad der Untersicht ergeben sich mehr oder minder starke Verzerrungen des Dargestellten. Perspektiven sind polysemisch: Eine Unterperspektive kann in Abhängigkeit vom Einsatz anderer Gestaltungselemente den oder das Dargestellte übermächtig, lächerlich oder auch bedrohlich und unheimlich konstruieren. *Aufsicht* bezeichnet eine Perspektive, die von oben, von einer erhöhten Position auf das Geschehen oder auf eine Person herabblickt. Dabei kann es sich zum einen um eine Vogelperspektive handeln (der Handelnde sieht, was der Zuschauer sieht). Wird der Handelnde selbst in einer Aufsicht gezeigt, kann das je nach Einsatz der anderen Gestaltungselemente eine gewisse Inferiorität zum Ausdruck bringen, d.h. die Kamera blickt im wörtlichen Sinne auf die Person(en) oder Gegenstände herab. Mit sogenannten „point-of-view-shots" schafft man es, dem Zuschauer die Perspektive näher zu bringen.

*Licht*:
Die Lichtgestaltung ist einer der wichtigsten Arbeitsbereiche im Film. Mit Licht werden Stimmungen und Atmosphäre erzeugt, d.h. psychologische Grunddispositionen des Zuschauers angeregt. Ganze Filmgenres werden nach ihrer Lichtgestaltung eingeteilt (z.B. Film noir). Verwandte Lichtquellen kann man unterscheiden nach Lichtintensität (absolute Leuchtdichte) und Lichtqualität; gemeint ist hiermit die Härte der Lichtquelle, die sich an der Härte der von ihr erzeugten Schattenbildung messen lässt. Generell erzeugen kleine Leuchtflächen harte Schatten, große Leuchtflächen weiche Schatten. Ein weiterer wichtiger Faktor ist die sogenannte Lichttemperatur. Die Lichttemperatur ist prinzipiell abhängig von der Art der Lichtquelle. Die natürliche Lichtquelle, das Sonnenlicht, stellt eine mögliche Referenz dar. Eine weitere gebräuchliche Referenzquelle ist das sogenannte Kunstlicht, das landläufig als Halogenlicht bekannt ist. Lichtstimmungen ergeben sich aus Mischungen und Differenzen in den oben genannten Parametern (Intensität, Qualität und Temperatur). Filmmaterial, aber auch Videokameras sind auf eine Lichttemperatur sensibilisiert bzw. abgeglichen. Nur mit dieser definierten Lichttemperatur lassen sich auf dem Material Gegenstandsfarben neutral abbilden (weiß erscheint so als weiß). Filmmaterial muss entsprechend der Lichttemperatur der Beleuchtungsquelle eingesetzt werden (grundsätzlich Kunst- oder Tageslicht). In der Videotechnik wird ein Abgleich der Farbverstärkung, der sogenannte Weißabgleich, durchgeführt.

*Filmmusik/Geräusche/Ton:*
Die Akustik spielt seit dem Tonfilm eine bedeutende Rolle. Sie dient nicht nur der atmosphärischen Verdichtung, sondern hat beispielsweise durch Dialoge oder Kommentare im Off eine sinntragende Funktion. Man unterscheidet zwischen atmosphärischem Ton und Originalgeräuschen (O-Ton) sowie Effektgeräuschen. Dialoge sind sinntragende Originalgeräusche. Die Musik nimmt eine Sonderstellung für dramaturgische Effekte ein.

*Bildkomposition*:
Die Bildgestaltung und Bildkomposition (Mise-en-scene) umfassen alle Codes, die innerhalb einer Einstellung wirksam sind (z.B. Lichtführung, Farbe, Schauplätze, Kameraanordnung und Kamerabewegung). Bei der Bildkomposition im Film, ähnlich wie in der Malerei, wird eine Schwerpunktsetzung vorgenommen, eine Gewichtung im Bild, die Statik oder Dynamik, Offenheit oder Isolation als Phänomene begreifbar macht und als Ausdrucksmittel nutzt.

## Besonderheiten beim dokumentarischen und ethnografischen Film

Das aktive Arbeiten mit Film- und Videomaterial, d.h. das Erheben audiovisueller Daten zum Zwecke des Forschens, hat in der Praxis dort einen Schwerpunkt, wo es darum geht, Wirklichkeit in die oben skizzierte Sprache des Films zu transformieren, oder anders formuliert, wo es darum geht, mit audio-visuellen Mitteln Wirklichkeit zu artikulieren und zu kommunizieren. Der dokumentarische und der ethnografische Aspekt stehen dabei im Vordergrund (vgl. Hattendorf 1999; Kiener 1999). So ergeben sich verschiedene Bereiche, in denen die Arbeit mit der Kamera sinnvoll erscheint: Teilnehmende Beobachtung in der Feldforschung, Interviews, Gruppendiskussionen, Aufsuchen zentraler Orte und Milieus der Lebensgeschichte, Verhaltensbeobachtungen bei Gruppen etc. In diesen Feldern wird überwiegend mit Video im Rahmen von Beobachtungsverfahren gearbeitet. Die Entwicklung der Videotechnik in einem akademischen sozialwissenschaftlichen Rahmen spiegelt verschiedene Versuche, dieses Medium als Methode und als Forschungsinstrument systematisch zu konzeptualisieren (vgl. Schändlinger 1998; Turner 1998).

Vor einem ethnografischen und anthropologischen Hintergrund hat beispielsweise Claudine de France grundlagentheoretisch Aspekte einer Forschungspraxis mit Video entwickelt. Ihr zufolge ist die Videotechnik mit ihren Aufzeichnungs- und interaktiven Möglichkeiten konstitutive Voraussetzung für eine visuelle Anthropologie. Sie fragt danach, welche Wirklichkeitsbereiche sich für visuelle Darstellungen eignen, und wie sich das Verhältnis von Beobachtung, Beschreibung und Theoriebildung durch die Integration visueller Verfahren verändert (De France 1982, S. 8). Der Clou ihrer Überlegungen ist die Auffassung, dass die Möglichkeiten der Videoaufzeichnung gerade darin ihre Qualität haben, dass sie Phasen der Pausen und Ruhe sowie zyklische Wiederholungen in rituellen Ereignissen durch die technikgestützte indirekte Beobachtungsweise festhalten. Die direkte Beobachtung mit dem Auge reduziert dagegen die Komplexität der beobachteten Ereignisse, indem sie bereits vor und während des Beobachtenden Vorgangs zwischen Relevantem und Irrelevantem unterscheidet. Dies entspricht einem eindeutigen Plädoyer für Kameraaufzeichnungen bei Feldforschungen.

## Besonderheiten bei der Gruppendiskussion

Zu einer → *Gruppendiskussion* gehören in der Regel ein bis zwei Diskussionsleiter und eine Gruppe von Diskussionsteilnehmern. Wie man die Gesprächsteilnehmer am günstigsten vor der Kamera bzw. den Kameras platziert, hängt davon ab, wie viel es sind und in welcher Beziehung sie zum Diskussionsleiter und untereinander stehen. Drei, im Dreieck um die Gesprächsrunde aufgebaute Kameras sind für die Auflösung in diesem Fall günstig: Kamera 1 (in der Spitze des Dreiecks vis-a-vis des Diskussionsleiters für die einführende Haupteinstellung, Kamera 2 und 3 seitlich hinter dem Moderator (sich kreuzend). Kamera 2 liefert dazu die Gegenschüsse am Moderator vorbei. Die Teilnehmer links von Kamera 1 können von Kamera 3 aufgenommen werden. Diese Positionierung der Kameras macht es möglich, aus komplementären Blickwinkeln die miteinander Diskutierenden aufzunehmen.

## Besonderheiten bei der Akustik (Ton)

Bei ethnografischen Verfahren (→ *Ethnografie*) haben Musik und Geräusche eine andere Funktion als bei fiktiven Filmen: Beim ethnografischen Film gibt es Musik, wenn jemand musiziert oder singt, aber nicht als nachträgliche spannungserzeugende Vertonung. Die Originalstimmen der Interviewten müssen möglichst gut und klar hörbar sein (für den Ton bei Einzelinterviews sind hier Ansteckmikrophone, z.B. an den Kragen des Interviewten angebracht, sinnvoll). Für Gruppendiskussionen sind Mikrofonanstecker bzw. Mikrofonfunkanstecker geeignet. Da man nicht wissen kann, wann wer etwas sagen wird, macht „angeln", d.h. das an einer „Angel" hängende Mikrofon in die Nähe desjenigen zu schwenken, der etwas sagen will, in diesem Fall keinen Sinn. Bei größeren Gruppen reicht es oft, wenn die Kameras nah an den Personen positioniert werden (2-4m). Beim Einzel-Interview kann der Gebrauch der Tonangel sinnvoll sein, da das oft im Bild störend wirkende Mikrofon so entfallen kann. Eine nachträgliche Unterlegung mit Filmmusik kommt bei Diskussionen und Interviews eher nicht, beim ethnografischen Film eher spärlich in Betracht.

## Besonderheiten bei der Filminterpretation

Die dokumentarischen Materialien werden in der qualitativen Sozialforschung im Hinblick auf ein (sozialwissenschaftliches) Untersuchungsziel analysiert. Es geht also – anders als beim Verstehen fiktionaler Filme – meistens nicht um die Entschlüsselung bestimmter filmischer Codes, nicht darum, den Sinn des Films zu verstehen (vgl. Hickethier 1996), sondern darum, aus dem Gesehenen und Gehörten Strukturen der untersuchten und im Bild festgehaltenen sozialen Phänomene zu rekonstruieren. Dabei muss beachtet werden, dass die audiovisuellen Materialien in der Sprache des Films verfasst sind und insofern ihre eigene Grammatik zur Geltung bringen. Wir gehen an dieser Stelle auf Modelle der klassischen Filmanalyse nicht ein (vgl. dazu Faulstich/Faulstich 1977; Korte 1999), weil diese in dieser Form in sozialwissenschaftlichen Kontexten nicht zur Anwendung gelangen. Festzustellen ist auch, dass Methoden zur Filmanalyse im Kontext qualitativer Sozialforschung nicht entwickelt sind. So urteilt Flick (2002) beispielsweise: „Bislang gibt es noch keine unmittelbar auf die visuelle Ebene abzielende Auswertungsverfahren für solches Material." (Flick 2002, S. 232)

## Experimentelle Formen

Oben wurde gesagt, dass dokumentarische und ethnografische Verwendungsweisen der Kamera zum Zwecke der Datenerhebung in der Forschungspraxis dominieren. Folgt man der Systematisierung von Siegfried Kracauer (1964), dann bilden diese Verwendungsweisen innerhalb des Spektrums der Möglichkeiten, die der Film bietet, nur eine Seite. Auf der anderen Seite finden sich experimentelle Formen, wie sie der Experimentalfilm bietet. Diese Möglichkeitsspielräume, die heute in vielfältiger Weise durch Animations- und Simulationstechnik sowie andere computerbasierten Effekte bereichert werden können (vgl. Hoberg 1999), sind bislang in der Qualitativen Sozialforschung überhaupt noch nicht genutzt worden. Dafür gibt es sicherlich auch plausible Gründe. Dennoch: Grundsätzlich warten hier durchaus kreative Möglichkeiten, die für die Artikulation und Interpretation sozialer Wirklichkeit genutzt werden könnten. Denzin (2000) bezieht sich in seiner Darstellung der Verwendung von Filmen und Videos als sozialwissenschaftliches Material durchaus schon auf die koreanische Filmemacherin Trinhs, um anhand ihrer Epistemologie des Sehens zu verdeutlichen, wie auch nichtdokumentarische Formen des Films sozialwissenschaftlich genutzt werden können. Das Beispiel zeigt, dass auf dem Gebiet des Arbeitens mit Filmen und Videos im Kontext Qualitativer Sozialforschung in den nächsten Jahren sicherlich noch Innovatives zu erwarten ist.

## Weiterführende Literatur

Korte, Helmut (1999): Einführung in die Systematische Filmanalyse. Berlin.
Monaco, James (1997): Film verstehen. Kunst, Technik, Sprache, Geschichte und Theorie des Films und der Medien.
Schändlinger, Robert (1998): Erfahrungsbilder. Visuelle Soziologie und dokumentarischer Film. Stuttgart.

*Winfried Marotzki und Eva Schäfer*

**Filminterpretation** → Film- und Videoarbeit

**Filmsprache** → Film- und Videoarbeit

**focus groups** → Gruppendiskussion

**fokussiertes Interview** → thematisches Interview

# Fokussierungsmetapher

Auf der Grundlage umfangreicher empirischer Gesprächsanalysen, insbesondere von → Gruppendiskussionen, hat sich gezeigt, dass bestimmte Passagen innerhalb von Diskursverläufen sich (in Relation zum sonstigen Diskursverlauf) in besonderer Weise durch eine *interaktive* und *metaphorische Dichte* auszeichnen und somit „*dramaturgische Höhepunkte*" des Diskurses darstellen (vgl. dazu zuerst Bohnsack 1989, Kap. 4; s. u.a. auch: Bohnsack 2003c, Kap. 8). Es handelt sich hierbei um jene Passagen, in denen Zentren gemeinsamen Erlebens, d.h. Zentren eines für die Gesprächsbeteiligten (bei denen es sich um eine Realgruppe handeln kann, aber nicht muss) gemeinsamen *Erfahrungsraumes* (→ dokumentarische Methode; → Typenbildung) sich dokumentieren (sei dieser Erfahrungsraum nun bspw. milieu-, geschlechts- oder auch generationsspezifischer Art). D.h., ein derartiger *Fokus* des Diskurses (dramaturgischer Höhepunkt) verweist auf einen *Fokus* gemeinsamen Erlebens und somit auf gemeinsame oder *kollektive* → *Orientierungsmuster,* welche nicht nur in diesen Fokussierungs-Passagen, aber dort in besonders prägnanter Weise zur Artikulation gebracht werden, sofern eine gewisse *Selbstläufigkeit* des Diskurses (→ Gruppendiskussion) ermöglicht wird.

Indikator für eine *metaphorische Dichte* ist nicht nur die Verwendung starker *begrifflicher* Metaphern (oder auch Metonymien oder Synecdochéen; vgl. Lakoff u. Johnson 1980), sondern vor allem die Verwendung *szenischer* Metaphern, das sind Beschreibungen und Erzählungen von (relativ) hohem Detaillierungsgrad, in denen zentrale Orientierungen ihren metaphorischen Ausdruck finden. – Indikator für eine *interaktive Dichte* ist insbesondere eine *habituelle Übereinstimmung* der Diskursteilnehmer, die weitgehend dem entspricht, was in den Gesprächsanalysen von Gumperz und Cook-Gumperz (1981, S. 436) als „*gemeinsamer Rhythmus*" („common rhythm") bezeichnet wird, wenngleich dort stärker die Prosodie Beachtung findet, während in unseren Analysen die *Diskursorganisation* im Zentrum steht (Bohnsack 2000a, S. 154; Bohnsack 2003c, Kap. 7.3; Bohnsack/Schäffer 2001).

*Ralf Bohnsack*

**formulierende Interpretation** → dokumentarische Methode; → Gruppendiskussion; → Mimesis

**forschendes Lernen** → Forschungswerkstatt

**Forschungsethik** → teilnehmende Beobachtung


## Forschungswerkstatt

Dieser Begriff wurde in den frühen achtziger Jahren geprägt, um ein bestimmtes soziales Arrangement forschenden Lernens in der qualitativen Sozialforschung zu kennzeichnen (Riemann/Schütze 1987, Reim/Riemann 1997): ein Lernen unter den Ernsthaftigkeitsbedingungen der Durchführung *eigener* Fallstudien und Forschungsprojekte. Auch wenn sich die ersten Ausführungen zu Forschungswerkstätten auf Erfahrungen im Rahmen der sozialarbeiterischen und Supervisionsausbildung bezogen, haben sich Forschungswerkstätten seitdem auch in der Soziologie, den Erziehungswissenschaften und anderen sozialwissenschaftlichen Disziplinen verbreitet. Mit dem Begriff wird nicht beabsichtigt, etwas völlig Neues auf den Punkt zu bringen, da sich ähnliche Lehr- und Lernarrangements schon in der frühen Chicagoer Soziologie und später in der Forschungslehre von symbolischen Interaktionisten verbreitet haben: vgl. etwa die Rede vom „apprentice system" bei der Chicagoer Soziologin Vivien Palmer (1928, S. XVIII), instruktive Einblicke in den Diskurs von Forschungswerkstätten vermittelt auch Strauss 1991. Der Ausbildungs- und Forschungsstil von Anselm Strauss hat die Entwicklung von Forschungswerkstätten im deutschsprachigen Raum entscheidend geprägt. Wichtig ist die Einsicht, dass die grundlegenden Verfahren der Datenerhebung und -analyse einen kommunikativen Charakter haben und die Wirksamkeit der zentralen Aktivitäten der Datenanalyse – wie etwa die Schritte der strukturellen Beschreibung (→ Erzählanalyse), der → dokumentarischen Methode, der → objektiven Hermeneutik, der → Konversationsanalyse dadurch gesteigert werden kann, dass sie sich in der mündlichen Interaktion einer Arbeitsgruppe, d.h. im dialogischen Beschreiben und Argumentieren, entfalten.

Der Begriff „Forschungswerkstatt" verweist zum einen auf ein Wechselspiel von exemplarischem Vormachen (durch den Gruppenleiter) und dem Selbermachen und Sich-Erproben der angehenden Forscher/innen, die stets für ihr eigenes Forschungsprojekt verantwortlich bleiben; zum anderen darauf, dass gemeinsam und in einem egalitären Stil die Datenmaterialien der einzelnen Teilnehmer bearbeitet werden sollen: Mit dem Erfahrungsvorsprung des Verfahrensverwalters bzw. Gruppenleiters, der sich außerdem gewöhnlich nicht auf den konkreten Gegenstandsbereich bezieht, ist gerade kein Deutungsprivileg verbunden. Die Arbeit des Gruppenleiters besteht (a) in der Initiierung, Reflexion und Sicherung der erkenntnisgenerierenden Verfahren, (b) der aufmerksamen Begleitung der „Arbeitsbögen" (des Arbeitsablaufs) der einzelnen Projekte (einschließlich schriftlicher Rückmeldungen) und der Mithilfe bei ihrer zeitlichen Strukturierung und (c) der Schaffung und Sicherung eines sozialen Rahmens, in dem sich kooperative und verlässliche Arbeitsbeziehungen entwickeln können. Von den Mitgliedern wird erwartet, dass sie sich Zeit nehmen, die Datenmaterialien (Transkriptionen, Feldnotizen usw.) durchzuarbeiten, die gemeinsam besprochen werden sollen; dass sie aktiv und regelmäßig an den Treffen teilnehmen und die Entwicklung der Projekte der anderen Teilnehmer/innen aufmerksam begleiten. Aus unterschiedlichen Gründen hat sich eine heterogene Zusammensetzung von Arbeitsgruppen bewährt, was die Themen, Analyseverfahren, Typen von Datenmaterialien, Vorerfahrungen der Teilnehmer/innen und den Stand ihrer jeweiligen Projekte betrifft. Die Kernprobleme und Fehlertendenzen von Forschungswerkstätten müssen von den Beteiligten selbstkritisch reflektiert werden. Es ist sinnvoll, die Bedingungen der Erkenntnisbildung und Kreativitätsentfaltung in Forschungswerkstätten in Zukunft systematischer zu untersuchen.

*Gerhard Riemann*

**Fremdheit(shaltung)** (*siehe* methodische Fremdheitshaltung)
**funktionales Erfassen** → praxeologische Wissenssoziologie

## Gattungsanalyse

Als eine Weiterführung der → Konversationsanalyse beschäftigt sich die Gattungsanalyse (Knoblauch/Luckmann 2000) mit größeren Strukturen kommunikativer Handlungen. Die gesellschaftliche Grundfunktion kommunikativer Gattungen besteht darin, von der Bewältigung typischer (kommunikativer) Handlungsprobleme zu entlasten. Sie erleichtern die Kommunikation, indem sie die Synchronisation der Handelnden und die Koordination der Handlungsschritte über vorgeprägte Muster in einigermaßen verlässliche und gewohnte Bahnen lenken. Gattungen bilden somit Orientierungsrahmen für die Produktion und Rezeption kommunikativer Handlungen.

Gattungen unterscheiden sich ihrer Form nach von „spontanen" kommunikativen Vorgängen dadurch, dass sich Menschen in einer voraussagbar typischen Weise an vorgefertigten Mustern ausrichten. Das kann den Charakter kanonischer Festlegungen ganzer Handlungskomplexe annehmen. Die Vorprägungen können sich aber auch auf bestimmte Aspekte des Handelns beschränken, z.B. auf die Redezugabfolge (etwa bei → Interviews) oder die Thematik (wie bei Planungsgesprächen).

Für die Gattungsanalyse werden einmal natürliche kommunikative Abläufe aufgezeichnet. Die Aufzeichnungen werden transkribiert (→ Transkription). Die so „fixierten" Daten werden hermeneutisch gedeutet und – im Sinne der → Konversationsanalyse – sequenzanalytisch analysiert. Das heißt, dass zunächst versucht wird, das Alltagsverständnis der Texte auf der Wort-, Satz- und Redezugebene zu klären. In einem weiteren Schritt wird eine konversationsanalytisch orientierte Analyse durchgeführt, die den detaillierten Verlauf, die regelhafte Abfolge von Redezügen und Redezugsequenzen rekonstruiert. Unterschiedliche Interpretationen müssen unter der strikten Verpflichtung formuliert werden, ausschließlich mit der Evidenz der Texte begründet zu werden. Im Unterschied zu den meisten anderen hermeneutischen Methoden wird bei der Analyse besonders auch auf die in der Mündlichkeit verankerten Aspekte der transkribierten Texte geachtet (Prosodie etc.). So werden

Strukturmodelle gebildet, die an weiteren Fällen auf ihre Stimmigkeit überprüft werden. Durch die Heranziehung vergleichbarer, sowie kontrastierender Fälle wird das Strukturmodell gestützt oder verändert, bis die Analyse weiterer Fälle keinen Erkenntnisgewinn mehr bringt. Schließlich werden Strukturvarianten betrachtet, die durch Modalisierungen hervorgebracht werden (Ironisierung, Spielformen usw.). Hier ist die Berücksichtigung des Erhebungskontextes besonders wichtig.

Als Bezugsgröße der Gattungsanalyse dient der kommunikative Haushalt einer Gesellschaft, der all jene kommunikativen Vorgänge umfasst, die einen Einfluss auf Bestand und Veränderung einer Gesellschaft ausüben. Er gliedert sich nach Situationen, Institutionen und Milieus, die mittels der sie konstituierenden kommunikativen Formen bestimmt werden.

*Hubert Knoblauch*

**gedankenexperimentelle Explikation** → objektive Hermeneutik

**gedankenexperimentelle Kontextvariation** → objektive Hermeneutik

**Gegenhorizonte (positive und negative)** → dokumentarische Methode; → Gruppendiskussion; → komparative Analyse; → Typenbildung

**gemeinsamer Rhythmus** → Fokussierungsmetapher

**Generalisierung, Generalisierbarkeit** → dokumentarische Methode; → Gütekriterien; → objektive Hermeneutik; → rekonstruktive Sozialforschung; → Typenbildung

**Generierung von Theorien und Hypothesen** → Grounded Theory; → rekonstruktive Sozialforschung

**genetische Analyseeinstellung** → dokumentarische Methode; → praxeologische Wissenssoziologie

**genetische Interpretation** → dokumentarische Methode; → Typenbildung

**Genetischer Strukturalismus** → Interaktion

**Gesprächsanalyse** → Gattungsanalyse; → Gruppendiskussion; → Konversationsanalyse; → Rhetorikanalyse

**Gestenkommunikation** → Interaktion

**gleichschwebende Aufmerksamkeit** → Psychoanalyse; → Tiefenhermeneutik

**going native** → Ethnografie

# Grounded Theory

Die Grounded Theory (empirisch fundierte Theorie) ist eine qualitative Forschungsmethodologie, deren Endzweck die Theoriebildung auf der Basis von empirischen Daten ist. Ihre Verfahren sind dazu entworfen worden, die Bedeutung menschlicher Erfahrung zu entdecken und die größeren sozialen Strukturen aufzudecken, in denen Bedeutung konstruiert und rekonstruiert wird. Die Grounded Theory gründet auf der Prämisse, dass das Leben komplex ist und es zur Verantwortung der Forschenden gehört, so viel als möglich von dieser Komplexität zu erfassen. Dies zumal die empirischen Daten nicht unmittelbar Auskunft über ihre Bedeutung geben. Die Analyse ist ein interpretativer Prozess, in dem die Theorie aus der Interaktion der Analysierenden mit dem Datenmaterial entsteht. Es ist diese Interaktion, die Lektüre und Arbeit am Datenmaterial, die allmählich eine theoretische Sensibilität für die Daten bzw. eine Kenntnis dessen mit sich bringt, was signifikant ist. Die Analyse ist auch ein kreativer Prozess, allerdings nicht im Sinne der Datenerzeugung. Die Kreativität liegt in der Fähigkeit der Forschenden, Datenmaterial zu benennen oder ihm konzeptuelle Etiketten zu geben, und dann die entstehenden Konzepte in innovative und plausible Erklärungen lebendiger Erfahrung zu integrieren.

Die Grounded Theory ist eine offene und explorative Methodologie. Eher als zur Vorauswahl von Variablen und zur Hypothesenüberprüfung dient sie dazu zu entdecken, welche Variablen relevant sind und in welchem Bezug sie zu Phänomenen stehen. Die Datenerhebung kann in der Grounded Theory eine große Vielfalt von Formen annehmen. Daten können mit Hilfe von Interviews, von teilnehmender Beobachtung, Videoaufnahmen, Fokusgruppen, geschichtlichen Dokumenten und Dokumenten von Organisationen, publiziertem Material, Tagebüchern, Bildern und Fotos oder jedem anderen Material, das von den Forschenden als angemessen erachtet wird, erhoben werden. Die Datenquellen sind nicht so bedeutsam wie der Umstand, dass die Datenerhebung und -analyse sequenziell mit einer Analyse, die die Datenerhebung steuert, erfolgt. Dieser Prozess verläuft folgendermaßen: Ein Interview oder eine Beobachtung wird gemacht, die Daten auf relevante Ereignisse oder Erfahrungen hin analysiert, und die letzteren als Konzepte bezeichnet. Im nächsten Interview oder in der nächsten Beobachtung hört oder beobachtet der/die Forschende genau, um andere Ereignisse zu finden, die ebenfalls Indikatoren für ein Konzept sind, wobei er auf Ähnlichkeiten und Unterschiede zwischen diesen und den zuvor identifizierten Ereignissen achtet. Natürlich sammelt der/die Forschende weiter Daten über andere Ereignisse und Vorfälle, die zu weiteren Konzepten führen.

Eine Datenerhebung, die auf emergierenden Konzepten basiert, wird als – „theoretisches Sampling" bezeichnet. Es unterscheidet sich von anderen Formen des Samplings, insofern nicht die Zahl der Themen oder Untersuchungspersonen wichtig ist. Vielmehr sind die Konzepte und ihre Indikatoren (die Ereignisse und Vorfälle, die ein Konzept indizieren) von Bedeutung. Ein Interview oder eine Beobachtung mag zehn verschiedene Ereignisse abwerfen, die ein Konzept andeuten. Diese Indikatoren werden dann mit anderen Indikatoren innerhalb eines Dokumentes wie auch mit Indikatoren in anderen Dokumenten verglichen. Jedes Beispiel für ein Konzept wird nicht nur dazu dienen, dessen Bedeutung zu verifizieren, sondern auch den/die Forschende/n dazu befähigen, dieses Konzept hinsichtlich seiner Dimensionen und Bezugspunkte weiter zu entwickeln. Es sind also nicht die Untersuchungspersonen oder -gegenstände per se, die verglichen werden, sondern jene Ereignisse, die als Konzepte bezeichnet werden.

Am Anfang ist das theoretische Sampling offen und der/die Forschende schreitet mehr oder weniger willkürlich von Gegenstand zu Gegenstand und Untersuchungsperson zu Untersuchungsperson voran. Er ist für alle Möglichkeiten offen, während er sehr genau auf Ereignisse achtet, die auf Konzepte hinweisen, die aus früheren Analysen stammen. Später, wenn die Analyse fortgeschritten ist, sucht der/die Forschende zweckgerichtet nach Situationen und Ereignissen die Variationen in einer Dimension eines Konzepts bereithalten.

Zum Beispiel mag ein/e Forschende/r in einer Studie über jugendliche Alkoholiker/innen zur Kenntnis nehmen, dass Teenager, deren Eltern schwer alkoholkrank sind (hier ist die Dimension die Schwere der Krankheit und das Konzept die Alkoholabhängigkeit), auch dazu tendieren, selbst stark abhängig vom Alkohol zu sein. Als Teil des Sampling (der Fallsuche) würde der/die Forschende wohl nach Teenagern suchen, die keinen Alkohol trinken, obwohl ihre Eltern stark alkoholabhängig sind. Auch würde er nach Jugendlichen suchen, die viel Alkohol trinken, obwohl ihre Eltern dies nicht tun. Auch würde es darum gehen, solche Jugendlichen zu finden, die selbst nicht trinken und deren Eltern ebenfalls nicht alkoholkrank sind. Die Idee dabei ist, dass es andere Variablen geben könnte zusätzlich zu dem Vorhandensein oder Fehlen von schwerem Alkoholmissbrauch bei den Eltern, welcher zum starken Alkoholkonsum bei deren Kindern führt. Solche Variablen könnten z.B. Druck durch Gleichaltrige, niedrige Selbstwertschätzung oder persönliche Probleme sein. In seiner Analyse ist der/die Forschende daran interessiert, was den untersuchten Gruppen von Teenagern gemeinsam ist und was sie unterscheidet. Indem er/sie absichtlich die Bedingungen variiert, unter denen bestimmte Konzepte auftreten, und jedes Ereignis auf Unterschiede und Ähnlichkeiten hin vergleicht, ist es möglich, die signifikanten Variablen zu identifizieren und die Konzepte dimensional zu variieren. Das heißt es ist möglich, zu einer Theorie zu gelangen, die starken, geringen oder fehlenden Alkoholkonsum von Teenagern erklärt. Die Theorie mag sogar Hypothesen zu den Bedingungen umfassen, unter denen starke Trinker trocken werden und Antialkoholiker Trinker.

Diese sorgfältige Zusammenstellung von Fällen (Sampling) entlang der Dimensionen von Konzepten, wobei deren Ähnlichkeiten und Unterschiede untersucht werden, ermöglicht es den Forschenden, theoretische Erklärungen anzubieten die mehr als eindimensional sind. Je mehr Variationen in eine Theorie durch das theoretische Sampling inkorporiert werden, desto variantenreicher ist die Erklärung und desto umfassender die Theorie. Eines der größten Probleme in einem Großteil der qualitativen Forschung von heute ist, dass die Forschenden die Suche nach Variationen vernachlässigen und damit nicht nur ein unvollständiges Bild des Phänomens abgeben, sondern manchmal auch irreführende Information bereitstellen. Zum Beispiel wäre ohne das theoretische Sampling leicht darauf zu schließen, dass stark alkoholabhängige Menschen wahrscheinlich stark alkoholabhängige Kinder haben. Das theoretische sampling zeigt, dass dies nicht immer wahr ist und warum dies nicht immer wahr ist. Zusätzlich ermöglicht es den Forschenden, die signifikanten Variablen, die zum jugendlichen Alkoholkonsum führen, herauszudestillieren.

Obgleich die Grounded Theory eine philosophische Orientierung in der Forschung bezeichnet (qualitative Forschung, die auf abduktive Theoriebildung zielt), umfasst sie auch ein Inventar von Techniken und Prozeduren für die Datensammlung und -analyse. *Diese Techniken und Prozeduren sind keine Direktiven oder Imperative.* Sie sind Mittel, die die Analytiker gebrauchen können, um eine Theorie zu entdecken, die Variation und Prozesshaftigkeit umfasst. Zu den Basistechniken gehören die stete → komparative Analyse und der Gebrauch des Hinterfragens. Über diese Techniken hinaus gibt es weitere Analysehilfen, doch deren Diskussion würde den Umfang dieses Beitrags übersteigen (vgl. zu diesen Strauss 1987 und Strauss/ Corbin 1996, 1999).

Es gibt drei Basistypen des Kodierens in der Grounded Theory. Diese Kodierungstypen tendieren dazu, fluide zu sein und einander im Gebrauch zu überlappen. Dennoch differenzieren wir für analytische Zwecke zwischen ihnen, denn jeder Typ führt zu anderen Aspekten der Theorie.

Der erste Typ wird „offenes Kodieren" genannt. Im offenen Kodieren wird der „Text" „geöffnet", um die Daten im Gesamtbereich möglicher Bedeutungen, die in den im Text beschriebenen Vorfällen und Erfahrungen liegen, zu ergründen. Ereignisse und Erfahrungen werden abstrahiert und als Konzepte etikettiert. Die Konzepte bezeichnen eine Bedeutung oder erklären „was da los ist". In den frühen Stufen der Analyse sind die Interpretationen tentativ und es mag mehrere mögliche Interpretationen für jeden Vorfall und jede Erfahrung geben. Die Bedeutung wird deutlicher durch die kontinuierliche Lektüre des Textes und die stete komparative Analyse der Daten. Die kontinuierliche Lektüre und der stete Vergleich der Daten erlauben es der Bedeutung, sich zu entfalten. Das heißt, die Bedeutung wird immer klarer und frühe Interpretationen werden verifiziert, verworfen oder modifiziert. Während die Ereignisse hinsichtlich ihrer Ähnlichkeiten und Unterschiede verglichen werden, werden solche Ereignisse, die einander konzeptuell ähneln, gruppiert, sodass Kategorien entstehen. Kategorien sind höhere, abstraktere Konzepte, die für eine Gruppe von aufeinander bezogenen Ereignissen stehen; jedes dieser Ereignisse mag einen eigenen konzeptuellen Namen haben.

Zum Beispiel emergierten aus einer biografischen Studie über Personen, bei denen früh im Leben eine lebensbedrohliche Krebserkrankung ausgebrochen war, drei Konzepte: Die biografische Erkundung; die Ablehnung des früheren Lebensstils und das Ergreifen neuer Lebensoptionen. Ich fragte mich, was denn hier los sei und was der gemeinsame Nenner dieser drei Konzepte sei. Grundsätzlich lässt sich das, was mir die Befragten erzählten, folgendermaßen zusammenfassen: Wegen ihrer Krebsvergangenheit war ihre Zukunft unsicher. Sie wollten diese Unsicherheit reduzieren und sicherstellen, dass ihre Biografie für einige Zeit fortbestehen würde. Dies taten sie, indem sie Strategien entwickelten, von denen sie dachten, sie würden ihnen helfen, die Krebserkrankung unter Kontrolle zu halten und weitere Rückfälle zu vermeiden. Die Kategorie, die wir auswählten, um dieses Phänomen zu erklären, war „Reduktion der biografischen Bedrohung", denn es handelte sich um eine biografische Studie. Obgleich ein anderer Forscher ein anderes Konzept wählen mag, hält diese Kategorie der „Reduktion der biografischen Bedrohung" die drei anderen Konzepte zusammen und gibt dem Ganzen einen Sinn.

Da jeder Indikator innerhalb einer Kategorie eine eigene Reihe von Eigenschaften und Dimensionen hat, werden diese Eigenschaften und Dimensionen zur Basis der Weiterentwicklung dieser Kategorie und führen zum axialen Kodieren, dem zweiten Typ des Kodierens. Forschende kommen ganz naturwüchsig zum axialen Kodieren, sobald sie mehrere Kategorien haben. Um den Forschenden bei der Relationierung der Kategorien und deren Weiterentwicklung zu helfen, ist es sehr günstig, Fragen zu stellen. Zum Beispiel wollte ich als Forscherin wissen, welche anderen Typen von Strategien gebraucht werden, um die Bedrohung zu reduzieren. Gibt es psychologische Strategien und soziale, wie auch solche, die sich auf die Krankheit beziehen? Welche Wahrnehmungen und Erfahrungen liegen hinter solchen Strategien wie „Erkundung", „Ablehnung" und „Ergreifen". Wann werden bedrohungsmindernde Strategien gebraucht: ständig, zeitweise oder unter bestimmten Bedingungen? Welche strukturellen Merkmale in den Biografien der untersuchten Personen ermöglichen es jenen, bestimmte Strategien zu wählen oder zu benutzen? Was passiert, wenn Krebssymptome trotz „bedrohungsreduzierender Strategien" fortdauern? Probieren es diese Personen mit anderen Strategien oder vermindern sie ihre biografische Zukunftsvorstellungen? Wie erklären sie Veränderungen in ihren Biografien gegenüber anderen, oder lehnen sie bestimmte Personen oder Aktivitäten ab, weil sie glauben, dass jene zu riskant sind? (Zum Beispiel entschied sich ein verheirateter Mann, seine Freundin aufzugeben, da das Jonglieren mit zwei Beziehungen für ihn einfach zu stressig und wahrscheinlich der Grund seines Herzinfarktes war.) Welchen Problemen begegnen Personen, wenn sie versuchen, diese bedrohungsreduzierenden Strategien anzuwenden? Zum Beispiel, wenn es eine Strategie ist, eine strenge vegetarische und kalorienreduzierte Diät zu befolgen, was machen diese Personen in ihren Ferien oder wenn sie in ein Restaurant ausgehen möchten? Je mehr Situationen ein Forscher entlang ihrer unterschiedlichen Dimensionen untersucht und erkundet, desto kompletter wird die Erklärung dafür sein, wie eine lebensbedrohliche Krebserkrankung Menschen dazu bringen kann, ihrer Biografie eine neue Ausrichtung zu geben, um die Bedrohung durch eine verkürzte Zukunft zu mindern. Die Antworten auf diese Fragen können üblicher Weise in den Interviews gefunden werden. Wenn diese Antworten sich jedoch nicht während eines Interviews ergeben, kann der/die Forschende – nachdem die Untersuchungsperson ihre Lebensgeschichte erzählt hat – genauere Fragen, die für die Entwicklung der Kategorien hilfreich sind, stellen. Zum Beispiel kann ein Forscher darum bitten, dass man ihm mehr darüber erzähle, wie die „Suche" nach Gründen für den Herzanfall zu einer Veränderung im Leben geführt habe.

Die Analyse ist ein Prozess der Gruppierung von Daten, um die Masse an Daten zu reduzieren, mit der man arbeitet, und um Rohdaten auf höhere Niveaus der Abstraktion zu bringen, sodass sie sich auf mehr als einen Fall beziehen lassen. Mit fortgesetzter Analyse emergieren mehr und mehr Konzepte und Kategorien, bis schließlich der/die Forschende das Gefühl hat, die Analyse sei irgendwie saturiert, d.h. dass keine neuen Ideen mehr aus den Daten entstehen.

Der dritte Typ des Kodierens wird „selektives Kodieren" genannt. Nunmehr hat der Analytiker mehrere gut entwickelte Kategorien und ist bereit, sie zu integrieren. Die Integration erfolgt um ein Hauptthema herum, um ein oder mehrere Konzepte, die das untersuchte Phänomen in seiner „breiteren Bedeutung" beschreiben. Das Hauptkonzept beantwortet die Fragen: Was ist die Handlung in dieser Geschichte? Die „Reduzierung der biografischen Bedrohung" mag eines der Konzepte sein, das aus einer solchen Studie entspringt. Andere Hauptkonzepte oder -kategorien können die „Entwicklung einer neuen biografischen Erzähllinie", das „Erlernen des Lebens mit Unsicherheit" und die „Entwicklung neuer körperlicher Sensibilität" sein. Die Hauptgeschichte mag in diesem Fall so etwas sein wie die Ausweitung der Biografie: Leben lernen nach einem lebensbedrohlichen Ereignis. Sobald die Hauptgeschichte festgelegt ist, fügt der/die Forschende die weniger entwickelten Kategorien ein und rundet die Logik der Theorie ab.

Theoriebildung ist ein intensiver und herausfordernder Prozess. Es ist jedoch auch eine aufregende Anstrengung, in der man durch unbekannte Gewässer navigiert, um zu einem neuen Verständnis der Welt zu gelangen. Die Grounded Theory ist eine Methodologie der empiriegegründeten Theoriebildung. Auch wenn das Hauptziel, d.h. eine empiriebasierte Theorie zu bilden, immer dasselbe bleibt, verändert sich die Grounded Theory mit der Zeit und mit ihrem Gebrauch. Jede/r Benutzer/in gibt ihr seine oder ihre persönliche Perspektive und kombiniert sie mit anderen philosophischen Orientierungen, Forschungsansätzen und -trends. Zum Beispiel entwickeln manche Personen eine Theorie in der Triangulation und andere wiederum bringen die Grounded Theory in Verbindung mit der → Phäno-menologie. Man kann schwerlich sagen, dass es nur eine Methode der Grounded Theory gäbe. Es mag angemessener sein zu sagen, dass es viele Ansätze gibt, um eine Theorie zu bilden, die in empirischen Daten gegründet ist, wobei diese Me-thoden von einer allgemeineren Methodologie stammen, auf sie aufbauen und sich aber auch von ihr abgesetzt haben; diese allgemeinere Methodologie wird Grounded Theory genannt.

### Weiterführende Literatur

Glaser, Barney G./Strauss, Anselm (1998): Grounded Theory. Strategien qualitativer For-schung. Bern (Original 1967).

Strauss, Anselm L./Corbin, Juliet (1996): Grounded Theory: Grundlagen qualitativer Sozial-forschung. Weinheim (Original 1990).

Strauss, Anselm L. (1991): Grundlagen qualitativer Sozialforschung. Datenanalyse und Theoriebildung in der empirischen soziologischen Forschung. München.

*Juliet Corbin*
(Übersetzung: *Arnd-Michael Nohl*)

# Gruppendiskussion

Das Erhebungsinstrument des Gruppendiskussionsverfahrens wurde in den USA und Großbritannien ab Ende der 40er Jahre eingesetzt (Merton/Kendall 1979, orig. 1946) und etablierte sich im angelsächsischen Sprachraum unter der Bezeichnung „focus groups" (Merton 1987) zunächst als exploratives Verfahren im Rahmen der Umfrage-forschung. Eine andere Bezeichnung („group discussions') und auch eine etwas ande-re Akzentuierung des Verfahrens finden sich vor allem im Kontext der Cultural Stu-dies', etwa im Bereich der Jugend- (vgl. exemplarisch Willis 1990) und der Frauen-forschung (vgl. Brown 1994, Gillespie 1995) sowie in der Medienforschung (Morley 1980, 1986, 1996; Livingstone/Lunt 1996). In Deutschland wurde das Gruppendis-kussionsverfahren erstmals im Kontext der Frankfurter Schule Mitte der 50er Jahre eingesetzt (Pollock 1955). Mitte bis Ende der 50er Jahre entstanden z. T. sehr ein-flussreiche Studien etwa im Bereich der Bildungsforschung (Schulenberg 1957; Strzelewicz u.a. 1966) sowie in der Medienforschung (Maletzke 1959).

In Bezug auf eine Weiterentwicklung des Gruppendiskussionsverfahrens ist je-doch vor allem die Arbeit von Werner Mangold zu nennen (Mangold 1960). Mit seinem Konzept der „informellen Gruppenmeinungen", die sich in „sozialen Groß-gruppen" ausbildeten, eröffnete er die Perspektive für einen Paradigmenwechsel:

Wurden Gruppendiskussionen bis zu diesem Zeitpunkt schwerpunktmäßig unter dem Aspekt der besseren Ermittlung der Meinungen und Einstellungen Einzelner, ,unter Gruppenkontrolle' eingesetzt, so bereitete Mangold das Terrain für die Erforschung kollektiv verankerter Orientierungen, die er „Gruppenmeinungen" nannte, allerdings ohne diesen Zugang grundlagentheoretisch zu begründen.

Gegen Ende der 70er Jahre wurde die methodisch-methodologische Diskussion, beeinflusst vom → Symbolischen Interaktionismus, wiederaufgenommen (Nießen 1977; Volmerg 1977). Mitte der 80er Jahre wurde das Gruppendiskussionsverfahren auch vermehrt von der Jugendforschung aufgegriffen (Behnken 1984; Peukert 1984). Grundlagentheoretisch fundiert wurde das Paradigma der Rekonstruktion kollektiver Orientierungen dann von Bohnsack Ende der 80er Jahre (Bohnsack 1989; 2000a; zur Geschichte des Verfahrens siehe Bohnsack 1997b sowie Loos/Schäffer 2001, S. 15ff.). In jüngster Zeit entwickelt es sich zunehmend zu einem der Standardzugänge qualitativer Forschung (vgl. Bohnsack u.a. 1995; Schelle 1995; Schäffer 1996, 2001; Gabriel u.a. 1995; Gabriel/Treber 1996; Nohl 1996 und 2001a; Behnke 1997; Loos 1998 und 1999; Meuser 1998; Nentwig-Gesemann 1999; Breitenbach 2000; Michel 2002; Weller 2003).

Die wichtigste Prämisse des neuen Ansatzes besteht in einer Abkehr von der vor allem vom → Symbolischen Interaktionismus, aber auch von der → Ethnomethodologie geprägten Vorstellung, dass Meinungen, Einstellungen und Orientierungen sich überwiegend erst situativ innerhalb des Gruppendiskussionskontextes ausbilden. Aus dieser Perspektive werden dem Verfahren üblicherweise Mängel in Hinsicht auf dessen Reliabilität (→ Gütekriterien) vorgeworfen (Lamnek 1998). Dagegen erarbeitete Bohnsack (1989, 2000a) auf der Grundlage der Mannheimschen Wissenssoziologie (→ praxeologische Wissenssoziologie) und insbesondere der → dokumentarischen Methode ein Konzept, dass zu einer Integration der Prozess- und der Strukturperspektive führt: Gruppendiskussionen werden nun begriffen als „repräsentante Prozessstrukturen" (Loos/Schäffer 2001), d.h. als Kommunikations- und Interaktionsprozesse, die in ihrem regelhaften Ablauf auf kollektiv geteilte „existentielle Hintergründe" (K. Mannheim) der Gruppen verweisen, also auf gemeinsame biografische und kollektivbiografische Erfahrungen. Diese schlagen sich u.a. in milieu-, geschlechts- und generationsspezifischen Gemeinsamkeiten nieder und werden in einer Gruppendiskussion in Form „kollektiver Orientierungsmuster" (Bohnsack 1997c) artikuliert. Eine für die Methode adäquate Fassung des Kollektiven wurde mit dem Mannheimschen Konzept des „konjunktiven Erfahrungsraums" gefunden (vgl. hierzu Bohnsack 1993). Es unterscheidet sich von einem Durkheimschen Begriff des Kollektiven, das als fremdbestimmt (,heteronom') und als von außen an die Subjekte herangetragen (,exterior') konzeptualisiert wird, in grundlegender Weise: Der konjunktive Kollektivitätsbegriff Mannheims betont eine Ebene des Kollektiven, die durch gemeinsame bzw. strukturidentische Erfahrungen gestiftet wird.

Bei der *Erhebung* von Gruppendiskussionen sind folglich alle Anstrengungen darauf zu richten, dass sich zunächst ein sog. selbstläufiger Diskurs entwickelt, d.h. einer, in dem die Gruppe sich ihres Relevanzsystems (und d.h. ihrer kollektiven Erfahrungen) in Erzählungen und Beschreibungen versichert und nicht die Relevanzen des/der Interviewenden bearbeitet. Erst im späteren Nachfrageteil sollten zunächst immanente Nachfragen gestellt werden und erst zum Schluss der Diskussion solche exmanenten Charakters (z.B. bilanzierende oder provozierende Nachfragen, vgl. hierzu Bohnsack 2003c, S. 207ff.).

Die *Auswertung* einer Gruppendiskussionen erfolgt nach Bohnsack auf der Basis der dokumentarischen Methode in drei bzw. vier Arbeitsschritten:

1. Am Anfang steht eine *formulierende Interpretation*, die eine Erstellung eines thematischen Verlaufs und eine thematische Feingliederung einzelner Passagen beinhaltet. Beim Arbeitsschritt des *thematischen Verlaufs* werden die Bänder vorab einer Transkription grob abgehört. Dabei werden Themen identifiziert und Passagen erhöhter Diskursdichte sowie dramaturgische Höhepunkte markiert. Auf dieser Grundlage werden Passagen zur → Transkription ausgewählt: Transkribiert werden primär Passagen, in denen aufgrund der diskursiven Dichte bzw. der Dramaturgie eine Focussierungsmetaphorik (→ Fokussierungsmetapher) vermutet wird und sekundär Passagen, die von ihrer Thematik her dem inhaltlichen Interesse der Forschenden bzw. den Notwendigkeiten der → komparativen Analyse entsprechen.

Die transkribierten Passagen werden dann einer detaillierten formulierenden Interpretation (Bohnsack 2003c, S. 134) unterzogen. Ebenso wie beim thematischen Verlauf wird auch hier die thematische Struktur des Diskurses durch die Formulierung von Überschriften und durch Paraphrasierung identifiziert. Die Analyseeinstellung ist hierbei durch eine Enthaltsamkeit gegenüber den Geltungsansprüchen der Texte gekennzeichnet und auf den immanenten Sinngehalt (Mannheim 1980, S. 74ff.) gerichtet, der sich vom „Ausdruckssinn" und dem „Dokumentsinn" unterscheidet (→ dokumentarische Methode).

2. Den Dokumentsinn zu erfassen ist Aufgabe des zweiten Arbeitsschrittes, der *reflektierenden Interpretation*. Erst in diesem Arbeitsschritt ist die Analyseeinstellung auf das gerichtet, was sich in dem, wie etwas gesagt wird, über den dahinter stehenden konjunktiven Erfahrungsraum, die kollektive Handlungspraxis, dokumentiert. Dies geschieht durch die Identifikation negativer und positiver „Gegenhorizonte", innerhalb derer solche übergreifenden kollektiven Orientierungsrahmen einer Gruppe interpretativ herausgearbeitet werden, welche die jeweiligen, gerade geäußerten „Orientierungsfiguren" konstituieren (Bohnsack 1989, S. 26ff.). Die zentralen bzw. übergreifenden Orientierungsrahmen einer Gruppe kommen in den sog. → *Fokussierungsmetaphern* zum Ausdruck. Hierunter sind Passagen der Diskussion zu verstehen, die sich durch eine besondere interaktive und metaphorische Dichte auszeichnen, in denen also der Diskurs von der Dramaturgie her seine Steigerungen oder Höhepunkte erreicht. Fokussierungsmetaphern bilden den Focus der Aufmerksamkeit der Gruppe und deshalb auch den Dreh- und Angelpunkt der dokumentarischen Interpretation einer Gruppendiskussion, da an den Fokussierungsmetaphern als den Zentren des Erlebens und der Aufmerksamkeit der jeweiligen Gruppe deren Orientierungs-Rahmen unmittelbar und empirisch valide erfassbar ist. „Metaphorisch" sind diese Passagen deshalb, weil sie aktuelle Handlungs- und Orientierungsprobleme nicht explizit (wörtlich), sondern in der erzählerischen oder beschreibenden Darstellung von Szenerien, also bildhaft zum Ausdruck bringen. (Bei-

spiele für die Arbeitsschritte der formulierenden und reflektierenden Interpretationen finden sich in Bohnsack 1989, S. 351-369; Bohnsack 1999, S. 219-232;
Bohnsack/Schäffer 2001, S. 309-321; Loos/Schäffer 2001, S. 75ff).

Schließlich gewinnt im Arbeitsschritt der reflektierenden Interpretation die → komparative Analyse an Bedeutung: Zunehmend werden fallexterne Vergleichshorizonte systematisch explizit gemacht. Diese Vergleichshorizonte entstammen zunächst dem Erfahrungshintergrund der Interpreten. Im Laufe eines Forschungsvor-
habens wird das milieugebundene Vorwissen der Forschenden dann systematisch
durch empirisch generierte Vergleichshorizonte ersetzt, indem ermittelt wird, wie
verschiedene Gruppen dasselbe (in der formulierenden Interpretation identifizierte)
Thema unterschiedlich behandeln.

Zur Reflektierenden Interpretation gehört auch die Rekonstruktion der *Diskursorganisation,* also der Art und Weise, wie die SprecherInnen aufeinander Bezug
nehmen (zuerst: Bohnsack 1989). Zur Beschreibung der Diskursorganisation hat
sich ein System von Begrifflichkeiten bewährt, welches in der empirischen Analyse
selbst gewonnen und fortschreitend präzisiert wurde. Demnach bewegt sich ein
Diskurs, idealtypisch gesprochen, von *Propositionen* zu *Konklusionen.* Propositionen sind im Sinne von Garfinkel (1961a) Orientierungsgehalte, die in den Redebei-
trägen implizit, d.h. z.B. in Form von Erzählungen und Beschreibungen oder
schlagwortartig zum Ausdruck gebracht werden. Ob es sich bei einer Äußerung also
um eine Proposition in diesem Sinne handelt, lässt sich oftmals nicht an der isolier-
ten Äußerung selbst feststellen, sondern muss unter Berücksichtigung des Ge-
sprächskontextes, d.h. unter Bezugnahme auf zuvor und im Anschluss gemachte
Äußerungen, erschlossen werden. Mit einer Konklusion wird die Behandlung eines
Themas beendet, meist, indem die zentralen propositionalen Gehalte ergebnissi-
chernd noch einmal zusammengefasst werden. Gewissermaßen ‚zwischen' der Proposition und der Konklusion wird das jeweils aktuelle Thema kommunikativ von
der Gruppe bearbeitet. Oftmals finden sich hier weitere Sequenzen von (Anschluss-)
Propositionen und (Zwischen-)Konklusionen.

Der propositionale Gehalt einer Äußerung kann vielfältige Formen annehmen:
z.B. diejenige einer eher expliziten Meinungsäußerung oder einer Frage. Vor allem
dann, wenn komplexe Orientierungsfiguren zum Ausdruck gebracht werden, ist die
Proposition in Erzählungen und Beschreibungen, also in der Darstellung von Inter-
aktionsszenerien impliziert. Häufig wird eine Proposition auch zunächst in nur un-
zureichender Weise zum Ausdruck gebracht („ich sage nur: Wessis"), um dann in
Form einer Erzählung oder Beschreibung ‚elaboriert' zu werden. In diesem Fall
sprechen wir von einer *Elaboration* in Form einer *Exemplifizierung.* Davon zu unterscheiden ist die Elaboration in Form einer *Differenzierung*: Die Teilnehmenden
einer Diskussion halten den propositionalen Gehalt einer Äußerung für ergänzungs-
bedürftig, oder er muss in ihren Augen in seiner Reichweite eingeschränkt werden.
Auch wenn eine Diskussion einen (auf den ersten Blick) konflikthaften Verlauf
nimmt (die Teilnehmenden widersprechen und korrigieren einander, fallen einander
ins Wort und verletzen somit die Regeln des Sprecherwechsels, des „turn-taking";
vgl. Sacks/Schegloff/Jefferson 1974), so muss dies noch nicht bedeuten, dass hier
keine kollektiv geteilten Orientierungen zum Ausdruck gebracht würden. Ob dies

der Fall ist und es sich somit um eine (wirkliche) Opposition handelt, lässt sich erst auf dem Wege einer dokumentarischen (reflektierenden) Interpretation der gesamten Diskurspassage entscheiden. Existieren in Gruppen derartige nicht überbrückbare „Rahmeninkongruenzen", dann finden sich häufig auch sogenannte *rituelle Konklusionen*. Wir haben es dann nicht mit konsensfähigen Zusammenfassungen zu tun; vielmehr wird das Thema, an denen die Rahmeninkongruenzen aufzubrechen drohen, in ‚unsachlicher' Weise (z.B. durch einen Witz) eliminiert.

Idealtypisch lassen sich drei Formen der Diskursorganisation, also drei Modi der interaktiven Bezugnahme, unterscheiden, die als solche Aufschlüsse über grundlegende Formen der Sozialität bzw. Kollektivität innerhalb der Gruppe geben: Ein *oppositioneller Diskursmodus* liegt dann vor, wenn Rahmeninkongruenzen auftreten, also Unterschiede der Orientierungsrahmen, die von den Teilnehmenden nicht in einen übergreifenden kollektiv geteilten Rahmen überführt werden können. Beim *konkurrierenden* bzw. *antithetischen Diskursmodus* liegt im Gegensatz zum oppositionellen keine Rahmeninkongruenz vor. Vielmehr konkurrieren bei diesem Typus die Teilnehmenden in dem Bemühen, den gemeinsam geteilten Rahmen am besten ausdrücken und ggf. eine von allen akzeptierte Konklusion formulieren zu können. Einen der Gegenhorizonte des konkurrierenden Diskursmodus bildet der *parallelisierende*. Eine explizite Bezugnahme der Redebeiträge aufeinander ist hier oft kaum erkennbar, vielmehr werden Erzählungen und Beschreibungen – auf den ersten Blick – unvermittelt aneinandergereiht. Dem milieufremden Beobachter ist der Orientierungsgehalt und möglicherweise sogar das Thema erst nach einer intensiven reflektierenden Interpretation zugänglich.

(Forschungsbeispiele für reflektierende Interpretationen, in denen auch die Diskursorganisation rekonstruiert wird, finden sich in: Bohnsack 1989, Bohnsack et al. 1995, Schäffer 1996, Nohl 1996, Loos 1998 u. 1999, Nentwig-Gesemann 1999.)

3. Nach der reflektierenden Interpretation wird nun entweder gleich mit der → Typenbildung (s.u.) begonnen oder der jeweilige Fall wird im Rahmen der *Diskursbeschreibung* zunächst genau rekonstruiert. In der Diskursbeschreibung wird die gesamte Diskussion im Sinne einer Fallbeschreibung zusammengefasst. Hierzu gehört eine verdichtende Darstellung der zentralen Rahmenkomponenten der Gruppe, wie sie sich in der Dramaturgie des Diskurses entwickeln, ebenso wie ein Überblick über die in der Gruppe vorherrschende Diskursorganisation. Dabei folgt die Diskursbeschreibung dem Diskurs der jeweiligen Gruppe, da sich in der Entwicklung des Diskurses auf seine Fokussierungsmetaphoriken hin die unterschiedlichen Rahmenkomponenten eines Falles dokumentieren. In der Diskursbeschreibung werden die zentralen Rahmenkomponenten mittels ausführlicher Zitate belegt. Eingelassen in die Diskursbeschreibung sind darüber hinaus – wie bereits in der reflektierenden Interpretation – immer auch Vergleichshorizonte anderer Fälle aus der jeweiligen Untersuchung. Die systematische Berücksichtigung der unterschiedlichen Vergleichshorizonte in der Diskursbeschreibung dient auch als Ausgangspunkt für den Prozess der Typenbildung.

4. Im Zuge der → *Typenbildung* wird, in Übereinstimmung mit dem „idealtypischen Verstehen" bei Max Weber (1968, S. 4), nach der Genese jener kollekti-

ven Orientierungsmuster gesucht, die im Zuge der reflektierenden Interpretation bereits herausgearbeitet worden sind. Vor allem geht es darum, die unterschiedlichen Faktoren oder Dimensionen dieser Genese voneinander unterscheiden zu können, also u.a. die Dimensionen der Bildung, des Geschlechts, des Alters (der lebenszyklischen Phase) und des Milieus. Typenbildung vollzieht sich auf dem Wege einer komplexen komparativen Analyse: So werden auf der Grundlage von Gemeinsamkeiten der Fälle (z.B. die bildungstypisch allen Lehrlingen in einer bestimmten Alters- oder Entwicklungs-Phase gemeinsame Erfahrung der Auseinandersetzung mit dem Arbeitsalltag) spezifische milieutypische Kontraste der Bewältigung dieser Erfahrungen (z.B. zwischen Musikgruppen und Hooligans; vgl. Bohnsack et al. 1995) herausgearbeitet. Die Eindeutigkeit und Validität eines Typus, einer Typik ist davon abhängig, inwieweit deren Beziehung zu und Abgrenzung von anderen Typiken herausgearbeitet werden kann (vgl. hierzu Bohnsack 2001b).

## Weiterführende Literatur

Ralf Bohnsack (2003c): Rekonstruktive Sozialforschung. Einführung in qualitative Methoden, Opladen (5. Aufl.).

Ralf Bohnsack/Schäffer, Burkhard (2001): Gruppendiskussionsverfahren. In: Theo Hug (Hg.): Wie kommt Wissenschaft zu Wissen? Band 2: Einführung in die Forschungsmethodik und Forschungspraxis. Baltmannsweiler, S. 324-341.

Peter Loos/Schäffer, Burkhard (2001): Das Gruppendiskussionsverfahren. Theoretische Grundlagen und empirische Anwendung. Leske + Budrich, Opladen.

*Burkhard Schäffer*

**Gruppenmeinung (informelle)** → Gruppendiskussion

# Gütekriterien

Gütekriterien dienen als Maßstäbe für die Bewertung von Forschung. Seit ihren Ursprüngen begleitet die qualitative Sozialforschung allerdings die Frage, auf der Basis welcher Kriterien ihre Praxis sachgerecht beurteilt werden kann. Auch heute noch, über zwanzig Jahre nach ihrem Wiedererstarken auch im deutschsprachigen Raum, erweist sich diese Frage als ein heikles und in der Sache strittiges Thema, bei dem es kaum möglich ist, so etwas wie einen identifizierbaren Mimimalkonsens auszumachen. Vermutlich noch am ehesten zustimmungsfähig ist die Position, dass die Gütekriterien der quantifizierenden Sozialforschung – vor allem Objektivität, Validität und Reliabilität – nicht einfach übernommen werden können (vgl. ausführlich Steinke 1999, S. 131-204), gleichwohl es Versuche gibt, die Gütekriterien qualitativer Sozialforschung entlang den bewährten Kriterien quantifizierender Forschung zu reformulieren (vgl. vor allem Miles/Huberman 1994). Allgemein noch zustimmungsfähig dürfte eine Position sein, die aus paradigmatischen Gründen die Notwendigkeit eigenständiger Gütekriterien qualitativer Forschung fordert. Alle

Gemeinsamkeiten enden aber spätestens bei der Frage, welche Kriterien dies genau sein und worauf sie sich beziehen könnten – mit der Folge, dass mittlerweile eine ganze Reihe von – teilweise sich gegenseitig ausschließenden – Vorschlägen für die Gütekriterien qualitativer Sozialforschung vorliegen. In der deutschsprachigen Diskussion ist es das Verdienst von I. Steinke (1999), einen ersten Versuch unternommen zu haben, nicht nur einen Überblick über die einschlägige Diskussion zu liefern, sondern auch den Versuch zu wagen, ein Set an Kriterien für qualitative Sozialforschung zu formulieren. Letztendlich schlägt sie sieben Kriterien vor:

- Intersubjektive Nachvollziehbarkeit (S. 207ff.),
- Indikation, im Sinne der Gegenstandsangemessenheit, des Forschungsprozesses und der Bewertungskriterien (S. 215ff.),
- empirische Verankerung der Theoriebildung und -prüfung (S. 221ff.),
- Limitation, also die Explikation der Reichweite der eigenen Ergebnisse (S. 227ff.),
- reflektierte Subjektivität (S. 231ff.),
- Kohärenz der Theorie, wobei I. Steinke dieses Kriterium auch auf den Aspekt des pragmatischen Wertes von Wissen bezieht (S. 239ff.), und
- Relevanz sowohl der Fragestellung als auch der entwickelten Theorie (S. 241ff.).

So hilfreich und ordnend dieser Vorschlag auch ist, so zeigt sich allerdings bei genauer Hinsicht, dass diesen Kriterien nicht nur ein spezifisches Verständnis von qualitativer Sozialforschung zugrundeliegt, sondern dass sie auch keineswegs umfassend Geltung beanspruchen können. Als Beispiel mag das Kriterium Limitation dienen. I. Steinke formuliert dieses Kriterium vergleichsweise defensiv, indem sie betont, dass es nicht darum gehe, „in der qualitativen Forschung universelle Ergebnisse zu erzielen und Generalisierbarkeit als Ziel und Kriterium per se zu definieren. Limitation bedeutet, auch in der qualitativen Forschung, soweit als – angesichts kontextueller und historischer Gebundenheit der Erkenntnis – möglich, Verallgemeinerungen anzustreben" (S. 228). Demgegenüber wird von anderen Autoren durchaus an dem Kriterium „Generalisierbarkeit" als wesentlichem Gütekriterium empirischer Forschung festgehalten und der Versuch unternommen, dies Kriterium verfahrensbezogen zu reformulieren (vgl. z.B. Bohnsack 2000a, S. 190).

All dies führt zu der für sozialwissenschaftliche Forschung gewöhnungsbedürftigen Situation, dass zwar die Zahl qualitativer Projekte täglich zunimmt, dass es aber keinen weithin erkennbaren Konsens darüber gibt, wie die Qualität dieser Projekte einzuschätzen ist, weil die entsprechenden verbindlichen Maßstäbe bislang nicht zur Verfügung sehen.

Es wäre allerdings ein grobes Missverständnis, diese Situation als Ausdruck postmoderner oder wie auch immer gearteter Beliebigkeit zu verstehen. Sie ist vielmehr Ausdruck davon, dass unter der Überschrift qualitative Sozialforschung durchaus unterschiedliche Konzepte und Strategien zusammengefasst werden und dass diese Konzepte, sieht man sich ihre erkenntnistheoretischen und ontologischen Prämissen, ihrer theoretischen Vornahmen hinsichtlich ihres Gegenstandes, ihre Verfahren und ihre Erkenntnisziele näher an, keineswegs kompatibel sind (vgl. Lüders/Reichertz 1986). Für die Suche nach einer Antwort auf die Frage nach den Gütekriterien macht es deshalb einen gravierenden Unterschied, ob man an eine ethnografische Feldstudie, die Erhebung und Auswertung narrativer Interviews im Sinne narrationsstruktureller Analyse oder z.B. an eine Fallanalyse mit Hilfe der objektiven Hermeneutik denkt. Selbst so ein scheinbar konsensfähiger Anspruch wie Vertrauenswürdigkeit („trustworthiness"), ein Kriterium, das von Y. Lincoln und E. G. Guba (1985, S. 289ff.) in die Diskussion eingebracht worden ist, erweist sich im Horizont der jeweiligen Zugänge qualitativer Sozialforschung als ein im Detail sehr unterschiedlich operationalisierbares und für die Bewertung von Forschung dann jeweils nur begrenzt hilfreiches Kriterium.

Angesichts dieser offensichtlichen Verlegenheiten hat J. Reichertz (1999) vorgeschlagen, die Suche nach Beurteilungskriterien im erkenntnis- bzw. gegenstandstheoretischen Sinne zurückzustellen und sich vielmehr der Frage der Darstellung im Sinne des Be-Schreibens von Forschung zu widmen. In den Mittelpunkt rücken auf diese Weise einerseits die Darstellungsformen von Forschung, die verantwortlich dafür sind, dass die Ergebnisse als plausibel und valide erscheinen. Andererseits gewinnen die Rezipienten, also die Leser und Leserinnen von Forschungsergebnissen, an Bedeutung. Zugespitzt formuliert: Gültige Forschungsergebnisse entstehen – bzw. entstehen nicht – aus dieser Perspektive in der lesenden Auseinandersetzung mit der Darstellung des Forschungsprozesses und seinen Ergebnissen.

Allerdings gilt, auch darauf weist J. Reichertz hin, dass diese, als reflexiv gewordene Wissenssoziologie bezeichnete Position, außerhalb der wissenschaftlichen Diskurse schnell an ihre Grenzen kommt. Dort, auf Seiten der allgemeinen (Fach-)Öffentlichkeit, der Politik und der Geldgeber steht nach wie vor die Frage im Zentrum, ob man den Ergebnissen im Sinne der Zuverlässigkeit und der Gültigkeit trauen kann und ob sie repräsentativ für das jeweilige Problem sind.

Mit anderen Worten: Die gegenwärtige Debatte um Gültigkeitskriterien qualitativer Sozialforschung ist gekennzeichnet durch ein hohes Maß interner Kontextbezogenheit und Reflexivität bis hin zur eingestandenen Unmöglichkeit, überhaupt noch weithin anerkannte Kriterien formulieren zu können, einzelnen Versuchen, dennoch anerkannte Kriterien auf abstrakter Ebene zu formulieren und vergleichsweise rigiden externen Erwartungen an Forschung.

Der Ausweg aus dieser aktuellen Verlegenheit um die Gütekriterien qualitativer Sozialforschung kann nur darin bestehen, sich von der auf Dauer vermutlich vergeblichen Suche nach *den* Gütekriterien für *die* qualitative Sozialforschung zu befreien und den Weg für verfahrens- und gegenstandsbezogene Kriterien zu öffnen.

## Weiterführende Literatur

Lincoln, Yvonna S./Guba, Egon G. (1985): Naturalistic Inquiry. Beverly Hills, London & New Dehli.

Lüders, Christian/Reichertz, Jo (1986): Wissenschaftliche Praxis ist, wenn alles funktioniert und keiner weiß warum – Bemerkungen zur Entwicklung qualitativer Sozialforschung. In: Sozialwissenschaftliche Literatur Rundschau 9, H. 12, S. 90-102.

Steinke, Ines (1999): Kriterien qualitativer Forschung. Ansätze zur Bewertung qualitativ-empirischer Sozialforschung. Weinheim & München.

*Christian Lüders*

**Habit** → Pragmatismus

**Habitus** → Bildinterpretation; → dokumentarische Methode; → Orientierungsmuster; → rekonstruktive Sozialforschung

**habituelle Übereinstimmung** → Fokussierungsmetapher

**Handlungsforschung** (*siehe* Aktionsforschung)

**Handlungsschema** → Autobiografie; → Erzählanalyse; → narratives Interview

# Hermeneutik

Der Begriff Hermeneutik bezeichnet ein weites Feld unterschiedlicher philosophischer Begründungen und Zielsetzungen sowie methodischer Konzepte für den verstehenden Umgang mit Texten und ist u.a. mit den Namen Schleiermacher, Dilthey, Heidegger, Gadamer und Habermas verbunden.

Besonders folgenreich im Blick auf die Qualitative Sozialforschung war der Versuch Diltheys, das „Verstehen" in Abgrenzung vom „Erklären" als eigenständige Methode auszuweisen und so den Geisteswissenschaften im Anschluss an Schleiermachers Hermeneutik eine wissenschaftstheoretische Grundlage zu verschaffen. Die unterschiedlichen methodischen Zugriffe begründet Dilthey aus den verschiedenen Gegenständen von Natur- und Geisteswissenschaften: „Die Natur erklären wir, das Seelenleben verstehen wir" (Dilthey 1982, S. 144). Während das naturwissenschaftliche Erklären als Zurückführen eines Sachverhalts auf allgemeine Gesetzesaussagen aufgefasst werden kann, bezeichnet Dilthey als Verstehen jenen Vorgang, „in welchem wir aus sinnlich gegebenen Zeichen ein Psychisches, dessen Äußerung sie sind, erkennen" (ebd., S. 318). Verstehen gilt ihm mithin als Schluss von äußerlich wahrnehmbaren Zeichen (wie z.B. Gebärden, Lauten oder Schriftzeichen) auf ein Inneres, das dabei als den Zeichen zugrunde liegender ‚Sinn' bzw. als deren Intention, Zweck oder Motiv aufgefasst (*subjektiv gemeinter Sinn*) wird. Mit der Begründung der Hermeneutik als einer „Kunstlehre" erhebt Dilthey nun den Anspruch, dieses Verstehen, das zunächst ein alltäglicher, jedes soziale Handeln begleitender Vorgang ist, in den Rang einer Methode wissenschaftlicher Erkenntnisgewinnung zu erheben, der objektive bzw. allgemeingültige Bedeutung zukommt. Die Schwierigkeiten dieses Vorhabens liegen für Dilthey zum einen in der Subjektivität des Verstehenden und zum andern in der Singularität des zu Verstehenden, die beide der angestrebten Objektivität im Wege stehen. Als Bedingung der Möglichkeit des Verstehens gilt ihm dabei eine grundlegende Gemeinsamkeit der Menschen sowohl hinsichtlich ihres Inneren (d.h. möglicher Intentionen und Motive) als auch in bezug auf die äußere Welt, in der sie leben: „Die Bedingung, an welche diese Möglichkeit [objektiver Erkenntnis; H.-C.K.] gebunden ist, liegt darin, dass in keiner fremden individuellen Äußerung etwas auftreten kann, das nicht auch in der auffassenden Lebendigkeit enthalten wäre. Dieselben Funktionen und Bestandteile sind in allen Individualitäten [..]. Dieselbe äußere Welt spiegelt sich in ihren Vorstellungsbildern." (ebd., S. 334). Wissenschaftliche Dignität im Sinne des Anspruchs auf objektive Geltung gewinnt das Verstehen Dilthey zufolge allerdings erst, wenn es zur „Kunstlehre" wird, d.h. bestimmten Regeln folgt, die die „Ausle-

gung" bzw. „Interpretation" als wissenschaftliche Form des Verstehens auszeichnen. Zu diesen Regeln gehören die dauerhafte Fixierung des zu Verstehenden (für
die schriftliche Aufzeichnung das historisch bedeutsamste Beispiel darstellt), die
Berücksichtigung des „Milieus" bzw. des Kontexts, aus dem das zu Verstehende
stammt, sowie der Vergleich als wichtigstes Mittel der Objektivierung (insbesondere in bezug auf das Bewerten, das für Dilthey mit dem Verstehen untrennbar verbunden ist). Freilich ist Dilthey zufolge das Ziel objektiver Erkenntnis auch bei Befolgung dieser Regeln nur annäherungsweise zu erreichen, sofern das Verstehen als
„unendliche Aufgabe" aufgefasst werden muss (ebd., S. 336). Vollkommenes Verstehen bestünde ähnlich wie das Erklären in der Einordnung des zu Verstehenden in
allgemeingültige Zusammenhänge, wobei ein solcher Zusammenhang einerseits induktiv aus dem Besonderen zu erschließen ist, aber andererseits (im Sinne eines unvermeidlichen Vorverständnisses) zugleich auch an das zu Verstehende herangetragen werden muss. Diese Konstellation, wonach das ‚Ganze' eines Werkes aus den
einzelnen Bestandteilen heraus verstanden werden soll, aber zugleich das Verständnis des einzelnen schon das des Ganzen voraussetzt, wird bereits von Dilthey als
„Zirkel" beschrieben (ebd., S. 330) und ist später als „*hermeneutischer Zirkel*" thematisiert worden (vgl. Gadamer 1972, S. 250ff.).

Diltheys Hermeneutik wurde u.a. von Heidegger aufgegriffen und existenzial-
ontologisch radikalisiert, wobei dieser das Verstehen nicht so sehr als wissenschaftliche Methode, sondern vielmehr als die menschliche Weise des In-der-Welt-Seins begriff (vgl. Heidegger 1984). Habermas dagegen gibt der wissenschaftstheoretischen
Erörterung der Hermeneutik eine gesellschaftskritische Wendung, indem er das Erkenntnisinteresse der hermeneutischen (Geistes-)Wissenschaften als „Interesse an der
Erhaltung und Erweiterung der Intersubjektivität möglicher handlungsorientierender
Verständigung" fasst und damit den Akzent vom Verstehen auf den Prozess inter-
subjektiver Verständigung verschiebt (Habermas 1974, S. 158; vgl. auch 1973, 178ff.).

Grundlagentheoretische Beiträge zur Qualitativen Sozialforschung knüpfen ebenfalls an Diltheys Hermeneutik an, entwickeln sie aber zugleich weiter und modifizieren sie z.T. erheblich. So gelten als bevorzugter Gegenstand hermeneutischer Auslegung längst nicht mehr nur (wie noch Dilthey) „Schriftdenkmäler" bzw. Kunstwerke,
sondern vielmehr Äußerungen bzw. Interaktionen aller Art unter Einschluss von All-
tagskommunikation und eigens erhobenen qualitativen Daten (wie z.B. → narrative
Interviews [→ Interview] oder → Gruppendiskussionen), wobei zur dauerhaften Fixierung häufig Tonband- oder Videoaufzeichnungen eingesetzt werden. Einen Haupt-
unterschied zu Diltheys Begründung der Hermeneutik markiert die veränderte Auffassung des Gegenstands von Verstehen. Hatte Dilthey die methodische Eigenstän-
digkeit der Geisteswissenschaften damit begründet, dass diese es mit Phänomenen des
„Seelenlebens" bzw. mit Äußerungen zu tun hätten, die auf ein „Inneres" zurückgeführt werden können, haben sich in der Qualitativen Sozialforschung mittlerweile andere Begründungen einer verstehenden bzw. interpretativen Vorgehensweise durchgesetzt. Die Besonderheit sozialwissenschaftlicher Erkenntnis wird dabei meist darin
gesehen, dass diese anders als die Naturwissenschaften keine strikte Trennung zwischen Subjekt und Objekt vornehmen kann und es nicht mit objektiv gegebenen und
deshalb messbaren Größen zu tun hat, sondern mit sozialen Konstrukten, deren Bedeutung erst durch interaktive Zuschreibungsprozesse zustande kommt und deshalb

auch nur interpretativ erschlossen werden kann ($\rightarrow$ Interaktion, $\rightarrow$ Konstruktivismus). An die Stelle des „Nachfühlens fremder Seelenzustände" (Dilthey) als hermeneutischer Grundoperation treten deshalb Interpretation oder Rekonstruktion jener interaktiven Prozesse, durch die sozialer „Sinn" bzw. die Konstrukte gesellschaftlicher Wirklichkeit hervorgebracht werden. In diesem Sinn können methodologische Ansätze der Qualitativen Sozialforschung wie $\rightarrow$ *Erzählanalyse*, $\rightarrow$ *Objektive Hermeneutik*, $\rightarrow$ *Tiefenhermeneutik* und *Wissenssoziologie* als Weiterentwicklungen der Hermeneutik verstanden werden ($\rightarrow$ hermeneutische Wissenssoziologie).

Eher als Bruch mit der Hermeneutik sind demgegenüber solche Ansätze aufzufassen, die sich auf subjekt- bzw. sinnkritische Positionen (post)strukturalistischer Provenienz berufen – wie etwa die $\rightarrow$ *Diskursanalyse* oder das auf Derrida zurückgehende und vor allem in den Literaturwissenschaften verbreitete Verfahren der Dekonstruktion (vgl. z.B. Culler 1999), das in der Qualitativen Sozialforschung allerdings erst in Ansätzen Beachtung gefunden hat.

## Weiterführende Literatur

Gadamer, Hans-Georg/Boehm, Gottfried (Hg.) (1976): Seminar: Philosophische Hermeneutik. Frankfurt/M.

Gadamer, Hans-Georg/Boehm, Gottfried (Hg.) (1978): Seminar: Die Hermeneutik und die Wissenschaften. Frankfurt/M.

Hitzler, Ronald/Honer, Anne (Hg.) (1997): Sozialwissenschaftliche Hermeneutik. Eine Einführung. Opladen.

*Hans-Christoph Koller*


# Hermeneutische Wissenssoziologie

Die hermeneutische Wissenssoziologie ist ein (in der Entwicklung begriffenes) komplexes *theoretisches, methodologisches* und *methodisches* Konzept, das im wesentlichen auf die Arbeiten von Hans-Georg Soeffner zurückgeht und u.a. von Ronald Hitzler, Anne Honer, Hubert Knoblauch, Jo Reichertz und Norbert Schröer weiterentwickelt und ausdifferenziert wurde und das zum Ziel hat, die gesellschaftliche Bedeutung jeder Form von Interaktion (sprachlicher wie nichtsprachlicher) und aller Arten von Interaktionsprodukten (Kunst, Religion, Unterhaltung etc.) zu (re)konstruieren. Anfangs wurde für diese Methode auch häufiger der Name „sozialwissenschaftliche Hermeneutik" verwendet. Die hermeneutische Wissenssoziologie hat sich in dieser Form zum einen durch die Kritik an der „Metaphysik der Strukturen" der objektiven Hermeneutik (vgl. Reichertz 1986) zum anderen durch die Auseinandersetzung mit der sozialphänomenologischen Forschungstradition (Schütz, Luckmann) herausgebildet.

*Wissenssoziologisch* ist diese Perspektive, weil sie diesseits von $\rightarrow$ Konstruktivismus und Realismus die Großfragestellung untersucht, wie Handlungssubjekte – hineingestellt und sozialisiert in historisch und sozial entwickelte Routinen und Deutungen des jeweiligen Handlungsfeldes – diese einerseits *vor*finden und sich aneignen (müssen), andererseits diese immer wieder neu ausdeuten und damit auch

‚eigen-willig' *er*finden (müssen). Die neuen (nach den Relevanzen des Handlungs-subjekts konstituierten) Neuauslegungen des gesellschaftlich vorausgelegten Wissens werden ihrerseits (ebenfalls als Wissen) in das gesellschaftliche Handlungsfeld wieder eingespeist (vgl. Berger/Luckmann 1969 und Soeffner 1989).

*Hermeneutisch* ist diese Perspektive, weil sie nicht nur die *alltägliche* Interaktion und Interaktionsprodukte methodisch angeleitet deutend verstehen will, sondern ebenfalls die bei diesem Verstehen zum Einsatz kommenden Verfahren des *wissenschaftlichen* Deutens. Auf diese Weise bemüht sich die hermeneutische Wissenssoziologie nicht nur um die Aufhellung der Akte des alltäglichen Deutens und Handelns, sondern zugleich um die Klärung des Verhältnisses von Wissenschaft und Alltag und die Erarbeitung von Standards einer (die Gesellschaft überzeugenden) qualitativen Sozialforschung.

Das Handeln von Akteuren gilt erst dann als verstanden, wenn der Interpret in der Lage ist, dieses Handeln in Bezug zu dem vorgegebenen und für den jeweiligen Handlungstypus relevanten Bezugsrahmen zu setzen und es in *dieser* Weise für *diese* Situation als *eine* (für die Akteure) sinn-machende (also nicht unbedingt gültige!) ‚Lösung' eines Handlungsproblems nachzuzeichnen.

## Geschichte der hermeneutischen Wissenssoziologie

„Wer über die Akte der Deutung nichts weiß und sich über ihre Prämissen und Ablaufstrukturen keine Rechenschaftspflicht auferlegt, interpretiert – aus der Sicht wissenschaftlicher Überprüfungspflicht – einfältig, d.h. auf der Grundlage impliziter alltäglicher Deutungsroutinen und Plausibilitätskriterien." (Soeffner 1989, S. 53) Demnach gehört zum ‚Verstehen von etwas' selbstverständlich auch die *„Beschreibung und das Verstehen des Verstehens"* (ebd.). Interpretative Soziologie ist deshalb auch immer eine Soziologie des Interpretierens. Diese Aussagen von Soeffner sind m.E. nicht nur sehr wesentliche Bestandteile jeder wissenssoziologischen Hermeneutik, sondern (historisch betrachtet) können sie auch als Ausgangspunkte dieser Forschungsstrategie gelten.

Auf den Punkt gebracht besagen diese Forderungen, dass der, welcher seine Beobachtung verstehen will, auch *seine eigene* Handlung des Verstehens (also seinen ‚Alltag der Hermeneutik') beobachten muss. Durch diese Forderung der Anwendung auf sich selbst wurde die wissenssoziologische Hermeneutik von Beginn an (und einige Zeit vor der Präsenz des radikalen Konstruktivismus) in die prekäre Lage gebracht, sich mit dem konstruktivistischen Charakter von Beobachtung und Interpretation auseinanderzusetzen. Prekär ist diese Lage deshalb, weil die Selbstanwendung der Wissenssoziologie auf die Arbeiten der Wissenssoziologen zutage bringt, dass sich die Konstrukte der Wissenschaftler zwar inhaltlich, aber nicht strukturell von den Konstrukten unterscheiden, welche die Personen in ihrem normalen Alltag anfertigen, und die von den Wissenssoziologen beobachtet und gedeutet werden.

## Strategien des empirischen Vorgehens

Die hermeneutische Wissenssoziologie gewinnt ihre Erkenntnisse durchweg aus empirischer Forschung. Da die Forschungsstrategie nicht auf die Entdeckung allgemeiner Gesetze, die menschliches Verhalten erklären, ausgerichtet ist, sondern auf die (Re-)Konstruktion der Verfahren und Typisierungsleistungen, mit denen

Menschen sich eine sich stets neu geschaffene Welt vertraut und verfügbar machen, gilt der systematischen ‚Findung‘ des Neuen besonderes Interesse. Eine Reihe von methodischen Vorkehrungen soll dies erleichtern.

So soll bereits in der ersten Forschungsphase der Forscher darum bemüht sein, eine ‚abduktive Haltung‘ (vgl. Reichertz 1991) aufzubauen (→ Abduktion). Das heißt er muss seine Forschung so gestalten, dass ‚alte‘ Überzeugungen ernsthaft auf die Probe gestellt werden und ggf. neue, tragfähigere Überzeugungen gebildet werden können. Dieses Programm lässt sich jedoch nur sinnvoll umsetzen, wenn die erhobenen Daten so beschaffen sind, dass ihre Verrechenbarkeit mit den abgelagerten Überzeugungen nicht von vorne herein gewährleistet ist.

Am widerstandsfähigsten (gegen das Vor-Wissen der Forscher) dürften *nichtstandardisiert* erhobene Daten (= Daten, in denen nicht bereits die wissenschaftlichen Standards enthalten sind) und hier insbesondere audiovisuelle Aufzeichnungen oder Artefakte des Handlungsfeldes sein (vgl. Reichertz 1991). Da solche Daten von den Handelnden nicht in Anbetracht der forschungsleitenden Fragestellung produziert und die Erhebung selbst wenig von subjektiven Wahrnehmungsschemata geprägt wurden, ist die Möglichkeit recht groß, dass sie nicht von vornherein mit den abgelagerten Überzeugungen zur Deckung zu bringen sind.

Wenn die Erhebung nichtstandardisierter Daten nicht möglich ist oder keinen Sinn macht, dann ist der Forscher genötigt, selbst Daten zu produzieren: er muss Beobachtungsprotokolle anfertigen und Interviews führen – und er tut gut daran, dies nach wissenschaftlich verbindlichen Standards zu tun; mithin produziert er Daten, die ihrerseits von (wissenschaftlichen) Standards geprägt sind.

Dabei sind folgende zwei Erhebungsprinzipien zu beherzigen: (1) Der Forscher sollte (*nur!*) in Bezug auf den zu untersuchenden Sachverhalt möglichst *naiv* ins Feld gehen und Daten sammeln. (2) Gerade in der Einstiegsphase sollte eine möglichst *unstrukturierte* Datenerhebung gewährleistet sein. Der Grund: Eine frühzeitige analytische und theoretische Durchdringung des Materials und eine sich daran anschließende gezielte Erhebung von Daten in der Eingangsphase würde nur dazu führen, den Datenwetzstein, an dem sich später Theorien bewähren und entwickeln lassen sollen, frühzeitig zu entschärfen. Setzt der Forscher bei der Erhebung standardisierter Daten diese beiden Prinzipien um, dann ist zumindest strukturell die Möglichkeit eröffnet, dass die Daten ihn ins Grübeln bringen, ihn an seinen alten Überzeugungen zweifeln lassen (vgl. Reichertz 1997).

## Zur Forschungslogik

Eine Interpretation von Daten mit Hilfe der hermeneutischen Wissenssoziologie erschöpft sich nicht in der angemessenen Deskription von Beobachtungen oder der Nachzeichnung subjektiv entworfenen und gemeinten Sinns, sondern sie zielt auf die Findung der *intersubjektiven* Bedeutung von *Handlungen*. ‚Intersubjektiv‘ heißt nun in keinem Fall ‚wahr‘ oder ‚wirklich‘, sondern lediglich, dass es um die Bedeutung geht, welche durch eine (sprachliche) *Handlung* innerhalb einer bestimmten Interaktionsgemeinschaft erzeugt wird. Die Bedeutung einer Handlung wird so (zu einem Teil) gleichgesetzt mit der *antizipierbaren* Reaktionsbereitschaft, welche die Handlung innerhalb einer Interaktionsgemeinschaft auslöst.

Die Interpretationstheorie schließt sich damit an die Vorstellungskraft eines typisierten typischen, in eine bestimmte Interaktionsgemeinschaft einsozialisierten Symbolbenutzers an, nicht jedoch an dessen konkrete Bewusstseinsinhalte. Kurz und plakativ: Die Bedeutung symbolischen Handelns liegt *nicht* vergraben im Bewusstsein des Zeichenbenutzers oder zeigt sich in einer codifizierten Verweisung (sie liegt also nicht in der Vergangenheit), sondern die Bedeutung eines Zeichens besteht statt dessen in der *antizipierbaren Reaktionsbereitschaft* und den *realisierten Reaktionen*, die das Symbol bei der interpretierenden Gruppe auslöst (sie liegt also in der Zukunft).

Methodisch verfolgt eine hermeneutische Wissenssoziologie folgenden Weg: In der Anfangsphase wird das Datenprotokoll ‚offen kodiert‘ (→ Grounded Theory), will sagen: das jeweilige Dokument wird sequenziell, extensiv und genau analysiert und zwar Zeile um Zeile oder sogar Wort für Wort. Entscheidend in dieser Phase ist, dass man noch keine (bereits bekannte) Bedeutungsfigur an den Text heranführt, sondern mit Hilfe des Textes möglichst viele (mit dem Text kompatible) Lesarten konstruiert. Diese Art der Interpretation nötigt den Interpreten, sowohl die Daten als auch seine (theoretischen Vor-)Urteile immer wieder aufzubrechen – was ein gutes Klima für das Finden neuer Lesarten schafft.

Sucht man in der Phase des „offenen Kodierens" nach Sinneinheiten, so sucht man in der zweiten Phase der Interpretation nach höher aggregierten Sinneinheiten und Begrifflichkeiten, welche die einzelnen Teileinheiten verbinden. Außerdem lassen sich jetzt gute Gründe angeben, weshalb man welche Daten neu bzw. genauer nacherheben sollte. Man erstellt also im dritten Schritt neue Datenprotokolle, wenn auch gezielter. So kontrolliert die Interpretation die Datenerhebung, aber zugleich, und das ist sehr viel bedeutsamer, wird die Interpretation durch die nacherhobenen Daten ggf. falsifiziert, modifiziert und erweitert.

Am Ende ist man angekommen, wenn ein hoch aggregiertes Konzept, eine *Sinnfigur* gefunden bzw. konstruiert wurde, in das *alle* untersuchten Elemente zu einem sinnvollen Ganzen integriert werden können und dieses Ganze im Rahmen einer bestimmten Interaktionsgemeinschaft verständlich (sinnvoll) macht.

## Zur Aktualität

Die hermeneutische Wissenssoziologie wird zur Zeit vor allem an deutschsprachigen Universitäten gelehrt und ausgeübt (Konstanz, Dortmund, Essen, Vechta, St. Gallen, Wien, Zürich). Allerdings berufen sich eine Reihe deutscher, schweizer und österreichischer Wissenschaftler/innen aus unterschiedlichen sozialwissenschaftlichen Disziplinen explizit auf diese Forschungsstrategie. Als grundlegende Einführung in das Verfahren der hermeneutischen Wissenssoziologie gelten Soeffner (1989) und Soeffner/Hitzler (1994). Zudem liegt mit Schröer (1994a) ein Band vor, in dem die Methodik dargestellt und diskutiert wird, während in Hitzler/Reichertz/Schröer (1999) im wesentlichen die Theorie und Methodologie erörtert werden. Eine erste systematische Beschreibung der hermeneutischen Wissenssoziologie liefert Schröer (1997), während mit Reichertz (1991) und Knoblauch (1995) zwei auch methodologisch begründete Forschungsprogrammatiken vorgelegt wurden. Beispielhafte Fallanalysen finden sich in Soeffner (1992a).

## Weiterführende Literatur

Hitzler, Ronald/Jo Reichertz/Norbert Schröer (Hg.) (1999): Hermeneutische Wissenssoziologie. Standpunkte zur Theorie der Interpretation. Konstanz.
Soeffner, Hans-Georg (1989): Auslegung des Alltags – Der Alltag der Auslegung. Frank-
furt/Main.
Schröer, Norbert (Hg.) (1994): Interpretative Sozialforschung. Auf dem Weg zu einer hermeneutischen Wissenssoziologie. Opladen.

*Jo Reichertz*

**hermeneutischer Zirkel** → Computerunterstützung in der qualitativen Sozialforschung; →
dichte Beschreibung; → Hermeneutik

**Historiografie** → Oral History

**Historismus** → Oral History

**Homologie/homologes Muster** → Bildinterpretation; → dokumentarische Methode; → rekonstruktive Sozialforschung

**Hypothesenfindung/-bildung/-generierung** → Abduktion; → Grounded Theory; → rekonstruktive Sozialforschung; → Typenbildung

**Idealtypus** → Typenbildung

**idealtypisches Verstehen** → Typenbildung

**ideografische Verfahren** → Typenbildung

**iconic turn** → Bildinterpretation

**Ikonik/Ikonizität** → Bildinterpretation

**ikonischer Code** → Bildinterpretation

**Ikonografie** → Bildinterpretation

**Ikonologie** → Bildinterpretation

**immanenter Sinngehalt** → dokumentarische Methode; → praxeologische Wissenssoziologie

**Immanenzprinzip** → Konstruktivismus

**implizite Regeln** → rekonstruktive Sozialforschung

**implizites Wissen** (tacit knowledge) → Bildinterpretation; → dokumentarische Methode; →
praxeologische Wissenssoziologie; → rekonstruktive Sozialforschung

**Indexikalität** → Ethnomethodologie; → dokumentarische Methode; → praxeologische Wissenssoziologie

**individuelles Fallverstehen** → Biografieforschung; → Fallanalysen der sozialen Arbeit; →
Fallrekonstruktion; → Forschungswerkstatt; → Typenbildung

**Induktion** → Abduktion

# Inhaltsanalyse

Gegenstand der Inhaltsanalyse ist prinzipiell jede Art symbolischen Materials, seien
es Texte, Bilder, Filme, Tondokumente. Angesichts dessen, dass die Inhaltsanalyse
ihren Ursprung in der Analyse von Printmedien hat (vgl. Merten 1995, S. 35ff.) und
dass sie das zentrale methodische Verfahren der Publizistik ist, ist die Inhaltsanalyse insbesondere als ein Verfahren zur Analyse massenmedial verbreiteter Kommu-

nikation zu begreifen. Darüber hinaus, wenn auch quantitativ geringer verbreitet, gibt es inhaltsanalytische Auswertungen jedweder Art von Texten: von Briefen, von Dokumenten, auch von Interviewtranskripten.

Inhaltsanalyse bezeichnet primär ein spezifisches Erhebungs- und Auswertungsverfahren im Rahmen standardisierter Methoden und deduktiv-nomologischer Methodologie (vgl. Früh 1998; Merten 1995). In diesem Forschungskontext hat sie einen wohl definierten Ort. Der Begriff der *qualitativen Inhaltsanalyse* ist demgegenüber recht diffus. Ein in der standardisierten Methodologie verbreitetes Verständnis begreift jede über eine Frequenzanalyse hinausgehende Auswertung, welche semantische Aspekte – z.B. in Gestalt von Valenz- und Intensitätsanalysen – einbezieht, als qualitative Inhaltsanalyse (vgl. Merten 1995, S. 40, 50ff.). Gemäß dem üblichen Verständnis qualitativer Sozialforschung wäre eine Inhaltsanalyse freilich erst dann als qualitativ zu bezeichnen, wenn sie nicht klassifikatorisch, sondern sinnrekonstruierend verfährt.

Der Begriff der qualitativen Inhaltsanalyse geht auf einen Aufsatz von Siegfried Kracauer (1959) zurück. Kracauer kritisiert den u.a. von Berelson (1952) erhobenen Anspruch, nur quantifizierende Verfahren gewährleisteten die Validität inhaltsanalytischer Auswertungen. Dies sei, so Kracauer, gerade nicht der Fall, weil die quantifizierende Auswertung den Sinngehalt von Texten vernachlässige. Kracauer fordert die Berücksichtigung des Kontextes, in dem Textelemente verortet sind, des weiteren von latenten Sinnstrukturen, statt nur „black marks on white" (Berelson 1952, S. 18) zum Untersuchungsgegenstand zu machen, sowie drittens eine Analyse auch von Einzelfällen, da eine Struktur auch an einem einzelnen Fall erkennbar sein könne. Auch wenn die quantifizierende Inhaltsanalyse Verfahren entwickelt hat, mit denen sie den Kontext von Textelementen erfassen kann – indem sie z.B. deren Assoziationsstruktur mittels einer Kontingenzanalyse untersucht –, ist Kracauers Kritik insofern weiterhin bedeutsam, als sie gewissermaßen Essentials formuliert, denen eine qualitative Inhaltsanalyse genügen müsste.

Das derzeit bekannteste, von Philipp Mayring (1997, 2000) entwickelte Verfahren einer qualitativen Inhaltsanalyse ist zwischen einer klassifikatorischen und einer sinnrekonstruierenden Vorgehensweise angesiedelt. Mayring schlägt eine neunstufige Abfolge von Analyseschritten vor, die eine sukzessive Verdichtung von umfangreichem Datenmaterial ermöglicht. Diese Form der qualitativen Inhaltsanalyse hat starke Bezüge zur deduktiv-nomologischen Forschungslogik. Sie ist mehr theoriegeleitet als theoriegenerierend, und die Textinterpretation verfährt nicht sequenzanalytisch, sondern auf der Basis eines Kategorienschemas, das allerdings in einer explorativen Phase mit Rekurs auf die erhobenen Daten entwickelt wird.

Ein Entwurf einer konsequent sinnrekonstruierend vorgehenden Inhaltsanalyse liegt bislang nicht vor. Möglicherweise ist die Inhaltsanalyse einer rekonstruktiven Methodologie (→ rekonstruktive Sozialforschung) nicht kompatibel. Ritsert (1972, S. 22) bemerkt, ein zentrales Merkmal jeder Art von Inhaltsanalyse bestehe darin, „trennscharfe Kategorien [zu] entwerfen, unter die sich Inhalte subsumieren lassen". Wenn diese Einschätzung zutrifft, ist der Status der Inhaltsanalyse innerhalb qualitativer Forschung grundsätzlich prekär. Das Datenmaterial, das Gegenstand von Inhaltsanalysen ist, lässt sich auch – und vor allem konsequent im Sinne einer rekonstruktiven Methodologie – einer → Diskurs- oder einer → Deutungsmusteranalyse unterziehen, es kann objektiv-hermeneutisch (→ objektive Hermeneutik), hermeneutisch-wissenssoziologisch (→ hermeneutische Wissenssoziologie) oder nach Maßgabe der → dokumentarischen Methode interpretiert werden.

### Weiterführende Literatur

Mayring, Philipp (1997): Qualitative Inhaltsanalyse. Grundlagen und Techniken. Weinheim. (6. Aufl.)
Ritsert, Jürgen (1972): Inhaltsanalyse und Ideologiekritik. Ein Versuch über kritische Sozialforschung. Frankfurt a.M.

*Michael Meuser*


**inkorporiertes Wissen** → Bildinterpretation; → dokumentarische Methode; → praxeologische Wissenssoziologie;

**innerer vs. äußerer Kontext** → objektive Hermeneutik

**Inspektion** → Aktionsforschung

**institutionelles Ablaufmuster** → Erzählanalyse

**instrumentales vs. soziales Handeln** → Interaktion


# Interaktion

Der Begriff der Interaktion ist missverständlich. Er suggeriert, dass konstitutionslogisch die Aktion im Sinne einer individuellen Einzelhandlung der Interaktion vorausgeht. Erst durch die Koordination von Einzelhandlungen käme dann Interaktion zustande. Es verhält sich jedoch umgekehrt. Nicht die Einzelhandlung, sondern die Interaktion ist die kleinste analytische Einheit. Interaktionen setzen sich nicht aus Einzelhandlungen zusammen, sondern die Einzelhandlung ist eine Abstraktion von Interaktion. Strukturalistische und pragmatische Wissenschaft (u.a. der französische Strukturalismus von Cl. Lévi-Strauss, der angelsächsische Pragmatismus von Ch. S. Peirce und G.H. Mead sowie der genetische Strukturalismus von U. Oevermann) gehen von dem sozialen Akt oder der sozialen Kooperation als der kleinsten Einheit der Strukturanalyse aus und fassen die individuelle Einzelhandlung als eine Abstraktion davon auf.

Die pragmatistische Rekonstruktion des Übergangs von Natur zur Kultur und der humanen Ontogenese unter der Perspektive der Sozialität hat gezeigt, dass Interaktion im Sinne eines sozialen Aktes („social act", G.H. Mead) als ein Naturphänomen, als gleichsam leibgebundene innerartliche Verständigung, in der es primär um sexuelle und materielle Reproduktion geht, immer schon gegeben ist. Dies gilt für die subhumane Ebene, die durch die biogrammatisch gesteuerte nicht-signifikante Gestenkommunikation gekennzeichnet ist, und für die humane Gattung, in der der Gestenaustausch mit signifikanten Symbolen und einer Syntax aufgeladen wird. Der entscheidende Unterschied zwischen der subhumanen und der humanen Form der Verständigung besteht in der Regelgeleitetheit, die ein Humanspezifikum ist. Die humane symbolisch vermittelte Interaktion lässt sich, nimmt man die Erkenntnisse der Theorien des Geistes (Lévi-Strauss, Mead, Peirce, Piaget, Chomsky, Searle, Oevermann u.a.) hinzu, wie folgt charakterisieren: a) Sie ist immer schon gegeben. b) Sie ist regelgeleitet (Regeln universaler Reichweite wie etwa die Basisregel der Sozialität als Reziprozität, die Regeln der logischen, moralischen, universalgrammatischen und sprachlich-pragmatischen Urteilskraft sowie historisch-gesellschaftlich spezifische und subkulturelle Regeln) c) Sie funktioniert im Sinne eines rekursiven Algorithmus. d) Sie stellt einen geschlossenen Handlungskreis dar (Geste, Reaktion, Resultante) e) Sie ist eine dynamische Einheit.

Nur indem vom sozialen Akt als einem integralen Ganzen und nicht von individuellen Einzelhandlungen ausgegangen wird, lassen sich die Konstitution von Praxis und die Bildungsprozesse des Subjekts nachzeichnen. Ebenso ist von einem solchen Ausgangspunkt her erst der Entwurf einer fruchtbaren Theorie professionalisierten Handelns etwa im klinischen oder pädagogischen Bereich möglich. Für die Theorie und Praxis der qualitativen Sozialforschung stellt der soziale Akt eine zentrale Kategorie dar.

Im Verhältnis von sozialem und instrumentalem Handeln gilt das Folgende. Primär ist konstitutionslogisch gesehen die Subjekt-Subjekt-Relation, d.i. die Sozialität als Reziprozität, und erst dann folgt die Subjekt-Objekt-Relation. Vor der Auseinandersetzung mit der Umwelt steht das Verhalten der Gattungsexemplare zueinander. Die Objekte der Umwelt konstituieren sich nicht aus der Perspektive von Einzelexemplaren bzw. monologischen Subjekten, sondern aus der innerartlicher Sozialbeziehungen. Instrumentales Handeln erhält nur Sinn bezüglich des sozialen Handelns, das es erst ermöglicht.

*Hans-Josef Wagner*

**Interaktionsordnung** → Rhetorikanalyse; → Transkription; → szenisches Verstehen;
**interaktive Dichte** → Fokussierungsmetapher
**interpretative Soziologie** → Ethnomethodologie; → hermeneutische Wissenssoziologie; → interpretatives Paradigma
**Interpretationsregeln** → objektive Hermeneutik

# Interpretatives Paradigma

Für die Ausbildung einer spezifischen interpretativ-rekonstruktiven Methodologie (→ rekonstruktive Sozialforschung) und deren Abgrenzung von der die empirische Sozialforschung lange Zeit dominierenden deduktiv-nomologischen Methodologie war die von Thomas Wilson (1970, 1973) eingeführte Unterscheidung eines interpretativen und eines normativen Paradigma von großer Bedeutung. Wilson rekurriert auf das Konzept des Paradigma, wie es von Thomas Kuhn (1973) in die wissenschafstheoretische Diskussion eingeführt worden ist. Ein Paradigma formuliert die Maximen und Grundsätze, an denen sich die wissenschaftliche Praxis einer Disziplin orientiert. Unter anderem steckt ein Paradigma den Rahmen der zulässigen Forschungsmethoden ab.

Das normative Paradigma lässt sich Wilson (1970, S. 59) zufolge durch zwei Grundannahmen charakterisieren: „interaction is essentially rule governed, and sociological explanation should properly take the deductive form chracteristic of natural science". Die Beziehung zwischen sozialen Regeln und sozialem Handeln wird im Sinne eines Ursache-Wirkungs-Zusammenhanges als einseitig und eindeutig begriffen: Regeln determinieren als diesem äußerliche und objektive Zwänge das Handeln (vgl. Mehan/Wood 1975, S. 74f.). Mit der Orientierung an der deduktiv-nomologischen Methodologie ist das normative Paradigma dem Gedanken einer Einheitswissenschaft verpflichtet. Die vor allem von Alfred Schütz (1971b) nachdrücklich dargelegten Unterschiede der Gegenstandskonstitution in den Naturwissenschaften einerseits, den Sozialwissenschaften andererseits, d.h. die Tatsache, dass diese anders als jene einen immer schon lebensweltlich vorinterpretierten Gegenstand (→ Lebenswelt) vorfinden, wird nicht zum Anlass genommen, eine spezifisch sozialwissenschaftliche Methodologie zu entwickeln.

Ansätze des interpretativen Paradigma – Wilson nennt hier den → Symbolischen Interaktionismus und die → Ethnomethodologie – betonen, dass jegliche soziale Ordnung auf interpretativen Leistungen der Handelnden beruht. Soziale Normen werden allein als interpretierte und dergestalt auf die jeweilige Handlungssituation bezogene Teil der sozialen Wirklichkeit. Das interpretative Paradigma fragt nach dem Sinn sozialen Handelns, wie er von den Handelnden selbst konstituiert wird. Mit Alfred Schütz (1977, S. 64) lässt sich diese Forschungsperspektive folgendermaßen beschreiben: „Bei solchen Fragen nehmen wir die Sozialwelt mit ihren gebräuchlichen Idealisierungen und Formalisierungen nicht länger naiv als abgeschlossenes und zweifelsfrei sinnvolles Etwas hin, sondern untersuchen den Idealisierungs- und Formalisierungsprozess als solchen, etwa die Genese des Sinnes, den soziale Phänomene für uns so gut wie für die Handelnden haben, die Mechanismen der Handlungen, mit deren Hilfe Menschen sich und andere verstehen." Aufgabe soziologischer Forschung ist die Rekonstruktion der Interpretationen der Handelnden (→ rekonstruktive Sozialforschung). Dazu müssen die Forscher, so Wilson (1973, S. 60ff.), auf genau die (Ethno-)Methode rekurrieren, die Garfinkel (1967, 1973) zufolge den alltagsweltlichen Prozessen der Sinnkonstitution zugrunde liegt: auf die → dokumentarische Methode der Interpretation. Ein singuläres Ereignis (eine Handlung, eine Situation) wird verstanden, indem es als Dokument eines allgemeinen Musters (z.B. einer sozialen Regel) interpretiert wird. Dieses wiederum erschließt sich allein aus den jeweiligen kontextuellen Besonderheiten. Die dokumentarische Verfahrensweise sei bei jeglicher Art von Daten anzuwenden, seien es eigene Beobachtungen, Berichte von Informanten, Dokumente oder (aggregierte) Daten aus Umfrageforschungen. Interpretativ wird sozialwissenschaftliche Forschung dem Wilsonschen Verständnis nach nicht dadurch, dass ein bestimmter Typus von Forschungsmethoden (nämlich qualitative) zur Anwendung gelangt, sondern dadurch, dass eine auf der dokumentarischen Methode basierende „interpretative Beschreibung" erfolgt, welche sich deutlich von der „Logik der deduktiven Erklärung" (Wilson 1973, S. 62f.) unterscheidet. Ohne den Begriff zu verwenden, fordert Wilson eine Methodologie, die derjenigen ähnlich ist, die Glaser und Strauss

(1967) unter dem Titel „discovery of grounded theory" entworfen haben (→ Grounded Theory).

Die Bedeutung, welche die Wilsonsche Unterscheidung zweier Paradigmata für die Entwicklung der qualitativen Sozialforschung erlangt hat, ist vor allem in der katalysatorischen Wirkung zu sehen, die von dieser Unterscheidung ausgegangen ist. Der Begriff des interpretativen Paradigma fungierte gleichsam als Kampfbegriff, unter dessen Banner sich all diejenigen versammelten, denen daran gelegen war, die Dominanz der deduktiv-nomologischen Methodologie aufzubrechen. Auch wenn Wilson selbst das interpretative Paradigma nicht in eine exklusive Verbindung mit qualitativen Verfahren bringt, vielmehr ausdrücklich die Vereinbarkeit mit quantitativen Verfahren betont, sofern die damit gewonnenen Daten nicht als „abbildende Beschreibungen" (Wilson 1973, S. 78) verstanden werden, ist zu konstatieren, dass die wissenschaftshistorische Bedeutung der Wilsonschen Unterscheidung genau darin liegt, die Entwicklung einer spezifisch qualitativen Forschungsmethodologie und die Identifikation interpretativer Soziologie mit dieser Methodologie (vgl. für einen Überblick Hitzler 2000; Hitzler/Honer 1997) entscheidend befördert zu haben. In dem Maße, in dem sich diese Methodologie hat etablieren können (vgl. Knoblauch 2000) und damit die Abgrenzungskämpfe geringer wurden, hat das Denken in paradigmatischen Gegensätzen an Gewicht verloren. Gegenwärtig ist jedenfalls mehr von → Triangulation als von Paradigmastreit die Rede (vgl. Kelle/Erzberger 1999).

### Weiterführende Literatur

Wilson, Thomas P. (1973): Theorien der Interaktion und Modelle soziologischer Erklärung. In: Arbeitsgruppe Bielefelder Soziologen (Hg.): Alltagswissen, Interaktion und gesellschaftliche Wirklichkeit. Bd. 1. Reinbek, S. 54-79.
Hitzler, Ronald (2000): Sinnrekonstruktion: Zum Stand der Diskussion (in) der deutschsprachigen interpretativen Soziologie. In: Schweizerische Zeitschrift für Soziologie 26, S. 459-484.

*Michael Meuser*

**Interpretengruppe** → Forschungswerkstatt; → objektive Hermeneutik; → szenisches Verstehen; → Tiefenhermeneutik

**Intersubjektive Nachvollziehbarkeit** → Gütekriterien

**Intersubjektivität/intersubjektive Bedeutung** → dokumentarische Methode; → hermeneutische Wissenssoziologie; → Phänomenologie; → symbolischer Interaktionismus

# Interview

„Die systematische Rekonstruktion des typischen Sinns typischer Handlungen in einer gegebenen Gesellschaft in einer bestimmten Epoche" (Luckmann 1986, S. 196) ist das ‚wesentliche' Anliegen interpretativer Sozialforschung in der Tradition von Max Weber und Alfred Schütz. Voraussetzung für falsifizierbare (und damit verfahrenstechnisch kontrollierbare) Interpretation ist, dass sich der je subjektiv gemeinte Sinn intersubjektiv typisierbar appräsentieren, dass er sich in irgendeiner Form von

Daten objektivieren und ‚dokumentieren‘ lässt. Solche Objektivationen findet der Forscher zum Teil bereits vor, als sogenannte ‚natürliche‘ Daten, z.B. in Form schriftlicher Äußerungen (jedweder Art), aber auch in Form sonstiger Artefakte (wie unbewegten und bewegten Bildern und allen möglichen Gegenständen). Auch nicht vom Forscher initiierte mündliche Äußerungen (z.B. Gespräche, Diskussionen, Reden) gehören zu den sogenannten ‚natürlichen‘ Daten. Zumindest solche Forschungsinteressen, die sich nicht anhand ‚natürlicher‘ Daten befriedigen lassen, erfordern jedoch auch in der interpretativen Sozialforschung künstliche, also vom Forscher selber hergestellte oder von ihm initiierte ‚Dokumentationen‘. Dazu gehören neben Beobachtungsprotokollen im weitesten Sinne auch Aufzeichnungen, d.h. im interpretativen Regelfall: → Transkriptionen (und Vercodungen) von Interviews (jedweder Art).

Mit dem Interview (in jeder Form) erheben wir Daten, die das Produkt verbaler Kommunikation sind, in welcher Aspekte von Wirklichkeit in der Regel nicht registriert, sondern *rekonstruiert* werden (vgl. Bergmann 1985). Das Interview ist typischerweise dadurch motiviert, dass einer der Beteiligten versucht, beim anderen Äußerungen über etwas hervorzulocken, das in der Interviewsituation selbst (so) *nicht* präsent ist; d.h.: *durch* den anderen etwas Bestimmtes in Erfahrung zu bringen; in der Regel eben etwas, das schon vergangen ist, das also – durch das Interviewen – re-präsentiert werden muss, ohne dass anhand des Interviews mit Sicherheit geklärt werden könnte, wie *genau* die ursprüngliche Situation dabei gewusst, und wie genau dieses Wissen wiederum verbalisiert wird bzw. werden kann.

Das Interview ist eine Form des verbalen Kommunizierens, in welcher – per Definition – grundsätzlich *dem Interviewten* die Aufgabe zukommt, *aktiv* Ereignisse, Erfahrungen, Handlungen und Wissen zu rekonstruieren. Folglich geht der Forscher bereits bei der *Auswahl* der zu Befragenden – mehr oder weniger ‚naiv‘, also mehr oder weniger verfahrenstechnisch armiert – davon aus, dass sie zum jeweiligen Thema in einer für das gegebene Forschungsinteresse relevanten Beziehung stehen. Diese Feststellung gilt auch für die standardisierte Massenbefragung: Hier besteht die relevante Beziehung der ausgewählten Interviewpartner zum Forschungsthema eben in ihren repräsentativen Qualitäten in Relation zur Stichprobenkonstruktion. Diese Feststellung gilt aber natürlich vor allem für das nichtstandardisierte (‚qualitative‘) Interview, bei dem die Interviewpartner typischerweise *nicht* unter Aspekten statistischer *Repräsentativität*, sondern im Hinblick auf ihre – zunächst unterstellte, im Untersuchungsverlauf dann theoretisch begründete bzw. zu begründende – perspektivische *Typik* ausgewählt werden: Die Unterstellung perspektivischer Typik bei potenziellen Gesprächspartnern erfolgt z.B. im Hinblick auf *Kompetenz*-Kriterien (etwa aufgrund von Ausbildung, Funktion, Position usw.), oder aufgrund der (stets bis auf weiteres gemachten, also prinzipiell reversiblen) Annahme, dass sie über direkte, persönliche, ‚spezielle‘ Erfahrungen zu einem in Frage stehenden Thema verfügen, oder eben aufgrund anderer spezifischer ‚Erwartungen‘ des Interviewers über sie und/oder an sie.

Das Interview lässt sich somit beschreiben als zwar grundsätzlich *asymmetrische* Kommunikationsform, die aber gleichwohl immer von *beiden* Beteiligten gemeinsam hergestellt und unterhalten wird, weil z.B. *beide* nicht umhin können, während der Interviewsituation herauszufinden, was der jeweils andere ‚eigentlich will‘ (was seine tatsächlichen Interessen sind, wie er die Situation sieht, wie er sein

Gegenüber einschätzt, usw. – vgl. dazu auch Denzin 1978, S. 130f). In dieser Hinsicht ähnelt das Interview also durchaus dem Alltagsgespräch.

Da die meisten Menschen (in Gesellschaften wie der unseren) – und ganz in diesem konsensuellen Horizont stehen typischerweise auch ‚konventionell' arbeitende Sozialforscher – das Interview jedoch als Kommunikationsform mit einem (mehr oder weniger eindeutig) *einseitigen* Frage(n)-Antwort(en)-Schema begreifen, tendieren sie (nun eben *anders* als in Alltagsgesprächen) dazu, auch dann ihre anfänglichen Äußerungen überblicksartig kurz zu halten, wenn man als explorativer (nichtstandardisiert arbeitender) Interviewer zu verdeutlichen versucht, dass sich das (Informations-)Interesse auf Erzählungen über persönliche Erfahrungen und/oder darauf richtet, was dem Interviewten ‚von sich aus' als mitteilenswert erscheint, während sich Nach-Fragen folglich allenfalls im Gesprächsverlauf selber entwickeln könnten. Die mit solchen ‚offenen' Gesprächsführungstechniken (vgl. Kohli 1978b; Flick 1995) nicht selten einhergehenden (anfänglichen) Irritationen der Interviewpartner lassen sich allerdings (erfahrungsgemäß – vgl. auch Hermanns 2000) zumeist wieder über eine Entdramatisierung, eine Veralltäglichung der Situation des Miteinander-Redens auffangen und abbauen.

Diese Entdramatisierung bzw. ‚Normalisierung' kann z.B. dadurch geschehen, dass der Forscher selber – in dem Maße und in der Weise, wie es den im jeweiligen Kontext kulturell üblichen Gewohnheiten des Miteinander-Redens entspricht, also wie es nach Kriterien ‚hier' gültiger bzw. ‚normaler' alltäglicher Kommunikationskompetenz sequenziell angebracht erscheint – auch *sein* problemspezifisches Wissen und *seine* thematischen Interessen artikuliert. Denn ein ‚normales' Gespräch ist (formal) ja dadurch gekennzeichnet, dass *jeder* Beteiligte sowohl den Part des Sprechers als auch den des Hörers übernimmt. Eben dadurch, dass auch der Interviewer ‚etwas zum Besten' gibt, dass er Fragen, Nachfragen, Be- und Anmerkungen, deutliche Zustimmung, kleine Geschichten, ja sogar gelegentlich (verhaltenen) Widerspruch formuliert, dass er sein sachliches Engagement bekundet und sich als lern- und wissbegierig zeigt, *stimuliert* er also sein Gegenüber, ‚aus sich herauszugehen', seine ‚Sicht der Dinge' zu explizieren und – nicht zuletzt – sich für weitere Kontakte zu interessieren und sich ggf. auch auf ‚ungewöhnlichere' Arten des Miteinander-Redens einzulassen. D.h., der Zweck des quasi-natürlichen Miteinander-Redens im Rahmen eines (explorativen) Interviews besteht unter anderem darin, Interaktionsbarrieren, wie sie zwischen einander ‚fremden' Personen symptomatisch sind, abzubauen und so die (trotz der kulturell durchgesetzten lutheranisch-freudianischen Tradition der Gewissenserforschung – vgl. Soeffner 1992b) nach wie vor relativ außergewöhnliche Kommunikationssituation des Interviews zu veralltäglichen. Auch bzw. gerade diese Veralltäglichung dient aber technisch gesehen – selbstverständlich – dem Zweck, vor allem den Interviewten zur Darstellung und Erörterung *seiner* Sicht der anstehenden Thematik anzuregen.

Erst die „registrierende Konservierung" (Bergmann 1985) mittels moderner Aufzeichnungstechniken und elaborierter Notationssysteme (vgl. Deppermann 1999), durch welche Gespräche *so* transkribiert werden können (→ Transkription), dass der entstehende Text dem tatsächlichen Interview-Verlauf hinlänglich entspricht bzw. wenigstens ‚gerecht' wird, ermöglicht es, auch die kommunikativen, vor allem sprachlichen Erfahrungs- und Handlungsrekonstruktionen kontrolliert zu analysieren und strukturell zu beschreiben (vgl. Luckmann 1986). Wodurch es eben erst möglich wird, kontrolliert die hermeneutische Forderung einzulösen, nicht nur das (alltägliche) Verstehen, sondern auch das ‚Verstehen des Verstehens' (vgl. Soeffner/Hitzler 1993) zu explizieren – z.B. indem Erzählstrukturen (Schütze 1984), Regeln konversationellen Handelns (Eberle 1997; Drew/Heritage 1992; Silverman 2000) und kommunikative Formen und Gattungen (Günthner/Knoblauch 1997; Bergmann/Luckmann 1999) (→ Gattungsanalyse) entdeckt und rekonstruiert werden.

Der rekonstruktive Charakter der Kommunikationsform ‚Interview' lenkt also den Blick zum einen auf die ‚lokale Re-Produktion' von Sinn und Bedeutung, zum anderen aber auch auf die Grenzen des sinnvollen (d.h. hier: des dem je gegebenen Erkenntnisinteresse adäquaten) Einsatzes von Interviews. Denn das Interview ist keineswegs im Hinblick auf *alle* Fragestellungen der ‚Königsweg' qualitativer Sozialforschung. Im Gegenteil, gegenüber einer Reihe von im Hinblick auf genaue Analysen sozialen Handelns hochrelevanten Erkenntnisinteressen zeitigt es typischerweise defizitäre bzw. irreführende Resultate: vor allem im Hinblick auf habitualisierte Fertigkeiten und Fähigkeiten, auf nicht-sprachliche Vollzugsroutinen, auf nonverbale Zeichensysteme, auf nicht sprachlich vor-typisierte Handlungsweisen und auf alltägliche (institutionalisierte oder nichtinstitutionalisierte) Handlungsabfolgen in situ. Zumindest zur Rekonstruktion thematisch aussonderbarer, sprachlich explizierbarer Wissensbestände – seien sie nun biografiespezifisch (→ Biografieforschung) (Gubrium/Holstein/Buckholdt 1994; Wallace 1994; Meuser 1998; Bohnsack/Marotzki 1998), berufsbezogen oder aufgrund eines anderen Sinnzusammenhangs (Knoblauch 1999; Schnettler 1999; Hitzler/Bucher/Niederbacher 2001) fokussierbar – erscheint das Interview hingegen doch als effektivstes und effizientestes Erhebungsinstrument unter den in der Sozialforschung (bislang) verfügbaren Verfahren.

Gegenüber standardisierten Befragungstechniken besteht das Grundprinzip nichtstandardisierter Interviewführung eben darin, so wenig direktiv wie irgend möglich zu verfahren, d.h. den Interviewten seine eigenen Relevanzen entwickeln und formulieren zu lassen. Allerdings hängt das tatsächliche Maß an Affirmation und Direktivität wiederum ab vom jeweiligen Forschungsinteresse. Grundsätzlich aber ist im Design des nichtstandardisierten Interviews das, was *die Befragten* selber als Rekonstruktionen ihrer thematisch einschlägigen Wissensbestände anbieten, von besonderer Wichtigkeit. Denn was ihm, dem Rekonstrukteur ‚ersten Grades' (vgl. Schütz 1971b), selber je thematisch relevant ist, das hängt zum einen ab von den Zufälligkeiten der Interaktionssituation ‚Interview', und das verweist zum anderen ebenso auf seine biografisch, in mannigfaltigen Prozessen der Erlebens- und Erfahrungsverarbeitung gewachsenen Relevanzen: „Themen (sind) sowohl Komponenten der Rekonstruktion des Ereignisses im Interview als auch, in ihrer *Bedeutung*, Komponenten des rekonstruierten Ereignisses" (Luckmann 1988, S. 27).

Demgegenüber wird beim standardisierten Interview dem Befragten nicht nur ein externes Relevanzsystem auferlegt, darüber hinaus wird durch die schematische Protokollierung auch ein gegenüber den fragebezogenen Gedankengängen des Interviewten künstlicher, d.h. vielfach gefilterter und (um-)interpretierter Text produziert, noch bevor überhaupt das beginnt, was im Rahmen dieser Erhebungstechnik als ‚Datenauswertung' zur Kenntnis genommen wird: „The subjective adequacy of the quasi-objective data is thereby lost, no matter what pretesting tricks one employs" (Luckmann 1999, S. 398). Beim nichtstandardisierten Interview hingegen wird eben versucht, die Konstellation aus Fragendem und Antwortendem in Annäherung an die alltägliche Kommunikationssituation des Gesprächs zu ‚entdramatisieren' dadurch, dass der Gesprächsverlauf interaktiv, sozusagen ‚Schritt für Schritt' entwickelt und das, was seinem Gesprächspartner wichtig ist, vom Forscher auch – ‚bis auf weiteres', also zumindest bis zur (grundsätzlich nur *jenseits* der Interviewsituation möglichen) interpretativen Gegenentscheidung – als wichtig angesehen und behandelt wird.

Zu betonen bleibt für alle Sozialforschung in explorativ-interpretativer Absicht somit einmal mehr die generelle *interaktive* Struktur des Interviews und die daraus resultierende Forderung nach *situativer* Flexibilität beim Interviewen. Gerade in der beim ‚offenen' Interview systematisch angelegten Möglichkeit, als kompetenter Interviewer sozusagen ‚bei Bedarf' zu wechseln zwischen dem Part des interessierten, aber relativ schweigsamen Zuhörers, dem des involvierten, engagierten Gesprächspartners und dem des ‚lästigen' Nach- und Rück-Fragers – und dadurch auch für den Forscher selber *vorab* unvermutete Informationskanäle und Erkenntniswege zu öffnen -, sehe ich eine der wesentlichsten Stärken nichtstandardisierter Interviews gegenüber standardisierten Befragungsformen.

Gleichwohl sind auch ‚offene' Interviewformen im Rahmen explorativ-interpretativer Forschungsdesigns typischerweise (eher) ‚kompensatorische' Erhebungsinstrumente, die überall dort zur Datengenerierung nützlich sind, wo es nicht bzw. im Hinblick auf das je gegebene Erkenntnisinteresse unzulänglich gelingt, ‚natürliche' Daten zu gewinnen bzw. durch eigene (unmittelbare) Erfahrung Kenntnisse und Kompetenzen im Hinblick auf das Forschungsthema zu erlangen. Trotz des unvermeidlichen Anschauungs- und Erfahrungsverlustes gegenüber etwa beobachtender Teilnahme bieten nichtstandardisierte Interviews gegenüber standardisierten Befragungsdesigns aber immer noch (weit) bessere Chancen, die Perspektiven und Relevanzen der Gesprächspartner wenigstens mittelbar (d.h. näherungsweise und typisch) zu erfassen.

Allerdings liegt auch das über nichtstandardisierte Interviews rekonstruierbare Wissen nicht einfach im Gesagten bzw. Transkribierten ‚platt zutage'. Es steckt vielmehr – zum kleineren Teil explizit, zum größeren Teil implizit – zwar nicht unbedingt ‚zwischen den Zeilen' des transkribierten Textes, aber doch wesentlich in den Konnotationen des Ausdrücklichen, denn: „Motive sind verständliche und feststellbare Gründe des Dafürhaltens, Ursachen dagegen haben nicht die Verständlichkeit von Gründen: es handelt sich um Leidenschaften, Vorurteile, Gewohnheiten und auch um Zwang, der von sozialen Umständen ausgeht" (Schütz/Luckmann 1979, S. 226). Und da wir – erkenntnistheoretisch gesprochen – davon auszugehen haben, dass das, was wir als ‚Wirklichkeit' betrachten, nichts anderes sein kann als ein Wissensphänomen, besteht die Kunst bei der *Auswertung* (bzw. Auslegung) von Interviews (wie auch von anderen Texten) nun grundsätzlich darin, strukturelle Unterschiede im ‚Haben', in der kognitiven Verfügbarkeit und kommunikativen Explikationsfähigkeit verschiedener Elemente und Arten von Wissen, zu erkennen und interpretativ zu berücksichtigen.

## Weiterführende Literatur

Gubrium, Jaber/Holstein, James A. (1997): The New Language of Qualitative Method. New York.
Silverman, David (2001): Interpreting Qualitative Data. Methods for Analysing Talk, Text and Interaction. London, Thousand Oaks, New Dehli.
Werner, Oswald/Schoepfle, G. Mark (1987): Systematic Fieldwork. 2 Bde. Newbury Park, London, New Delhi.

*Anne Honer*

**Investigator- (Forscher-) Triangulation** → Triangulation

**Irritation** → szenisches Verstehen; → Tiefenhermeneutik

# Kleine soziale Lebens-Welten

Der von Benita Luckmann (1978) in die Fachdiskussion gebrachte Begriff „kleine soziale Lebens-Welten" bezeichnet in sich strukturierte *Fragmente* der → Lebenswelt, innerhalb derer Erfahrungen in Relation zu einem speziellen, verbindlich bereitgestellten intersubjektiven Wissensvorrat statthaben. Kleine soziale Lebens-Welten sind die Korrelate des subjektiven Erlebens der Wirklichkeit in Teil- bzw. Teilzeit-Kulturen. ‚Klein' sind solche Welten also nicht etwa deshalb, weil sie grundsätzlich nur kleine Räume beträfen oder nur aus wenigen Teilhabern bestünden. Als ‚klein' bezeichnet werden kleine soziale Lebens-Welten vielmehr deshalb, weil in ihnen die Komplexität *möglicher* Relevanzen reduziert ist auf *bestimmte*, thematisch begrenzte Relevanzsysteme. ‚Sozial' werden kleine soziale Lebens-Welten deshalb genannt, weil diese Relevanzsysteme intersubjektiv verbindlich sind für gelingende Partizipationen (vgl. Hitzler/Honer 1988).

Partizipationen an zwar subjektzentrierten aber eben auch grundsätzlich intersubjektiv bedeutsamen kleinen Lebens-Welten erfolgen dementsprechend typischerweise unter Verwendung sozial vorgegebener und (nur) jeweils ‚hier' gültiger Deutungsschemata. Die Möglichkeiten subjektiv ‚willkürlicher' Sinnsetzungen sind auf das Maß des mit den vom Teilhabenden internalisierten Zwecken Verträglichen eingeschränkt. Das in diesen Teil-Welten sozial je anerkannte Wissen erscheint ihm mit den „Konturen des Selbstverständlichen" (Schütz/Luckmann 1979, S. 219-223): Die Gemeinsamkeit von Interessen vermittelt den Teilhabern mehr oder minder stabile Gewissheiten von ‚Normalität' und ‚Nicht-Normalität' (wobei sich aber zugleich ständig allgemeinere und individuelle Relevanzen wechselseitig verschränken). Normalität heißt hier allerdings Normalität einer *besonderen* Perspektive; Geltung heißt hier Geltung für einen *bestimmten* Kontext; Typik heißt hier Typik einer *begrenzten* Erfahrung.

In kleinen sozialen Lebens-Welten darf der Teilhabende folglich gerade das erwarten, was aufgrund der Pluralität der Perspektiven für die alltägliche Lebenswelt des modernen Menschen insgesamt problematisch geworden ist, nämlich: dass zumindest diese Ausschnitte aus der Welt von den Teilhabern typischerweise ähnlich erfahren werden, dass ihre Standpunkte vertauschbar sind, dass ihre ‚internen' Relevanzsysteme wechselseitig verträglich sind und dass hier bewährte Deutungs- und Handlungsmuster relativ fraglos auch aktuell und zukünftig erfolgreich angewandt werden können – und zwar sowohl dann, wenn sie aus eigenen Erfahrungen resultieren, als auch dann, wenn sie sozial vermittelt sind. Dadurch werden in den kleinen sozialen Lebens-Welten reziproke Verhaltenserwartungen typisch standardisiert. Andere erscheinen als Teilhaber ‚wie man selber' verlässlich, und ‚man selber' erscheint ebenso verläßlich für andere.

Diese subjektiv wie intersubjektiv befriedigende Sinnhaftigkeit kleiner sozialer Lebens-Welten hat wesentlich damit zu tun, dass die in ihnen je gültigen Problemlösungsmuster eben nicht, zumindest nicht fraglos, auf andere Lebensbereiche übertragbar sind, und dass sie eben *keine* Generalpläne für die Bewältigung der Gesamtbiografie in der Moderne bereitstellen – auch wenn die ideologischen Protagonisten vieler Zweckformationen und Interessengruppierungen einen solchen Anspruch artikulieren.

*Ronald Hitzler und Anne Honer*

**Kodieren/Kodierung** → Computerunterstützung in der qualitativen Sozialforschung; → Grounded Theory; → theoretisches Sampling

**kollektive Orientierung** → Gruppendiskussion; → Orientierungsmuster; → rekonstruktive Sozialforschung

**kollektives Gedächtnis** → dokumentarische Methode; → Oral History

**kollektives Wissen** → praxeologische Wissenssoziologie

**Kommunikationsschema** → Erzählanalyse; → narratives Interview

**kommunikative Handlung** → Gattungsanalyse

**kommunikative Validierung** → Aktionsforschung

**kommunikativer Haushalt** → Gattungsanalyse

**kommunikatives (vs. konjunktives ) Wissen** → dokumentarische Methode; → Gruppendiskussion; → Orientierungsmuster; → praxeologische Wissenssoziologie

## Komparative Analyse

Für die qualitative Sozialforschung ist die komparative Analyse von hoher, wenn auch zumeist wenig reflektierter Bedeutung. Zu unterscheiden ist hier zwischen solchen Ansätzen, in denen dem Vergleich lediglich eine ergänzende Funktion, meist beschränkt auf den Fallvergleich, zukommt (u.a. → objektive Hermeneutik und → Konversationsanalyse), und jenen, im Folgenden thematisierten Herangehensweisen, die weitgehend durch die komparative Analyse strukturiert werden (u.a. → dokumentarische Methode und → Grounded Theory). Auch in der → Bildinterpretation gewinnt die komparative Analyse als „Kompositionsvariation" zentrale Bedeutung.

In der Grounded Theory (vgl. u.a. Glaser/Strauss 1967) erleichtert die „constant comparative method" die Entdeckung, Generalisierung und Spezifizierung empirisch fundierter Theorien (vgl. auch Kelle/Kluge 1999). Beispiele für eine derartige

Forschungsweise finden sich in den Studien der frühen → Chicagoer Schule (Wirth, Zorbaugh, Thrasher). Erkenntnistheoretisch begründet wurde sie im Rahmen des → Pragmatismus von John Dewey (vgl. 1986, S. 182ff.). Demnach bedürfen empirisch gegründete Schlussfolgerungen nicht nur der Übereinstimmung, sondern immer auch der Differenz im Datenmaterial. Erst im Zuge des Vergleichs erweisen sich Daten als relevant für das untersuchte Problem, gleich ob sie eine vorläufige Hypothese affirmieren oder negieren.

In dieser Hinsicht korrespondiert die Grounded Theory der dokumentarischen Methode, in der das Prizip des „Kontrastes in der Gemeinsamkeit" (Bohnsack 2001b, 40) die komparative Analyse strukturiert. Auch stimmen beide Ansätze darin überein, den Vergleich als umfassenden Forschungsstil zu konzipieren, der sich von der Analyse einzelner Sequenzen über den Fallvergleich bis hin zur Theorie- und → Typenbildung durch den gesamten Forschungsprozess zieht. Indem hier die auf dem Alltagswissen der Forschenden beruhenden gedankenexperimentellen Interpretationsfolien sukzessive und tendenziell durch empirische Vergleichshorizonte ersetzt werden, lässt sich die „Standortgebundenheit" (Mannheim 1952b) der Interpretation und das den Vergleich strukturierende Dritte, das tertium comparationis methodisch kontrollieren. Ein solcher Forschungsstil, in dem nicht erst bereits interpretierte Fälle verglichen werden, sondern die komparative Analyse die Forschung von Anfang an strukturiert, ist auch Voraussetzung für einen Kulturvergleich, innerhalb dessen die einzelnen Kulturen nicht als abgeschlossene Einheiten verstanden, sondern wechselseitig ineinander übersetzbar und damit relationiert werden (Matthes 1992; Shimada 1994).

Im Unterschied zur Grounded Theory dient der Vergleich in der dokumentarischen Methode jedoch der mehrdimensionalen Typenbildung (Nentwig-Gesemann 2001). Dabei werden Gemeinsamkeiten und Unterschiede zwischen den Fällen festgestellt und in ihrer Verknüpfung mit unterschiedlichen Falldimensionen (z.B. der Generation, des Geschlechts etc.) rekonstruiert. Je weiter der Vergleich fortgeschritten ist, desto genauer und detaillierter lassen sich bestimmte Orientierungsfiguren und ihnen unterliegende Erfahrungsdimensionen an den Fällen aufzeigen, voneinander abgrenzen und typifizieren (Bohnsack 2001b).

Die Präzision und Fruchtbarkeit der komparativen Analyse steigt mit einer genauen Definition des tertium comparationis (Matthes 1992; Straub 199, S. 340; Nohl 2001a). Nur so lässt sich vermeiden, dass einzelne Fälle verabsolutiert und zum Massstab für die Interpretation anderer Fälle werden. Folgt man der Kybernetik Luhmanns, so bildet das tertium comparationis im Zuge des Vergleichs den „blinden Fleck" (Luhmann 1990, S. 85) der Forschenden, der nur auf einer Metaebene beobachtbar ist. Um der „Einseitigkeit des Ausgangsproblems" (1988, S. 20), in das die Standortgebundenheit der Forschenden in besonders hohem Maß einfließt, zu entgehen, bedarf es der Variation der „Vergleichsgesichtspunkte" (tertia comparationis), wobei stets das „Bezugsproblem" zu klären ist, um nicht in ein „ontologisches Gleichheitsdenken" (1988, S. 37) zurückzufallen. Mit der komparativen Analyse lässt sich somit auf allen Ebenen der empirischen Forschung der Differenz in der Einheit und der Einheit in der Differenz Rechnung tragen.

*Arnd-Michael Nohl*

**Kompositionsvariation** → Bildinterpretation

**konjunktives (vs. kommunikatives) Wissen** → dokumentarische Methode; → Gruppendiskussion; → Orientierungsmuster; → praxeologische Wissenssoziologie

**konjunktiver Erfahrungsraum** → dokumentarische Methode; → Gruppendiskussion; → Typenbildung

**Konklusion** → Gruppendiskussion

**Konnotation** → Bildinterpretation; → Semiotik

**konstante komparative Analyse** → Grounded Theory; → komparative Analyse; → Pragmatismus

**Konstruktion der Wirklichkeit** → Konstruktivismus; → Medienanalyse; → Medienkommunikation; → Massenmedien; → rekonstruktive Sozialforschung

**Konstruktionen ersten und zweiten Grades** → hermeneutische Wissenssoziologie; → Phänomenologie

**Konstruktionismus** → Konstruktivismus


# Konstruktivismus

Diese erkenntnistheoretische Position ist in den wissenssoziologischen Grundlagen
der qualitativen Sozialforschung angelegt und gerät zunehmend in Widerspruch
zum *Naturalismus*, mit dem sich die qualitative Sozialforschung lange von positi-
vistischen Ansätzen zu unterscheiden suchte.

Konstruktivistische Positionen gibt es in allen möglichen Disziplinen, die an-
stelle philosophischer Begründungen empirisches Wissen zu Erkenntnisprozessen
erzeugen: Linguistik, Quantenphysik, Zellbiologie, Psychologie, Cognitive Science
u.a. In den Sozialwissenschaften existieren sie in verschiedenen Ausprägungen. Sie
reichen vom soziologischen Commonsense, soziale Wirklichkeit sei von Menschen
gemacht, über moderate Versionen wie den ‚Sozialkonstruktivismus' Berger/Luck-
manns (1969) oder den ‚Konstruktionismus' in der Sozialpsychologie (Gergen
1999) und der (an den labeling approach anschließenden) Soziologie sozialer Probleme (Schmidt 2000) bis zu starken Varianten wie dem sog. ‚radikalen Konstruktivismus' der Kognitionstheorie (Glasersfeld 1996, Schmidt 1987), der → Diskursanalyse im Gefolge Michel Foucaults oder dem empirischen Konstruktivismus
der Soziologie wissenschaftlichen Wissens (Knorr 1989).

In der qualitativen Sozialforschung ist der Konstruktivismus angelegt durch das
Interesse, die ‚soziale Konstruktion der Wirklichkeit' zu studieren, d.h. ihre Konstitution in den Wahrnehmungskategorien des subjektiven Bewusstsein (→ Phänomenologie), in den Sinnstiftungen von Verstehensleistungen (→ Hermeneutik),
in Situationsdefinitionen und Aushandlungsprozessen (→ Symbolischer Interaktionismus) oder im praktischen Vollzug alltäglicher Handlungen (→ Ethnomethodologie). ‚Konstruktivistisch' (im engeren Sinne) werden Ansätze, wenn sie dieses (rekonstruktive) Untersuchungsinteresse an der Organisation der Erfahrungswelt nicht
auf die Beobachtung alltäglicher Wissensprozesse in einer besonderen ‚wissenschaftlichen Einstellung' (Schütz) beschränken, sondern explizit auf wissenschaftli-
ches Wissen, inklusive des selbsterzeugten, ausdehnen.

So entsteht eine epistemologische Position, die davon ausgeht, dass Erkenntnisprozesse nicht die Wirklichkeit in sich aufnehmen und wie in einem Spiegel realistisch ‚abbilden‘ (Rorty 1981, Woolgar 1988), sondern vielmehr vermittelt durch ihre eigene Organisation aktiv erzeugen. Will man sie (z.B. historisch) rekonstruieren, ist man daher – ‚ohne Hoffnung‘ auf einen Durchgriff auf die empirische Welt – auf ein Immanenzprinzip verpflichtet, das unterschiedliche Ausprägungen annehmen kann. So kann man von einer Beobachterrelativität allen Wissens ausgehen – ob man sich auf die geschlossenen Strukturen des Gehirns und des Wahrnehmungsapparates bezieht (Maturana/Varela 1987) oder auf die je spezifischen Leitunterscheidungen sozialer Systeme (Luhmann 1984). Man kann Erkenntnisprozesse in einem Diskursuniversum eingeschlossen sehen, aus dessen Textualität kein direkter Weg zu ‚den Phänomenen‘ führt (Foucault 1971) oder man rekonstruiert wissenschaftliche Tatsachen nicht als ‚entdeckte‘ Phänomene, sondern als entscheidungsgeladene Artefakte disziplinärer Praktiken (Knorr-Cetina 1984, Latour/Woolgar 1979). Diese Erkenntnistheorie ist insofern skeptisch, als sie Einsichten in die Unsicherheit und soziale Kontingenz allen Wissens formuliert (Luhmann 1990, S. 700). Sie hat drei zentrale Implikationen:

Begrifflich-theoretisch hat der Konstruktivismus einen *‚Auflösungseffekt‘*: Kompakte Entitäten, denen ein Wesen und eine Substanz zugeschrieben wird, erscheinen nun als Hypostasierungen eines Beobachters. Konstruktivistische Analysen zerlegen sie mithilfe einer Umstellung von Was-Fragen auf Wie-Fragen in Prozesse – seien es ‚autopoietische‘ Operationen eines Systems (z.B. Kommunikationen) oder soziale Praktiken, die ein kulturelles Objekt laufend aufrechterhalten. Dieses Auflösungsbestreben bleibt immer ‚open ended‘, Begriffsbildungen sind daher nur vorübergehende Ruhepunkte einer unabschließbaren Analyse.

Methodologisch impliziert der Konstruktivismus einen *Reflexivitätseffekt*. Wenn Wissen, Diskurse, epistemische Praktiken zum zentralen Gegenstand der Analyse werden, führt an der Selbsteinschließung der Beobachter kein Weg vorbei. Sie lassen sich nicht mehr ‚ausnehmen‘, in eine externe Position manövrieren, von der aus sie z.B. über die Weltsicht anderer Kulturen oder die soziale Beeinflussung der Erkenntnisse anderer Disziplinen urteilen könnten. Die resultierende Selbstbezüglichkeit von Aussagen wird nicht tabuisiert, ‚zirkuläre Positionen‘ (Bardmann 1997) werden vielmehr bejaht. Ferner schließt die Reflexivitätsimplikation einen soziologischen Fundamentalismus aus: Wer nach der sozialen Konstruktion natürlicher Tatsachen fragt, muss auch der Frage nach den Konstruktionen von ‚Sozialität‘ begegnen können.

Ontologisch impliziert der Konstruktivismus einen *Erschließungseffekt*. Wenn das menschliche Wissen nicht einer natürlichen Aufteilung der Welt folgt, sondern die Ordnung der Dinge umgekehrt als eine ‚Ordnung der Fakultäten‘ erscheint, entsteht ein transdisziplinärer Impuls, der z.B. den Kulturwissenschaften ganz neue Gegenstände erschließt: Körper, Krankheit, Denken, Gefühle, Artefakte, Natur. Eine solche Entgrenzung disziplinärer Fragestellungen geht allerdings auch mit Rückwirkungen auf das disziplinäre Wissen einher. Beispiele aus der Soziologie sind der Import neurobiologischer Konzepte in die Systemtheorie und die Einbeziehung nicht-menschlicher Akteure in der Wissenschafts- und Techniksoziologie.

In der qualitativen Sozialforschung stieß der Konstruktivismus lange auf Widerstände, die sich aus seiner Irritation der eingelebten Praxis einer humanistischen

Beobachtung fremden Lebens ergaben. Darüberhinaus sind manche konstruktivistische Positionen aber auch problematisch für empirische Forschung. So inkonsequent ein ‚halbierter‘ Konstruktivismus (Woolgar/Pawluch 1985) ist, so steril kann ein ‚konsequenter‘ werden. So taugt ein beobachtungstheoretischer Konstruktivismus i.d.R. nur für die Dekonstruktion, das Aufzeigen ‚blinder Flecken‘ bei den Beobachtern erster Ordnung; und ein texttheoretischer Konstruktivismus läuft Gefahr, sich ganz auf die Spezialaufgabe der Selbstanalyse zurückzuziehen. In der empirischen Forschung finden sich daher aktuell zumeist Hybridisierungen mit realistischen Annahmen, die entweder implizit – als ein uneingestandener epistemologischer ‚Eiertanz‘ – oder als ein offenes Spiel mit ontologischen Heuristiken vollzogen werden, wobei der Konstruktivismus in seinem Reflexionspotenzial, der Realismus als ‚nützliche Fiktion‘ (Mohn 2002) eingesetzt wird.

Insgesamt kann man sagen, dass die qualitative Sozialforschung den ihr eigenen Konstruktivismus methodologisch noch nicht eingeholt hat. Dies erfordert nicht nur konzeptuelle Umstellungen, sondern auch eine Methodenforschung, die den Gebrauch qualitativer Methoden zum empirischen Gegenstand macht und etwa aufzeigt, wie ethnografische Texte (→ Ethnografie) durch ihre rhetorischen Mittel an der Erschaffung fremder Kulturen beteiligt sind (Berg/Fuchs 1997) oder wie Tonbandaufzeichnungen durch die Eigenschaften des technischen Mediums ‚Originale‘ nicht bloß konservieren, sondern vielmehr erst erzeugen (Hirschauer 2001), oder wie Narrationen (→ Erzählanalyse) nicht einfach ‚erhoben‘, sondern in einem hochartifiziellen Gesprächsformat interaktiv erzeugt werden (Schegloff 1997, S. 99f.). Insofern steht der Konstruktivismus in der qualitativen Sozialforschung für ein Stück Selbstaufklärung der Sozialwissenschaften über ihre Beteiligung an der (Selbst)Beschreibung sozialer Wirklichkeit.

## Weiterführende Literatur

Knorr-Cetina, Karin (1989): Spielarten des Konstruktivismus. In: Soziale Welt 40, S. 86-96.
Schmidt, Lucia (2000): Varianten des Konstruktivismus in der Soziologie sozialer Probleme. In: Soziale Welt 51, S. 153-171.

*Stefan Hirschauer*

### Kontext

Dieser Begriff ist für alle wesentlichen Methodologien der qualitativen Sozialforschung von zentraler Bedeutung. Siehe u.a.: → dokumentarische Methode; → Diskursanalyse; → Erzählanalyse; → hermeneutische Wissenssoziologie; → objektive Hermeneutik

**Kontrast in der Gemeinsamkeit** → dokumentarische Methode; → komparative Analyse

**Konzeptualisierung (Konzept)** → Grounded Theory

**konzeptuelle Repräsentativität** → Grounded Theory; → theoretisches Sampling

**kontrastiver Vergleich** → Erzählanalyse

# Konversationsanalyse

## Geschichte

Konversationsanalyse ist eine empirische Forschungsmethode, die sich mit der Ordnung und Organisation alltäglicher sozialer Kommunikation in ihrem typischen sozialen Kontext beschäftigt. Diese Methode wurde zunächst in den 1960er Jahren vom 1974 jung verstorbenen Harvey Sacks (1992) entwickelt und von Schegloff, Jefferson u.a. weitergeführt. Aufbauend auf der phänomenologisch begründeten Soziologie von Alfred Schütz (→ Phänomenologie), der → Ethnomethodologie Harold Garfinkels und der Sprechakttheorie Austins zielt die Konversationsanalyse auf die Herausstellung der Strukturen des sozialen Handelns, wie sie besonders in sprachlichen Interaktionen realisiert werden. (Daraus leitet sich auch der Begriff der Konversationsanalyse ab).

## Grundannahmen

Die Anwendung der Konversationsanalyse setzt die Annahme einer Reihe von methodologischen Vorstellungen voraus, die nur kurz angeschnitten werden können. (a) Mit der → Ethnomethodologie geht auch die Konversationsanalyse davon aus, dass die Vertrautheit, Geordnetheit und Faktizität unserer alltäglichen Welt eine Leistung unserer eigenen Handlungen ist. Die Wirklichkeit ist also eine „*Vollzugswirklichkeit*", die fortwährend in → Interaktionen konstruiert wird. (b) Objekte der sozialen Wirklichkeit sind nur dann Objekte, wenn sie von Handelnden gemeinsam erzeugt und wahrgenommen werden. Nur was in Interaktionen objektiviert wird, ist auch ein Gegenstand für die Handelnden selbst – und den Forschenden. In diesem Sinne kann man auch sagen, dass sich die Konversationsanalyse mit Kommunikation (bzw. „talk in interaction") beschäftigt; (c) *Reflexivität* bedeutet, dass wir eben beim Handeln nicht nur handeln, sondern gleichzeitig auch immer darauf hinweisen, wie unser Handeln verstanden werden soll. Wir stellen nicht einfach eine Frage, sondern in der Art, wie wir die Äußerung produzieren, machen wir klar, dass wir eine Frage stellen. Kurz: Die Aktivitäten, mit denen wir unsere Alltagsangelegenheiten verrichten, sind dieselben, mit denen wir sie verständlich, beobachtbar und erklärbar machen. (d) Weil die Handelnden zu diesem Zwecke ihre Handlungen organisieren und ihnen damit eine Ordnung verleihen, besteht das zentrale Ziel der Konversationsanalyse darin, diese von den Handelnden geschaffene Ordnung zu entdecken (Ten Have 1999, S. 41f.). Dabei macht sie sich (e) das methodologische Prinzip zunutze, dass Beobachtende, sofern sie über die entsprechende Handlungskompetenz verfügen, diese Ordnung auch rekonstruieren können.

## Grundsätze der Konversationsanalyse

Der wichtigste Grundsatz der Konversationsanalyse hat jedoch schon mit der Erhebungsweise zu tun: Die Konversationsanalyse vertritt einen ausgeprägten Naturalismus. Das bedeutet, dass sie darauf drängt, nicht einfach über → Interaktionen zu reden oder darüber → Interviews zu führen, sondern Aufzeichnungen von „natürlichen" (d.h. nicht von den Forschenden erzeugten) Interaktionen herzustellen, die dann zum Gegenstand der Analyse gemacht werden sollen. Im Unterschied also zum Versuch, einen Vorgang zu rekonstruieren, soll er konservierend registriert werden: Auch wenn man nicht behaupten kann, sie seien identisch mit dem, was sie abbilden, so erhalten solche „natürliche Daten" doch in großem Maße die zeitliche Struktur der Abläufe, die von ihnen abgebildet werden (Bergmann 1985). Verbunden ist der Naturalismus für gewöhnlich mit einem Aufzeichnungspostulat: Es sollen audiovisuelle Aufzeichnungen der untersuchten Interaktionen hergestellt werden. Die technologische Entwicklung der Aufzeichnungsgeräte ermöglicht dabei eine „mikroskopische" Betrachtung der Vorgänge, die es erlaubt, die Sinnhaftigkeit der habituell vollzogenen Handlungsleistungen, über die Handelnde kaum explizit Auskunft geben können, offenzulegen. Während in den Frühzeiten der Konversationsanalyse Tonbandaufzeichnungen die Regel waren, hat die Entwicklung der Videotechnologien zu einer bedeutsamen Ausweitung der Konversationsanalyse auf audiovisuelle Aspekte der Interaktion geführt.

Aus diesem Grund stellt die → Transkription der audiovisuellen Daten einen wichtigen Teilschritt der Analyse der Daten dar. Dabei soll die recht aufwendige Transkription die Eigenheiten der Kommunikation (Abfolge der Redezüge, sprachliche Eigenheiten und parasprachliche Elemente) so gut es geht konservieren. In aller Regel wird ein teilweise an der Standardsprache orientiertes, teilweise prosodisches Transkript angefertigt, das auch Nichteingeweihte recht schnell lesen können (Kowan und O'Connell 2000). Die Transkription kann unterschiedlich detailliert ausfallen, sollte aber die für die Fragestellung relevanten Aspekte enthalten.

In der Analyse sollten einige Grundregeln eingehalten werden. Zum einen werden Psychologisierungen und Motivzuschreibungen unterlassen. Interpretationen beziehen sich lediglich auf Äußerungen und die durch die Äußerungen realisierten Identitäten. Zum zweiten vermeidet man, Phänomene nach vorgefassten Kategorien einzuteilen. Erst wenn eine von den Akteuren hergestellte Ordnung erkennbar ist, kann man beginnen, von einem „Gegenstand" zu reden. Drittens sollte man Daten ohne Einbezug von zusätzlichem, nicht in den Texten enthaltenem Wissen interpretieren. (In Kontexten, die ein Sonderwissen erfordern, ist jedoch eine ethnografische Vertrautheit mit der Sondersprache und besonderen Begriffen nötig. Wer Gespräche unter Computerexperten analysiert, wird ohne eine solche Vertrautheit nicht auskommen, die durch → teilnehmende Beobachtung oder → Interviews verschafft werden kann.) Und viertens schließlich sollte man die Handelnden nicht als „Deppen" ansehen. Das bedeutet, dass man mit der Maxime interpretiert, dass alles, was kommuniziert wird, und zwar auch vermeintlich Fehlerhaftes, einen Sinn für die Beteiligten hat.

Über die Unterschiedlichkeit (vgl. Bergmann 1981) verschiedener konversationsanalytischer Ansätze hinweg besteht die Vorgehensweise der Konversationsanalyse vor allem darin, dass in den Transkripten zunächst ein beobachtbares gleichförmiges Phänomen ausgemacht wird. Dabei kann es um eine kurze Interaktionssequenz – etwa Begrüßungen – gehen, um Äußerungsabfolgen oder auch nichtsprachliche Handlungsformen. In Befolgung der genannten Maximen geht man davon aus, dass das jeweilige Phänomen von den Beteiligten auf eine methodisch angebbare Weise erzeugt wird, und zwar so, dass der Sinn dieser Sequenz in ihr selbst verständlich wird. Die Grundlage jeder Analyse stellt dabei das alltägliche Verstehen der einzelnen Äußerungen dar. Selbst und gerade kleine, vermeintlich überflüssige Elemente der untersuchten Äußerungen sollten verständlich gemacht werden können. Im weiteren zielt die Konversationsanalyse zuerst auf die zeitliche Abfolge der Äußerungen und betreibt also eine Sequenzanalyse. (Schon deswegen ist eine genaue Transkription sehr bedeutsam.) Ausgangspunkt der Sequenzanalyse bilden Redezüge, Redezugwechsel zwischen Interaktionspartnern („turn taking") sowie deren innere und äußere Ordnung bzw. sequenzielle Organisation (z.B. Paarsequenzen, wie Frage und Antwort). Zur Interpretation muss die Abfolge der Schritte eingehalten werden. Das bedeutet, dass man Transkripte Schritt für Schritt interpretiert, ohne vorzugreifen. Dabei stellt die zeitliche Abstimmung der Züge und ihre Gestalt eine wichtige Ressource der Interpretation dar. Es sollte besonders darauf geachtet werden, wie einzelne Handlungen bzw. Redezüge gestaltet werden. Häufig stehen dabei formale Merkmale der Interaktion im Vordergrund, mit denen die verschiedenen Handlungsschritte koordiniert werden. Aber auch die Gestaltung inhaltlicher Elemente sind Gegenstand der Analyse, wie etwa die sogenannten Membership Categorization Devices (Sacks 1992, S. 135ff).

Hat man vorläufig ein Phänomen identifiziert, dann erstellt man einen Korpus ähnlicher Fälle, die derselben Analyse unterzogen werden. Auf diese Weise sollen Strukturen (Ordnungen) identifiziert werden, die von den Handelnden erzeugt werden.

## Untersuchungsbereiche der Konversationsanalyse

Die Konversationsanalyse beschränkt sich in der Regel nicht (allein) auf die Analyse kleiner Dialogphänomene. Vielmehr zielt sie auf Strukturen sozialer Handlungen. Besonders die Bedeutung dieser Strukturen für soziale Organisationen der verschiedensten Art sind dabei zum Thema gemacht worden (Drew und Heritage 1992). Allerdings ist es innerhalb der Konversationsanalyse sehr umstritten, wie dieser Zusammenhang aussieht. Manche Vertreter der Konversationsanalyse vertreten die Auffassung, dass die kleinsten interaktiven Sequenzen gleichsam facettenartig das enthalten, was in der Soziologie als soziale Struktur bezeichnet wird und begnügen sich mit ihrer näheren Bestimmung. Andere betrachten die geordneten Phänomene als Resultat eines dahinter liegenden strukturellen Problemes der sozialen Organisation von → Interaktion, auf das gleichsam rückgeschlossen werden muss (Bergmann 2000b). Wieder andere bemühen sich, die herausgestellten Sequenzen auf den sozialen Kontext der Situationen zu beziehen, in denen sie erzeugt werden. Sofern es sich um rekurrent auftretende Beziehungen handelt, wird dann von kommunikativen Mustern bzw. Gattungen (→ Gattungsanalyse) gesprochen (Luckmann 1989).

Die Frage nach dem Einbezug kontextueller ethnografischer Elemente ist besonders virulent geworden durch den Einbezug von Videodaten. Denn die visuellen Elemente menschlichen Verhaltens sowie räumliche Merkmale spiegeln nicht die sequenzielle Redezugorganisation wider, sodass die sequentielle Analyse weitaus kompliziert wird. Deswegen muss der einzelne Zug selbst als ein komplexer Handlungszusammenhang angesehen werden, in dem visuelle und vokale Teile eingehen (Bergmann/Luckmann/Soeffner 1993). Dennoch ist Visuelles nicht einfach ein Zusatz, sondern wesentlicher Bestandteil der untersuchten → Interaktionen. Als Test gilt auch hier die Relevanzregel: Die Aspekte der visuellen Situation sind relevant, zu denen ein Bezug durch die in der zeitlichen Abfolge ablaufenden Handlungen hergestellt wird. Man fragt sich also: Warum das jetzt? Wie kann die Bewegung einer Person auf

die Umstände bezogen werden? Neben der Relevanzregel kennt die Konversationsanalyse noch zwei weitere Tests, die man auch als Form der Validität ansehen kann.
Die Validierung der Interpretation eines Redezugs durch den nächsten Zug gehört dabei sogar zu den grundlegenden Elementen der Analyse. Eine bedeutende Rolle spielt
schließlich auch die Suche nach „abweichenden Fällen", anhand derer die Beobachtung eines geordneten Phänomens bestätigt werden kann, wenn der Aufweis gelingt,
dass die Handelnden diese Fälle selbst als abweichend behandeln.

## Rezeption der Konversationsanalyse

Die Konversationsanalyse hat sich als ein wichtiger Zweig der qualitativen Forschung etabliert, der auch außerhalb der Soziologie rezipiert wird (Psychologie,
Linguistik, Politologie usw.) Aufgrund der thematischen, aber auch methodischen
Ausweitungen bezieht sich eine Reihe von Ansätzen jedoch häufig nur noch auf die
Konversationsanalyse als ihre Grundlage und folgt eigenen Bezeichnungen. Dazu
gehören etwa die Workplace Studies, die sich mit kommunikativen Vorgängen bei
der Arbeit mit Technologien auseinandersetzen (Knoblauch/Heath 1999), die inter-
aktionale Soziolinguistik, die mehrsprachige Kommunikation in Interaktionen behandelt (Günthner 1993), oder die → Diskursanalyse (Van Dijk 1985).

## Weiterführende Literatur

Bergmann, Jörg: (1981): Ethnomethodologische Konversationsanalyse. In: Peter Schröder
    und Hugo Steger (Hg.), Dialogforschung. Düsseldorf, S. 9-52.
Sacks, Harvey (1964ff/1992): Lectures on Conversation. Hg. v. Gail Jefferson und Emanuel
    A. Schegloff. Oxford.
Ten Have, Paul (1999): Doing Conversation Analysis. A Practical Guide. London.

*Hubert Knoblauch*

**Konzeptualisierung (Konzept)** → Grounded Theory

**konzeptuelle Repräsentativität** → Grounded Theory; → theoretisches Sampling

**Kulturanthropologie** → dichte Beschreibung ; → ethnografische Semantik; → Tiefenhermenu-
tik

**Kulturvergleich** → komparative Analyse

**Kunstlehre** → Hermeneutik

**Labeling Approach** → Fallanalysen in der soziale Arbeit; → Konstruktivismus

**latenter Sinn vs. subjektiv-intentionaler Sinn**

Dieses Gegensatzpaar stellt eine Schlüsselbegrifflichkeit bzw. eine Leitdifferenz der objektiven
Hermeneutik dar und ist zu unterscheiden von dem Begriff des latenten Sinns in der Tiefenhermeneutik.

→ objektive Hermeneutik; → Psychoanalyse; → Tiefenhermeneutik

**latenter Sinn vs. manifester Sinn**

Dieses Gegensatzpaar ist nicht zu verwechseln mit dem Begriffspaar latenter vs. subjektiv-
intentionaler Sinn in der objektiven Hermeneutik

→ Inhaltsanalyse; → Psychoanalyse; → szenisches Verstehen; → Tiefenhermeneutik

**Lebensgeschichte/Lebensentwurf** → Autobiografie; → Biografieforschung; Lebenslauf; →
Psychoanalyse; → szenisches Verstehen; → Tiefenhermeneutik

# Lebenskonstruktion

Der Begriff der Lebenskonstruktion zielt auf die in erhobenen lebensgeschichtlichen Interviews oder vorgefundenen persönlichen Dokumenten zum Ausdruck kommende Verweisungsganzheit einer individuellen und persönlichen Existenz. Lebenskonstruktionen sind zu unterscheiden von den Ich-Idealen oder Ich-Ideologien, die die einzelnen sich als Vorstellung zur Selbstverherrlichung voraus- oder als Konzept zur Selbstrechtfertigung zurechtlegen. Es geht vielmehr um das verborgene Muster, nach dem sich ein Leben lebt (vgl. Bude 1987).

Der Begriff enthält drei Bestimmungen: Die erste und grundlegende Bestimmung besagt, dass das Individuum ein eigenkonstruktives Wesen ist. Es reagiert auf eine ihm eigene Weise auf die Zwänge der Verhältnisse und ordnet in spezifischer Folgerichtigkeit die Zufälle seiner Biografie. Daraus ergibt sich als zweite Bestimmung, dass das Handeln der Person von Regeln geleitet ist, die dieser selbst zwar nicht bewusst sein müssen, aber im Blick der anderen eine gewisse Vorhersehbarkeit ihrer Reaktionen und eine bestimmte Plausibilität ihrer Mutationen begründen. Und die dritte Bestimmung lautet, dass sich der Wirkungsbereich dieser Regeln auf das gesamte Lebensgeschehen erstreckt. Gerade weil alles mit allem zusammenspielt, die Einrichtung der Wohnung mit der Präferenz für bestimmte Urlaubsorte, die politische Überzeugung mit der Beziehung zum Lebenspartner, die Körperhaltung mit dem Kontrollverhalten, zieht man den Schluss, dass in den mannigfaltigen Lebensäußerungen eine Schlüssigkeit und Konsequenz eigener Art deutlich wird. Man kann sich die Lebenskonstruktion wie das tragende Gefüge eines Gewölbes denken, bei dem ein Element das andere abstützt (vgl. Bude 2002a).

Als Richtschnur im Prozess der Interpretation gibt der Begriff eine Anwort auf die Frage, woraufhin man die einzelnen Beobachtungen steigern und wie man die verschiedenen Aspekte verknappen kann. Es ist ein Thema, eine Frage oder eine Methode, wodurch der einzelne so ist, wie er sich zeigt.

*Heinz Bude*

# Lebenslauf

Unter *Lebenslauf* wird in der jüngeren soziologischen Diskussion in der Regel die äußere („objektive") Abfolge der Stadien und Ereignisse des Lebens verstanden, dem die *Biografie* (oder *Lebensgeschichte*) (→ Biografieforschung) als subjektiver Erfahrungs- und Handlungszusammenhang gegenüber gestellt wird (vgl. Alheit/ Dausien 1990). Eine „Soziologie des Lebenslaufs" (Kohli 1978a) kann als Forschungsprogramm betrachtet werden, das die (lebens)zeitliche Ordnung sozialer Positions- und Ereignissequenzen systematisch untersucht (vgl. Mayer 1990). In historisch- und kulturvergleichender Perspektive wird dabei transparent, dass die Vorstellung von Lebensläufen gesellschaftlich variiert und weit davon entfernt ist, einen vermeintlich „natürlichen" Rhythmus des Lebens abzubilden (vgl. Elwert et al. 1990). Schon die zentralen Lebenslaufmetaphern des vergangenen Jahrtausends

– der mittelalterliche Lebenszyklus, der frühneuzeitliche Lebensbogen (auch die auf- und absteigende „Lebenstreppe") und die moderne Karrierelinie (vgl. Schuller 1996) – verraten die Abhängigkeit der jeweils dominanten Lebenslaufkonzepte von den historisch-gesellschaftlichen Konstellationen.

Im Zuge des Modernisierungsprozesses unterliegt das Lebenslaufregime einem zunehmenden Normalisierungsdruck. Mit der funktionalen Ausdifferenzierung institutioneller Rahmenbedingungen – etwa des Bildungs- und Qualifikationssystems, des Erwerbssystems und des Rentensystems – entsteht ein sozial standardisiertes Erwartungsmuster, eine Art institutionalisiertes „Regelsystem" *Lebenslauf* (Kohli 1985): Schuleintritt, Beginn der Berufsausbildung, die Familiengründung, das Ausscheiden aus dem Berufsleben werden zu scheinbar selbstverständlichen Markierern der Lebensspanne. „Der Modernisierungsprozess ist ein Übergang von einem Muster der *Zufälligkeit der Lebensereignisse* zu einem Muster des *vorhersagbaren Lebenslaufs.*" (ebd., 22f.)

Freilich, diese zunächst plausible Beobachtung erweist sich als heimliche Idealisierung. Die Normalisierungsthese hat einen deutlichen Gender-Bias. Die historische Demografieforschung belegt, dass zumal weibliche Lebensläufe anderen „Logiken" unterworfen sind (stellvertretend Hareven 1982). Vollends zeigt der Individualisierungsdiskurs (Beck 1986, S. 205ff.), dass die Vorhersagbarkeit spätmoderner Lebensläufe drastisch abgenommen hat. „Patchwork", „Puzzle" und „Bastelexistenz" sind die aktuellen Metaphern für zeitgenössische Lebensläufe (Keupp 1988; Hitzler/ Honer 1994). Die „Institution" *Lebenslauf* jedenfalls erscheint in Auflösung begriffen.

*Peter Alheit*

## Lebenswelt

Dieser Begriff wie er – im Anschluss an Edmund Husserl (1954) – in der Mundanphänomenologie (→ Phänomenologie) als Korrelat subjektiver Bewusstseinsleistungen entwickelt worden ist (vgl. dazu Luckmann 1990), meint das Insgesamt subsinnweltlicher Wirklichkeitsbereiche. Jede dieser Subsinnwelten resultiert aus und ist geprägt von spezifischen Relevanzstrukturen, von bestimmten Zuwendungen zum eigenen Erleben, von speziellen Erfahrungsstilen und Bewusstseinsspannungen (vgl. dazu Schütz 1971c). ,Lebenswelt' bezeichnet die ,primordiale Sphäre', den selbstverständlichen, ,unbefragten' Boden sowohl jeglichen alltäglichen Handelns als auch jeden Träumens, Phantasierens und Theoretisierens. Keineswegs also geht die Lebenswelt in der Alltagswelt auf (wie das in den Sozialwissenschaften mitunter fälschlich angenommen wird). Die Alltagswelt ist vielmehr ,lediglich' der aus pragmatischen Gründen gegenüber den subsinnweltlichen ,Domänen' des Traums, der Phantasie(n) und der Theorie ,ausgezeichnete' Wirklichkeitsbereich der Lebenswelt: jener Wirklichkeitsbereich, der sich in der sogenannten relativnatürlichen Einstellung räumlich, zeitlich und sozial aufschichtet – gegliedert nach je subjektiven, biografisch sich konstituierenden Relevanzstrukturen. Die Lebenswelt setzt sich zusammen aus aktuellem Erleben und aus Ablagerungen früheren Erlebens sowie aus mehr oder minder genauen Erwartungen zukünftig möglicher Erlebnisse. Sein konkretes Hier-und-Jetzt, seine gegenwärtige Situation, ist mithin für jeden Menschen das Zentrum *seiner* Lebenswelt.

Die Orientierung in der Lebenswelt erfolgt im Rekurs auf einen ‚typologisch‘ strukturierten, *subjektiven* Wissensvorrat, welcher wiederum in einer komplexen Beziehung steht zu ebenfalls typologisch angelegten *gesellschaftlichen* Wissensvorräten (vgl. hierzu Schütz/Luckmann 1979, S. 133ff.): Der *subjektive* Wissensvorrat eines Menschen setzt sich strukturell (d.h.: *jedem* konkreten Wissensbestand innewohnend) zusammen aus *Grundelementen des Wissens*, die jeder Erfahrung mitgegeben sind, und die die Begrenztheit der Situation und die unumstößlichen Bedingungen subjektiver Erfahrungen betreffen; aus *Routinewissen*, das anknüpft an die Grundelemente und sich weder gegen diese noch im Hinblick auf seine verschiedenen Bestandteile klar abgrenzen lässt, das ‚beiläufig‘ angewandt werden kann und von einer ständigen aber marginalen Relevanz ist; sowie aus *explizitem Wissen*, dessen Elemente nach Kriterien der Vertrautheit, der Bestimmtheit und der Glaubwürdigkeit ‚dimensioniert‘ sind, und das in der Regel eben auch *als Wissen* gewusst wird. Außerdem verfügt jeder Mensch über *potentielles Wissen*, das sich auf Elemente des expliziten Wissens und des Routinewissens, im Normalfall aber *nicht* auf Grundelemente des Wissens beziehen kann, und das sich differenzieren lässt in ‚wiederherstellbares‘, weil (irgendwie) verlorengegangenes oder von anderem verdecktes Wissen einerseits, und in ‚erlangbares‘, weil noch nie im Wissensvorrat vorhanden gewesenes, Wissen andererseits (Genaueres zu diesen Bestimmungen auch in Honer 1999).

Aus den wissensgeleiteten Grundformen *sozialen* Handelns baut sich, über mannigfaltige Institutionalisierungsvorgänge, der komplexe Bereich menschlicher Praxis auf, der auf erfahrbare und nur bedingt überschreitbare Grenzen stößt: Erfahrungen sind immer auch – ‚kleine‘, ‚mittlere‘ oder ‚große‘ – *Transzendenz-Erfahrungen* (vgl. Schütz/Luckmann 1984, S. 139ff.). Und Transzendenz-Erfahrungen wirken umgekehrt auf die subjektive, intersubjektive und soziale Praxis zurück: Diese Praxis ist – unumgänglich – eine *interpretative*, eine Zeichen und Symbole deutende, wesentlich *kommunikative* (und hierin insbesondere sprachlich verfasste) Praxis (vgl. dazu Luckmann 1980b, 1989). Das bedeutet auch, dass die Lebenswelt eines jeden Menschen grundsätzlich zu jedem Zeitpunkt (weit) mehr Erfahrungs*möglichkeiten* birgt, als das Subjekt tatsächlich thematisch realisieren kann. Jeder Mensch *wählt* deshalb ständig und zwangsläufig unter den ihm jederzeit prinzipiell möglichen Erfahrungen. Dass unsere Erfahrungen folglich unweigerlich das Ergebnis von Auswahlvorgängen sind, wird uns im allgemeinen aber nicht zum Thema, weil wir unentwegt damit beschäftigt sind, unser tatsächliches Erleben sinnhaft zu vervollständigen, bzw., anders ausgedrückt: jede je ausgewählte Erfahrung qua Apperzeptionen und Appräsentationen gestalthaft zu ‚komplettieren‘ (vgl. Schütz/Luckmann 1979, S. 178ff.). Dieses Erleben kann natürlich gegenüber dem ‚objektiven‘ Sachverhalt ‚täuschen‘ (vgl. dazu das sogenannte Carneades-Beispiel in Schütz/Luckmann 1979, S. 224ff.). Aber auch dann bestimmt es *objektiv* unser Handeln, denn unser *Erleben* ist maßgeblich für unsere Situationsdefinition, und eben nicht ein ‚objektiver‘ Sachverhalt (vgl. Thomas 1978).

Nicht nur ist unser Bewusstsein notwendigerweise Bewusstsein ‚von etwas‘, dieses Etwas, die jeweilige Entsprechung unserer Erfahrung ist auch – zumindest in der alltäglichen Erfahrung – *sinnhaft* (vgl. dazu Schütz 1974). Im Rückgriff auf diese Sinnhaftigkeit von Erfahrungen differenzieren wir, entsprechend unseren je subjektiven Relevanzen, zwischen Wichtigem und Unwichtigem, zwischen Beliebigem und Nichtbeliebigem. Diese Sinnhaftigkeit kann ausgesprochen situationsspezifisch und kurzlebig, sie kann aber auch (fast) völlig situationsunabhängig und dauerhaft sein. Sie kann rein subjektiv, sie kann aber auch (in einem jeweils zu bestimmenden Ausmaß) sozial ‚gelten‘. Denn zwar lebt, genau genommen, jeder Mensch in seiner eigenen (Lebens-)Welt, als dem Insgesamt *seines* konkreten Erlebensraumes. Aber alle Konkretionen lebensweltlicher Strukturen sind auch intersubjektiv geprägt. Das heißt dass wir – nicht nur, aber vor allem – zur Bewältigung unseres ganz normalen Alltagslebens augenscheinlich über eine große Anzahl gemeinsamer Deutungsschemata verfügen bzw. dass sich unsere je subjektiven Relevanzsysteme vielfach überschneiden.

Soziale Geltung von Sinnzuweisungen resultiert also aus der Annahme, dass andere Menschen die Dinge ‚im wesentlichen‘ gleich sehen, bzw. dass sie sie zumindest gleich sehen *können*. Da wir diese Annahme im Alltag ganz selbstverständlich machen, während es uns zugleich ebenso selbstverständlich erscheint, dass jeder Mensch seinen spezifischen Standpunkt, seine individuelle Sicht und seine je eigenen Interessen hat, spricht Schütz (z.B. 1971b, S. 12ff.) von einer *Idealisierung der Reziprozität der Perspektiven*. ‚Reziprozität‘ meint dabei zum einen die Annahme, man könne die jeweiligen Standpunkte vertauschen, und zum anderen die Annahme, dass, solange sich keine schwerwiegenden Widersprüche ergeben, die jeweiligen Relevanzsysteme hinlänglich kongruent, d.h., dass mögliche Perspektivendifferenzen für die je aktuellen Absichten unwichtig sind: Wir glauben (fraglos), „dass die Gegenstände der äußeren Umwelt für (unsere) Mitmenschen prinzipiell die gleichen sind wie für mich“ (Schütz/Luckmann 1979, S. 26). Aufgrund dieser Idealisierung tun wir alle also im Alltag (mehr oder weniger) so, als ob die Unterschiede der jeweiligen subjektiven Sicht der Welt irrelevant seien. Und dieses ‚als ob‘ genügt normalerweise offensichtlich, damit der ganz normale Alltag auch hinlänglich normal ‚funktioniert‘.

## Weiterführende Literatur

Husserl, Edmund (1986): Phänomenologie der Lebenswelt (hgg. von Klaus Held). Stuttgart.
Luckmann, Thomas (1983): Life-World and Social Realities. London et al.
Schütz, Alfred/Luckmann, Thomas (1979 und 1984): Strukturen der Lebenswelt. Band 1 und 2. Frankfurt a.M.

*Anne Honer*

# Lebensweltliche Ethnografie

Soziologische Lebensweltanalyse, die aus der – paradoxen – Idee resultiert, die Welt *methodisch* durch die Augen eines ‚personalen Typs‘ (irgend-)einer Normalität hindurchsehend zu rekonstruieren, muss, will sie nicht in die Untiefen einer empiriefernen ‚Bilderbuch-Phänomenologie‘ abgleiten, integriert sein in ein methodenplurales, triangulatives *ethnografisches* Forschungskonzept (→ Ethnografie, → Triangulation) (vgl. methodologisch: Hitzler 1999b; methodisch: Honer, z.B. 1993a, 1994; material: Knoblauch, z.B. 1991a, 1995). Auch das Forschungskonzept lebensweltanalytischer Ethnografie impliziert einerseits also grundsätzlich eine quasi-ethnologische Gesinnung des Soziologen gegenüber ‚*fremden*‘ Kulturfeldern in seiner nächsten Nähe, d.h. die Bereitschaft, soziale Praktiken in den mannigfaltigen Sinnwelten moderner Gesellschaften so ‚unverwandt‘ anzuschauen, als ginge es dabei um ‚exotische‘ Sitten, Gebräuche und Weltanschauungen. Andererseits aber stellt sie sich sozusagen methodisch-emprisch dem erkenntnistheoretischen Problem, wie es gelingen kann, den subjektiv gemeinten *Sinn* des subjektiven Erlebens eines ‚alter ego‘ einigermaßen adäquat zu *verstehen*, obwohl dieser eben prinzipiell ungewiss und nur über die Interpretation von Appräsentationen ‚typisch‘ rekonstruierbar ist.

Das heißt, das, was die *lebensweltanalytische* Ethnografie kennzeichnet, ist, konsequent betrachtet, ein ‚sisyphoides‘ Unterfangen (wobei wir uns Sisyphos dabei allerdings, mit Albert Camus, als einen *glücklichen* Menschen vorstellen müssen): Lebensweltanalytische Ethnografie zu treiben, deren wesentliche ‚besondere‘ Technik die (von der → teilnehmenden Beobachtung zu unterscheidende) *beobachtende Teilhabe* ist, bedeutet, sich – *neben bzw. zusätzlich zu* den üblichen Verfahren ethnografischer Datenerhebung – in das je zu untersuchende soziale ‚Feld‘, möglichst intensiv zu involvieren und – bis hinein in sprachliche und habituelle Gewohnheiten – zu versuchen, den dort (mehr oder weniger) kompetent agierenden Menschen möglichst ähnlich zu werden. Eine solche ‚methodische Assimilation‘ gelingt natürlich – aus vielerlei Gründen – nicht immer, und sie gelingt schon gar nicht immer gleich *gut*. In dem Maße aber, *wie* sie gelingt, generiert der Forscher eine Art und Qualität von Daten, wie sie mit anderen Forschungsmethoden nur schwerlich (genau genommen: gar nicht) zu erlangen sind: Daten darüber, was *hier* für den ‚engagierten‘ Teilnehmer wichtig, problematisch, angenehm, interessant, langweilig usw. ist, Daten darüber also, wie und was der ‚engagierte‘ Teilhaber in *seinen* kleinen sozialen Lebens-Welten *tatsächlich erlebt*.

Obwohl bzw. gerade weil Teilnahme bzw. Teilhabe per se vorwissenschaftlich bzw. sozusagen alltagspraktisch trivial ist, kann sie also nicht (vollständig) durch (andere) Methoden der Datenerhebung kompensiert bzw. substituiert werden. Zu beachten ist allerdings, dass ‚in existentieller Involviertheit‘ gewonnene *Erlebensdaten* prinzipiell nur teilweise und auch dann eher unzulänglich fixierbar sind. Ihre Analyse erfordert deshalb, will man psychologisierende ‚Betroffenheitslyrik‘ vermeiden, den Rekurs auf Techniken phänomenologischer Reflexion und Deskription. Dies wiederum impliziert *zwingend* eine sinnweltliche Zweiteilung des Forschungsprozesses: Einerseits verlangt das ‚Programm‘ lebensweltanalytischer Ethnografie vom Forscher, sich sozusagen dem Feld ‚hinzugeben‘ (vgl. Wolff 1976), sich also rückhaltlos auf das Feld einzulassen (vgl. auch Douglas/Johnson 1977; Kotarba/Fontana 1984), andererseits aber erfordert es (wie jede wissenschaftliche → Ethnografie), sich mit den einmal gewonnenen (in diesem Fall aber nur schwerlich und in Teilen fixierbaren) Daten pragmatisch distanziert, rein kognitiv interes-

siert und werturteilsenthaltsam in (einsamer) theoretischer Einstellung auseinanderzusetzen.

*Ronald Hitzler und Anne Honer*

## Leitfadeninterview

Legt man bei der Sortierung der Interviewformen die beiden Kriterien „Strukturierung durch den Informanten" und „Strukturierung durch den Interviewenden"
zugrunde, dann würde ein biografisch-narratives Interview (→ narratives Interview) eine hohe Strukturierung durch den Informanten und keine Strukturierung
durch den Interviewenden bewirken. Ein klassischer Fragbogen, der ausschließlich aus geschlossenen Fragen besteht, würde keine Strukturierung durch den Informanten ermöglichen und eine hohe Strukturierung durch den Interviewenden
erzeugen. Interviews, die leitfadengesteuert, angelegt sind, bewirken eine mittlere
Strukturierungsqualität sowohl auf Seiten des Interviewten wie auch auf Seiten
des Interviewers. Ein Leitfaden besteht aus Fragen, die einerseits sicherstellen,
dass bestimmte Themenbereiche angesprochen werden, die andererseits aber so
offen formuliert sind, dass narrative Potenziale des Informanten dadurch genutzt
werden können. Aus diesem Grunde sollte der Interview-Leitfaden nicht zu umfangreich sein.

Der Vorteil eines Leitfadens gegenüber einem offenen narrativen Interview besteht also darin, sicher zu stellen, dass die interessierenden Aspekte auch angesprochen werden und insofern eine Vergleichbarkeit mit anderen Interviews, denen der
gleiche Leitfaden zugrunde lag, möglich ist. Die Entwicklung eines Leitfadens setzt
gute Kenntnisse des Objektbereichs voraus, denn die Leitfragen beziehen sich in
der Regel auf vorher als relevant ermittelte Themenkomplexe. Er wird in der Regel
flexibel und nicht im Sinne eines standardisierten Ablaufschemas gehandhabt, um
unerwartete Themendimensionierungen durch den Interviewten nicht zu unterbinden. Der Leitfaden hat also insgesamt eher die Funktion einer Gedächtnisstütze und
eines Orientierungsrahmens in der allgemeinen Sondierung.

*Winfried Marotzki*

**lokale Produktion sozialer Ordnung** → Ethnomethodologie
**Maskierung** (*siehe* Pseudonym)

## Massenmedien

Unter *Massenmedien* werden materielle oder energetische Träger und Übermittler
von Daten und Informationseinheiten verstanden. Unter dem Begriff *Speichermedi-
en* werden bspw. Tontafeln, Handschriften, Briefe, Photografien aber auch Filme,
Ton- und Videobänder sowie Disketten, CDs und DVDs gefasst und unter dem Begriff *Übertragungsmedien* Mittel des Kurier- und Postwesens, Kabeltelegrafie, aber

auch Telefonie, Hörfunk, Fernsehen, Satellit, Datennetze usf. Mit der Verbreitung
des Computers wird die *Datenverarbeitung* möglich, womit die rechnerische Be-
und Verarbeitung von Schrift, Bild und Ton in Form von Sortieren, Umgruppieren,
Auswerten, Verändern und Manipulieren angesprochen ist. Die jüngste Entwicklung der Datenverarbeitung stellt die *Erzeugung* bzw. *Generierung* neuer, künstlicher Bild- und Tonwirklichkeiten, *virtuelle Realitäten* genannt, dar. Die Leistungen
der Medien-Techniken sind also in der Aufnahme bzw. Eingabe, Vervielfachung
und Reproduktion, der Wiedergabe, des Speicherns, der Übertragung und der Bearbeitung sowie Erzeugung und Generierung von Daten zu sehen. Hiebel u.a. (1998)
schlagen vor, die Geschichte der Medien entsprechend in fünf *Paradigmen* zu glie-
dern: Schrift/Druck/ Post, optische Medien, akustische Medien, Übertragungsmedi-
en und Computer (für eine weitere Darstellung der Einzelmedien siehe auch Faulstich 1998). Mit dem Begriff *Massen*medien wird desweiteren der Aspekt der
quantitativen Beschaffenheit der jeweiligen Adressatengruppe angesprochen: In
Hörfunk und Fernsehen richten sich Moderatoren an ‚disperse' Massen(teil-)publica
(*einseitige* Massenkommunikation), während der Computer jedem Nutzer die Möglichkeit zur individuellen Realisierung einer Vielfalt von Kommunikationsmodi (E-
Mail, Chat, Webcam usf.) eröffnet. In kultur- und gesellschaftstheoretischer Hinsicht interessiert schließlich das Verschränkungsverhältnis von Technik, Ökonomie,
Kultur und Kommunikation (siehe bspw. Winter/Eckert 1990; Imhof/Schulz 1998).

*Klaus Neumann-Braun*

**maximaler vs. minimaler Vergleich** (Kontrast) → dokumentarische Methode; → Grounded
Theory; → komparative Analyse; → objektive Hermeneutik
**MaxQDA** → Computerunterstützung in der qualitativen Sozialforschung

# Medienanalyse

Der Begriff Medienanalyse steht für die Erforschung des komplexen Zusammenhangs von Kultur und der auf Massen- und Individualmedien gestützten Kommunikation, die in den gegenwärtigen modernen Gesellschaften europäischen Zuschnitts
zu einem integralen Bestandteil des Lebens geworden ist. Vor dem Hintergrund der
erkenntnistheoretischen Grundannahme des kommunikativen Charakters sozialer
Wirklichkeit steht die Rekonstruktion der Strukturen und Prozesse der massenmedial vermittelten Konstruktion sozialer Wirklichkeit durch Akteure, Gruppen und Organisationen im Mittelpunkt des Interesses. Gegenstandsseitig werden die Aspekte:
Technik, Produktion und Distribution, Produkt, Rezeption und Aneignung unterschieden. Der Aspekt *Technik* fokussiert auf den Zusammenhang von Technikent-
wicklung und kultureller Differenzierung: Gefragt wird nach der Bedeutung von
medientechnischen Erfindungen für den Wandel von Individuum und Gesellschaft
(beispielhaft für den Fall der alten Medien: Gumbrecht/Pfeiffer 1988, Kittler 1986,
resp. den Fall von Multimedia: Faßler 1999, Höflich 1999). Der Aspekt *Produktion*
und *Distribution* (klassisch: Prokop 1985) thematisiert den Zusammenhang von

Ökonomie und Kultur resp. Kommunikation: Analysiert werden die Aktivitäten internationaler Medienkonzerne auf einem oligopolistischen Markt, auf dem um die Kontrolle der Produktions- und Vertriebskanäle konkurriert wird, und deren Folgen sowohl für die Beschaffenheit der Produkte (beispielhaft für den Bereich der Musiktelevision: Schmidt 1999, Hachmeister/Lingemann, 1999), als auch für den Wandel der Produktionsprozesse in Sendern und öffentlichen Anstalten (beispielhaft für den Strukturwandel der Radiokommunikation: Neumann-Braun 1993). Unter dem Aspekt *Produktanalyse* werden Untersuchungen zum Sinnpotenzial der Medienangebote gefasst: Sowohl Informations- (Dörner 2000) als auch Unterhaltungsangebote (Keppler 1994, Reichertz 2000) werden auf ihre manifesten und latenten Aussagen hin untersucht. Unter dem Aspekt der *Rezeption* fasst man die innere, intrakommunikative Auseinandersetzung von Rezipienten mit Medienangeboten sowie die (inter-)kommunikative Verarbeitung von Medienangeboten durch Leser, Hörer oder Zuschauer usf. in der Kleingruppe (Neumann-Braun 2000b): Rezeptionsanalysen orientieren sich im besonderen an dem Leitgedanken, Lebenswelten von innen heraus aus der Sicht der handelnden Menschen zu verstehen, und sie berücksichtigen tragend die Relevanz des sozialen Kontextes, in den die Prozesse von Rezeption und Aneignung eingebettet sind. Auf diese Weise gelangt das Verschränkungsverhältnis von natürlicher und massenmedialer sowie realer/offline und virtueller/online Kommunikation ebenso in den Blick wie das wechselseitige Bedingungsverhältnis von einzelnem Medienangebot und gesellschaftlichen Wissensbeständen und Ideologien. Die aufgeführte Themenvielfalt verlangt ein großes Spektrum unterschiedlicher Erhebungs- und Auswertungsmethoden, das die qualitative Sozialforschung inzwischen auch zur Verfügung stellen kann (Flick/v. Kardorff/Steinke 2000).

*Klaus Neumann-Braun*


## Medienkommunikation

Klassische Begriffsbestimmungen orientieren sich an der Übermittlungsfunktion der (Massen-)Medien. Berühmt geworden sind Lasswells Kanal-Formel: „Who says what in which channel to whom with what effect?" (1948, zitiert in Neumann-Braun 2000a, Kap. 2) oder Maletzkes Definition, der „unter Massenkommunikation (...) jene Form der Kommunikation (versteht – N.-B.), bei der Aussagen öffentlich (also ohne begrenzte und personell definierte Empfängerschaft), durch technische Verbreitungsmittel (Medien), indirekt (also bei räumlicher oder zeitlicher oder raumzeitlicher Distanz der Kommunikationspartner) und einseitig (also ohne Rollenwechsel zwischen Aussagenden und Aufnehmenden) an ein disperses Publikum (..) gegeben werden" (1976, ebenda). Beide Definitionen verengen den Kommunikationsprozess technizistisch. In handlungstheoretischer Perspektive werden hingegen die Sinnkonstruktions- und -rekonstruktionsprozesse bei der Kommunikation – gerade auch via (Massen-)Medien – betont: Kommunikator wie Rezipient können nur auf der Grundlage von Deutungsprozessen Medienangebote entwerfen resp. rezipieren (Holzer 1994) – entsprechend pointiert heißt es dazu in dem ‚Cultural Studies'-Ansatz (Hepp 1999): „Texts are made by their readers". Eine wechselseitige Orientierung von Kommunikator und Rezipient gelingt auf der Grundlage des gemeinsam geteilten Wissens um eingeführte Konventionen der medialen Kommunikation (Sendungsformate, Mediengattungen, Umgangsregeln und -rituale sowie Themenvorlieben). Mit der Abkehr vom reduktionistischen Sender-Empfänger-Modell rückt weiterhin das Verschränkungsverhältnis von ‚natürlicher'/Face-to-Face- und medialer Kommunikation in den Fokus. Der hauptsächliche Unterschied zwischen beiden liegt nicht in der Vermitteltheit der Medienkommunikation, sondern in der Einseitigkeit sowie der strukturellen Asymmetrie der medialen Kommunikation, die die Entkoppelung von Produktion und Rezeption charakterisiert und die tendenziell von Kommunikatorenseite durch die Inszenierung von thematischer und kommunikativer Publikumsnähe zu minimieren versucht wird. Große Bedeutung kommen hierbei den inzwischen vielfältigen Beteiligungsformen (z.B. Hörertelefon) sowie dem Ausbau des Medienverbunds (TV-Sendungen werden bspw. durch Internetangebote ergänzt) zu, aber auch die Formen der alltäglichen kommunikativen Aneignung von Medienangeboten übernehmen in diesem Kontext eine wichtige Vermittlungsfunktion. Im Fall der Kommunikation via Computer und WWW ist die mit den Programmmedien (Radio, TV) verbundene o.g. Asymmetrie nicht zwingend gegeben, vielmehr eröffnen sich vielfältige symmetrische Kommunikationsmodi bis hin zu virtuellen Kommunikationspotenzialen im symbolischen Zusatzraum ‚Cyberspace' (Faßler 1997).

*Klaus Neumann-Braun*

**mehrdimensionale Typenbildung** → dokumentarische Methode; → Typenbildung

**Metapher** → Fokussierungsmetapher; → Rhetorikanalyse

**metaphorische Dichte** → Focussierungsmetapher

**Metaphysik der Strukturen** → hermeneutische Wissenssoziologie; → objektive Hermeneutik

**methodisch kontrolliertes Fremdverstehen** → Phänomenologie; → rekonstruktive Sozialforschung

**methodische Fremdheitshaltung** → dokumentarische Methode; → Ethnografie; → lebensweltliche Ethnografie

**methodologische Triangulation** → Triangulation

**Milieu(analyse)** → dokumentarische Methode; → Fallanalysen in der sozialen Arbeit; → Orientierungsmuster; → praxeologische Wissenssoziologie; → Typenbildung

# Mimesis

## Mimesis als anthropologischer Begriff

Wenn im Rahmen der Sozialwissenschaften von „Mimesis" die Rede ist, so wird „Mimesis" nicht nur als ein Begriff der Ästhetik, sondern als ein viel weiter reichender anthropologischer Begriff verstanden. Ein solches Begriffsverständnis kann sich auf Aristoteles berufen, nach dessen Auffassung Menschen ihre ersten Kenntnisse mimetisch erwerben und sich auch später auf andere Menschen und die Welt mimetisch beziehen. Die Fähigkeit zur Mimesis ist eine *conditio humana*, die an die Frühgeburt des Menschen, seine residuale Instinktausstattung und den Hiatus zwischen Reiz und Reaktion gebunden ist. Mimetische Prozesse sind Prozesse der Nachahmung und des ähnlich Werdens. Da Nachahmungen nie das Gleiche erzeugen, sind mimetische Prozesse keine bloßen Wiederholungen, sondern Prozesse des (eigenständigen) Nachschaffens. In ihnen erfolgt eine Bezugnahme auf andere Menschen, soziale Situationen, andere Welten, oft in der Absicht diesen ähnlich zu werden. Mimetische Prozesse beziehen sich auf vorgegebene und dargestellte Wirklichkeiten und erzeugen dadurch Repräsentationsverhältnisse. Sie bringen etwas zu Darstellung, drücken etwas aus (Gebauer/Wulf 1992).

## Mimetisches Handeln in der sozialen Welt

Mimetische Prozesse spielen in der sozialen Welt eine wichtige Rolle. In ihnen wird soziales Handeln gelernt (Gebauer/Wulf 1998). Mimetische Lernprozesse vollziehen sich weitgehend außerhalb des Bewusstseins. Nicht zuletzt deshalb sind ihre Wirkungen so nachhaltig. Insbesondere praktisches soziales Handeln wird mimetisch gelernt. Im sinnlich-körperlichen Bezug auf handelnde Menschen entsteht ein praktisches Wissen davon, wie soziale Handlungen zu inszenieren und aufzuführen sind. In der mimetische Bezugnahme auf Inszenierungen und Aufführungen von Spielen, Ritualen und Gesten wird das Wissen erworben und inkorporiert, das in ähnlichen Situationen zu anderen Zeitpunkten erforderlich ist. Bei der Aufführung sozialer Handlungen geht es nicht um die Reproduktion früher vollzogener Handlungen. Vielmehr gilt es unter Bezug auf vorangegangene Inszenierungen und Aufführungen eigenständig zu handeln. Dabei werden die Handelnden nicht vor explizite Entscheidungen gestellt, sondern handeln auf Grund einer spezifisch menschlichen Fähigkeit der praktischen Gestaltung des Alltagshandelns (Wulf u.a. 2001; Wulf/Göhlich/Zirfas 2001).

In mimetischen Akten erfolgt ein Noch-einmal-Machen von vorgängigen Handlungen. Die dafür erforderliche Bezugnahme wird nicht vom rationalen Denken, sondern sinnlich hergestellt. Verglichen mit dem ersten Ereignis oder der ersten Welt entfernt sich das zweite von der zweckgerichteten sozialen Praxis insofern, als es sich mit dieser nicht unmittelbar auseinandersetzt, sie nicht verändert, sondern als ein Noch-einmal-Machen der ersten Welt aufzufassen ist. Die mimetische Handlung hat zeigenden und darstellenden Charakter; ihre Aufführung erzeugt wiederum eigene ästhetische Qualitäten. Mimetisch sind soziale Handlungen, wenn sie „(1) Bewegungen sind, die auf andere Bewegungen Bezug nehmen; (2) als körperliche Aufführungen betrachtet werden können, die also einen Darstellungs- und Zeigeaspekt besitzen und (3) sowohl eine eigenständige Handlung sind, die aus sich selbst heraus verstanden werden kann, als auch auf andere Akte und Welten Bezug nimmt (Gebauer/Wulf 1998, S. 11f.)."

## Mimesis in der qualitativen Forschung

In der rekonstruktiven mit qualitativen Methoden arbeitenden Sozialforschung spielen drei Arten mimetischer Prozesse eine Rolle. Einmal handelt es sich um (vergangene) mimetische Prozesse, in deren Verlauf die untersuchten Personen das für die Inszenierung und Aufführung ihres sozialen Handelns erforderliche praktische Wissen erworben haben (Mimesis I). Davon sind die mimetischen Prozesse zu unterscheiden, die Personen inszenieren und aufführen und deren performativer Charakter unmittelbar zum Gegenstand der Forschung wird (Mimesis II). Und schließlich interessieren hier die mimetischen Prozesse, die die Sozialforscher vollziehen müssen, um überhaupt Aussagen über die sozialen Handlungen der untersuchten Personen machen zu können (Mimesis III) (Ricoeur 1983; Flick 2000a; Wulf 2001).

Voraussetzung für jede Darstellung und Interpretation der mit qualitativen Methoden untersuchten Zusammenhänge ist bildliches oder sprachliches Material, zu dessen Erzeugung es mimetischer Prozesse bedarf, um z.B. gesprochene Aufzeichnungen in schriftlich fixierte Sequenzen zu überführen. Sodann bedarf es der mimetischen Bezugnahme der Forscher auf dieses Material. Dabei geht es darum, die in dem Material verdinglichten Prozesse mit Hilfe mimetischer Prozesse noch einmal zu machen, sich den untersuchten Situationen „ähnlich zu machen" und sie so im mimetischen Nachvollzug zu rekonstruieren (Mimesis III). Die mimetische Nachschöpfung sozialer Handlungen und Situationen bildet die unhintergehbare Grundlage für die *formulierende* und für die *reflektierende Interpretation* (Bohnsack 2000a) (→ dokumentarische Methode).

Um sodann zur *Bildung von Typen* (→ Typenbildung) zu gelangen, bietet die Bezugnahme auf das Konzept der Familienähnlichkeit im Sinne Wittgensteins und auf die zu deren Aufspürung erforderlichen mimetischen Prozesse eine wichtige Unterstützung. Mit Hilfe unserer sinnlichen Fähigkeiten sind wir fähig, „ein kompliziertes Netz von Ähnlichkeiten, die einander übergreifen und sich kreuzen" (Wittgenstein 1960, § 66), zu erkennen. „Familienähnlichkeit" bildet transitive Beziehungen. Man kann mit Hilfe eines Merkmals zu einem jeweils anderen Mitglied der Familie weitergehen, dann wiederum mit Hilfe eines wieder anderen Kennzeichen zu einem weiteren Verwandten. In der gleichen Weise bildet die mimetische Rekonstruktion fortlaufende Beziehungen zwischen verschiedenen Handlungen des gleichen Typs; es entstehen dabei Ketten von Welten, die zum Teil auch zu Idealtypen verdichtet werden können.

## Weiterführende Literatur

Gebauer, Gunter/Wulf, Christoph (1998): Spiel, Ritual, Geste: Mimetische Grundlagen sozialen Handelns. Reinbek.

Wulf, Christoph/Althans, Birgit/Audehm, Kathrin/Bausch, Constanze/Göhlich, Michael/Sting, Stephan/Tervooren, Anja/Wagner-Willi, Monika/Zirfas, Jörg (2001): Das Soziale als Ritual. Zur performativen Bildung von Gemeinschaften. Opladen.

*Christoph Wulf*

**minimaler vs. maximaler Vergleich (Kontrast)** → dokumentarische Methode; → Grounded Theory; → komparative Analyse; → objektive Hermeneutik

**multidimensionale Typenbildung** (*siehe* mehrdimensionale Typenbildung)

**Narration** → Autobiografie → Biografieforschung; → Erzählanalyse; → narratives Interview; → Rhetorikanalyse; → Semiotik

# Narratives Interview

Um einem verkürzten und auf „Technik" reduzierten Verständnis des narrativen Interviews und einer weitverbreiteten Begriffsvermischung – nämlich der losen Gleichsetzung von „narrativem" und „offenem Interview" – entgegenzuwirken, ist es sinnvoll, nicht nur die Merkmale dieses Interviewverfahrens zu erwähnen, sondern vor allem an seine Entstehungsgeschichte zu erinnern. Die spezifische Form der → Erzählanalyse, die sich am Ende der siebziger und zu Beginn der achtziger Jahre des zwanzigsten Jahrhunderts in der Auseinandersetzung mit narrativen Interviews entwickelt hat, wird im Folgenden allerdings nicht dargestellt.

Am Anfang der hier interessierenden Entwicklung – d.h., zu Beginn der siebziger Jahre des 20. Jahrhunderts und noch unter dem Eindruck des Positivismusstreits in der deutschen Soziologie – stand nicht in erster Linie das Interesse an der Erweiterung des Methodenkanons der qualitativen Sozialforschung, sondern die Unzufriedenheit mit fehlenden Übersetzungsregeln in der Beziehung von empirischer Forschung und Theoriebildung und die kritische Auseinandersetzung mit der fehlenden methodischen Kontrolle und der von den betroffenen Informanten so erlebten Fremdheit standardisierter Interviews (vgl. Riemann 2003). Vor diesem Hintergrund entwickelte Fritz Schütze ein Interesse an Formen der Datenerhebung, in denen die unkontrollierbare, irritierende und für die Datenanalyse problematische Mischung verschiedener Kommunikationsschemata (Erzählung, Beschreibung, Argumentation) vermieden wurde und in denen Informanten ihre alltäglichen kommunikativen Fertigkeiten ungehindert entfalten konnten (vgl. Kallmeyer/Schütze 1977 zum Konzept der Kommunikationsschemata der Sachverhaltsdarstellung). Die Erkundung der Möglichkeiten des methodischen Gebrauchs von Stegreiferzählungen über eigene Erfahrungen im Rahmen des in diesem Kontext entwickelten narrativen Interviews bedeutete, unterschiedliche interpretative Forschungstraditionen zusammenzuführen – insbesondere den → symbolischen Interaktionismus und die ethnomethodologische → Konversationsanalyse –, die sich unabhängig von einander entwickelt hatten und nur wenig Notiz von einander nahmen. Während Schütze ebenso wie andere interaktionistische Feldforscher an den Erfahrungen von Gesellschaftsmitgliedern in einem bestimmte Untersuchungsfeld interessiert blieb – daran, *was* sie zu erzählen hatten –, richtete sich sein Interesse ebenso auf formale Merkmale ihrer Erzählung, also darauf, *wie* sie ihre Geschichte erzählten (Schütze 1976b). Die Vorstellung, die sich als realistisch erwies, war die, dass man (a) durch die systematische Fokussierung auf das Wie zu einem vertieften Verständnis des Was gelangen konnte: also der langfristigen Erfahrungen der Erzähler und der von ihnen erlebten sozialen Prozesse, und dass man (b) dadurch sein eigenes Analyseverständnis explizieren und intersubjektiv kontrollierbar machen konnte (vgl. Cicourel 1964).

Während gegenwärtig das narrative Interview mit seinen drei Teilen – der vom Interviewer nicht unterbrochenen Anfangserzählung, den auf die Erzählkoda folgenden narrativen Nachfragen und den anschließenden beschreibenden und theoretisch-argumentativen Fragen – häufig mit einer bestimmten Variante, nämlich dem auto-biografisch-narrativen Interview (Schütze 1983), gleichgesetzt wird, ist daran zu erinnern, dass es erstmals in einem ganz anderen Kontext – nämlich im Rahmen einer Studie zur Erforschung von Gemeindemachtstrukturen – entwickelt wurde (vgl.

Schütze 1976a, 1982, 1987a): Die lokalen Politiker wurden gebeten, die Geschichte des Streits zu erzählen, der um den Namen ihrer – im Zuge der Gebietsreform neu entstandenen – Gemeinden entbrannt war. Auf diese Weise wurden sie nach ihrer Ratifikation der Erzählaufforderung nach und nach veranlasst – und zwar ohne intervenierende Nachfragen der Forscher –, auf „Hinterbühnenaktivitäten" zu sprechen zu kommen und Ereignisse anzudeuten, die sie in alltäglichen Gesprächen oder im Rahmen von standardisierten Interviews gehalten hätten. Was sich in dieser Formulierung („nach und nach veranlasst") schon abzeichnet, war die Entdeckung und empirische Nachweisbarkeit von *Zugzwängen des Erzählens* (Schütze 1982, 1987a): eine für die spätere Datenanalyse signifikante Einsicht, die auch implizierte, dass die in der interpretativen Soziologie weit verbreitete Vorstellung eines völlig autonomen Erzählers und Selbstdarstellers, der seine Präsentation in allen Passagen und Facetten aus der Gegenwartsperspektive heraus kontrolliert und steuert, so nicht haltbar war.

Die Stegreiferzählungen, die in den damaligen Interviews zustande kamen, kreisten um die Verwicklung der Informanten in kollektive Prozesse, aber es wurde auch deutlich, dass sie eine autobiografische Komponente enthielten – eine Komponente, deren Analyse sich gleichwohl als schwierig erwies. Dies gab den Anstoß zu dem – erfolgreichen – Versuch, Informanten nach ihrer Lebensgeschichte in ihrer Gesamtheit zu fragen, also autobiografisch-narrative Interviews mit ihnen durchzuführen. Schütze unterzog die Transkriptionen dieser autobiografischen Erzählungen einer formalen Sequenzanalyse im Stil der Konversationsanalyse und gelangte durch sequenzielle und komparative Auswertungen dazu, wiederkehrende textuelle Formen zu identifizieren, die sich auf grundsätzliche Arten der Haltung gegenüber lebensgeschichtlichen Erlebnissen – Prozessstrukturen des Lebensablaufs (Schütze 1981, 1984) – beziehen ließen: unterschiedliche Handlungsschemata von biografischer Relevanz, institutionelle Ablaufmuster und -erwartungen des Lebensablaufs, kreative Wandlungsprozesse (Schütze 2001) und Verlaufskurven des Leidens und Getriebenseins (Schütze 1992, 1995; Riemann 1987; Treichel 2001). Mit der Entdeckung dieser Prozessstrukturen entstand ein wichtiges Anregungspotential für die sozialwissenschaftliche Biografieforschung, die sich in den letzten beiden Jahrzehnten entwickelt hat. Ein zentrales Instrument der Datenerhebung sind in diesem Kontext autobiografische Stegreiferzählungen im Rahmen narrativer Interviews. – Daneben wird das narrative Interview in einer Reihe anderer Forschungsbereiche verwandt, beispielsweise zunehmend – in der Variante des interaktionsgeschichtlichen Interviews – in der Untersuchung professionellen Handelns, indem Professionelle gebeten werden, die Geschichte zu erzählen, die sie mit bestimmten Klienten teilen (Riemann 2000). Ein bekanntes Beispiel für die Verwendung des narrativen Interviews in der Familiensoziologie ist die Studie von Christa Hoffmann-Riem über die Entstehung von Adoptivfamilien (Hoffmann-Riem 1984).

Abschließend einige Stichworte zu den Merkmalen von narrativen Interviews – unabhängig von der spezifischen Variante und Forschungsfragestellung: Wenn sich eine *ausreichende Vertrauensgrundlage* zwischen Forscher und Informant entwickelt hat (was eine partiell narrative Selbstpräsentation des Forschers, die Einstimmung in das Handlungsschema des Interviews und die Zusicherung von Vertraulichkeit einschließt), ist es notwendig, dass eine eindeutig *narrative Ausgangsfrage* formuliert wird, um eine Stegreiferzählung über eigene Erfahrungen zu generieren, d.h. eine

Ausgangsfrage, die die problematische Vermischung unterschiedlicher Kommunika-tionsschemata – insbesondere Erzählung und Argumentation – vermeidet. Es ist wichtig, dass der Erzähler unterstellen kann, dass dem Zuhörer die Inhalte der Dar-stellung, um die es geht, noch nicht bekannt sind, und dass sich das Thema für eine narrative Stegreifdarstellung eignet und hinreichend eingegrenzt ist. Dies ist auch bei dem weiten Thema der eigenen Lebensgeschichte der Fall, wenn der Informant die Erzählung seiner Geschichte hier und jetzt zu seiner „eigenen Sache" macht und die-ser Aufgabe etwas abgewinnen kann. Nach der Ratifikation des Erzählschemas durch den Informanten entfaltet sich die *Anfangserzählung ohne Unterbrechungen* durch den Forscher – abgesehen von Fragen, die u.U. notwendig sind, um nicht den Faden zu verlieren und weiterhin ein guter Zuhörer sein zu können. Natürlich trägt der For-scher durch seine Interaktionsarbeit – seine Rezeptionssignale („mhm", Lachen usw.) – zur Aufrechterhaltung des Erzählkommunikation bei: Wenn solche Rezeptions-signale ausblieben, wäre dies für sein Gegenüber – ebenso wie in alltäglichen Situa-tionen des Erzählens – äußerst irritierend. Die Erzählung entfaltet sich bis zur Erzähl-koda, die als Abschlussformulierung für den Zuhörer klar erkennbar ist. Der Verzicht auf Unterbrechungen ist notwendig, um den Erzählfluss nicht zu zerhacken und Schwierigkeiten für die spätere sequenzielle Textanalyse zu vermeiden. Der auf die Erzählkoda folgende Nachfrageteil besteht aus den *narrativen Nachfragen* und an-schließend den *beschreibenden und den theoretisch-argumentativen Fragen*, die auf die Eigentheorien des Erzählers zielen. Die anfänglichen narrativen Nachfragen knüp-fen vor allem an der Ausgangserzählung an, um Stellen mangelnder Plausibilität zu klären und das Erzählpotenzial auszuschöpfen, aber es ist natürlich auch möglich, Fragen zu stellen, die noch nicht auf den bisherigen Ausführungen des Informanten beruhen („immanente" vs. „exmanente" narrative Fragen).

## Weiterführende Literatur

Riemann, Gerhard (2003): A Joint Project Against the Backdrop of a Research Tradition: An Introduction to „Doing Biografical Research". Erscheint in: Forum Qualitative Sozialfor-schung/Forum: Qualitative Social Research. Online Journal, 4 (3).
Schütze, Fritz (1982): Narrative Repräsentation kollektiver Schicksalsbetroffenheit. In: Lämmert, Eberhard (Hg.): Erzählforschung. Stuttgart, S. 568-589.
Schütze, Fritz (1987): Das narrative Interview in Interaktionsfeldstudien I. Studienbrief der Fernuniversität Hagen, Fachbereich Erziehungs- und Sozialwissenschaften.

*Gerhard Riemann*

**Nähe und Distanz** → Ethnografie; lebensweltliche Ethnografie

**Narrationsanalyse** (*siehe* Erzählanalyse)

**natural history** → Chicagoer Schule

**Naturalismus/naturalistische Forschung** → Chicagoer Schule; → Konstruktivismus; → Kon-versationsanalyse

**natürliche Daten** → Interview; → Konversationsanalyse

**non-verbale Aktivitäten** → Transkription

**normatives vs. Interpretatives Paradigma** → interpretatives Paradigma

**objektive biografische Daten** → objektive Hermeneutik

# Objektive Hermeneutik

## Entstehungshintergrund

Das Verfahren der objektiven Hermeneutik wurde in den 70er Jahren von Ulrich Oevermann und seinen Mitarbeitern entwickelt. Der konkrete Kontext war ein Forschungsprojekt zum Thema „Elternhaus und Schule", in dem ursprünglich der Zusammenhang von Schichtzugehörigkeit und Intelligenzentwicklung mit standardisierten Verfahren untersucht wurde. Oevermann ging dann dazu über, soziale Herkunft dort zu untersuchen, wo sie im Sozialisationsprozess wirksam wird: in der Interaktion von Familien. Aus dem Bemühen heraus, ein Analyseverfahren zu finden, das sozialisatorische Prozesse adäquat erfassen kann, wurde schließlich das Verfahren der objektiven Hermeneutik entwickelt.

## Theoretische Einordnung

Wie bereits aus der Begriffsbildung erkennbar wird, befindet sich die objektive Hermeneutik in einer doppelten methodologischen und theoretischen Frontstellung: Die eine besteht gegenüber der an den Naturwissenschaften orientierten Tradition der Sozialwissenschaften, in der von der Sinnstrukturiertheit von Handlungen weitgehend abstrahiert wird. Die zweite Front besteht gegenüber der ‚traditionellen Hermeneutik', bei der „Sinn" an die Perspektiven und Absichten der Handelnden – an *subjektiv gemeinten Sinn* – gebunden bleibt. Demgegenüber pocht die Objektive Hermeneutik auf die Möglichkeit *objektiven* Verstehens, der Entschlüsselung von objektivem bzw. „latentem Sinn". Von Interesse ist dann nicht in erster Linie das, was eine Person auszudrücken *beabsichtigte*, sondern das, was sie ausgedrückt *hat*: die protokollierbare Spur, die sie hinterlassen hat. Der Gegenstand der Analyse sind daher „Ausdrucksgestalten" (Oevermann 1993, S. 113) – „Objektivierungen" – die man protokollieren und lesen kann wie einen Text. Dabei kommt ein erweiterter Textbegriff zur Geltung, der sich auf alle Ausdrucksgestalten bezieht, die menschliche Interaktionen hinterlassen haben. Diese Texte (vgl. dazu auch Ricoeur 1978) konstituieren eine gegenüber den Absichten des Sprechers oder Handelnden eigenständige Realität, auf die der Interpret sich beziehen muss.

## Theoretisches Grundprinzip und methodische Umsetzung

Zentral für das Verfahren der objektiven Hermeneutik ist die Unterscheidung zwischen latentem bzw. objektivem Sinn einerseits und subjektiv-intentionalem Sinn andererseits. Diese Unterscheidung wird generell als gültig angesehen, da wir immer schon in einen Kontext objektiver sozialer Regeln eingebunden sind und auf diesen Bezug nehmen, uns diese Regeln aber nie voll vergegenwärtigen können. In einem abkürzenden Verfahren schließen wir daher im Alltag normalerweise von dem, was jemand sagt, zurück auf seine Absichten. Aber es gibt auch Situationen, in denen uns die Differenz dieser Ebenen bewusst wird. Ein Beispiel dafür sind ‚vielsagende' Versprecher, die ‚versehentlich', also unintendiert, etwas für die Situation Bezeichnendes zum Ausdruck bringen.

Diese Unterscheidung findet nun Eingang in das Verfahren der Textinterpretation, in dem es immer darum geht, die Differenz, aber damit auch das Verhältnis

dieser beiden Ebenen – von objektivem Sinn und subjektiv gemeintem Sinn – zu erfassen. In der Theoriesprache der objektiven Hermeneutik heißt das: die Differenz
zwischen der Ebene (A) der latenten Sinnstruktur bzw. objektiven Bedeutungs-
struktur eines Textes und der Ebene (B) der Bedeutungen, die vom Sprecher subjektiv intentional realisiert werden (Oevermann et al. 1979, S. 367). Diesen beiden
ersten Ebenen der Textinterpretation schließt sich eine dritte Ebene (C) an, die die
Fallstruktur betrifft. Diese wird zum einen daran erkennbar, dass das, was als „objektiver Sinn" in einer Äußerung zum Ausdruck kommt, sich an mehreren Stellen
wiederholt. Und zum anderen wird sie erkennbar in dem Verhältnis, in dem der
subjektiv gemeinte Sinn zum objektiven Sinn steht. Durch diese Unterscheidung ist
ein Instrumentarium geschaffen, das es erlaubt, bei der Interpretation über die Ebene intendierter Selbstdarstellung hinauszugehen und zur Analyse latenter Strukturen
vorzudringen. Daran schließt sich noch eine letzte Analyseebene (D) an, die Rekonstruktion der Genese der Fallstruktur, in der der Fall in seiner Geschichte in den
Blick kommt.

Die Interpretation von Handlungsprotokollen zielt nun darauf, den spezifischen
Selektions- bzw. Bildungsprozess zu rekonstruieren, der in einem Fall zum Ausdruck kommt. Das heißt, dass man das Besondere eines Falles nur verstehen kann,
wenn man sich vor Augen hält, welche anderen Möglichkeiten seines Handelns
bzw. seiner Entwicklung auch noch denkbar gewesen wären. Eine Fallstruktur entsteht dadurch, dass bestimmte Möglichkeiten „ausgewählt" werden, andere dagegen
nicht, und dass sich im Lauf der Zeit ein bestimmter Typus von Auswahlprozessen
wiederholt, und auf diese Weise Bindungswirkungen entstehen.

## Interpretationsregeln

Diesem Grundgedanken entsprechen in der objektiven Hermeneutik bestimmte
methodische Regeln.

a. Die erste Regel ist, dass *Texte sequenziell,* also Sinneinheit für Sinneinheit *in-
terpretiert* werden. Dies begründet sich aus der Überzeugung, dass auch die
Lebenspraxis selbst sequenziell organisiert ist und auf den basalen Prozeduren
der Eröffnung und Beschliessung beruht. Die sequenzielle Interpretation beginnt entsprechend mit der Eröffnung einer Praxis – etwa dem Beginn eines
Interviews – und rekonstruiert deren Fortgang. Zu fragen ist im Prinzip an jeder
Stelle: Welches Handlungsproblem stellt sich für die Person (oder eine andere
Handlungseinheit) A in der Situation X zum Zeitpunkt Z? Was wäre an Hand-
lungsmöglichkeiten prinzipiell gegeben gewesen? Und was schließlich hat A
tatsächlich getan oder gesagt und vor welchem neuen Problem steht sie damit?
Dieses Verfahren kann beispielsweise auf protokollierte Gesprächssequenzen,
aber auch etwa auf ein Gerüst „objektiver" biografischer Daten angewendet
werden. In diesem Falle wäre dann jede biografische Station (z.B. Geburt in
West-Berlin im Jahre 1945 als einzige Tochter eines evangelischen Pfarrers und
einer Pfarrfrau, die ebenfalls Theologie und Philosophie studiert, aber keinen
entsprechenden Beruf ergriffen hat) daraufhin zu befragen, welche Handlungs-
optionen und Entwicklungspotenziale damit eröffnet werden bzw. welche Ein-
schränkungen und Festlegungen damit verbunden sind, und welche Anschluss-

optionen sich daraus im Prinzip ergeben. In einem zweiten Schritt werden dann die skizzierten Möglichkeiten mit den tatsächlich realisierten verglichen und damit der faktisch vollzogene Selektionsprozess vor dem Hintergrund anderer Möglichkeiten interpretiert.

b. Darin kommt bereits eine zweite methodische Regel zur Geltung, die mit der sequenziellen Interpretation unmittelbar verbunden ist: die *gedankenexperimentelle Explikation von Lesarten.* Es geht hier darum, möglichst verschiedene Kontextbedingungen darzulegen, unter denen der gegebene Text „Sinn" macht (vgl. Oevermann et al. 1979, S. 415), um auf diesem Wege zu erschliessen, wie ein bestimmter Ausdruck bzw. eine bestimmte Handlung sinnlogisch motiviert sein könnte. Die gedankenexperimentelle Konstruktion von Lesarten dient dem Zweck, vor dem Hintergrund anderer Möglichkeiten gerade das Spezifische an einem Fall erkennen zu können, und sich dabei nicht vorschnell durch das eigene Vorverständnis leiten zu lassen. D.h., dass es sich bei diesem Verfahren um ein extensives Interpretationsverfahren handelt, in dem gerade am Anfang eine Fülle von Lesarten entwickelt werden. Von diesen werden nach und nach die meisten ausgeschieden, bis schließlich die Struktur des Falles erkennbar wird. Bisweilen ist in diesem Zusammenhang auch von *Kontextvariation* die Rede, wobei auf ein ähnliches Prinzip rekurriert wird

c. Trotz der Extensität des Auslegungsprozesses gilt jedoch auch die sog. *„Sparsamkeitsregel".* Diese bezieht sich darauf, sich nur auf solche Lesarten zu beschränken, die ohne größere Zusatzannahmen mit dem Text kompatibel sind. Dies betrifft etwa Annahmen über psychische u.a. Dispositionen des Sprechers, auf die es im Text selbst keinen Hinweis gibt. Die Sparsamkeitsregel bezieht sich aber auch auf das willkürliche (und im Prinzip endlose) Erfinden von Umständen, die den Text „motiviert" haben könnten, aber keine zwingende Verbindung zu ihm aufweisen (vgl. dazu Wernet 2000, S. 35ff.).

d. Eng damit verbunden ist das Prinzip der *Wörtlichkeit* der Interpretation (vgl. Oevermann 2000a, S. 100). Obwohl es letztendlich um die Analyse des latenten Sinns einer Äußerung oder Handlung geht, führt der Weg dorthin weder über das Rätseln darüber, was im Kopf eines Akteurs vorgegangen sein mag, noch über die Subsumption des vorliegenden Textes unter Theorien, die aus anderen Zusammenhängen bekannt sind. Jede Interpretation ist am Text selbst nachzuweisen, und erst auf der Grundlage dessen können dann auch Theorien ins Spiel kommen.

e. Damit korrespondiert das Interpretationsprinzip der *Totalität* (Oevermann 2000a, S. 100ff.). Es besagt, dass ein zur Interpretation ausgewählter Textausschnitt vollständig zu interpretieren ist und jedes Element – mag es noch so „unpassend" erscheinen – auf seinen Sinn hin zu analysieren ist. Darin kommt zum Ausdruck, dass es bei der Fallrekonstruktion nicht um Klassifikation geht, also nicht um das Ein- und Aussortieren „passender" Elemente nach einem vorher festgelegten Kriterium, sondern darum, die innere Gesetzmäßigkeit eines Falles zu erschließen. Gerade vermeintlich nicht „passende" Äußerungen in einer Texteinheit müssen daher schlüssig darauf hin interpretiert werden, ob sie mit der bisherigen Interpretation kompatibel sind oder diese vielleicht widerlegen.

f.  Der Sache nach geht es dabei auch um die Frage, welches Vorwissen in die In-
    terpretation Eingang findet, denn das „Erfinden" objektiver Möglichkeiten setzt
    ja bereits Wissen voraus. In der objektiven Hermeneutik wird hier die Unter-
    scheidung zwischen *(1) äußerem und (2) innerem Kontext einer Handlung, so-
    wie (3) allgemeinem Welt- und Regelwissen* eingeführt. Dabei gilt, dass der Be-
    ginn einer Sequenz zunächst kontextfrei interpretiert wird, d.h. man überlegt,
    unter welchen Bedingungen eine bestimmte Äußerung oder Handlung Sinn
    macht (etwa der Beginn eines biografischen Interviews mit dem Satz: „My sto-
    ry is the hell of a story"), ohne zunächst den konkret vorliegenden äußeren
    Kontext zu berücksichtigen (drogensüchtiger, wiederholt inhaftierter Schwarzer
    in einem schwarzen Wohnviertel einer us-amerikanischen Stadt). Auch hier
    geht es darum, die objektive Bedeutung eines Textes zu erschließen, ohne diese
    Interpretation durch fallspezifisches Kontextwissen vorschnell in eine be-
    stimmte Richtung zu lenken. Im Zuge der weiteren Interpretation eines Falles
    geht dann das bereits rekonstruierte Fall-Wissen als *innerer Kontext* in die In-
    terpretation ein. Die Situation des Falles stellt sich dann vor dem Hintergrund
    der fallspezifischen Geschichte dar, durch die bestimmte Möglichkeiten bereits
    ausgeschieden wurden. Auch hier gilt wieder das Prinzip der Sequenzialität.
    D.h., dass Informationen zu Beginn des Interviews zum „inneren Kontext" für
    spätere Passagen werden, jedoch nicht umgekehrt Anfangssequenzen auf der
    Grundlage von Informationen, die erst später erwähnt werden, interpretiert
    werden dürfen. Auch dies hat den Sinn, den Bedeutungsgehalt der Sequenzen
    tatsächlich auszuschöpfen und sich im Prozess der Rekonstruktion am sequen-
    ziellen Verlauf der Praxis selbst zu orientieren. Von diesem Wissen um den in-
    neren und äußeren Kontext wiederum ist ein „allgemeines Regel- und Weltwis-
    sen" zu unterscheiden. Wenn etwa in einem Interview davon die Rede ist, dass
    der Vater der interviewten Frau in der DDR als Taxifahrer gearbeitet hat, ist es
    durchaus nötig, sich über die Bedingungen dieses Berufs in der DDR kundig zu
    machen, um die Spielräume einschätzen zu können, die sich daraus ergeben.
    Der Interpret, der nach den Regeln der objektiven Hermeneutik vorgeht, sollte
    also über eine Fülle an allgemeinem Wissen verfügen und es bei der Interpreta-
    tion zu Rate ziehen. Er sollte jedoch sein fallspezifisches Vorwissen zunächst
    ausblenden, um die Interpretation nicht vorschnell in eine bestimmte Richtung
    zu treiben.

g.  Die gedankenexperimentelle Konstruktion von Lesarten kann kaum von einer
    Person bewältigt werden, da jeder Interpret aufgrund eigener Erfahrungen und
    Vorannahmen dazu tendiert, bestimmte Interpretationen zu forcieren und ande-
    re auszublenden. Daher sollte die Interpretation unbedingt im Rahmen einer
    *Interpretengruppe* vorgenommen werden, die um einzelne Interpretationen so-
    lange streitet, bis diese tatsächlich mit guten Gründen ad acta gelegt oder bei-
    behalten werden können.

### Gütekriterien und Generalisierbarkeit der Interpretation

Das Verfahren der objektiven Hermeneutik zielt auf die Rekonstruktion einer Fallstruktur. Dass eine solche Struktur tatsächlich rekonstruiert wurde, setzt voraus,

dass mindestens eine Phase ihrer Reproduktion nachgewiesen werden konnte. Im Anschluss daran geht es darum, an weiteren Textstellen diese Struktur auf die Möglichkeit einer Falsifikation hin zu überprüfen. Die sequenzielle Interpretation wird also keinesfalls am gesamten Transkript durchgeführt. Erst nach dem Falsifikationstest ist eine Fallstruktur als wirklich nachgewiesen anzusehen. Unter Fallstruktur wird dabei die „Reproduktionsgesetzlichkeit" eines Falles verstanden, d.h. die Analyse der Systematik, mit der ein Zusammenhang sich herausbildet und reproduziert, und von deren Grundlage aus gegebenenfalls auch eine Transformation der Struktur ihren Ausgang nehmen könnte.

Mit dem Interpretationsziel der Herausarbeitung der Fallstrukturgesetzlichkeit ist bereits die Richtung angegeben, in die im Kontext der objektiven Hermeneutik eine Generalisierung der Forschungsergebnisse vorgenommen wird. Gegen Formen der empirischen Generalisierung (in Form einer Hypothesenüberprüfung durch Mess-Operationen) macht Oevermann das Prinzip der Strukturgeneralisierung (Oevermann 1991) stark, das er im Anschluss an das Prinzip der Abduktion bei Peirce (1967) entwickelt (Oevermann 2000a, S. 118). Im Unterschied zur bloßen Fallbeschreibung, so Oevermann (2000a, S. 124ff.), enthält die Rekonstruktion einer Fallstrukturgesetzlichkeit bereits Allgemeines, weil sie die Logik einer individuierten Auseinandersetzung mit allgemeinen Regeln formuliert. Dies gelte unabhängig von der empirischen Verbreitung der jeweiligen Struktur. Ein weiteres Moment der Generalisierung sieht Oevermann im Grundprinzip der sequenziellen Analyse enthalten, das die systematische Explikation objektiver Möglichkeiten voraussetzt und daher – so sein Argument – immer schon auf Möglichkeiten verweist, die im Fall selbst nicht realisiert wurden. Überdies verweise der Fall auf bestimmte Charakteristika höher aggregierter sozialer Gebilde (z.B. Milieus), deren Mitglied er sei. Und schließlich führe jede Fallrekonstruktion potenziell zu Erkenntnissen über allgemeine Regeln und Normen, deren Geltung in der Sequenzanalyse beispielhaft vor Augen geführt wurde. Eine letzte wichtige Generalisierungsdimension sieht Oevermann darin, dass jeder Fall einen „Anspruch auf praktisches Gelingen" geltend mache. Die konkrete Problemlösung, die in einer Fallstruktur vorliegt, enthalte in sich einen Anspruch auf Allgemeingültigkeit und bringe darin einen Typus zur Geltung.

Zwar wird aus den Reihen der Gruppe um Oevermann gelegentlich auch auf das im Rahmen der → Grounded Theory entwickelte Verfahren des → theoretischen Samplings sowie des auf „minimaler und maximaler Kontrastierung" basierenden Fallvergleichs verwiesen, dennoch wird in der vorliegenden Literatur ein Typus in der Regel anhand eines Falles verdeutlicht, während die Typenbildung über den Weg des kontrastierenden Fallvergleichs meines Wissens bisher nirgends vorgeführt wurde.

## Kritik

Kritik ist gegenüber dem Verfahren der Objektiven Hermeneutik in dreierlei Hinsicht formuliert worden:

a.  hinsichtlich einer Überbetonung der strukturalistischen Annahme „objektiver" Regelstrukturen, die sich im Fallmaterial als „latente Sinnstrukturen" bemerkbar machen und die entsprechend methodisch-systematisch – nach Art eines Algorithmus – vom Interpreten zu entschlüsseln seien. Darauf bezogen wurde der Vorwurf einer „Metaphysik der Strukturen" erhoben (Reichertz 1988; vgl. auch Reckwitz 2000).

b.  hinsichtlich des „allgemeinen Regel- und Weltwissens", das insbesondere dort in die Interpretation einfließt, wo gedankenexperimentell ein Horizont „objektiver Möglichkeiten" entworfen und mit der tatsächlich vorliegenden Selektion verglichen wird. Der Vorwurf lautet in diesem Falle, dass die „Normalitätsfolie", die der Interpretation zugrunde gelegt werde, aus dem kontingenten Hintergrund der Interpreten gewonnen sei und daher nicht einfach als „objektiv" vorauszusetzen sei (Bohnsack 2000a, S. 99; Fischer/Kohli 1987, S. 45).

c.  hinsichtlich der weitgehenden Gleichsetzung von Fallstruktur und Typus. Der Einwand lautet hier, dass bisher nirgendwo systematisch entwickelt und anhand empirischen Materials vorgeführt wurde, auf welchem Weg verschiedene Fälle als Ausdrucksformen desselben Typus bestimmt und verschiedene Typen systematisch gegeneinander abgegrenzt werden können (Wohlrab-Sahr 1999, S. 108ff.). Wenn überhaupt verschiedene Typen ins Spiel gebracht wurden, geschah dies bisher – entgegen dem formulierten Anspruch – in Form einer theoretischen Vorab-Explikation, im Anschluss an die dann einzelne Fälle als Belegfälle des jeweiligen Typus vorgeführt wurden.

## Weiterführende Literatur

Oevermann, Ulrich/Allert, Tilman/Konau, Elisabeth/Krambeck, Jügen (1979): Die Methodologie einer „objektiven Hermeneutik" und ihre allgemeine forschungslogische Bedeutung in den Sozialwissenschaften. In: Soeffner, H.-G. (Hg.): Interpretative Verfahren in den Sozial- und Textwissenschaften. Stuttgart, S. 352-434.

Wernet, Andreas (2000): Einführung in die Interpretationstechnik der objektiven Hermeneutik. Opladen.

Wohlrab-Sahr, Monika (1999): Konversion zum Islam in Deutschland und den USA. Frankfurt a.M.

*Monika Wohlrab-Sahr*

**objektive Möglichkeiten** → objektive Hermeneutik

**objektiver Sinnbegriff** → symbolischer Interaktionismus

**objektiver Sinn** (*siehe* latenter Sinn)

**objektives Verstehen** → objektive Hermeneutik

**Objektivität** → Gütekriterien

**Objektivismus** → dokumentarische Methode

**offenes Kodieren** → Grounded Theory; → hermeneutische Wissenssoziologie; → theoretisches Sampling

# Online-Ethnografie

Mit der Entwicklung des Internet eröffnet sich ein neuer Kulturraum, innerhalb dessen der Mensch differenziertere Möglichkeiten hat, ein Verhältnis zu sich und zur Welt aufzubauen (vgl. Sandbothe/Marotzki 2000). Dies macht das Internet zu einem neuen, wichtigen Gegenstand qualitativer Forschung und wirft die Frage auf, wie der Kulturraum Internet zu erforschen ist.

Zunächst gilt, was für andere, für uns neue Kulturräume auch gilt: Nähert man sich nämlich einem anderen Kulturraum in ethnografischer Absicht (→ Ethnografie), so werden zunächst soziale Strukturen, Regeln, Konventionen, Interaktionen, Kommunikationsstrukturen und Gruppenbildungen interessieren. Man wird Dokumente dieses Kulturraums untersuchen und selbst in ihn hineingehen, um zu beobachten und mitzuerleben, was dort in welcher Weise geschieht (→ teilnehmende Beobachtung) und wie Kultur – verstanden als eine hinreichend klar abgrenzbare Praxis der routinemäßigen Signifikation, eine spezifische Praxis der Bedeutungserzeugung – strukturiert ist. Eine solche ethnografische Herangehensweise an den neuen Kulturraum Internet kann als Online-Ethnografie bezeichnet werden (Hine 1998; Paccagnella 1997).

Online-Ethnografie hat den Fokus auf Gruppenbildungen, die sich im Internet vollziehen und insofern Sozialität und Kulturalität konstituieren (Forschungsfokus: Online). Sie kann systematisch von zwei verwandten, aber doch differenten Forschungsfoki unterschieden werden: *Zum einen* (Forschungsfokus: Offline) können die Nutzer des Internet und ihre Lebenswelten offline untersucht werden: Wie sie mit dem Medium umgehen und wie sie es in ihre Lebenswelten integrieren (siehe dazu beispielsweise Eckert u.a. 1991; Vogelgesang 1994). *Zum anderen* (Forschungsfokus: Online-Offline) kann das Verhältnis von Online und Offline untersucht werden, d.h. es wird untersucht, was von Einzelnen und/oder Gruppen Online an Aktivitäten entfaltet wird und wie diese im Verhältnis zu ihrer Lebenswelt stehen (beispielsweise Miller/Slater 2000).

Im Folgenden wird der Begriff der Online-Ethnografie nur für Forschungen gebraucht, die dezidiert einen Online-Forschungsfokus aufweisen. Dieser Fokus richtet sich auf virtuelle Communities im Internet. Die Forschung dazu entwickelte sich parallel zur Entwicklung des Internet.

Während das ARPANET (Vorgänger des Internet) ursprünglich entwickelt worden war, um Computer miteinander zu verbinden, verdankte es seinen durchschlagenden Erfolg schließlich seiner nicht vorhergesehenen Fähigkeit, auch Menschen miteinander in Kontakt zu bringen. In der ersten virtuellen Community THE WELL, die von Stewart Brand 1985 initiiert wurde (vgl. Hafner 2001), waren alle Internetprotagonisten der ersten Stunde Mitglied: Howard Rheingold, John Pierre Barlow, Sherry Turkle u.a. Spätestens seit dem Buch von Howard Rheingold „The Virtual Community" (Rheingold 1993), das eine Hommage an die erste Community THE WELL darstellt, ist es üblich geworden, unter dem Begriff der Virtuellen Community Gruppenbildungen im Internet zu bezeichnen, die zum Zwecke der Kommunikation, des Spielens und/oder Kollaboration entstehen und demzufolge auch ethnografisch untersucht werden können. Virtuelle Communities im Internet gibt es inzwischen unzählige, auf unterschiedlichem technischen Niveau realisiert.

Von Mitte bis Ende der 1990er Jahre stand die Erforschung des Online-Kommunikationsverhaltens im Zentrum (Kommunikations- und Interaktionsstudien) des sich neu etablierenden Gebietes der Online-Forschung. Sempsey (1997) gibt einen guten Überblick über die kommunikativen Teilphänomene, die forschungsmäßig interessierten. Das Interesse an der Exploration des Online-Kommunikationsverhaltens hat bis heute angehalten, hat aber auch, so ist die Forschungslage einzuschätzen, wesentliche Resultate, die als gesichert gelten können, erbracht (Frindte/ Köhler 1999; Stegbauer 2001). Seit Ende der 1990er Jahre beschäftigt sich eine zunehmende Zahl von Wissenschaftlern und Wissenschaftlerinnen unter sozialwissenschaftlicher Perspektive mit virtuellen Communities in einem umfassenderen Sinne (Smith/Kollock 1999): Nicht mehr nur dem Kommunikationsverhalten gilt die Aufmerksamkeit, sondern dem „Gesamtleben" einer virtuellen Community mit seinen verschiedenen strukturelle Aspekten (Vergemeinschaftungsprozesse, Partizipation, Online-Offline Verhältnis, Qualität sozialer Beziehungen, etc.) (Döring 1999; Thiedeke 2000; Marotzki 2001).

Eine Reihe von handbuchähnlichen Werken dokumentieren und begründen Internetforschung als eigenständiges Forschungsfeld (Batinic u.a. [Hrsg.] 1999; Jones 1999; Mann/Stewart 2000), innerhalb dessen die Online-Ethnografie jener Zugang ist, der sich in ethnografischer Perspektive mit Gruppenbildungen und neuen Vergemeinschaftungsformen im Internet beschäftigt.

### Weiterführende Literatur

Smith, Marc; Kollock, Peter (Eds.) (1999): Communities in Cyberspace. London and New York.
Thiedeke, Udo (Hg.) (2000): Virtuelle Gruppen. Charakteristika und Problemdimensionen. Wiesbaden.

*Winfried Marotzki*

**Optimalfall** → Typenbildung

# Oral History

Die mündlich überlieferte Geschichte, zumeist in Form von Zeitzeugenbefragungen (v. Plato 2000), hat eine lange Tradition in der Geschichtswissenschaft. Sie gliedert sich in mehrere Tendenzen. Seit der Antike wurden Aussagen Beteiligter als Quelle zur *Rekonstruktion von Ereignissen oder Abläufen* genutzt. Häufig stand die mündliche Quelle in enger Verbindung zu den Fragen nach den Biografien der „großen Persönlichkeiten" und ihrer Rolle in der Geschichte oder nach der Bedeutung des „subjektiven Elements" in historischen Prozessen allgemein (*biografisch-lebensgeschichtliche Befragungen*). Mit der Bedrohung ganzer Bevölkerungsgruppen durch Eroberung bzw. Kolonialisierung oder durch die Industrialisierung wurde die professionelle mündliche Befragung seit dem 19. Jahrhundert u.a. in Skandinavien, Polen und den USA eine bedeutsame Tendenz der Forschung, um *verschwindende*

*Traditionen* oder *bedrohte sprachliche Überlieferungen zu bewahren* oder zumindest zu dokumentieren. Die Ethnologie, die Volkskunde und schließlich auch die Soziologie waren zunächst ihre Hauptträger; nahezu sämtliche Untersuchungen der Kolonialvölker und fast alle Märchen- und Liedersammlungen fußen auf mündlichen Befragungen.

Die Bedeutung der „Oral History" lag und liegt jedoch in anderen Feldern: Zumeist geht es den Forschungen um die *Verarbeitung von Geschichte*, um die Wirkung früherer *Erfahrungen* auf folgende historische Phasen (v. Plato 1991; Niethammer 1985) oder um die Entstehung und sozialen Bedingtheiten eines „kollektiven Gedächtnisses" (Maurice Halbwachs) und deren Bedeutung für Kultur und Politik.

Die *Hauptergebnisse* der Oral History liegen hierzulande in der Untersuchung der Beziehung von individueller Lebensgeschichte und individuellen Haltungen bzw. Erfahrungen einerseits und den in Deutschland zahlreichen politischen Systemwechseln andererseits. Das Gewicht solcher Untersuchungen ist nach mindestens fünf Systembrüchen, die innerhalb weniger Generationen zu verarbeiten waren und wegen der Bedeutsamkeit der Nachwirkungen von Erfahrungen, die im Nationalsozialismus und in den beiden Nachkriegsdeutschlands gemacht wurden und lange nachwirkten, offensichtlich.

Vertreter des deutschen Historismus wie Droysen verwendeten in der zweiten Hälfte des 19. Jahrhunderts die mündliche Überlieferung als historische Quelle in ihrer Vorstellung von „Verstehen" historischer Prozesse und führten zugleich quellenkritische Elemente gegen deren naive Nutzung ein: vor allem gegen die Gefahren wegen späterer, lange Jahre nach den Ereignissen entstandener und zumeist von den auswertenden Wissenschaftlern selbst geschaffener Quellen, die auf Erinnerungen eines trügerischen Gedächtnisses beruhen. Um die Wende zum 20. Jahrhundert forderten verschiedene historische Schulen in Europa eine „integrative Kultur-, Sozial- und Mentalitätsgeschichte", um in Entwicklung der → Hermeneutik eine enge Verbindung von Historiografie und Psychologie und besonders Sozialpsychologie durchzusetzen. So Karl Lamprecht oder Dilthey in Deutschland, der mit seinem „Erlebnis"-Begriff die Hermeneutik auszuweiten und eine eigenständige Methodologie gegen die Übernahme von naturwissenschaftlichen Methoden in den Geisteswissenschaften zu entwickeln versuchte; dann vor allem in Frankreich, zunächst in der 1900 von Henri Berr gegründeten Zeitschrift „Revue de Synthèse historique", dann in den „Annales d'histoire économique et sociale" (gegründet 1929 von A. Lucien Febvre und Marc Bloch).

Ende der 70er Jahre des 20. Jahrhunderts wurde der Begriff „Oral History" in Deutschland aus der angloamerikanischen Historiografie übernommen, obwohl er deren Forschungen auf eine Methode oder eine, nämlich die mündliche, Quelle zu reduzieren schien. Aber von diesem Neubeginn an wurden erfahrungsgeschichtliche Aspekte hervorgehoben und eine enge Verbindung zur soziologischen und pädagogischen → Biografieforschung gesucht. Die Zuwendung zur Oral History wurde in dieser Zeit mit einem demokratischen Anspruch begründet, der denjenigen eine Stimme verleihen sollte, die ansonsten von der Geschichtswissenschaft nicht gehört werden (Thompson 1988). Seit diesen Neuanfängen wurde die Oral History methodisch genauer und ideologisch ungebundener.

1988 wurde mit „BIOS" eine eigene „Zeitschrift für Biografieforschung und Oral History" gegründet, in der Vertreter aus verschiedenen Disziplinen Forschungsergebnisse und methodische Überlegungen vorlegen. 1998 wurde die „International Oral History Association" aufgebaut, die ein Journal in Englisch und Spanisch herausgibt: „Words and Silences" bzw. „Palabras y Silencios".

### Weiterführende Literatur

Niethammer, Lutz (Hg.) (1980): Lebenserfahrung und kollektives Gedächtnis. Die Praxis der „Oral History". Frankfurt a.M.
Plato, Alexander v. (2000): Zeitzeugen und die historische Zunft. In: BIOS (Zeitschrift für Biografieforschung und Oral History) 13. Jg. Heft 1, S. 5-29.

*Alexander von Plato*

# Orientierungsmuster

Im Unterschied zur → *Deutungsmusteranalyse*, welche nicht mit einer spezifischen Methode verbunden ist, hat der Begriff des Orientierungsmusters seinen festen Platz in der → *dokumentarischen Methode* und ist in diesem Rahmen theoretisch und forschungspraktisch präzisiert worden. Dabei geht es insbesondere um die Unterscheidung der Begriffe Orientierungs*schema* und Orientierungs*rahmen*, die sich auf zwei unterschiedliche Ebenen des Wissens beziehen und für die der Begriff des Orientierungsmusters den Oberbegriff darstellt (genauer dazu: Bohnsack 1997b u. 1998a). Orientierungs*schemata* umfassen institutionalisierte und in diesem Sinne normierte Ablaufmuster oder Erwartungsfahrpläne (im Sinne von Alfred Schütz: „Um-zu-Motive").

Handlungspraktische Relevanz gewinnen diese Orientierungsschemata (bspw. schulische Curricula) aber immer erst im Kontext der Orientierungs*rahmen*, die aus der kollektiven Sozialisationsgeschichte der Akteure, d.h. aus deren *milieuspezifischen* Bindungen, genauer: aus der Bindung an die „konjunktiven Erfahrungsräume" (→ dokumentarische Methode) des Milieus, der Generation und des Geschlechts etc. resultieren. So gewinnen bspw. die institutionalisierten Curricula der Schule ihre handlungspraktische Relevanz erst im Kontext der milieuspezifischen Orientierungsrahmen, der milieuspezifischen Habitus (wobei die Begriffe Orientierungsrahmen und Habitus weitgehend synonym verwendet werden können). Während die Orientierungs*schemata* durch (im Durkheim'schen Sinne) Exteriorität und auch Zwang dem einzelnen gegenüber charakterisiert sind, bilden sich Orientierungs*rahmen* im Sinne habitualisierter Wissensbetände dort heraus, wo diese (grundlegend kollektiven) Wissensbestände nicht nur internalisiert, sondern auch inkorporiert, d.h. in den modus operandi der körperlichen und sprachlichen Praktiken eingeschrieben und in diesem Sinne „mimetisch" angeeignet werden (→ Mimesis). Mit diesen unterschiedlichen Modi des Wissens, welche sich im Falle der Orientierungs*schemata* auch als *„kommunikative"* und im Falle der Orientierungs-

*rahmen* als „*konjunktive*" Wissensbestände (→ dokumentarische Methode; → pra-xeologische Wissenssoziologie) bezeichnen lassen, sind also auch vollständig un-terschiedliche Modi der Wissensaneignung und der Sozialisation sowie unter-schiedliche Arten der Ritualisierung (vgl. Bohnsack 2003b) verbunden.

*Ralf Bohnsack*

**Orientierungsrahmen** → dokumentarische Methode; → Gruppendiskussion; → Orientie-rungsmuster
**Orientierungsschema** → Orientierungsmuster


# Phänomenologie

In einem Vortrag Mitte der 1930er Jahre hat Edmund Husserl (1954) konstatiert, die entscheidende Ursache der ‚Krisis der Europäischen Wissenschaften' liege darin, dass die Protagonisten des Szientismus ‚vergessen' hätten, dass alle Wissenschaft in der → Lebenswelt gründet. Das lebensweltliche Apriori der Wissenschaften aufzu-klären, war für Husserl dementsprechend der Weg, um die ‚Krise' der Wissen-schaften zu beheben. Denn wenn das ‚Sinnfundament' der Lebenswelt (wieder) freigelegt ist, dann werden, so Husserl, die wissenschaftlichen Idealisierungen nicht mehr reifiziert, und die Wissenschaften können zu einem ‚adäquaten' methodologi-schen Selbstverständnis gelangen.

Alle in den und für die Sozialwissenschaften ‚heute' relevante Phänomenologie nun *ist* hierauf rekurrierende – explizit sowohl von der Transzendental- als auch von der Existenzialphänomenologie abgegrenzte – *Mundanphänomenologie* (vgl. Hitzler/Eberle 2000). Denn vor allem Alfred Schütz hat die Idee des ‚späten' Hus-serl aufgenommen und in seinem Konzept einer Mundanphänomenologie versucht, die allgemeinsten Wesensmerkmale der → Lebenswelt – im Hinblick auf die be-sondere Problemstellung der Sozial- gegenüber den Naturwissenschaften – zu re-konstruieren. Dabei ging es ihm darum, auf dem Wege kontrollierter Abstraktion zu den fundierenden Schichten von Bewusstseinsprozessen vorzudringen, diese mit der Methode eidetischer Reduktion so, wie sie dem subjektiven Bewusstsein unter Aus-klammerung sowohl soziohistorischer Variationen als auch der Frage nach ihrem Wirklichkeitsstatus erscheinen, herauszuarbeiten und dergestalt die universalen Struk-turen subjektiver Konstitutionsleistungen aufzudecken (zur ‚Programmatik' der mun-danphänomenologischen Lebensweltanalyse vgl. z.B. Schütz 1971d; Luckmann 1978, 1990; dazu auch Soeffner 1999; Eberle 1984; Honer 2000; für eine eher an-thropologische Lesart von ‚Lebenswelt' vgl. Srubar 1988; für eine eher ‚sozialphä-nomenologische' Deutung vgl. z.B. Grathoff 1989; Matthiesen 1983; für die Idee einer explizit ‚phänomenologischen *Soziologie*' vgl. Psathas 1989; dazu auch Eberle 1993).

Der laut Thomas Luckmann (1980a) darin implizierte Anspruch, eine Uni-versalmatrix für die Sozialwissenschaften bereitzustellen, basiert auf der Grundan-nahme, dass alle gesellschaftlich konstruierte Wirklichkeit (vgl. Berger/Luckmann

1969) aufruht auf der subjektiven Orientierung *in* der Welt und dem sinnhaften Aufbau der *sozialen* Welt (vgl. Schütz 1974). Mithin ist die von Schütz und in der Nachfolge von Schütz entwickelte Mundanphänomenologie, in der es wesentlich um die Aufdeckung der invarianten Strukturen der → Lebenswelt geht, der Idee und ,Logik' nach *kein* soziologischer Ansatz, sondern eine *proto*-soziologische Unternehmung, die die soziologische Arbeit fundiert (vgl. dazu Luckmann 1993, Knoblauch 1996 sowie Hitzler/Honer 1984).

Gleichwohl dienen die ,Strukturen der Lebenswelt' (Schütz/Luckmann 1979 und 1984) de facto nicht *nur* als ein protosoziologischer Bezugsrahmen, als eine „mathesis universalis" (Luckmann 1979), sondern auch als parasoziologische ,Anleitung' zur Reflexion sozialwissenschaftlicher Interpretationen im Vollzug. Denn insofern es in ihr generell darum geht, gesellschaftliche Konstruktionen der Wirklichkeit (→ Konstruktivismus) zu rekonstruieren, ist die Befasstheit mit den Erfahrungen der Subjekte ein keineswegs *marginales* Thema der Sozialwissenschaften, sondern ihr systematisches Kernproblem: Da Erleben, Erfahren, Handeln im phänomenologisch strengen Sinne eine primordiale, ausschließlich dem erlebenden, erfahrenden, handelnden Subjekt selber ,wirklich' zugängliche Sphäre ist, sind sogenannte objektive Faktizitäten auch nur als subjektive Bewusstseinsgegebenheiten überhaupt empirisch (evident) fassbar.

Zumindest in diesem Sinne beanspruchen also sowohl Sozialwissenschaften *als auch* Mundanphänomenologie *empirische* ,Unternehmungen' zu sein. Allerdings besteht das spezifisch ,Andere' an *phänomenologischer* Empirie darin, dass hierbei der Forscher – erkenntnistheoretisch begründet *exklusiv* – ansetzt bei seinen eigenen, subjektiven Erfahrungen. Was immer dann an phänomenologischen ,Operationen' auf welches Erkenntnisinteresse hin auch vollzogen wird, die alleinige, weil allein *evidente* Datenbasis sind (und bleiben) die eigenen, subjektiven Erfahrungen.

Das heißt, der Rückgriff auf Phänomenologie als *Methodologie* klärt den Wirklichkeitszugang des Sozialwissenschaftlers, wenn er Gegebenheiten seines eigenen Bewusstseins reflektiert angesichts der Aufgabe, sich mit den Gegebenheiten des Bewusstseins anderer Subjekte zu befassen: Theoriebautechnisch heißt ,Fremdverstehen' nämlich, aufgrund typischer Muster eines beobachteten Handlungsablaufs ein rationales Modell eines Handelnden zu konstruieren, dem ein Bewusstsein mit typischen Um-zu- und Weil-Motiven zugeordnet wird. (Konstruktionen auf höherer Aggregatebene, wie sie für sozialwissenschaftliche Analysen unumgänglich sind, müssen so konzipiert sein, dass sie grundsätzlich in subjektive Handlungszusammenhänge rückübersetzt werden können.) Dieses muss für den Akteur – prinzipiell – subjektiv verständlich sein und sein Handeln ,typisch' zutreffend erklären. Damit gilt mundanphänomenologisch die subjektive Perspektive des einzelnen Akteurs als *letzter* Bezugspunkt für sozialwissenschaftliche Analysen (vgl. dazu Schütz z.B. 1971b, S. 50).

Begreift man die Mundanphänomenologie dergestalt als sowohl proto- als auch *para*soziologische Erkenntnistheorie, dann erscheint sie als *unmittelbar* relevant für jegliche Soziologie, die – im Sinne des Thomas-Theorems – auf der Maßgabe basiert, dass unser *Erleben*, und nicht ein ,objektiver' Sachverhalt, entscheidend ist für unsere Situationsdefinitionen (vgl. dazu Esser 1996, Hitzler 1999a; zur soziologischen Applikation eines im weiteren Sinne ,phänomenologisch' fundierten Situations-Konzepts vgl. aber auch Bahrdt 1996, Dreitzel 1972, Goffman 1977, Markowitz 1979, Thomas 1969). Das heißt: Weil Wirklichkeit sich nicht aus ,brute facts' aufbaut, sondern aus Bedeutungen, geht es in den Sozialwissenschaften *vor* allem anderen und sozusagen ,wesentlich' darum, zu verstehen, wie Bedeutungen entstehen und fortbestehen, wann und warum sie ,objektiv' genannt werden können, und wie sich Menschen die gesellschaftlich ,objektivierten' Bedeutungen wiederum *deutend* aneignen, daraus ihre je ,subjektiven' Sinnhaftigkeiten herausbrechen – und dadurch wiederum an der Konstruktion der ,objektiven Wirklichkeit' mitwirken.

## Weiterführende Literatur

Hitzler, Ronald/Reichertz, Jo/Schröer, Norbert (Hg.) (1999): Hermeneutische Wissenssoziologie. Konstanz.
Schütz, Alfred (1971): Gesammelte Aufsätze. 3 Bände. Den Haag.

*Ronald Hitzler*

**pictorial turn** → Bildinterpretation

**Produktanalyse** → Medienanalyse

**problemzentriertes Interview** → thematisches Interview

**Proposition** → Gruppendiskussion

**Protokoll** → Beobachtungsprotokoll

**Protosoziologie** → Phänomenologie

**Partitur** → Transkription; → Triangulation

**Performativität** → Mimesis

# Pragmatismus

Als Philosophie wurde der Pragmatismus gegen Ende des 19. Jahrhunderts in den USA von Charles Sanders Peirce begründet. Zu den klassischen Pragmatisten gehören zudem William James, John Dewey und George Herbert Mead; als Protagonisten des Neo-Pragmatismus seien Hilary Putnam und Richard Rorty erwähnt. Bedeutung und Wahrheit sucht der Pragmatismus – bei allen Binnendifferenzen – in der Handlung, getreu der ,pragmatistischen Maxime' von Peirce (1968, S. 63): „Überlege, welche Wirkungen, die denkbarerweise praktische Bezüge haben könnten, wir dem Gegenstand unseres Begriffs in Gedanken zukommen lassen. Dann ist unser Begriff dieser Wirkungen das Ganze unseres Begriffs des Gegenstandes." Schon dieser Verweis auf die Bedeutungskonstitution innerhalb der Handlungssequenz ist grundlegend für die qualitative Sozialforschung, insbesondere für das Prinzip der → Sequenzanalyse.

Die Protagonisten des Pragmatismus selbst haben kaum eigene empirische Forschungstätigkeit entfaltet, sieht man einmal von Deweys Studie über eine polnische

Einwanderercommunity in Philadelphia (Dewey 1982, S. 248-330) und James'
Untersuchung zur „Vielfalt der religiösen Erfahrung" (1997) ab. Von ungleich grö-
ßerer Bedeutung für die Entwicklung der qualitativen Sozialforschung sind die
pragmatistische Handlungs- und die Erkenntnistheorie.

Als Beispiel für die handlungstheoretische Bedeutung des Pragmatismus kann
hier auf den Begriff des „habit" und seine Auslegung in der Chicagoer Schule der
Soziologie verwiesen werden: Gemeint sind hiermit eingeschliffene Handlungs-
und Wahrnehmungsroutinen, die von den empirischen Forschern in die soziologischen Begriffe der routinehaften Situationsdefinition (Thomas) und der „attitude"
übersetzt, auf kollektive Haltungen bezogen und anhand unterschiedlichster Phänomene (Ghetto, Prostitution, Jugendkriminalität) empirisch rekonstruiert wurden.
Dabei ging es auch um die Auflösung tradierter Haltungen bzw. der in ihnen fundierten Gemeinschaften sowie um deren Neukonstitution (vgl. Joas 1999).

Doch der Pragmatismus ist nicht nur handlungstheoretisch die „Hintergrundphi-
losophie" der Chicagoer Schule (Joas 1999, S. 28), sondern vor allem auch als Erkenntnistheorie. Besonders deutlich wird dies in der „Grounded Theory" (Gla-
ser/Strauss 1967, dazu: Strauss 1987, S. 5). Wenn dort die komparatistische Vorgehensweise der Chicagoer Sozialforschung zur „constant comparative method" weiterentwickelt wird, so fusst dies auch auf erkenntnistheoretischen Überlegungen, die
John Dewey (1986, S. 182ff.) zur „grounded inquiry" anstellt. Überdies findet einer
der Kernsätze der „Grounded Theory", dass Theorien beim Auftreten negativer Fälle
nicht widerlegt, sondern nur modifiziert werden können (Glaser/Strauss 1967, S. 22 u.
28), seine erkenntnistheoretische Begründung in Deweys naturalistischer „Logic"
(vgl. Dewey 1986, S. 197, ähnlich auch: Mead 1983b, S. 328ff.). Letztendlich beruht
diese Form der Hypothesengenerierung auf der triadischen Logik von Peirce, die neben wahr und falsch auch den Wahrheitswert der Potenzialität anerkennt, dem in
Peirce' Konzept der → Abduktion eine hohe Bedeutung zukommt (vgl. Prawat 2001).

In der → Abduktion (vgl. dazu auch Reichertz 1991) wird von einer unerwarteten
Beobachtung auf eine bislang unbekannte, potenzielle Regel geschlossen, die den beobachteten Fall zu klären vermag. An die hiermit verknüpfte abduktive Erkenntnis-
haltung schließen vor allem neuere Verfahren der qualitativen Sozialforschung (→
objektive Hermeneutik, → Erzählanalyse, → dokumentarische Methode) an, werden
dabei der Abduktion jedoch nur in höchst unterschiedlichem Maße gerecht.

Der Pragmatismus wurde für die methodologische Reflexion der qualitativen
Sozialforschung bislang nur selektiv und häufig implizit herangezogen; eine systematische und umfassende Beschäftigung mit der Wissenschaftstheorie des Pragmatismus, die aufgrund der gezeigten Anknüpfungspunkte äußerst fruchtbar sein
könnte, steht daher noch aus.

*Arnd-Michael Nohl*

**praktisches (vs. diskursives) Bewusstsein** → rekonstruktive Sozialforschung

# Praxeologische Wissenssoziologie

Der Begriff der Wissenssoziologie wurde ursprünglich von Max Scheler (1926) ge-prägt und in einer Neudefinition wenige Jahre später durch Karl Mannheim (1952b, urspr. 1931) übernommen und von ihm als „Lehre von der sogenannten ‚Seinsver-bundenheit‘ des Wissens" (a.a.O., S. 227) definiert. Dabei wird dieses „Sein" aber in Überwindung objektivischer Theoriebildung nicht mehr – wie vor allem noch bei Marx – als eine objektivistisch unterstellte Realität dem subjektiven Bewusstsein gegenübergestellt. Vielmehr geht es darum, zwei grundsätzlich unterschiedliche Arten des Wissens zu unterscheiden: Die vom Bewusstsein (vom expliziten Wis-sen) zu unterscheidende fundamentale primordiale Wissenssebene des „Seins" ist diejenige des handlungspraktischen und handlungsleitenden „atheoretischen" Erfah-rungswissens (Mannheim 1964b), welches man auch als ein implizites oder still-schweigendes Wissen, als „tacit knowledge" im Sinne von Polanyi (1985) bezeich-nen kann und welches von den Akteuren selbst nicht oder nur auf Umwegen zur Explikation gebracht wird. Die in dieser Hinsicht in der Tradition der Wissensso-ziologie von Mannheim stehende → *Ethnomethodologie* spricht hier (mit einem Begriff, der auf Peirce zurückgeht) von „indexikalem" Wissen bzw. einer indexi-kalen Begrifflichkeit. Dieses indexikale Wissen ist von seiner Genese her ein grundlegend kollektives oder (in der Sprache von Mannheim) „*konjunktives*" Wis-sen, welches in der gemeinsam gelebten *Praxis* angeeignet wird und diese *Praxis* zugleich in habitualisierter Weise orientiert. Aus diesem Grund sprechen wir – in-dem wir auch zentrale Elemente der Theorie des inkorporierten Wisens und des Habitus im Sinne von Bourdieu (1976) integrieren – von „praxeologischer Wissens-soziologie" (genauer dazu: Bohnsack 2003c, Kap. 11).

Diese Handlungspraxis mit ihrem handlungsleitenden Wissen ist zu unterschei-den von jener anderen Ebene von Wissensbeständen, die wir mit Mannheim als „*kommunikative*" bezeichnen und die als institutionalisierte und zweckrationale Wissensbestände von den Akteuren ohne Schwierigkeiten zur Explikation gebracht werden können, indem sie sich in Kategorien von „Motiven" und Intentionen, d.h. nach Art des „subjektiv gemeinten Sinns" über ihr Handeln verständigen.

Die sogen. → *hermeneutische Wissenssoziologie* ist wie die sogen. Wissensso-ziologie von Berger/Luckmann (an die sie anschließt) im wesentlichen auf diese Ebene der Analyse reduziert. Sie ist im Kern weder in der Wissensoziologie von Mannheim noch der von Scheler fundiert, sondern in der von Alfred Schütz be-gründeten phänomenologischen Soziologie (→ Phänomenologie). Dort wird nach-gezeichnet, wie die Akteure zweckrationale Handlungsentwürfe („Um-zu-Motive") typenhaft „konstruieren" und ihr Handeln antizipatorisch daran orientieren. In die-ser und nur in dieser Hinsicht wird in der phänomenologischen Soziologie und mit ihr in der hermeneutischen Wissenssoziologie der Wirklichkeit der Charakter der Konstruiertheit zuerkannt (→ Konstruktivismus). Der mit der interaktiven Verstän-digung, d.h. der Erfassung des „subjektiv gemeinten Sinns" verbundene grundle-gende Konstrukt- und Unterstellungscharakter, d.h. die damit verbundenen Kompli-kationen der Beobachtung und des Fremdverstehens, wie sie in der → *Ethnometho-dologie* nachhaltig problematisiert worden sind, wurden bei Schütz und in seiner Nachfolge auch bei Berger/Luckmann und in der hermeneutischen Wissenssoziologie aus der handlungstheoretischen und epistemologischen Betrachtung weitgehend ausgeklammert (vgl. zu dieser Kritik auch Knorr-Cetina 1989, S. 89). Im Sinne der phänomenologischen Soziologie wie auch des → *symbolischen Interaktionismus*, die beide unter dem Begriff des interpretativen Paradigmas (→ interpretative Sozialforschung) zusammengefasst werden können, unterscheidet sich der sozialwissenschaftliche vom alltäglichen Beobachter lediglich durch einen höheren Grad der Formalisierung und Systematisierung. Er bleibt ansonsten dem Common-Sense verhaftet; denn seine analytische Einstellung vermag die im Common-Sense verankerte Unterstellung subjektiver Intentionen und den damit verbundenen „immanenten" (Mannheim 1980) oder wörtlichen Sinngehalt nicht zu transzendieren. Die praxeologische Wissenssoziologie leistet dies, ohne (wie die → objektive Hermeneutik) die empirische Basis des Wissens der Erforschten zu verlassen, auf der Grundlage der von Mannheim (1980) so genannten „genetischen" Analyseeinstellung, welche auf das *Wie*, also auf die *Praxis* oder den modus operandi der Prozesse der Herstellung von Sinnzuschreibungen und Motivunterstellungen gerichtet ist. Hiermit hat Mannheim als erster jene Beobachterhaltung umfassend zu begründen vermocht, die heute u.a. als „Beobachtung zweiter Ordnung" bezeichnet wird (vgl. Luhmann 1990). Mannheim (1980, S. 88) spricht vom „funktionalen Erfassen" bzw. davon, „dass das der soziologischen Betrachtung zuzuordnende Subjekt in einer Einstellung sich befindet, die völlig von der verschieden ist, die das die Kulturphänomene von innen heraus immanent erlebende Subjekt vollzieht – eine Einstellung, die wir als eine auf die Funktionalität der Gebilde gerichtete charakterisieren".

## Weiterführende Literatur

Bohnsack, Ralf (2003c): Rekonstruktive Sozialforschung. Einführung qualitative Methoden. Opladen (5. Aufl.); Darin: Kap. 11.
Mannheim, Karl (1952): Wissenssoziologie. In. Ders.: Ideologie und Utopie. Frankfurt a.M. (urspr. 1931). S. 227-267.

*Ralf Bohnsack*

**Prinzip der Wörtlichkeit** → objektive Hermeneutik

**problemzentriertes Interview** (*siehe* thematisches Interview)

**Prosodie/prosodisch** → Fokussierungsmetapher; → Gattungsanalyse; → Konversationsanalyse; → Transkription

**Prozessanalyse; prozessanalytische Haltung** → Chicagoer Schule; → dokumentarische Methode

**Prozessstrukturen des Lebenslaufs** → Erzählanalyse

**Pseudonyme** → Transkription

# Psychoanalyse

Freud (1971a [1905], 1971b [1909]) revolutionierte die traditionelle Arzt-Patient-Beziehung durch die psychoanalytische Behandlung neurotischer PatientInnen: Während Neurologen und Psychiater wie Charcot und Janet den Patienten einer Anamneserhebung unterwarfen, ihn sozusagen als Objekt behandelten und von seinem Innenleben durch die Hypnose Besitz ergriffen, erwies sich Freud als ein Seelenforscher, der den Erzählungen seiner PatientInnen schweigend zuhörte und ihnen auch durch die Deutung ihrer Träume interpretierend antwortete. Wie Lorenzer (1984) ausführt, bedeutet diese Wendung zur Selbstdarstellung des Kranken methodisch den Übergang vom Erklären der vom Patienten beschriebenen Symptome im Rahmen eines naturwissenschaftlich gefassten Krankheitsschemas zum → *szenischen Verstehen* der Mitteilungen des Analysanden, die der Analytiker in dem vom Kranken selbst erfahrenen Erlebniszusammenhang belässt, indem er sie als konkrete „Darstellungen seiner [sozialen] Lebenssituation" versteht und als „szenisch ausgebreitete Erzählungen" interpretiert (Lorenzer 1984, S. 123).

In Anschluss an die von Habermas (1973) entwickelte Kritik am szientistischen Selbstmissverständnis der Psychoanalyse als Naturwissenschaft rekonstruierte Lorenzer (1970) die Psychoanalyse als hermeneutisch verfahrende Sozialwissenschaft. Die sozialwissenschaftliche Neubestimmung der therapeutischen Psychoanalyse als → *Tiefenhermeneutik* (vgl. Lorenzer 1970, 1974, S. 153ff.) wurde zum Ausgangspunkt für die interaktions- und sozalisationstheoretische Reformulierung der psychoanalytischen Persönlichkeits- und Kulturtheorie, die der Dechiffrierung der Metaphorik der Metapsychologie, der Aufhebung der gelegentlich als „Geschichts- und Gesellschaftsblindheit der Freudschen Begrifflichkeit" formulierten Kritik und der Integration und Systematisierung der Theoriekonstruktionen dient (vgl. Lorenzer 1972, 1974, S. 218ff.). Die sozialwissenschaftliche Klärung der psychoanalytischen Methode und Theorie ermöglichte die Entwicklung der von Lorenzer (1986) initiierten tiefenhermeneutischen Kulturforschung (vgl. König 2000, 2001), deren Ausgangspunkt die methodologische Reflexion des Problems war, wie man die in der therapeutischen Praxis entwickelte Methode des szenischen Verstehens auf das Terrain des Sozialen übertragen kann und wie man sie dem neuen Forschungsfeld entsprechend modifizieren muss: In der Therapie werden die Patientenmitteilungen auf der Basis des Interagierens zwischen Analysand und Analytiker interpretiert, wobei jenem die Aufgabe der freien Assoziation und diesem die der gleichschwebenden Aufmerksamkeit zufällt. In der Kulturforschung wird hingegen die Text-Leser-Interaktion entziffert, wobei der Interpret freie Assoziation und gleichschwebende Aufmerksamkeit zugleich übernimmt. Und während in der Privatheit einer Behandlungspraxis die infantilen Lebensentwürfe eines Patienten rekonstruiert werden, wird in einer Gruppe von Interpreten aus verschiedenen Lesarten eine Deutung des Textes konstruiert, die auf die Entzifferung der Lebensentwürfe zielt, die aufgrund ihrer Unvereinbarkeit mit den in Anspruch genommenen Moralvorstellungen auf eine latente Bedeutungsebene verwiesen werden.

*Hans-Dieter König*

**Punctum** → Bildinterpretation

**qualitative Induktion** → Abduktion; → Typenbildung

**quantitative Induktion** → Abduktion

**Rahmen** (*siehe* Orientierungsmuster)

**Redezug(organisation) (turn-taking)** → Gattungsanalyse; → Konversationsanalyse

**reflektierende Interpretation** → dokumentarische Methode; → Gruppendiskussion; → Mimesis

# Rekonstruktive Sozialforschung

Eine grundlegende Gemeinsamkeit der meisten qualitativen Verfahren in der empirischen Sozialforschung besteht darin, dass sie sich an einer rekonstruktiven Methodologie orientieren. Das kennzeichnet die → hermeneutische Wissenssoziologie (vgl. Hitzler/Reichertz/Schröer 1999; Schröer 1994b), die → objektive Hermeneutik (vgl. Oevermann u.a. 1979; Wernet 2000), die → dokumentarische Methode der Interpretation (vgl. Bohnsack 2003c; Bohnsack/Nentwig-Gesemann/Nohl 2001), die → Konversationsanalyse (vgl. Eberle 1997; Heritage 1988), die → Erzählanalyse (Rosenthal 1995; Schütze 1982) und weitere Ansätze. Basis einer rekonstruktiv verfahrenden Sozialforschung ist die Annahme der „gesellschaftlichen Konstruktion von Wirklichkeit" (Berger/Luckmann 1969). Gleichgültig, welche Variante des → Konstruktivismus zugrunde gelegt wird – ein ethnomethodologischer (→ Ethnomethodologie), ein diskurstheoretischer (→ Diskursanalyse), ein wissenssoziologischer –, Aufgabe der empirischen Forschung ist es, die Konstruktionen der Wirklichkeit zu rekonstruieren, welche die Akteure in und mit ihren Handlungen vollziehen. Darüber hinaus richtet sich das Forschungsinteresse auf die lebensweltlichen und – bei manchen Ansätzen – sozialstrukturellen Hintergründe, in denen die Wirklichkeitskonstruktionen verankert sind. In diesem Sinne wird z.B. gefragt, in welcher Hinsicht ein Deutungsmuster (→ Deutungsmusteranalyse) typisch ist für ein soziales Milieu oder für eine Generation bzw. inwiefern sich in der Art und Weise, wie die soziale Welt erfahren wird, milieu- oder generationstypische Lebensbedingungen dokumentieren.

Wirklichkeitskonstruktionen sind im Regelfall des Alltagshandelns keine bewusst vorgenommenen und intentional gesteuerten Akte, sie geschehen gewissermaßen en passant im Routinehandeln. Das Wissen, das die Akteure über ihre habitualisierte Handlungspraxis haben, ist ein „implizites Wissen" (Polanyi 1985), d.h. ein Wissen, das ihnen, wie Giddens (1988) sagt, im Modus des „praktischen Bewusstseins" gegeben ist – im Unterschied zum „diskursiven Bewusstsein". Praktisch ist das Bewusstsein insofern, als die Akteure wissen, was sie tun müssen, um auf sozial akzeptable Weise zu handeln; sie beherrschen die Regeln, können diese aber nicht benennen, können nicht genau angeben, welchen Regeln sie folgen.

Rekonstruktive Sozialforschung betreibt die Rekonstruktion der impliziten Wissensbestände und der impliziten Regeln sozialen Handelns. Das können z.B. sein: formale Regeln der Gesprächsorganisation (→ Konversationsanalyse), Habitusschemata (→ dokumentarische Methode), kulturelle Deutungsmuster (→ Deutungsmusteranalyse). Da diese Dimensionen der Regelstruktur sozialen Handelns gewöhnlich nicht im Modus des diskursiven Bewusstseins verfügbar sind, kann man Untersuchungspersonen nicht einfach auffordern zu berichten, wie, nach welchen Maximen und mit welchen Methoden, sie ihre Welt konstruieren. Gleichwohl sind die Maximen und Methoden der empirischen Forschung zugänglich. Sie müssen auf der Basis der Beobachtung von Handeln sowie von symbolischen Repräsentationen des Handelns (verbale und visuelle Darstellungen in Gestalt von Dokumenten oder von Äußerungen in → Interviews und Gruppendiskussionen (→ Gruppendiskussion)) rekonstruiert werden.

Rekonstruktive Sozialforschung bemüht sich um einen verstehenden Nachvollzug der Relevanzstrukturen, die dem Handeln der Akteure zugrunde liegen. Für reaktive Erhebungsverfahren heißt das: Die Forschungsinteraktion muss so gestaltet werden, dass die Untersuchungspersonen Gelegenheit haben, in eigener Sprache und gemäß den eigenen Relevanzstrukturen ihr Handeln darzustellen und Sachverhalte zu erläutern. Aus diesem Grunde verwendet die rekonstruktive Sozialforschung offene, nicht-standardisierte Erhebungsverfahren, die nicht oder nur minimal durch Vorgaben seitens des Forschers strukturiert sind. Während mit der Verwendung standardisierter Verfahren eine methodische Kontrolle dadurch erreicht werden soll, dass die Erhebungssituation für alle Untersuchungspersonen gleich förmig strukturiert, eben standardisiert ist, versuchen rekonstruktive Verfahren dieses Ziel gewissermaßen auf umgekehrtem Wege zu erreichen: durch einen Verzicht auf strukturierende Vorgaben. Methodische Kontrolle erfolgt hier, indem „die Unterschiede der Sprache von Forschenden und Erforschten", die „Differenz ihrer Interpretationsrahmen, ihrer Relevanzsysteme" kontrolliert werden (Bohnsack 2003c, S. 20). Das kann freilich nur gelingen, wenn die Untersuchungspersonen Gelegenheit haben, ihre Interpretationsrahmen zur Geltung zu bringen – indem sie z.B. einem Thema einen anderen Stellenwert geben, als es der Forscher nach Maßgabe theoretisch-wissenschaftlicher Kriterien tut. Auf diese Weise kann man den lebensweltlichen Kontext erfassen, in dem das Thema für die Untersuchungspersonen relevant ist. Dies wiederum ist die Voraussetzung für methodisch kontrolliertes Fremdverstehen (vgl. hierzu grundsätzlich Schütze u.a. 1973).

Zwei weitere Differenzen zur deduktiv-nomologischen Methodologie, welche den standardisierten Erhebungsverfahren gewöhnlich zugrunde liegt, sind festzuhalten:

1. Rekonstruktive Forschung verfolgt nicht allein das Ziel der Hypothesenprüfung; sie dient vielmehr auch und insbesondere der Generierung von Theorien und Hypothesen (vgl. Glaser/Strauss 1967). Theoretische Erklärungen und Verallgemeinerungen erfolgen auf der Basis empirischer Forschung (→ „Grounded Theory"). Nicht nur der Begründungszusammenhang, auch der Entdeckungszusammenhang von Theorien und Hypothesen unterliegt den Anforderungen methodisch kontrollierter Forschung. Anders als in der Logik Hypothesen prüfender Forschung werden Entdeckungs- und Begründungszusammenhang nicht voneinander geschieden.

2. Die Stichprobenbildung ist nicht am Ziel der statistischen Repräsentativität orientiert. Das Sample in qualitativen Studien unterliegt nicht dem Anspruch, ein

verkleinertes Abbild der in der Grundgesamtheit gegebenen sozialen Verhältnisse zu sein (was bei den für qualitative Studien üblichen geringen Stichpro-
bengrößen ohnehin nicht zu realisieren wäre). Gleichwohl sind Generalisierun-
gen möglich – nämlich dann, wenn sich in der Rekonstruktion aufweisen lässt,
dass und wie einer Mehrzahl und Varietät von Fällen ein homologes Muster zugrunde liegt, welches auf eine soziale Typizität verweist (→ Typenbildung)
(vgl. Kelle/Kluge 1999). Auf diese Weise kann z.B. gezeigt werden, in welcher
Hinsicht auf den ersten Blick deutlich differente Verhaltensstile unterschiedlicher jugendlicher Subkulturen und Szenen eine fundamentale generationstypische Gemeinsamkeit aufweisen, also typische Antworten auf gleichartige Lebensbedingungen darstellen.

Das spezifische Erkenntnispotenzial rekonstruktiver Sozialforschung liegt darin, soziale Verhältnisse als Sinnzusammenhänge erfassen zu können und auf diese Weise –
ganz im Sinne der Durkheim'schen Devise, Soziales aus Sozialem zu erklären – einen
verstehenden Nachvollzug sozialen Handelns zu ermöglichen. Dabei geht es nicht nur
um die Rekonstruktion des subjektiv gemeinten Sinns, sondern vor allem darum, soziales Handeln als je individuellen Ausdruck überindividueller sozialer Zugehörig-
keiten (Geschlecht, soziales Milieu, Generation u.a.) und kollektiver Orientierungen
(→ Orientierungsmuster) verständlich zu machen (vgl. Meuser 1999, 2001).

### Weiterführende Literatur

Bohnsack, Ralf (2003c): Rekonstruktive Sozialforschung. Opladen (5. Aufl.).
Wagner, Hans-Josef (1999): Rekonstruktive Methodologie. Opladen.

*Michael Meuser*


**(relativ)-natürliche Einstellung** → Phänomenologie

**Relevanzstrukturen/Relevanzsysteme** → Lebenswelt; → rekonstruktive Sozialforschung

**Reliabilität (Zuverlässigkeit)** → Gütekriterien

**Repräsentativität** → Fallrekonstruktion; → rekonstruktive Sozialforschung; → Typenbildung

**Repräsentanz; repräsentante Prozessstrukturen** → Gruppendiskussion; → Typenbildung

**Repräsentationsverhältnisse** → Mimesis

**Reproduktionsgesetzlichkeit (des Falles)** → objektive Hermeneutik

**Retrieval** → Computerunterstützung

**Retroduktion** → Abduktion

**Rezeptionsanalyse** → Medienanalyse

**Reziprozität der Perspektiven** → Lebenswelt


# Rhetorikanalyse

Rhetorikanalyse bzw. rhetorische Textanalyse stellt den Versuch dar, das begriffliche und methodische Instrumentarium der Rhetorik, die traditioneller Weise als
Anleitung zur Anfertigung von Reden verstanden wurde, zum Zwecke der Analyse

von Texten zu nutzen. Ihr Anwendungsgebiet reicht von literarischen Werken über Alltagstexte bis zu nichtsprachlichen Zeugnissen aus Malerei und Musik (vgl. Kopperschmidt 1990).

In der qualitativen Sozialforschung kommen als Gegenstand der Rhetorikanalyse vor allem Interaktionsprotokolle wie z.B. → Transkriptionen von → narrativen Interviews oder → Gruppendiskussionen in Betracht. Die Chancen der Rhetorikanalyse liegen dabei neben der Nutzung eines hochentwickelten Instrumentariums zur Beschreibung mündlicher oder schriftlicher Rede (vgl. Lausberg 1990 und Ueding/Steinbrink 1994) vor allem in der besonderen Aufmerksamkeit für Rhetorizität, Figuralität und Mehrdeutigkeit auch alltäglicher Texte. Der Begriff der Rhetorizität kann dabei im Anschluss an neuere Rhetorik-Konzepte als Sammelbezeichnung für all jene Verfahrensweisen gelten, durch die ein Text angesichts fehlender absoluter Gewissheit Zustimmung zu erlangen sucht. Nachdem in Deutschland die antike Rhetorik lange Zeit als eine Art Überredungstechnik verschmäht wurde, hat in der neueren sprachphilosophischen Diskussion die auf Nietzsche zurückgehende Auffassung Einfluss gewonnen, wonach Rhetorizität in diesem Sinne keine Eigentümlichkeit persuasiver Rede, sondern vielmehr eine unhintergehbare Eigenschaft jeder mündlichen oder schriftlichen Äußerung darstellt (vgl. Kopperschmidt 1991).

Besondere Bedeutung kommt dabei den rhetorischen Figuren (wie z.B. der Metapher) zu, die im Anschluss an Genette als konstitutives Moment jedes Sprechens aufgefasst werden können (vgl. Genette 1966). Der Begriff der Figur bezeichnet dabei den grundlegenden Abstand, der sich in jedem Text zwischen einer Äußerung und ihrem Sinn auftut, wobei dieser ‚Sinn' durch eine mögliche andere Äußerung markiert wird, die an die Stelle des tatsächlich Gesagten treten könnte (wie z.B. bei der Ersetzung der Metapher „Segel" in einem poetischen Text durch das Wort „Schiff"). Genette zufolge wird durch rhetorische Figuren ein „Surplus" an Sinn erzeugt, das über die denotative Bedeutung der jeweiligen Äußerung hinausgeht. Die Bedeutung der rhetorischen Textanalyse liegt demzufolge darin, auf diese fundamentale Mehrdeutigkeit der Sprache hinzuweisen und den Überschuss an Sinn freizulegen, der potenziell in jedem Text enthalten ist.

Im Sinne neuerer Arbeiten zur Geschichtsschreibung (vgl. White 1986 und 1991) bzw. zur Erzähltheorie (vgl. Ricœur 1991) (→ Erzählanalyse) kommt rhetorischen Figuren wie Metapher, Metonymie, Synekdoche und Ironie darüber hinaus eine wichtige Funktion bei der narrativen Vergegenwärtigung vergangenen Geschehens zu, welche die Rolle des schmückenden Beiwerks übersteigt, die den Figuren in Darstellungen der antiken Rhetorik oft zugeschrieben wurde. In solchen Figuren wird vielmehr White und Ricœur zufolge der darzustellende ‚Stoff' „präfiguriert" und damit in gewisser Weise überhaupt erst erzählbar gemacht. Die Rhetorikanalyse lässt sich deshalb für die qualitative Sozialforschung insbesondere im Bereich der → *Erzählanalyse* bzw. der → *Biografieforschung* fruchtbar machen, indem man bei der Analyse und Interpretation biografischer Interviews rhetorische Figuren in den Mittelpunkt stellt, kraft deren ein Erzähler seine Lebensgeschichte entwirft (vgl. Koller 1994 und Kokemohr/Koller 1996).

*Hans-Christoph Koller*

**Ritual(forschung)** → Mimesis; → dokumentarische Methode

**Seinsverbundenheit des Wissens** → praxeologische Wissenssoziologie

**Selbstläufigkeit (des Diskurses)** → Fokussierungsmetapher; → Gruppendiskussion

**selektives Kodieren** → Grounded Theory; → theoretisches Sampling

**Semiologie** (*siehe* Semiotik)


# Semiotik

Die Semiotik ist nach heutigem Verständnis „die allgemeine Wissenschaft von den Zeichen, Zeichensystemen und Zeichenprozessen in Natur und Kultur" (Nöth 1995). Sie untersucht Strukturen und Funktionen sämtlicher Ereignisse, in denen Zeichen involviert sind, von der Interpretation von Kunstwerken über alle Formen zwischenmenschlicher Kommunikation bis hin zu Stoffwechselprozessen in Organismen oder der Informationsverarbeitung in Maschinen (vgl. Posner 1997, S. 1).

Die Bedeutung der Semiotik für die qualitative Sozialforschung ergibt sich aus der grundlegenden Einsicht, dass der Gegenstand sozialwissenschaftlicher Forschung, die gesellschaftliche Wirklichkeit, nicht einfach gegeben ist, sondern ein Produkt sozialer Konstruktionsprozesse darstellt, die es im Forschungsverlauf zu rekonstruieren gilt (→ Konstruktivismus). Dabei wird zumeist davon ausgegangen, dass die Konstruktion gesellschaftlicher Wirklichkeit im Medium sprachlicher bzw. symbolischer Interaktion erfolgt (→ symbolischer Interaktionismus) und dass deshalb die Rekonstruktion solcher Konstruktionen auf die Analyse von *sprachlichen* oder in anderer Weise *symbolisch verfassten* Dokumenten angewiesen ist. Während sowohl in grundlagentheoretischen als auch in empirischen Arbeiten zur qualitativen Forschung die Bedeutung der Sprache als Interaktionsmedium besondere Aufmerksamkeit gefunden hat, lenkt die Semiotik als allgemeine Wissenschaft von den Zeichen den Blick darauf, dass an der alltäglichen Interaktion und damit am Zustandekommen sozialer Wirklichkeit außer der Sprache eine Vielzahl anderer Zeichen bzw. Zeichensysteme beteiligt sind – von Gestik, Mimik und Körpersprache über Kleidung, Mode, Konsum- und Freizeitkultur bis hin zu Werbung, Kino, Fernsehen, Musik und Architektur. Die besondere Aufmerksamkeit auf die Sprache hat dazu geführt, dass die Linguistik als Grundlagen- und Hilfswissenschaft innerhalb der qualitativen Sozialforschung eine Art Vorrangstellung gegenüber anderen Disziplinen einnimmt, die u.a. in der Bedeutung linguistischer Konzepte (wie z.B. → Diskursanalyse, Narration oder → Rhetorikanalyse) für die Entwicklung und Begründung qualitativer Vorgehensweisen zum Ausdruck kommt. In dem Maße jedoch, in dem auch andere als sprachlich verfasste Dokumente und Materialien in der qualitativ-empirischen Forschung Berücksichtigung finden (vgl. z.B. → Bildinterpretation, → Film- und Videoarbeit), gewinnt die Semiotik an Bedeutung, sofern sie theoretisches Grundlagenwissen und methodische Ansätze zur Analyse und Interpretation auch nicht-sprachlicher Materialien bereitstellt. Im folgenden sollen deshalb die Geschichte (1.), die wichtigsten begrifflichen Grundlagen (2.) sowie Teildisziplinen und Forschungsfelder (3.) der Semiotik kurz dargestellt werden.

(1.) Die Geschichte der Semiotik reicht zurück bis in die Antike, in der sich neben vorwiegend praktisch orientierten Überlegungen zur Bedeutung und zum Gebrauch von Zeichen (z.B. bei der Diagnose von Krankheiten an Hand bestimmter körperlicher Anzeichen in der Medizin), aber auch erste Ansätze einer philosophischen Zeichentheorie (z.B. bei Aristoteles oder Augustinus) finden lassen. Entscheidende Bedeutung für die Entwicklung der modernen Semiotik haben vor allem Charles S. Peirce und Ferdinand de Saussure, die um 1900 unabhängig voneinander die Semiotik (bzw. „Semiologie") als eigenständige wissenschaftliche Disziplin zu begründen versuchten. Während Peirce im Rahmen seiner Philosophie des Pragmatismus die Semiotik als umfassende Lehre von den Zeichenprozessen konzipierte und eine systematische Klassifikation der Zeichen vorlegte (vgl. Peirce 1993 und 1986), entwarf Saussure im Zuge seiner Begründung der strukturalen Linguistik Umrisse der „Semiologie" als einer allgemeinen, auch die Linguistik einschließenden Wissenschaft vom Zeichen (vgl. Saussure 1967, S. 19). An Peirce knüpfte vor allem Morris an, der vor dem Hintergrund behavioristischer Überlegungen das Programm der Semiotik als Grundlagendisziplin aller speziellen Wissenschaften von den Zeichen entwickelte und dem die Durchsetzung des Begriffs Semiotik entscheidend zu verdanken ist (vgl. Morris 1973 und 1979). Der strukturalistische Ansatz Saussures wurde u.a. von Hjelmslev, Jakobson, Barthes und Eco weiterentwickelt und dabei auf Phänomene wie Kleidung, Fotografie und Architektur ausgeweitet (vgl. z.B. Barthes 1983, 1988 und Eco 1994; zur Geschichte der Semiotik vgl. Nöth 2000, S. 1ff. sowie die umfangreiche Darstellung bei Posner/Robering/Sebeok 1997/98).

(2.) Den wichtigsten Grundbegriff der Semiotik stellt der Begriff des *Zeichens* dar, der allerdings in der Geschichte der Semiotik auf unterschiedliche Weise gefasst wurde (vgl. Eco 1977). Das Zeichen kann zunächst als Element eines Kommunikations- oder eines Designationsprozesses verstanden werden. Im ersten Fall dient es dazu, eine Information zu übermitteln und fügt sich in einen Kommunikationsprozess ein, der sich folgendermaßen darstellen lässt: *Quelle – Sender – Kanal – Botschaft – Empfänger*. So wird z.B. die Nachricht (= Botschaft) über ein bestimmtes Ereignis (= Quelle) durch den Korrespondenten einer Zeitung (= Sender) mittels Fernschreiber (= Kanal) an die Redaktion (= Empfänger) der Zeitung übermittelt.

Wird das Zeichen dagegen als Element eines Designationsprozesses aufgefasst, so steht sein Bezug auf einen Gegenstand oder Sachverhalt, den es designiert oder bezeichnet, im Mittelpunkt. In diesem Sinne bestimmt Peirce das Zeichen als „something which stands to somebody for something in some respect or capacity" (Peirce 1931ff., 2.228). Daraus geht hervor, dass es sich bei einem *Zeichenprozess* (*Semiose*) für Peirce um eine triadische Relation handelt, in der drei Instanzen zueinander in Beziehung gesetzt werden: ein Zeichen, das sich für einen Dritten unter einem bestimmten Gesichtspunkt auf etwas anderes bezieht. An anderer Stelle fasst Peirce diese drei Instanzen mit Hilfe der Begriffe *Zeichen*, *Interpretant* und *Objekt*: Ein Zeichen (Z) ist dann etwas, was sich auf ein Objekt (O) bezieht und von einem Interpretanten (I) als in dieser Beziehung stehend interpretiert wird. Diese triadische Relation wird als semiotisches Dreieck bezeichnet.

Die Bedeutung dieser dreistelligen Betrachtungsweise liegt vor allem darin, deutlich zu machen, dass der Bezug des Zeichens auf das Objekt nicht an sich existiert, sondern erst durch den Interpretanten hergestellt wird. Dabei versteht Peirce den Interpretanten nicht als Person, sondern als die in diesem hervorgerufene Idee, die selbst in die Position des Zeichens versetzt werden kann, sodass der Zeichenprozess als infiniter Regress erscheint. Ein Zeichen ist für Peirce „alles, was etwas anderes (seinen *Interpretanten*) bestimmt, sich auf ein Objekt zu beziehen, auf das es sich selbst (als sein *Objekt*) auf die gleiche Weise bezieht, wodurch der Interpretant seinerseits zu einem Zeichen wird, und so weiter *ad infinitum*" (Peirce 1986, Bd. 1, S. 375).

In der durch Saussure begründeten strukturalistischen Auffassung lautet der Terminus für das, was Peirce Zeichen nennt, *Signifikant*, und der Begriff Zeichen umfasst die Verbindung eines Signifikanten mit einem *Signifikat*, d.h. einer Bedeutung. (Der wirkliche Gegenstand, auf den sich Signifikant und Signifikat beziehen und der bei Saussure keine wesentliche Rolle spielt, wird in dieser Tradition *Referent* genannt.) Eine wichtige Leistung der strukturalistischen Zeichenauffassung liegt in der Herausarbeitung der differentiellen Struktur des Zeichens, die darin besteht, dass der Bezug eines Signifikanten auf ein Signifikat nur möglich wird, indem sich der betreffende Signifikant von allen anderen Signifikanten (und das entsprechende Signifikat von allen anderen Signifikaten) unterscheidet. So beruht z.B. die Funktion einer bestimmten Automarke als Statussymbol (d.h. als Signifikant des sozialen Status ihres Besitzers) auf ihrer Differenz zu anderen Marken bzw. auf einer Parallelisierung dieser Differenzen mit Klassen- oder Schichtunterschieden. Zeichensysteme konstituieren sich demzufolge durch ihre differenzielle Struktur (vgl. Saussure 1967, S. 137).

In der Geschichte der Semiotik hat es zahlreiche Versuche zur Klassifikation von Zeichen gegeben (vgl. Eco 1977, S. 37ff.), so z.B. nach der Quelle (natürliche vs. künstliche Zeichen), nach bevorzugtem Kanal bzw. Empfangsorgan (akustische, visuelle, taktile Zeichen), nach der Beziehung zum Signifikat (univoke, äquivoke oder plurivoke Zeichen), nach dem Zusammenhang mit dem Referenten (Index, Ikon und Symbol) sowie nach der Wirkung beim Empfänger (z.B. Identifikatoren, Designatoren, Valuatoren, Präskriptoren und Formatoren). Die umfassendste Klassifikation der Zeichen stammt von Peirce, der mit Hilfe von drei mal drei Kategorien insgesamt zehn verschiedene Klassen von Zeichen unterscheidet (vgl. Peirce 1993, S. 121ff.).

(3.) Ausgehend von der triadischen Konzeption Peirces hat Morris eine Unterteilung der Semiotik in *Syntaktik*, *Semantik* und *Pragmatik* vorgeschlagen, die im Kern bis heute Bestand hat. Die *Syntaktik* untersucht demzufolge die Beziehungen der Zeichen untereinander, die *Semantik* die Beziehungen der Zeichen zu ihren Bedeutungen und die *Pragmatik* Ursprung, Verwendungen und Wirkungen von Zeichen (vgl. Morris 1973, S. 326). Unabhängig davon lässt sich die Semiotik unter dem Aspekt ihres Erkenntnisinteresses in *angewandte*, *deskriptiv-komparative* und *theoretische* Semiotik unterteilen. Eine weitere Unterscheidung betrifft die Auffassung der Semiotik als *Objektwissenschaft* (die bestimmte Gegenstandsfelder untersucht) bzw. als *Metawissenschaft* (die sich als Teil der Wissenschaftstheorie versteht und sich auf die Bedeutung von Zeichenprozessen in den Einzelwissenschaften bezieht) (vgl. Posner 1997, S. 2ff.). Als Objektwissenschaft lässt sich die Semiotik in zahlreiche *regionalen* Semiotiken unterteilen. Einteilungsgesichtspunkt hierbei ist u.a. die Frage, welcher *Kanal* im Mittelpunkt der Betrachtung steht (z.B. optischer, akustischer oder taktiler Kanal) bzw. ob es sich (wie im Fall des Körperverhaltens) um eine *mehrkanalige Semio-*

*se* handelt. Die Ausdehnung der Semiotik auf Stoffwechselprozesse in Organismen und die Informationsverarbeitung in Maschinen hat zur Begründung von Zoo-, Öko- und Maschinen-Semiotik geführt (vgl. Posner/Robering/Sebeok 1997/98, Bd. 1, S. 436ff.). Andere Regional-Semiotiken sind z.B. Rechts-, Wirtschafts-, Politik-, Religions-, Sprach-, Literatur-, Theater-, Musik-, Kunst-, Film- und Architektur-Semiotik.

Von besonderem Interesse für die qualitative Sozialforschung ist die *Alltags-Semiotik*, die Zeichenprozesse u.a. in der Esskultur bzw. im Freizeit- und Konsumverhalten untersucht (vgl. Nöth 2000, S. 518ff.) sowie die *Semiotik der nonverbalen Kommunikation*, die u.a. Mimik, Gestik, Blickkommunikation sowie taktile Kommunikation erforscht und zur Ausdifferenzierung von Forschungsfeldern wie *Proxemik* (Erforschung der semiotischen Aspekte des Raums unter dem Gesichtspunkt zwischenmenschlicher Nähe und Distanz) oder *Chronemik* (Erforschung der zeitlichen Dimension nonverbaler Kommunikation) geführt hat (vgl. Nöth 2000, S. 293ff.). Innerhalb der qualitativen Forschung haben theoretische und methodische Ansätze aus der Semiotik allerdings bisher noch wenig Resonanz gefunden (als Ausnahmen vgl. Flick u.a. 1991, S. 75f. und 234f. sowie Manning/Cullum-Swan 1994); die wachsende Aufmerksamkeit für nicht-sprachliche Daten lässt vermuten, dass sich dies in absehbarer Zeit ändern wird.

## Weiterführende Literatur

Eco, Umberto (1994): Einführung in die Semiotik. München (8. Aufl.). (ital. Original 1968).
Nöth, Winfried (2000): Handbuch der Semiotik. Stuttgart/Weimar (2. Aufl.).
Posner, Roland/Robering, Klaus/Sebeok, Thomas A. (Hg.) (1997/98.): Semiotik. Ein Handbuch zu den zeichentheoretischen Grundlagen von Natur und Kultur. Berlin/New York (= Handbücher zur Sprach- und Kommunikationswissenschaft; Bd. 13).

*Hans-Christoph Koller*


**Sequenzanalyse**
Diese stellt ein zentrales Prinzip unterschiedlicher Methodologien qualitativer bzw. rekonstruktiver Sozialforschung dar:
→ dokumentarische Methode; → Erzählanalyse; → Grounded Theory; → hermeneutische Wissenssoziologie; → Konversationsanalyse; → objektive Hermeneutik

**Signifikant** → Semiotik

**Signifikat** → Semiotik

**sinngenetische Interpretation** → Typenbildung

**Sinnfigur** → hermeneutische Wissenssoziologie

**social world** → Chicagoer Schule; → symbolischer Interaktionismus

**soziale Welt** (*siehe* social world)

**sozialer Akt** → Interaktion

**soziales Unbewusstes** → Deutungsmusteranalyse; → szenisches Verstehen; → Tiefenhermeneutik

**Sozialkonstruktivismus** → Konstruktivismus

**Sozialphänomenologie** → hermeneutische Wissenssoziologie; → Phänomenologie

**soziogenetische Interpretation** → Typenbildung

**Sparsamkeitsregel** → Objektive Hermeneutik

**Standortgebundenheit/Standortverbundenheit** → dokumentarische Methode; → komparative Analyse; → praxeologische Wissenssoziologie

**Stegreiferzählung** → Erzählanalyse; → narratives Interview

**Strukturelle Beschreibung** → Erzählanalyse

**stumpfer Sinn** → Bildinterpretation

**subjektiv gemeinter Sinn** → dokumentarische Methode; → Hermeneutik; → hermeneutische Wissenssoziologie; → lebensweltliche Ethnografie;→ Phänomenologie; → praxeologische Wissenssoziologie

**subjektiv-intentionaler Sinn** (vs. latenter Sinn) → objektive Hermeneutik; → symbolischer Interaktionismus

**Subjektivismus** → dokumentarische Methode

**Subsumtion bzw. Subsumtionslogik** → Abduktion; → objektive Hermeneutik; → symbolischer Interaktionismus


# Symbolischer Interaktionismus

Der symbolische Interaktionismus ist eine theoretische, methodische und empirische Richtung in der Soziologie und den Sozialwissenschaften, die die symbolisch vermittelte Interaktion auf der evolutiven Stufe der humanen Gattung konstitutionstheoretisch als Basis der Produktion, Reproduktion und Transformation der sozialen Wirklichkeit ansieht. In methodischer und empirischer Hinsicht gilt die Kritik des symbolischen Interaktionismus einer Sozialforschung, die subsumtionslogisch verfährt, indem sie ihre Gegenstände unter vorab festgelegte Schemata einordnet. Favorisiert wird demgegenüber eine interpretative Sozialforschung, die rekonstruktionslogisch die Sache selbst zum Sprechen zu bringen versucht. Ausgegangen wird dabei in der Regel von je konkreten Fällen.

Der philosophische Hintergrund des symbolischen Interaktionismus ist die pragmatistische Sozialphilosophie und Sozialpsychologie (→ Pragmatismus), die mit ihrer Kritik an der traditionellen Bewusstseinsphilosophie die Wende vom Bewusstsein zur Handlung in den Sozialwissenschaften einleitete. Nicht mehr beim Bewusstsein des individuellen Akteurs, sondern bei der Einheit der praktischen Handlung und der Krisensituation ist grundlagentheoretisch anzusetzen. Für die pragmatistische Philosophie ist die Krise der Normalfall und die Routine der Grenzfall. Routinen sind für sie materiale Ableitungen aus Krisenbewältigungen. Auf diesem Hintergrund und den spezifischen gesellschaftlichen Problemen zur damaligen Zeit vor allem in den Städten Amerikas und insbesondere Chicagos ist die Entstehung der Chicagoer Schule der Soziologie an der University of Chicago zu verstehen (→ Chicagoer Schule).

In der Fortsetzung der Tradition der Chicagoer Schule sind es vor allem H. Blumer und E. Hughes gewesen, die dem symbolischen Interaktionismus eine weitere grundlagentheoretische, forschungslogische und empirische Fundierung verschafften. H. Blumer, an G.H. Meads pragmatistisch-naturalistischen Ansatz anknüpfend und den Begriff des symbolischen Interaktionismus 1937 einführend, versuchte eine programmatische methodologische Grundlegung des symbolischen Interaktionismus.

Dazu zählen die Bestimmung der Begriffe der sozialen Interaktion, des Sinns, der Gesellschaft und die Begründung einer qualitativen, rekonstruktiven Sozialforschung, deren Kennzeichen u.a. die Forderung nach der Angemessenheit von Gegenstand und Methode, Flexibilität, Kreativität und Offenheit sind. E.C. Hughes kommt als Berufs- und Arbeitssoziologen eine eminente Bedeutung zu. Seine Analysen von Organisationen und deren Strukturen und seine Theorien und Forschungen über Professionen hatten erheblichen Einfluss in methodologischer und methodischer Hinsicht auf die weitere Entwicklung des Paradigmas des symbolischen Interaktionismus. Ausdifferenzierungen und Innovationen in Methodologie, Forschungslogik und in der Feldforschung erfährt der symbolische Interaktionismus in der Nachfolge von Blumer und Hughes u.a. in den Arbeiten von T. Shibutani, N. Turner, N. Denzin, S. Stryker, H. Becker, E. Freidson, B.G. Glaser und A. Strauss. Als Variante des symbolischen Interaktionismus gilt das Werk von E. Goffman. Auf dem Hintergrund eigener Forschungsprojekte haben B.G. Glaser und A. Strauss Arbeitsschritte für die qualitative Forschung abgeleitet und die Methodologie der → Grounded Theory begründet. Dabei wird deutlich, dass für den gesamten Arbeitsverlauf eines qualitativen Forschungsprojekts die kreative Interpretation der Sache selbst, d.i. der Schlussmodus der → Abduktion im Sinne von Ch. S. Peirce im Zentrum steht.

Es lassen sich drei grundlegende Kategorien des symbolischen Interaktionismus unterscheiden, die zugleich auf wichtige empirische Forschungen innerhalb dieses Paradigmas verweisen (Schütze, 1987b, S. 540ff.): a) Die Theorie der sozialen Welten. Als Beispiel sei auf die sozialen Welten der Psychiatrie, der Studenten, verschiedener Professionen und der Computerindustrie verwiesen (Becker et al. 1961) b) Die Theorie der Verlaufskurven (trajectories). Verlaufskurven beziehen sich etwa auf chronische Krankheiten, psychiatrische Karrieren, systematisches Schulversagen, Studien- und Berufsfallen, die in die Biografien der Betroffenen tief eingreifen (Strauss/Glaser 1970). c) Die Theorie der Arbeitsorganisation und –teilung (Arbeitsbögen) (Strauss et al. 1985).

Der symbolische Interaktionismus hat einen wesentlichen Beitrag zur Interaktionstheorie geleistet, wichtige empirische Projekte initiiert und erfolgreich durchgeführt, und er hat einen bedeutenden Anteil an der Konstitution der sich heute zunehmend durchsetzenden und etablierenden qualitativen Sozialforschung. Ebenso sind die neueren methodologischen und methodischen Ausdifferenzierungen der qualitativen Sozialforschung positiv hervorzuheben. Gleichwohl weist der symbolische Interaktionismus nicht unerhebliche strukturtheoretische Defizite auf. Diese beziehen sich u.a. auf die Bestimmung der Kategorien der Interaktion, der Krise, des Sinns und der Zeit und die Verknüpfung von Handlung, Krise, Sinn und Zeit. Nicht zuletzt gehen diese Defizite auf eine ungenügende strukturale Rekonstruktion der eigenen Tradition (G. H. Mead, Ch. S. Peirce) zurück. Der symbolische Interaktionismus bleibt hinter seinen eigenen Möglichkeiten zurück. Besonders deutlich zeigt sich dies an der Mead-Rezeption von H. Blumer. Es fehlt in dieser eine explizite Theorie der naturgeschichtlichen Herausbildung humaner Sozialität. Dadurch aber wird ein Kernstück der Meadschen Naturphilosophie ausgeblendet, das erst die Grundlage abgibt zu einem angemessenen Verständnis der humanen Ontogenese und humanspezifischen Handelns. Ferner mangelt es an einer eingehenden Analyse des Verhältnisses von sozialem und instrumentalem Handeln (Habermas 1981; Joas

1978; Wagner 1993, 1999a u. b) und der Entfaltung eines objektiven Sinnbegriffs (Mead 1934; Oevermann 1979). Auch dass es bislang im symbolischen Interaktionismus nicht gelang, ein ausdifferenziertes Krisenmodell zu entwickeln, ist zu kritisieren. Denn nur auf dessen Folie lassen sich die genetische Konstitution von Erfahrung und die systematische Entstehung des Neuen sowie die Bildungsprozesse und die Identitätskonstitution des Subjekts nachzeichnen. Methodisch stehen bestimmte Versionen des symbolischen Interaktionismus – wie etwa die auf Blumer sich berufende – in Gefahr, sinntheoretisch verkürzt zu operieren und bei der Rekonstruktion konkreter Fälle auf der Ebene subjektiver Intentionalität stehenzubleiben (kritisch dazu auch: → objektive Hermeneutik sowie: → dokumentarische Methode).

### Weiterführende Literatur

Blumer, H. (1973): Der methodologische Standort des symbolischen Interaktionismus. In: Arbeitsgruppe Bielefelder Soziologen: Alltagswissen, Interaktion und gesellschaftliche Wirklichkeit. Reinbek b. Hamburg, S. 80-146. (Original: The Methodological Position of Symbolic Interactionism. In: Ders. Symbolic Interactionism. Englewood Cliffs 1969; zuerst 1937).

Joas, H. (1988): Symbolischer Interaktionismus. In: Kölner Zeitschrift für Soziologie und Sozialpsychologie. 40, S. 417-445.

*Hans-Josef Wagner*

**szenische Metapher** → Fokussierungsmetapher

# Szenisches Verstehen

Lorenzer (1970) bezeichnet mit dem szenischen Verstehen zunächst einmal die in der therapeutischen → Psychoanalyse entwickelte Methode eines tiefenhermeneutischen Interpretierens der Erzählungen des Patienten, deren latenter Sinn über die Wirkung seiner Worte auf das Unbewusste des Analytikers erschlossen wird. In der von Lorenzer (1986) auf dem Forschungsfeld der Kulturanalyse entwickelten Methode der → Tiefenhermeneutik bezieht sich das szenische Verstehen auf dreierlei: (1) Es wird davon ausgegangen, dass sich die Bedeutung des Textes in der Spannung zwischen einem manifesten und einem latenten Sinn entfaltet. Der manifeste Sinn des Textes wird durch die dem Bewusstsein verfügbaren Lebensentwürfe bestimmt, über die sich die Akteure durch ein sprachsymbolisches Interagieren verständigen. Im Zuge der symbolischen Verständigung über Bedürfnisse, Erwartungen und Regeln werden jedoch Wünsche, Ängste und Phantasien unterdrückt, die unvereinbar sind mit den in Anspruch genommenen Moralvorstellungen. Die sich als sozial anstößig erweisenden Lebensentwürfe widersetzen sich der bewussten Selbstkontrolle der Akteure, indem sie sich hinter dem Rücken des Bewusstseins verhaltenswirksam durchsetzen. Was nicht bewusst intendiert wird, inszeniert sich auf einer nonverbalen Bedeutungsebene des im Text entfalteten Dramas, das sich erfassen lässt, wenn man den szenischen Gehalt dieses Interaktionsgefüges erfasst.

(2) Da die auf eine latente Bedeutungsebene verbannten Lebensentwürfe aus der sprachlichen Selbstverfügung der Akteure ausgeschlossen sind, lassen sie sich nur dadurch erfassen, dass der Interpret das im Text arrangierte Interaktionsgefüge in seiner sinnlich-bildhaften Gestalt erfasst und es auf das eigene Erleben wirken lässt. Dabei lässt sich der Interpret von seinen Assoziationen und Irritationen leiten. Die von Lorenzer so bezeichneten (vgl. König 1996, S. 353 f.) bilden affektive Reaktionen auf die Inkonsistenzen, Ungereimtheiten und Brüche des im Text entfalteten Interagierens, Schlüsselszenen, die einen Zugang zu dem hinter dem manifesten Sinn verborgenen latenten Sinn erschließen. (3) Das Erfassen der auf eine latente Bedeutungsebene verwiesenen Lebensentwürfe wird dadurch erleichtert, dass der Forscher den Text in einer Gruppe von Interpreten (vgl. König 1993, S. 206-212) rekonstruiert, in der man sich über eigene emotionale Reaktionen und sich daraus ergebende Lesarten so lange verständigt, bis man aus den verschiedenen Verstehenszugängen eine Deutung des Textes konstruieren kann. Was sich als ein sich szenisch im Text entfaltendes Drama beschreiben lässt (1), reproduziert sich aufgrund der Wirkung des Textes auf das Erleben sowohl in der Interaktion des Interpreten mit dem Text (2) als auch in den Verständigungsprozessen der Gruppe (3), in denen Szenen Gestalt annehmen, von denen her sich die Szenen des Textes und die ihnen zugrunde liegende szenische Struktur erfassen lässt (vgl. König 2001, S. 177-188).

*Hans-Dieter König*

**tacit knowledge** (*siehe* implizites Wissen)

## Teilnehmende Beobachtung

Kennzeichnend für die teilnehmende Beobachtung ist die persönliche Teilnahme des Sozialforschers bzw. der Sozialforscherin an der Praxis derjenigen, über deren Handeln und Denken er bzw. sie Daten erzeugen möchte. Dabei ist die Annahme leitend, dass durch die Teilnahme an face-to-face-Interaktionen bzw. die unmittelbare Erfahrung von Situationen Aspekte des Handelns und Denkens beobachtbar werden, die in Gesprächen und Dokumenten – gleich welcher Art – über diese Interaktionen bzw. Situationen nicht in dieser Weise zugänglich wären. Werden dabei qualitative Daten – z.B. in Form von nachträglich erstellten Beobachtungsprotokollen oder Feldnotizen – gewonnen, kann man von teilnehmender Beobachtung als einer eigenständigen Methodologie der qualitativen Sozialforschung sprechen.

Allerdings ist dieses Verständnis von teilnehmender Beobachtung in den letzten Jahren vor allem im deutschsprachigen Raum etwas außer Mode gekommen. Die notwendige intensive und nachholende Rezeption der englischsprachigen Diskussion zur → Ethnografie während der Neunzigerjahre des letzten Jahrhunderts (vgl. Lüders 1995) hat auch hierzulande dazu geführt, dass kaum mehr jemand von teilnehmender Beobachtung spricht und stattdessen sich ein weithin anerkanntes Verständnis von Ethnografie als ein allgemeines, methodenplurales, triangulatives Forschungskonzept durchgesetzt hat. Teilnehmende Beobachtung wird in diesem Zusammenhang als ein neben anderen möglicher methodischer Zugang innerhalb einer Ethnografie verstanden. Kennzeichnend für nicht wenige ist dabei der weitgehende Verzicht auf vorgängige methodologische Regeln und die Betonung der „künstlichen Dummheit" (Hitzler 1997) als eine wesentliche habituelle Voraussetzung für ethnografische Forschung.

Diese „Einbettung" von teilnehmenden Beobachtung als *ein* Zugang ethnografischer Forschung hat allerdings dazu geführt, dass die Besonderheiten und die spezifischen methodologischen Herausforderungen, die mit diesem Zugang verbunden sind, gegenwärtig entweder gar nicht oder in sehr heterogener Weise diskutiert und bearbeitet werden. Zum Teil mit dafür verantwortlich ist das rollentheoretische Erbe, das die Debatte um die teilnehmende Beobachtung seit den Vierzigerjahren des letzten Jahrhunderts prägt. Methodologische Probleme der teilnehmenden Beobachtung werden dabei vorrangig rollentheoretisch, und d.h. vor allem auf die Person des teilnehmenden Beobachters und seine möglichen Rollen konzentriert, diskutiert (vgl. hierzu fast schon klassisch: die Beiträge in McCall/Simmons 1969). Hierzu gehört z.B. die Frage, wie der teilnehmende Beobachter in einer konkreten Beobachtungssituation zugleich Nähe zum Feld, die er benötigt, um die entsprechende Daten erzeugen zu können, und Distanz, die er wahren muss, um überhaupt beobachten zu können.

Demgegenüber haben die wissenstheoretischen und texttheoretischen Einflüsse, die in anderen Feldern der qualitativen Sozialforschung zunehmend an Bedeutung gewannen, im Fall der teilnehmenden Beobachtung bislang noch nicht richtig Fuß gefasst. So erweist sich der gegenwärtige Diskussionsstand zur teilnehmenden Beobachtung im deutschsprachigen Raum als einigermaßen diffus – was so weit reicht, dass die teilnehmende Beobachtung in einigen jüngeren Einführungen gar nicht mehr als eigenständige Methodologie erwähnt wird, während sie anderenorts nur als Stichwort in unterschiedlichen Zusammenhängen auftaucht. Und auch im englischsprachigen Sprachraum scheint die Diskussion – sieht man einmal von den zahlreichen von der Postmoderne infizierten Beiträgen ab (vgl. zuletzt Denzin/Lincoln 2000, 2002) – zu stagnieren (noch immer einführend: z.B. Jorgensen 1989).

Da es aber zugleich noch immer eine breite einschlägige Forschungspraxis gibt, ist es notwendig, auch wieder die Besonderheiten teilnehmender Beobachtung stärker als bisher zum Gegenstand der methodologischen Diskussion zu machen. Neben den vielfach diskutierten Fragen den Feldzuganges, des Feldaufenthaltes und des -ausstieges und der offenen Frage der Standards bzw. → Gütekriterien, die aber nicht nur die teilnehmende Beobachtung, aber eben auch diese, betrifft, bedarf es vor allem der Diskussion dreier Aspekte: Zum einen ist eine präzisere Klärung dessen vonnöten, was eigentlich wie durch einen Feldaufenthalt eines relativ ‚fremden‘ Forschers bzw. einer relativ ‚fremden‘ Forscherin in einer konkreten Situation zugänglich bzw. beobachtbar wird. Denn noch immer schwingen bei der Diskussion um die teilnehmende Beobachtung implizite Authentizitätsannahmen mit, so als ob die Teilnahme an einer Situation die „echteren" bzw. „wahreren" Einsichten – etwa im Vergleich zu retrospektiven Berichten der Beteiligten über die Situation – ermöglichen würde. Demgegenüber kann es nur – z.B. im Vergleich zum Interview – um *andere* Einsichten gehen, und es wäre methodologisch und inhaltlich zu präzisieren, was diese andere Qualität jeweils auszeichnet. Zum Zweiten ist nach wie vor die Protokollfrage offen. Der gängige Begriff Protokoll verdeckt, dass es durchaus umstritten ist, ob das, was während der Beobachtung bzw. nachträglich notiert wird, bei der Auswertung als Protokolle im Sinne der vergleichsweise neutralen Beschreibung von Sachverhalten oder vielmehr – um die Gegenposition zu zitieren – als Erzählungen des Beobachters zu betrachten sei (vgl. die Diskussion zusammenfassend: Matt 2001). Die Entscheidung darüber hat Folgen hinsichtlich des Auswertungsverfahrens des Beobachtungs-"Protokolls" und den damit einhergehenden Geltungsansprüchen.

Drittens schließlich wird in der deutschsprachigen Methodologiedebatte nach wie vor die ethische Frage zu sehr auf die leichte Schulter genommen. Man muss die damit zusammenhängenden Probleme nicht immer so grundsätzlich und politisch korrekt diskutieren, wie dies mitunter in der englischsprachigen Debatte der Fall ist (vgl. z.B. de Laine 2000); andererseits ist es schon irritierend, dass in der Methodologiediskussion zur teilnehmenden Beobachtung weder der Daten- und Vertrauensschutz – und dabei ist zu bedenken, dass jede teilnehmende Beobachtung de facto personenbezogene Daten erzeugt –, noch die Frage der kulturellen Unterschiede zwischen denjenigen, die beobachten, und denjenigen, die beobachtet werden, bislang methodologisch sonderlich ernst genommen werden.

Nachdem die Welle der postmodernen Methodologiediskussion gerade auch zur teilnehmenden Beobachtung und zur Ethnografie den deutschsprachigen Bereich offenbar verschont hat, bestünde Raum, sich einem aussichtsreichen Zugang qualitativer Sozialforschung erneut methodologisch-reflexiv zu nähern.

### Weiterführende Literatur

Jorgensen, Danny L. (1989): Participant Observation. A Methodology for Human Studies (Applied Social Research Methods Series, Volume 15). Newbury Park, London & New Dehli.

Lüders, Christian (1995): Von der teilnehmenden Beobachtung zur ethnografischen Beschreibung. In: König, Eckard/Zedler, Peter (Hrsg.): Bilanz qualitativer Forschung. Bd. II: Methoden. Weinheim, S. 311-342.

*Christian Lüders*

**tertium comparationis** → komparative Analyse

**Textsortendifferenzierung** → Erzählanalyse

**The Ethnograf** → Computerunterstützung in der qualitativen Sozialforschung

# Thematisches Interview

Im folgenden wird im Gegensatz zu einem → *narrativen Interview* unter einem thematischen Interview ein solches verstanden, das die Relevanzsetzungen durch den Informanten bis zu einem gewissen Grad kanalisiert, indem bestimmte thematische Bereiche häufig in Form von Leitfragen (→ Leitfadeninterview) vorgegeben werden. Insofern ist diese Kategorie ein Oberbegriff, unter den sowohl das fokussierte Interview wie auch das problemzentrierte Interview gefasst werden, obwohl diese in der bisherigen Literatur unterschieden wurden (vgl. Witzel 1982; Lamnek 1989; Spöhring 1989; Friebertshäuser 1997). Die Kriterien der Einschränkung auf thematische Komplexe setzen, ähnlich wie beim → *Experteninterview*, bereits ein Wissen über den Gegenstandsbereich voraus. Innerhalb der vorgegebenen Themenkomplexe wird in der Regel versucht, mit offenen Fragen das narrative Potenzial des Informanten zu nutzen.

*Winfried Marotzki*

**theoretische Sättigung** → Erzählanalyse; → Grounded Theory; → theoretisches Sampling

# Theoretisches Sampling

Dieser Begriff bezeichnet ein von A. Strauss und B. Glaser im Rahmen der → *Grounded Theory* vorgeschlagenes Auswahlverfahren für Fälle und Daten (Glaser/Strauss 1998, S. 51 ff.). Zentrales Merkmal ist der Verzicht auf einen vorab bestimmten Auswahlplan zugunsten einer schrittweisen Entwicklung des Samples, orientiert an der im Forschungsprozess iterativ entwickelten Theorie.

Praktisch stellt sich das theoretische Sampling als eine Kette aufeinander aufbauender Auswahlentscheidungen entlang des Forschungsprozesses dar, wobei die Auswahlkriterien im Verlauf der Projektes zunehmend spezifischer und eindeutiger werden (Wiedemann 1991, S. 443). Da eine eigene empirisch begründete Theorie zum Untersuchungsgegenstand zu Beginn eines Projektes noch nicht vorliegt, erfolgt die Auswahl eines oder weniger erster Fälle auf der Basis theoretischer und praktischer Vorkenntnisse, die hier jedoch – im Unterschied zum „theoretischen Rahmen" in nonomologisch-deduktiven Konzepten – als „*sensibilisierende Konzepte*" (H. Blumer 1973) zum Tragen kommen. Daran anschließende Auswahlentscheidungen werden dann auf der Basis jener gegenstandsbezogenen theoretischen Konzepte getroffen, die sich aus der Analyse der ersten Falldaten ergeben. Praktisches Mittel dazu sind insbesondere sog. „*generative Fragen*", die im Verlauf der Analyse herausgearbeitet werden. Das neu hinzugezogene Material wird dabei mit dem Ziel ausgesucht, im Wege ständigen Vergleichens sowohl neue Eigenschaften und Dimensionen der vorliegenden Konzepte herauszuarbeiten als auch weitere Konzepte zu entwickeln. Die erarbeitete Theorie, die dadurch sukzessive differenzierter und reichhaltiger wird, kontrolliert insofern den weiteren Samplingprozess, als jede Auswahlentscheidung aus den Postulaten dieser Theorie abzuleiten ist. Dabei kommen den einzelnen Samplingschritten je nach Stand der analytischen Arbeit unterschiedliche Funktionen zu. In Phasen des *offenen Kodierens* zielt das theoretische Sampling auf Material, das gute Chancen bietet, möglichst viele thematisch relevante Konzepte zu erarbeiten und deren Eigenschaften und Dimensionen systematisch zu entwickeln. Beim *axialen Kodieren*, das auf die Erarbeitung von Zusammenhängen zwischen Kategorien und Konzepten zielt, ändert sich auch der Fokus der Auswahlentscheidungen: Die Auswahl von Fällen und Daten richtet sich nun primär auf die zuvor am Material erarbeiteten tentativen Zusammenhangshypothesen und ihre Überprüfung. In der Phase des *selektiven Kodierens* schließlich ist die Samplingstrategie dann stärker auf das Schließen von Lücken in der Theorie sowie auf deren Überprüfung ausgerichtet. Hierzu wird zwar weiterhin neues Fallmaterial erhoben, aber auch verstärkt bereits vorhandenes Material unter zusätzlichen Gesichtspunkten erneut ausgewählt (Strauss/Corbin, 1996, S. 153ff.).

Das theoretische Sampling ist in jeder Prozessetappe eng mit dem *Kriterium der theoretischen Sättigung* verbunden: Wenn die zur Prüfung eines bestimmten theoretischen Konzeptes systematisch und fortgesetzt erhobenen Daten dieses nicht nur bestätigen, sondern auch keine weiteren Eigenschaften der Konzepte mehr erbringen, wird die Samplingstrategie modifiziert: Ging es zunächst darum, in Bezug auf das untersuchte Phänomen möglichst homogene Fälle zu untersuchen, so wird nach dem Erreichen der theoretischen Sättigung diese *Strategie des minimalen Vergleichs* durch eine *Strategie des maximalen Vergleichs* ersetzt, d.h. es werden nun systematisch Daten zu Falldomänen ausgesucht, die gute Chancen haben, abweichende Ausprägungen des Phänomens aufzuweisen (Glaser/Strauss 1998, S. 62f.). Damit lassen sich Variationen bereits erarbeiteter ebenso wie bislang noch unbekannter Konzepte erarbeitet, aber auch Indikatoren für die Kontextbedingungen gewinnen, unter denen bestimmte Phänomene typischerweise auftreten.

Diese Art des auf Theoriegenese statt auf Theorietest gerichteten Samplings zielt ersichtlich nicht auf die in statistischen Samplingverfahren angestrebte Repräsentativität der Stichprobe für eine bestimmte Grundgesamtheit. Angestrebt wird vielmehr eine *konzeptuelle Repräsentativität*, d.h. es sollen alle Fälle und Daten erhoben werden, die für eine vollständige analytische Entwicklung sämtlicher Eigenschaften und Dimensionen der in der jeweiligen Grounded Theory relevanten Konzepte und Kategorien erforderlich sind. Ausgewählt werden daher auch nicht wirklich Personen oder Organisationen, sondern Ereignisse, die nach dem Kontext ihres Entstehens differenziert werden (Strauss/Corbin 1996, S. 149).

Dem theoretischen Sampling liegt die forschungslogische Vorstellung einer sukzessiven Prüfung von aus Ad hoc-Hypothesen deduzierten Handlungskonsequenzen zugrunde, wie sie insbesondere der Pragmatist J. Dewey in seiner „theory of inquiry" (1938) entwickelt. Danach gilt es, in iterativ-zyklisch verlaufenden Problemlösungsprozessen die abduktiv und induktiv in Auseinandersetzung mit der empirischen Welt gewonnenen Konzepte gedankenexperimentell auf ihre voraussichtlichen Konsequenzen im praktische Handeln zu befragen, um dann in systematisch-experimentellen Schritten zu prüfen, ob die Annahmen empirisch zutreffen, bzw. inwiefern tatsächliche Handlungskonsequenzen von den erwarteten abweichen.

Anders als die *analytische Induktion* (→ Abduktion) verfolgt das theoretische Sampling allerdings nicht eine Falsifikationslogik der systematischen Suche nach negativen Fällen – die dann zu einer Reformulierung der Ausgangshypothese bzw. zu einer Einschränkung ihres Geltungsbereichs führen würden (Glaser/Strauss 1998, S. 109f.; Dey 1999, S. 170f.). Vielmehr arbeitet das theoretische Sampling mit der Vorstellung von in aufeinander folgenden Problemlösungsschritten herzustellenden Modifikationen, Differenzierungen und Erweiterungen des theoretischen Modells.

Angesichts der Dominanz vorab definierter Auswahlpläne in der empirischen Sozialforschung wird die Bedeutung der iterativ-zyklischen, verlaufsoffenen Grundstruktur des theoretischen Sampling und seiner Interdependenz mit dem fortschreitenden Analyse- und Theoriebildungsprozess gerne verkannt; insbesondere in Projektanträgen konfligiert das Ideal der Verlaufsoffenheit mit den Sachzwängen einer präzisierten Forschungsplanung. Umgekehrt erfordert die Berichterstattung über das theoretische Sampling in empirischen Projekten einen besonders hohen Begründungsaufwand.

Das theoretische Sampling ist ein in mehrfacher Hinsicht qualitätssicherndes und kontrollierendes Verfahren: Es fördert einerseits die konzeptuelle Dichte der entstehenden Theorie, indem Varianten des Phänomens systematisch erarbeitet und durch übergreifende Kategorien integriert werden, es erhöht damit aber zugleich auch die Reichweite der Theorie, indem es in kontrollierten und explizierten Schritten eine Ausweitung des Untersuchungsbereichs ermöglicht und so in Richtung auf eine umfassende Theorie des Gegenstandsbereichs wirkt (Strübing 2001). Weil Auswahl und Erhebung der Daten sukzessive und prozessgesteuert erfolgen, ergibt sich überdies die Chance, nicht nur die Adäquanz der ausgewählten Daten sondern auch die zu ihrer Gewinnung zu verwendenden Erhebungsmethoden sukzessive zu optimieren.

### Weiterführende Literatur

Glaser, Barney G./Strauss, Anselm L. (1998) (1967), Grounded Theory. Strategien qualitativer Forschung. Göttingen: H. Huber, S. 51-83.
Strauss, Anselm L./Corbin, Juliet (1996) (1990), Grounded Theory: Grundlagen qualitativer Sozialforschung. Weinheim: Beltz/PVU, pp. 148-165.

*Jörg Strübing*

**Theorien-Triangulation** → Triangulation
**thematischer Verlauf** → Gruppendiskussion


# Tiefenhermeneutik

Die von Lorenzer (1981, 1986) anhand von Literaturinterpretationen entwickelte Tiefenhermeneutik (vgl. König 2000) stellt eine qualitative Methode *psychoanalytischer Kulturforschung* dar, welche den narrativen Gehalt von Texten und Bildern über die Wirkung auf das Erleben der InterpretInnen untersucht. Sie ist von einer *naiven* Anwendung der Psychoanalyse auf die Kultur zu unterscheiden, im Zuge derer die Freudschen Begriffe, die in einer therapeutischen Praxis entwickelt wurden und auf sie zugeschnitten sind, auf soziale Prozesse übertragen werden, obgleich es dabei um ein ganz anderes Forschungsfeld geht. Der Gefahr, die Eigendynamik kultureller Prozesse zu verkennen und sie zu psychologisieren bzw. zu pathologisieren, entgeht die Tiefenhermeneutik dadurch, dass sie die in der therapeutischen Praxis entwickelte Methode des → „*szenischen Verstehen*" (vgl. Lorenzer 1970) auf eine methodologisch reflektierte Weise modifiziert, sodass sie dem jenseits der Couch gelegenen Forschungsfeld gerecht wird und einer qualitativen Forschungspraxis entsprechend dazu geeignet ist, Neues zu entdecken.

Wer sich der Tiefenhermeneutik als Methode psychoanalytischer Kulturforschung bedient, hat eine Reihe von – an anderer Stelle (vgl. König 1997, 2001) erörterten – Regeln zu beachten, von denen nur folgende erwähnt werden sollen: (1) Die Analyse zielt auf die Erfassung des szenischen Gehalts der in Texten und Bildgefügen arrangierten sozialen Interaktionen, in dem sich bewusste und unbewusste Lebensentwürfe auf eine sinnlich-anschauliche Weise ausdrücken. Zu erschließen ist die Doppelbödigkeit sozialer Handlungsabläufe, deren Bedeutung sich in der Spannung zwischen einem *manifesten* und einem *latenten Sinn* entfaltet. Während der manifeste Sinn des Interagierens gleichsam einen Niederschlag bewusster Lebensentwürfe bildet, über die sich die Akteure sprachlich verständigen, artikulieren sich auf der latenten Bedeutungsebene uneingestandene Lebensentwürfe. Hierbei handelt es sich entweder um bislang noch nicht bewusst gewordene Lebensentwürfe, die noch niemals sprachlich lizensiert wurden, oder um verdrängte Lebensentwürfe, die aufgrund ihrer Unvereinbarkeit mit der gesellschaftlichen Moral wieder der sprachlichen Selbstverfügung entzogen wurden, sich jedoch unter dem Druck eines Wiederholungszwanges verhaltenswirksam in sozialen Interaktionen durchsetzen. (2) Das kognitive Verstehen der Texte und Bildgefüge basiert auf einem affektiven Verstehen, das mit Hilfe der von Freud (1975) so bezeichneten Regeln der „freien Assoziation" und der „gleichschwebenden Aufmerksamkeit" für den Interpretationsprozess nutzbar gemacht wird. (3) Von besonderem Interesse sind jene Interaktionsszenen, die aufgrund von Inkonsistenzen, Widersprüchen und Ungereimtheiten irritieren. Mit dem Begriff der *Irritation* hebt Lorenzer (1990) darauf ab, dass befremdende Szenen neue Lesarten erschließen, die von den durch ein routinisiertes Textverstehen erschlossenen Lesarten abweichen und eine quer zum manifesten Sinn gelegene latente Sinnebene erschließen (vgl. König 1996, S. 354f.). (4) Das Verstehen der Texte und Bilder geht zwar vom je eigenen Erleben aus, wird jedoch in eine Gruppeninterpretation eingebracht (vgl. König 1993, S. 206ff.), um eine Vielzahl von Lesarten zu erschließen, aus denen eine Deutung der szenischen Struktur des Textes oder Bildgefüges konstruiert wird. (5) Das sich der Umgangssprache bedienende szenische Interpretieren stellt das erste Feld der tiefenhermeneutischen Fallrekonstruktion dar. Das theoretische Begreifen bildet das zweite Feld der psychoanalytischen Kulturforschung, im Zuge derer das Neue, das durch die szenische Interpretation entdeckt wurde, typisiert und auf der Basis einer sozialen und historischen Kontextualisierung verallgemeinert wird.

Mit Hilfe der Tiefenhermeneutik lässt sich aus psychoanalytischer Perspektive untersuchen, wie Verständigungsprozesse durch symbolische Interaktion ermöglicht oder durch symptomatisches Agieren verzerrt werden. Das verdeutlichen zwei Anwendungsformen: Eine tiefenhermeneutische Kulturanalyse rekonstruiert, wie kulturelle Sinnangebote die Subjekte aufklären oder auf manipulative Weise vereinnahmen: Im einen Fall werden noch nicht bewusst gewordene Lebensentwürfe öffentlich zur Debatte gestellt, um herrschende Verhältnisse in Frage zu stellen; im anderen Fall werden etwa in der Tiefe unbewussten Erlebens wirksame neurotische Ängste oder destruktive Impulse aufgegriffen, um für Vorurteile oder eine den status quo rechtfertigende Weltanschauung einzunehmen. Die tiefenhermeneutische Biografieforschung, welche lebensgeschichtliche Situationen als Inszenierung von bewussten und unbewussten Lebensentwürfen begreift, differenziert zwischen rationalem Handeln und irrationalem Verhalten: Als rational lässt sich ein symbolisches Interagieren beschreiben, bei dem das Individuum eine Krisenerfahrung durch

Selbstreflexion löst und durch eine schöpferische Regression auf unbewusste Lebensentwürfe eine kreative Lösung findet, mit deren Hilfe sich die äußere Situation verändern lässt. Irrational ist hingegen ein symptomatisches Agieren, bei dem Krisensituationen das Auftauchen verdrängter Lebensentwürfe provozieren, die sich sodann hinter dem Rücken der bewussten Selbstverfügung auf eine blind-bewusstlose Weise durchsetzen. Die Tiefenhermeneutik vermag im Zuge exemplarischer Fallrekonstruktionen zu untersuchen, wie soziale Herrschaft über den Zugriff auf unbewusste Erlebnisfiguren in der Tiefe der Subjekte verankert wird, und zugleich zu analysieren, wie Subjekte im Rückgriff auf unbewusste Lebensentwürfe Phantasie entfalten und neue Handlungsspielräume entwickeln.

### Weiterführende Literatur

Jürgen Belgrad/Görlich, Bernhard/König, Hans-Dieter/Schmid Noerr, Gunzelin (1987): Zur Idee einer psychoanalytischen Sozialforschung. Dimensionen szenischen Verstehens. Frankfurt a.M.
Hans Dieter König/Lorenzer, Alfred et al. (Hg.) (1986): Kultur-Analysen. Psychoanalytische Studien zur Kultur, Frankfurt a.M.

*Hans-Dieter König*


# Tiefeninterview

Tiefeninterviews, gelegentlich auch Intensivinterviews genannt, sind Teil der klinischen und therapeutischen Praxis und dienen dort häufig der Diagnose von Erkrankungen. Sie werden zum Standardinventar klinischer Interviews gerechnet. Das grundlegende Prinzip bildet die Annahme, dass dem Interviewten bestimmte Sachverhalte, z.B. Wirklichkeitskonstruktionen, nicht bewusst sind, er ihnen insofern auch nicht erzählend, beschreibend oder argumentierend Ausdruck zu verleihen vermag. Das Tiefeninterview versucht, systematisch Material zu erheben, das Rückschlüsse auf solche unbewussten Gehalte erlaubt. Insofern verwundert es nicht, dass sich in der Forschungspraxis Tiefeninterviews durchgesetzt haben, die auf psychoanalytischen Annahmen aufbauen (→ Psychoanalyse). Die Auswertung erfolgt in der Regel auf der Basis der von Lorenzer entwickelten → Tiefenhermeneutik (Lorenzer 1970; 1973; Leithäuser/Volmerg 1979).

*Winfried Marotzki*


**Totalität (Prinzip der)** → objektive Hermeneutik

**Totalität der Weltanschauung** → dokumentarische Methode; → praxeologische Wissenssoziologie

# Transkription

Transkription bezeichnet im wesentlichen die Verschriftlichung audiovisuell aufge-zeichneter Daten. Aufgezeichnet werden dabei (a) wissenschaftlich induzierte so-ziale Prozesse, wie etwa → Interviews oder Experimente, oder (b) „natürlich" ab-laufende soziale Prozesse. Beide Arten von Prozessen spielen sich auf der Ebene ab, die man als „Interaktionsordnung" bezeichnen kann. In *technischer Hinsicht* be-dient man sich in der Regel besonderer Geräte, die eine stufenlose Geschwindig-keitsregelung des Aufgezeichneten, leichtes Rückspulen und häufiges Wiederholen erlauben. Die Transkription erfordert in der Regel eine gewisse Übung, und sie be-nötigt ein Vielfaches der Zeit, die die Aufnahme dauert.

*Methodologisch* sollte man sich im klaren sein, dass die Transkription die Auf-zeichnungen ebenso wenig abbildet wie diese das Aufgezeichnete. Vielmehr heben sie bestimmte Aspekte heraus, vernachlässigen dagegen andere. Was die herausge-hobenen Aspekte angeht, erlauben sie jedoch eine sehr feine Analyse. Weil sich die aufgezeichneten Materialien durch die Transkription in Daten verwandeln, ist die Art der Transkription deswegen auch richtungsweisend für die Art der Analysen. Beginnen wir mit der Transkription *akustischer Daten*, dann können wir (a) zum ei-nen eine von Dialekt, Umgangssprache und anderen akustischen Elementen betreite schriftsprachliche Transkription anfertigen, die sich etwa an der literarischen Wie-dergabe von Dialogen orientiert. Eine solche Transkription wird die Analyse von Themen und Inhalten der aufgezeichneten Vorgänge ermöglichen, nicht aber etwa von Betonungen, interaktiven Abläufen oder Interviewereinflüssen. Dies gelingt (b) durch ein dialogisches, unbereinigtes Grobtranskript. In einer weiteren Stufe der Verfeinerung der Transkription werden (c) die einzelnen Handlungsschritte in ihrer zeitlichen Sequenz wiedergegeben. In einer Reihe stärker linguistisch orientierter Untersuchungen werden (d) noch feinere Transkripte verwendet. Das ist besonders dann nötig, wenn die Untersuchung mündliche Sprechereignisse in den Fokus nimmt, wie etwa Predigten. Hier werden dann auch Dehnungen, Stimmerhöhungen, Stimmqualitäten usw. wiedergegeben.

Naturgemäß ist die Bandbreite der Möglichkeiten noch größer, wenn auch noch der *visuelle* Aspekt miteinbezogen und transkribiert wird. Doch auch hier haben sich verschiedene Konventionen eingebürgert. Eine simple Variante besteht darin, dass (a) die nonverbalen Aktivitäten sehr grob parallel zum Gesprochenen notiert werden (etwa in eckigen Klammern). Das mag für sehr einfache Fragestellungen genügen. In dem Maße, wie das Visuelle aber selber zum Gegenstand wird, dürfte es auch nötig sein, die Transkription zu verfeinern. Eine weitere Möglichkeit (b) besteht darin, eine besondere Dimension des Visuellen parallel zu (und in zeitlicher Abstimmung mit) dem Sprachlichen zu transkribieren: etwa die Augenbewegungen, die Armbewegungen oder Kopfdrehungen. (Dabei wird natürlich das analytische Augenmerk auf die Koordination von Handlungen hinsichtlich dieser Dimensionen gelenkt.) Eine weitere Möglichkeit, die sich eingebürgert hat, ist (c) die sogenannte Partitur. Hier werden verschiedene Spalten gebildet, die jeweils für sich transkri-biert werden. Diese Spalten beinhalten etwa die folgenden Merkmale:

| ZEIT | Fortlaufender gesprochener Text | Gesamtbeschreibung der visuellen Szene | Beschreibung einzelner Aspekte: | |
|------|------|------|------|------|
| | | | Mimik | Gestik etc. |
| T1 | | | | |
| Tn | | | | |

Noch anschaulicher ist dies, wenn die Bilder aus den Videos digital gezogen werden. Das wird durch Programme möglich, wie etwa „Video-Shop" von MacIntosh, das eine Bearbeitung von Video-Daten am Computer ermöglicht und die Video-Bilder auch für die Textverarbeitung zur Verfügung stellt. Diese Techniken erlauben es auch, (d) die Transkription auf die sprachlichen Texte zu beschränken und die visuellen Daten anhand eines Videos zu analysieren und die Ergebnisse anhand der Sprachtranskription und Reihen von Einzelbildern darzustellen.

Man sollte sich darüber im klaren sein, dass die Genauigkeit der Transkription einen großen Einfluss auf die Analyseebene hat, die verfolgt werden kann. Wer eben die Gestik nicht transkribiert hat, kann bestimmte symbolische Bewegungsmuster nicht behandeln, und wer die Prosodie nicht transkribiert hat, wird nicht sehen können, was betont und was unbetont gesprochen wurde. Andererseits sind Transkriptionen um so zeitaufwendiger, je detaillierter sie sind. (Allein mit einer großen Routine schrumpft der benötigte Zeitaufwand wieder allmählich.) Deswegen wird im allgemeinen die Transkriptionsregel aufgestellt: so fein wie nötig, aber immer einen kleinen Schritt feiner als gedacht). Es ist selbstverständlich, dass für Personen, Orte, Zeiten Pseudonyme verwendet werden. Eines der in der sozialwissenschaftlichen Forschung gängigsten Transkriptionssysteme enthält u.a. die folgenden Elemente (vgl. Sacks, Schegloff und Jefferson 1974):

---

**Transkriptionskonventionen (Auszug)**

| | |
|---|---|
| [  ] | Einsetzen bzw. Ende einer Überlappung von Redezügen |
| (1,0) | Pause in Sekunden |
| (-) (---) | Sehr kurze bzw. kurze Pause (unter seiner Sekunde) |
| LAUT | Laut gesprochen |
| 'leise' | leise gesprochen |
| betont | betont gesprochen |
| *be tont | auffällig betonte Silbe |
| na:: | gedehnt gesprochen |
| hause- | abgebrochenes Wort |
| ;  . | schwach bzw. stark fallende Intonation |
| ,  ? | schwach bzw. stark steigende Intonation |
| = mal | schneller Anschluss |
| (mal) | unsichere Transkription |
| ((laut)) | Anmerkung des Transkribienten |
| {/ } / | Beginn bzw. Ende eines nonverbalen Akts |

---

## Weiterführende Literatur

Kowal, S./O'Connell D.C. (2000): Zur Transkription von Gesprächen. In: Flick, Uwe/Kardoff, Ernst von/Steinke, Ines (Hg.) (2000): Qualitative Forschung. Ein Handbuch. Reinbek, S. 437-446.

*Hubert Knoblauch*

# Triangulation

Dieser Begriff bezeichnet in der Sozialforschung die Betrachtung eines Forschungs-gegenstandes von (mindestens) zwei Punkten aus. Meist wird dies durch verschiedene methodische Zugänge realisiert. Die Diskussion um non-reaktive Messverfahren (Webb u.a. 1966) und der Ansatz der „multi-trait-multi-method-matrix" von Campbell/Fiske (1959) bilden den Ausgangspunkt für die generelle methodische Auseinandersetzung mit dem Konzept. Einflussreich in der qualitativen Forschung sind die Vorschläge von Denzin (1978), der Triangulation zunächst als eine Strategie der Validierung versteht und vier Formen unterscheidet: *Data Triangulation* kombiniert Daten aus verschiedenen Quellen oder von verschiedenen Zeitpunkten, Orten oder Personen. *Investigator Triangulation* kennzeichnet den Einsatz verschiedener Beobachter bzw. Interviewer. *Theorien-Triangulation* meint die Annäherung an den Forschungsgegenstand „ausgehend von verschiedenen Perspektiven und Hypothesen" (1978, S. 297). Denzins zentrales Konzept ist die *methodologische Triangulation* innerhalb einer Methode („within-method", z.B. die Verwendung verschiedener Subskalen in einem Fragebogen) und von verschiedenen Methoden („between-method"). Das Ziel der letzten Strategie ist: „Zusammengefasst beinhaltet methodologische Triangulation einen komplexen Prozess des Gegeneinander-Ausspielens jeder Methode gegen die andere, um die Validität (→ Gütekriterien) von Feldforschungen zu maximieren" (1978, S. 304). Nach ausgedehnten kritischen Diskussionen (als Überblick: Flick 1992) in verschiedenen Kontexten wird Triangulation heute auch von Denzin (1989; Denzin & Lincoln 1994) weniger als Validierungsstrategie denn als Weg zu mehr, umfassenderer oder vielschichtigerer Erkenntnis gesehen und bekommt dadurch neue Aktualität. Daten-Triangulation wird aktuell vor allem in der Verbindung verbaler und visueller Daten praktiziert. Investigator Triangulation wird in Auswertungsgruppen und Forschungswerkstätten umgesetzt. Methoden-Triangulation spielt etwa in ethnografischen Ansätzen, die bspw. Befragungen und Beobachtungen miteinander kombinieren (between method) eine Rolle. Hierbei wird die Triangulation eher pragmatisch praktiziert, weshalb sie auch als implizite Triangulation bezeichnet werden kann. Explizit werden verstärkt qualitative und quantitative Methoden (vgl. Kelle/Erzberger 2000) verknüpft. Ein Beispiel für die „within method triangulation" sind Interviewverfahren, die Erzählungen und Frage/Antwort-Passagen verknüpfen (z.B. das episodische Interview – Flick 1995; das problemzentrierte Interview – Witzel 1985).

Methodologische Probleme: Dabei ist zu beachten, dass dabei die jeweiligen, ggf. sehr divergenten theoretischen Hintergründe und erkenntnistheoretischen Basisannahmen der einzelnen Methoden mitberücksichtigt werden müssen. Entsprechend sollte Triangulation sich nicht in der pragmatischen Methodenkombination erschöpfen, sondern diese Ebene einbeziehen durch Theorientriangulation (Denzin 1978) oder systematische Perspektiven-Triangulation (Flick 1992). Weiterhin kann man von Triangulation nur dann sprechen, wenn die verknüpften Methoden gleichwertig eingesetzt werden (nicht nur ein paar illustrierende Interviews zur Hypothesengenerierung).

Praktische Probleme: Idealerweise sollte am Fall trianguliert werden – z.B. jeder, der beobachtet wurde, wird auch befragt. Häufig gibt es hier technische Probleme. Dabei ist die Belastung für Untersuchungsteilnehmer höher und die Gefahr von Ausfällen erhöht sich insgesamt, da jeder, der eine Erhebungsform ablehnt, für die Untersuchung insgesamt verloren ist. Dann kann auf der Ebene der Datensätze trianguliert werden: In einem offenen Feld werden Beobachtungen durchgeführt und interpretiert. Parallel werden Interviews durchgeführt und analysiert. Die Triangulation verknüpft dann die Datensätze oder die Ergebnisse des einen Vorgehens mit denen des anderen. Dabei muss sich die Triangulation nicht auf jeden Untersuchungsteilnehmer beziehen.

Wird Triangulation zu Validierungszwecken eingesetzt, wird damit nach konvergenten Ergebnissen bei der Anwendung verschiedener Methoden (oder Datenformen etc.) gesucht. Triangulation als Erkenntnisstrategie ist besonders aufschlussreich, wenn sie zu divergenten Ergebnissen durch die verschiedenen Methoden führt, die nach neuen Erklärungen (für die Divergenz) verlangen. Zusammenfassend lassen sich drei Verwendungsweisen der Triangulation festhalten: als Validierungsstrategie, als Ansatz der Generalisierung der gefundenen Erkenntnisse und als Weg zu zusätzlicher Erkenntnis.

### Weiterführende Literatur

Denzin, Norman K. (1989): The research act: A theoretical introduction to sociological methods. Englewood Cliffs, N. J. (3. Aufl.).
Flick, Uwe (2003): Triangulation – Methodologie und Anwendung. (Reihe Qualitative Sozialforschung). Opladen.

*Uwe Flick*

**turn taking (Redezugorganisation)** → Konversationsanalyse

## Typenbildung

Wenn von Typenbildung als einem sozialwissenschaftlichen Verfahren die Rede ist, so wird ganz allgemein, insbesondere aber in der qualitativen Forschung, vorzugsweise an Max Weber (1976, S. 1) und dessen „idealtypisches Verstehen" angeknüpft, welches als ein „erklärendes Verstehen" zur Bildung von Idealtypen führt. Die Konstruktion von (Ideal-)Typen tangiert nicht allein die Methodologie der Begriffsbildung in den Sozialwissenschaften, sondern betrifft insbesondere das Problem der Generalisierung (→ Gütekriterien), welches in den qualitativen Methoden nur allzu oft stillschweigend übergangen, gelegentlich aber auch explizit ausgeklammert wird.

Bekanntlich unterscheidet Weber (1976) das Verstehen idealtypischer Sinngehalte zum einen vom nomologisch-deduktiven, auf allgemeine Gesetzesaussagen zielenden Erklären, und zum anderen vom individuellen Fallverstehen, von den idiografischen Verfahren. Die Webersche Differenzierung dieser Modelle oder Paradigmen sozialwissenschaftlicher Analyse ist – recht verstanden – nach wie vor von methodologischer Relevanz, indem sie der sozialwissenschaftlichen Analyse den Weg weist aus der Aporie zwischen einer in ihren eigenen Voranahmen erstarrenden hypothetisch-deduktiven Verfahrensweise bzw. Typenbildung einerseits und einer in den Details der fallspezifischen Besonderheit ertrinkenden Interpretation andererseits. Max Weber hat hier mit dem idealtypischen Verstehen zwar bereits den Weg gewiesen, hat diesen Weg aber eher forschungspraktisch realisiert denn methodologisch weitergehend begründet.

Für das Verständnis des idealtypischen Verstehens bei Weber ist eine Rekonstruktion seiner ‚forschungspraktischen‘, d.h. historischen und vor allem religionssoziologischen Arbeiten (vor allem: Weber 1920) aufschlussreicher und wichtiger als die Lektüre seiner „Wissenschaftslehre" (Weber 1968), wie auch bei Mannheim (1964b, S. 151) und Bourdieu (1974, S. 29ff.) betont wird.

Die konsequente Unterscheidung der (Ideal-) Typenbildung vom individuellen Fallverstehen führt bei genauerer Betrachtung − und hiermit gehen wir über die Webersche Konzeption hinaus − zu der Einsicht, dass am jeweiligen Fall zugleich mehrere Typen rekonstruiert werden können, führt also zu einer *Mehrdimensionalität* der Typenbildung. Denn der Fall − sei er ein Individuum oder eine Gruppe − weist bspw. nicht nur geschlechts*typische*, sondern auch generations-, milieu- und entwicklungs*typische* Merkmale auf. Davon zu unterscheiden sind die Verfahren, die an jedem Fall nur jeweils einen Typus aufzuweisen in der Lage sind und die wir als *eindimensionale Typenbildungen* bezeichnen möchten.

## Eindimensionale Typenbildungen

Die gegenwärtige Praxis der Typenbildung in der qualitativen Sozialforschung ist im wesentlichen dadurch gekennzeichnet, dass entweder − wie im Fall der → *objektiven Hermeneutik* − die empirische Analyse sich im wesentlichen auf die fallspezifische Besonderheit konzentriert und es somit zu einer Gleichsetzung von Fallstruktur und Typus kommt oder dadurch, dass jeder Fall lediglich einem Typus zugeordnet wird bzw. der Fall als Repräsentant nur dieses einen Typus fungiert (s. zu diesem Vergleich auch: Wohlrab-Sahr 1994). Letzteres gilt auch dann, wenn dieser eine Typus *in sich* in mehrere Merkmale, Dimensionen oder Subkategorien ausdifferenziert wird (wofür dann häufig − im Unterschied zu unserem Sprachgebrauch − der Begriff „mehrdimensional" verwendet wird). Diese Beschränkung ist auch durch die → *Grounded Theory* nicht wesentlich überwunden worden. Die Bildung von Sub-Typen oder Sub-Kategorien, die auch als „Dimensionalisierung" bezeichnet wird (vgl. Strauss 1991, 44ff.) oder das, was Glaser/Strauss (1967, S. 23ff. u. S. 55ff.) im Sinne einer Ausdifferenzierung von Typen oder Kategorien („categories") als die Generierung von Eigenschaften („properties") bezeichnet haben, ist mit der hier geforderten Mehrdimensionalität nicht zu verwechseln. Während jedoch in der Grounded Theory unbeschadet dieser Beschränkungen der Anspruch der Theorie*generierung* zurecht erhoben (und als Verfahren der Forschungspraxis hier auch zuallererst explizit etabliert) worden ist, gelingt dies in aktuellen Versuchen der Typenbildung im Bereich der qualitativen Sozialforschung eher selten. Vielmehr leiten dort jene Merkmale oder Vergleichsdimensionen, die konstitutiv für Typenbildung sind, schon zu Beginn des Forschungsprozesses die Fallauswahl, werden also bereits vorab der empirischen Analyse vom Standpunkt der Forscher aus als relevante Kategorien festgelegt. Auch in dem wohl differenziertesten Modell eindimensionaler Typenbildung, dem „Stufenmodell empirisch begründeter Typenbildung" von Kluge und Kelle (vgl. Kluge 1999 und auch Kelle/Kluge 1999) werden im Verlauf der empirischen Analyse lediglich *zusätzliche* Kategorien und Subkategorien gebildet (vgl. Kelle/Kluge 1999, S. 67ff.).

Der Erkenntnis, dass sich die einem Typus zugeordneten Einzelfälle nie in allen Merkmalsdimensionen gleichen, sondern höchstens ähneln (vgl. Kluge 1999, S. 31ff.), die Fälle also mit dem Typus nicht zur Deckung zu bringen sind, begegnet man mit der Konstruktion von Durchschnittstypen oder der Auswahl besonders geeigneter Fälle. Ein Fall, der die Charakteristika des Typs am besten repräsentieren soll, wird z.B. als „Prototyp" oder „Kerncharakter" des Typs bezeichnet und beschrieben (Kelle/Kluge 1999, S. 94). Uta Gerhardt, die auf die Bildung von Idealtypen bei Weber rekurriert (Gerhardt 1986), bildet bspw. in ihrer Studie über Patientenkarrieren (Gerhardt 1984) durch Kreuztabellierung vier Grundtypen der Familienrehabilitation. Sie wählt dabei für die Konstruktion von Idealtypen einen „Optimalfall" aus, „der in seiner *Vereinzelung* rein oder fast rein verkörpert, was als idealisierter Typus (..) gelten kann" (Gerhard 1984, S. 70). Dieser optimale Fall ist nicht völlig deckungsgleich mit dem jeweiligen Typ, repräsentiert diesen aber besonders gut. Darüber hinaus kann auch – in einer oft nicht klar begründeten (Dif-) Fusion von Idealtypus und Durchschnittstypus – aus mehreren prototypischen Fällen ein Durchschnittstyp gebildet werden; es wird sozusagen ein idealer Vertreter komponiert. Gestützt wird dies häufig durch Textdatenbanksysteme, die eine vergleichende Analyse von Textpassagen sowohl auf der Ebene des einzelnen Falles wie auch fallübergreifend ermöglichen (vgl. Kuckartz 1996; Kelle 1995).

Wenngleich beispielsweise Kluge für ihr „Stufenmodell empirisch begründeter Typenbildung" (1999) eine abduktive Haltung (→ Abduktion) beansprucht, so ist dieses Vorgehen der Zuordnung konkreter empirischer Daten zu theoretisch vorformulierten Kategorien und damit auch deren Dimensionalisierung begrifflich allenfalls mit dem Prinzip der „qualitativen Induktion" oder „Hypothese" von Peirce zu fassen und kann somit nur begrenzt der Theoriegenerierung dienlich sein. Die empirische Analyse vermag hier eben nicht darüber hinauszureichen, dass der Fall lediglich *einen* Typus repräsentiert und in diesem Sinne eindimensional bleibt. Das hat zur Folge, dass man inhaltliche Sinnzusammenhänge zwar *innerhalb* des Rahmens der möglichst homogenen Typen aufdecken kann. Aussagen über Beziehungen *zwischen* den gebildeten Typen können allerdings nur auf der hypothetisch-theoretischen Ebene getroffen werden. Durch eine (fortschreitende) Dimensionalisierung des Typus wird zwar der Abstraktionsgrad, nicht aber die Generalisierungsfähigkeit des Typus erhöht. Eine *empirisch fundierte* Rekonstruktion der sozialen *Genese* der Unterschiede, die generalisierungsfähige Erklärungen für soziale Phänomene zu liefern vermag, erfordert eine andere Art der Typenbildung.

## Mehrdimensionale Typenbildungen

Während nach dem Modell der eindimensionalen Typenbildung Generalisierungsleistungen darauf beruhen, dass die fallspezifischen Beobachtungen mit dem Typus möglichst weitgehend zur Deckung gebracht werden, haben nach dem Modell mehrdimensionaler Typenbildung – geradezu umgekehrt – Generalisierungsleistungen ihre Voraussetzungen darin, dass die *Grenzen* des Geltungsbereichs des Typus bestimmt werden können, indem fallspezifische Beobachtungen aufgewiesen werden, die anderen Typen zuzuordnen sind. Am Fall sind somit grundsätzlich unterschiedliche Typen, d.h. unterschiedliche Dimensionen oder „Räume" aufzuweisen, deren ‚Überlagerungen' empirisch rekonstruiert werden. Im Anschluss an Mannheim (1980), bezeichnen wir diese Dimensionen auch als (konjunktive) „Erfahrungsräume" (→ dokumentarische Methode). Konkret bedeutet dies, dass wir – sobald spezifische Orientierungen, Haltungen oder auch Habitus an einem Fall, einem Individuum oder einer Gruppe, beobachtbar sind – nach Art des erklärenden Verstehens im Sinne von Max Weber (in abduktiver Analyseeinstellung) die Frage stellen, *wo*, d.h. in welchem Erfahrungsraum die *Genese* dieser Orientierung zu suchen ist. Dies setzt ein zweistufiges Interpretationsverfahren voraus. So ließ sich bspw. in einer neueren Untersuchung über Jugendliche türkischer Herkunft zunächst deren spezifische Orientierungsproblematik beobachten, die sich durch eine strikte Trennung zwischen ‚innerer Sphäre' (derjenigen von Familie und ethnischer Community) und ‚äußerer Sphäre' (derjenigen der gesellschaftlichen Öffentlichkeit und ihrer Institutionen) auszeichnet. Eine derartige Rekonstruktion eines Orientierungsmusters oder Habitus bezeichnen wir im Anschluss an die Wissenssoziologie Mannheims (→ praxeologische Wissenssoziologie; → dokumentarische Methode) als *sinngenetische Interpretation* (vgl. Mannheim 1980). In einem zweiten Schritt – demjenigen der *soziogenetischen Interpretation,* der im Sinne von Max Weber (1976) als erklärendes Verstehen gelten kann – begeben wir uns auf die Suche danach, welchem Erfahrungsraum diese Orientierung zugeordnet werden kann, inwiefern wir es also mit einer migrations- oder aber auch alters-, generations- geschlechts- und milieu*typischen* Orientierung zu tun haben. Soziogenetische wie sinngenetische Interpretation und somit auch Typenbildung beruhen insofern auf dem Prinzip der → *Abduktion* (vgl. Peirce 1967), als auf der Grundlage von Erzählungen und Beschreibungen der Akteure, d.h. auf der Grundlage der von ihnen selbst vermittelten Wissensbestände, verallgemeinerbare Regeln und Orientierungsmuster rekonstruiert werden können, die von den Akteuren zwar nicht expliziert werden können, die aber dennoch nicht *jenseits* ihrer Wissensbestände angesiedelt sind und somit vom Forschers nicht schlicht konstruiert, sondern *re*konstruiert werden (vgl. Bohnsack 2003c, S. 197ff.). Die Abduktion unterscheidet sich damit grundlegend von der bereits genannten qualitativen Induktion, bei der ein Fall, wenn er mehrere Merkmale aufweist, einer bereits bekannten Regel bzw. Theorie zugeordnet wird (vgl. auch Reichertz 1993, S. 273ff.).

Es ist aber – um zu unserem Beispiel zurückzukehren – erst dann in valider Weise möglich, das beobachtete Orientierungsmuster der Sphärendifferenz dem ‚migrationstypischen Erfahrungsraum' zuzuordnen und es somit als eine *migrationstypische* Orientierung erklärend zu verstehen, nachdem in → *komparativer Analyse* kontrolliert wurde, ob diese Orientierung bei Jugendlichen unterschiedlichen Alters, Geschlechts und unterschiedlicher Milieuzugehörigkeit, also durch milieu- und entwicklungsspezifische Variationen oder Modifikationen von Erfahrungsräumen hindurch bzw. in der Überlagerung durch andere Dimensionen oder Erfahrungsräume, auf einer abstrakten Ebene als Gemeinsamkeit identifizierbar blieb. Zugleich wurden in den kontrastierenden Arten und Wegen der Bewältigung dieser allen Jugendlichen türkischer Herkunft gemeinsamen Problematik dann auch milieu-, geschlechts- und entwicklungsphasen*typische* Unterschiede und somit also *andere Typiken* sichtbar. Das Niveau der Validität und Generalisierung der einzelnen Typik ist davon abhängig, inwieweit sie von anderen, auf der Grundlage der fallspezifischen Beobachtungen ebenfalls möglichen, Typiken unterscheidbar ist, inwieweit Kontingenzen sichtbar gemacht und (begründet) ausgeschlossen werden können, wie vielfältig, d.h. multidimensional, der einzelne Fall innerhalb einer ganzen Typologie verortet werden kann (vgl. Bohnsack 1989, Kap. 3 u. 4.5; Bohnsack 2000a, S. 173ff.; Bohnsack 2001b; Nentwig-Gesemann 2001).

### Weiterführende Literatur

Bohnsack, Ralf (2001b): Typenbildung, Generalisierung und komparative Analyse. Grundprinzipien der dokumentarischen Methode. In: Ralf Bohnsack/Iris Nentwig-Gesemann/Arnd-Michael Nohl (Hg.): Die dokumentarische Methode und ihre Forschungspraxis. Grundlagen qualitativer Forschung. Opladen, S. 225-252.

Kelle, Udo/Kluge, Susann (1999): Vom Einzelfall zum Typus: Fallvergleich und Fallkontrastierung in der qualitativen Sozialforschung. Opladen.

Wohlrab-Sahr, Monika (1994): Vom Fall zum Typus: Die Sehnsucht nach dem „Ganzen" und dem „Eigentlichen – „Idealisierung" als biografische Konstruktion. In: Diezinger, A. et al. (Hg.): Erfahrung mit Methode – Wege sozialwissenschaftlicher Frauenforschung. Freiburg i. Br.; S. 269-299.

*Ralf Bohnsack und Iris Nentwig-Gesemann*

**Typisierung** → Lebenswelt; → Phänomenologie

**Typizität** → rekonstruktive Sozialforschung; → Typenbildung

**Übergegensätzlichkeit** → Bildinterpretation

**Um-zu-Motive** → Orientierungsmuster; → Phänomenologie

**Validität/Validierung** → Aktionsforschung; → Gütekriterien; → Triangulation

**Vergleichshorizonte** (*siehe* Gegenhorizonte)

**Verlaufskurve (trajectory)** → Erzählanalyse; → narratives Interview; → symbolischer Interaktionismus

**Verstehen** → dokumentarische Methode; → hermeneutische Wissenssoziologie

**Verstehen des Verstehens** → hermeneutische Wissenssoziologie

**Vertrauenswürdigkeit** → Gütekriterien

**Videografie/Videoanalyse** → dokumentarische Methode; → Film- und Videoarbeit; → Hermeneutik; → Konversationsanalyse; → Transkription

**Vollzugswirklichkeit** → Ethnomethodologie → Konversationsanalyse

**vor-ikonografisch** → Bildinterpretation

**Wandlung** → Erzählanalyse

**Was-Fragen (vs. Wie-Fragen)** → dokumentarische Methode; → Konstruktivismus

**Weil-Motive** → Phänomenologie

**Wesenssinn** → Bildinterpretation

**Wie-Fragen** (*siehe* Was-Fragen)

**Wissenssoziologie** → hermeneutische Wissenssoziologie; → praxeologische Wissenssoziologie

**Wörtlichkeit (Prinzip der)** → objektive Hermeneutik

**Zeichen(theorie)** → Semiotik

**Zirkel** (*siehe* hermeneutischer Zirkel)

# Zugzwänge des Erzählens

Bei den Zugzwängen des Erzählens handelt es sich um eine grundlegende Erscheinung des Stegreiferzählens selbsterlebter Erfahrungen, die von Fritz Schütze in verschiedenen Publikationen (z.B. 1982, 1987a; auch Kallmeyer/Schütze 1977) dargestellt worden ist. Sie ist von großer Relevanz für die Möglichkeiten und die Reichweite der sozialwissenschaftlichen → Erzählanalyse und des → narrativen Interviews. Schütze (1982, S. 571-574)) unterscheidet in diesem Zusammenhang drei mit einander konkurrierende Zugzwänge, die wirksam würden, wenn ein Erzähler „als tatsächlich Handelnder oder doch zumindest als aktuell Erlebender in das Geschehen hinreichend involviert" gewesen sei, die Erzählung „thematisch begrenzt" sei und „tatsächlich den Charakter einer extemporierten Stegreif-Aufbereitung eigenerlebter Erfahrungen" habe: den Zwang zur *„Gestaltschließung"* („Der Informant muss den Gesamtzusammenhang und die einzelnen Situationen der erlebten Geschichte als Episoden oder historische Ereigniskonstellationen durch das Darstellen aller wichtigen Teilereigniszusammenhänge in der Erzählung repräsentieren."), zur *„Kondensierung"* („dass der Tendenz nach *nur* das Ereignisgerüst der erlebten Geschichte und das, was zum Verständnis des Entstehens und der wesentlichen Folgen der Ereignisknotenpunkte unumgänglich ist, berichtet wird") und der *Detaillierung* („Die Rekapitulierung eigenerlebter Erfahrungen in mündlichen Erzählungen von Angesicht zu Angesicht bewirkt, dass sich der Erzähler – abgesehen von Rückblenden und anderen Rahmenschaltungen – in der Erzeugung und der Reihenfolge seiner narrativen Sätze an den tatsächlich im historischen Gesamtzusammenhang erfahrenen Ereignissen und ihrer Reihenfolge ausrichtet") (vgl. Labov und Waletzky 1973, S. 96), sofern er nicht die Vorbereitungszeit und das Interesse an einer kalkulierten, also nicht-stegreifmäßigen Darstellung hatte. Hat der Erzähler über ein Ereignis A berichtet, so fühlt er sich bemüßigt, auch über das auf dieses Ereignis zeitlich, kausal und/oder intentional folgende nächste wichtige Ereignis B zu berichten. Tut er das nicht, so zerstört er sowohl die kausale Logik der Ereignisabfolge als auch die intentionale Logik entsprechender Verflechtungen und Zusammenhänge von Handlungsplanungen.

*Gerhard Riemann*

**Zuverlässigkeit (Reliabilität)** → Gütekriterien

# Literatur

Agar, Michael (1991): The Right Brain Strikes Back. In: Fielding, Nigel G./Lee, Raymond M. (Hg.): Using Computers in Qualitative Research. Newbury Park. CA, S. 181-194.

Alheit, Peter (1990): Biografizität als Projekt. Bremen.

Alheit, Peter (1995): „Biografizität" als Lernpotential. In: Krüger, Heinz Hermann/Marotzki, Winfried (Hg.): Erziehungswissenschaftliche Biografieforschung. Opladen, S. 276-307.

Alheit, Peter (1997): „Individuelle Modernisierung" – Zur Logik biografischer Konstruktion in modernisierten modernen Gesellschaften. In: Hradil, Stefan (Hg.): Differenz und Integration. Die Zukunft moderner Gesellschaften. Frankfurt/New York, S. 941-951.

Alheit, Peter/Dausien, Bettina (1990): Biografie. In: Sandkühler, Hans Jörg (Hg.): Europäische Enzyklopädie zu Philosophie und Wissenschaften. Bd. 1. Hamburg, S. 405-418.

Alheit, Peter/Dausien, Bettina (2000): Die biografische Konstruktion der Wirklichkeit. Überlegungen zur Biografizität des Sozialen. In: Hoerning, Erika M. (Hg.): Biografische Sozialisation. Stuttgart, S. 257-283.

Amann, Klaus (1997): Ethnografie jenseits von Kulturdeutung. Über Geigespielen und Molekularbiologie. In: Hirschauer, Stefan/Amann, Klaus (Hg.): Befremdung der eigenen Kultur. Zur ethnographischen Herausforderung soziologischer Empirie. Frankfurt a.M., S. 298-230.

Anderson, Nels (1923): The Hobo: The Sociology of the Homeless Man. Chicago.

Arbeitsgruppe Bielefelder Soziologen. (Hg.) (1973a): Alltagswissen, Interaktion und gesellschaftliche Wirklichkeit. Bd. 1: Symbolischer Interaktionismus und Ethnomethodologie. Reinbek.

Arbeitsgruppe Bielefelder Soziologen. (Hg.) (1973b): Alltagswissen, Interaktion und gesellschaftliche Wirklichkeit. Bd. 2: Ethnotheorie und Ethnografie des Sprechens. Reinbek.

Armer, Alan A. (1997): Lehrbuch der Film- und Fernsehregie. Frankfurt a.M.

Baacke, Dieter (1979): Ausschnitt und Ganzes – Theoretische und methodologische Probleme bei der Erschließung von Geschichten. In: Ders./Schulze, Theodor (Hg.): Aus Geschichten lernen. Zur Einübung pädagogischen Verstehens. München, S. 87-125 (Neuausgabe 1993).

Bahrdt, Hans Paul (1996): Grundformen sozialer Situationen. München.

Bardmann, Theodor (Hg.) (1997): Zirkuläre Positionen. Konstruktivismus als praktische Theorie. Opladen.

Barthes, Roland (1983): Elemente der Semiologie. Frankfurt a.M. (Original 1964).

Barthes, Roland (1985): Die helle Kammer. Bemerkung zur Photografie. Frankfurt a.M. (Original 1980).

Barthes, Roland (1988): Das semiologische Abenteuer. Frankfurt a.M. (Original 1985).

Barthes, Roland (1990): Der entgegenkommende und der stumpfe Sinn. Kritische Essays III. Franfurt am Main (Original 1982).

Batinic, Bernad u.a. (Hg.) (1999): Online Research. Methoden, Anwendungen und Ergebnisse. Göttingen u.a.

Beck, Ulrich (1986): Risikogesellschaft. Auf dem Weg in eine andere Moderne. Frank-furt a.M.

Becker, Christa/Böcker, Heinz/Fischer, Ute Luise/Grote, Christiane/Matthiesen, Ulf/Neuen-dorff, Hartmut/Rüßler, Harald/Weißbach, Barbara (1998): Kontrastierende Fallanalysen zum Wandel von arbeitsbezogenen Deutungsmustern und Lebensentwürfen in einer Stahlstadt. Umbrüche – Studien des Instituts für Empirische Kultursoziologie e.V. Dortmund, Bd. 6.

Becker, Howard S. (1973): Außenseiter. Zur Soziologie abweichenden Verhaltens. Frank-furt a.M.

Becker, Howard S. (1982): Art Worlds. Berkeley.

Becker, Howard S. (1999): The Chicago School, So-Called. In: Qualitative Sociology, Vol. 22, No. 1, S. 3-12.

Becker, Howard S. u.a. (1961): Boys in white. Chicago.

Behnke, Cornelia (1997): Frauen sind wie andere Planeten. Das Geschlechterverhältnis aus männlicher Sicht. Frankfurt a.M.

Behnken, Imbke (1984): Jugendbiografie und Handlungsforschung. Gruppendiskussionen als Methode zur Rekonstruktion der Lebenswelt von Lehrlingen. Bd. 2. Frankfurt a.M.

Berelson, Bernard (1952): Content Analysis in Communication Research. Glencoe.

Berg, Eberhard/Fuchs, Martin (Hg.) (1993): Kultur, soziale Praxis, Text. Die Krise der eth-nographischen Repräsentation. Frankfurt a.M.

Berger, Peter/Luckmann, Thomas (1969): Die gesellschaftliche Konstruktion der Wirklich-keit. Frankfurt a.M.

Bergmann, Jörg R. (1981): Ethnomethodologische Konversationsanalyse. In: Schröder, Pe-ter/Steger, Hugo (Hg.): Dialogforschung. Düsseldorf, S. 9-52.

Bergmann, Jörg R. (1985): Flüchtigkeit und methodische Fixierung sozialer Wirklichkeit. Auf-zeichnungen als Daten der interpretativen Soziologie. In: Bonß, Wolfgang/Hartmann, Heinz (Hg.): Entzauberte Wissenschaft. (Soziale Welt, SB 3). Göttingen, S. 299-320.

Bergmann, Jörg R. (2000a): Ethnomethodologie. In: Flick/Kardorff/Steinke 2000, S. 118-135.

Bergmann, Jörg R. (2000b): Konversationsanalyse. In: Flick/Kardorff/Steinke 2000, S. 524-537.

Bergmann, Jörg R./Luckmann, Thomas (Hg.) (1999): Kommunikative Konstruktion von Moral. Bd. 1: Struktur und Dynamik der Formen moralischer Kommunikation. Opladen.

Bergmann, Jörg R./Luckmann, Thomas/Soeffner, Hans-Georg (1993): Erscheinungsformen von Charisma. Zwei Päpste. In: Gebhardt, Winfried/Zingerle, Arnold/Ebertz, Michael (Hg.): Charisma – Theorie, Religion, Politik. Berlin/New York, S. 121-155.

Blumer, Herbert (1928): The method of social psychology. Doctoral dissertation. University of Chicago.

Blumer, Herbert (1938): Social Psychology. In: Schmidt, E. (Hg.): Man and society. New York, S. 144-198.

Blumer, Herbert (1969): Symbolic Interactionism. Perspective and Method. Englewood Cliffs.

Blumer, Herbert (1973): Der methodologische Standort des symbolischen Interaktionismus. In: Arbeitsgruppe Bielefelder Soziologen (1973a), S. 80-146 (zuerst 1937).

Blumer, Herbert (1975): Soziale Probleme als kollektives Verhalten. In: Hondrich, Karl Ot-to: Menschliche Bedürfnisse und soziale Steuerung. Reinbek, S. 102-113.

Boehm, Gottfried (1978): Zu einer Hermeneutik des Bildes. In: Ders./Gadamer, Georg (Hg.): Seminar: Die Hermeneutik und die Wissenschaften. Frankfurt a.M., S. 444-471.

Bogner, Alexander/Littig, Beate/Menz, Wolfgang (Hg.) (2002): Das Experteninterview. Theorie, Methode, Anwendung. Opladen.

Bohnsack, Ralf (1989): Generation, Milieu und Geschlecht. Opladen.

Bohnsack, Ralf (1993): Kollektivität als konjunktiver Erfahrungsraum (unveröffentlichtes Manuskript).

Bohnsack, Ralf (1997a): Dokumentarische Methode. In: Hitzler/Honer 1997, S. 191-121.

Bohnsack, Ralf (1997b): Gruppendiskussionsverfahren und Milieuforschung. In: Frieberts-häuser, Barbara/Prengel, Annedore (Hg.): Handbuch qualitativer Forschungsmethoden in der Erziehungswissenschaft. Weinheim/München, S. 492-502.

Bohnsack, Ralf (1997c): „Orientierungsmuster": Ein Grundbegriff qualitativer Sozialfor-schung. In: Schmidt, Folker (Hg.): Methodische Probleme der empirischen Erziehungs-wissenschaft. Baltmannsweiler, S. 49-61.

Bohnsack, Ralf (1998a): Rekonstruktive Sozialforschung und der Grundbegriff des Orientie-rungsmusters. In: Siefkes, Dirk/Eulenhöfer, Peter/Stach, Heike/Städtler, Klaus (Hg.): Sozialgeschichte der Informatik. Kulturelle Praktiken und Orientierungen. Wiesbaden, S. 105-121.

Bohnsack, Ralf (1998b): Milieu als konjunktiver Erfahrungsraum. Eine dynamische Kon-zeption von Milieu in empirischer Analyse. In: Matthiesen, Ulf (Hg): Die Räume der Milieus. Neue Tendenzen in der sozial- und raumwissenschaftlichen Milieuforschung in der Stadt- und Raumplanung. Berlin, S. 119-131.

Bohnsack, Ralf (2000a): Rekonstruktive Sozialforschung. Einführung in Methodologie und Praxis qualitativer Forschung. Opladen (4. Aufl.).

Bohnsack, Ralf (2000b): Gruppendiskussion. In: Flick/Kardorff/Steinke 2000, S. 369-384.

Bohnsack, Ralf (2001a): Dokumentarische Methode. Theorie und Praxis wissenssoziologi-scher Interpretation. In: Hug, Theo (Hg.): Wie kommt Wissenschaft zu Wissen? – Bd. 3: Einführung in die Methodologie der Sozial- und Kulturwissenschaften. Baltmannswei-ler, S. 326-345.

Bohnsack, Ralf (2001b): Typenbildung, Generalisierung und komparative Analyse. Grund-prinzipien der dokumentarischen Methode. In: Bohnsack/Nentwig-Gesemann/Nohl (2001), S. 225-252.

Bohnsack, Ralf (2001c): Die dokumentarische Methode in der Bild- und Fotointerpretation. In: Bohnsack/Nentwig-Gesemann/Nohl 2001, S. 67-89.

Bohnsack, Ralf (2001d): „Heidi". Eine Exemplarische Bildinterpretation auf der Basis der dokumentarischen Methode. In: Bohnsack/Nentwig-Gesemann/Nohl 2001, S. 323-337.

Bohnsack, Ralf (2003a): Qualitative Methoden der Bildinterpretation. In: Zeitschrift für Er-ziehungswissenschaft 6, Heft 2, S. 239-256.

Bohnsack, Ralf (2003b): Rituale des Aktionismus bei Jugendlichen. Kommunikative und konjunktive, habitualisierte und experimentelle Rituale. In: Zeitschrift für Erziehungs-wissenschaft 6, Beiheft Nr. 2.

Bohnsack, Ralf (2003c): Rekonstruktive Sozialforschung. Einführung in qualitative Metho-den. Opladen (5. Aufl.)

Bohnsack, Ralf/Loos, Peter/Schäffer, Burkhard/Städtler, Klaus/Wild, Bodo (1995): Die Su-che nach Gemeinsamkeit und die Gewalt der Gruppe. Opladen.

Bohnsack, Ralf/Marotzki, Winfried (Hg.) (1998): Biografieforschung und Kulturanalyse. Opladen.

Bohnsack, Ralf/Nentwig-Gesemann, Iris/Nohl, Arnd-Michael (Hg.) (2001): Die dokumenta-rischen Methode und ihre Forschungspraxis. Grundlagen qualitativer Sozialforschung. Opladen.

Bohnsack, Ralf/Nohl, Arnd-Michael (2001a): Ethnisierung und Differenzerfahrung. Fremd-heit als alltägliches und als methodologisches Problem. In: Zeitschrift für qualitative Bildungs-, Beratungs- und Sozialforschung 2, S. 15-36.

Bohnsack, Ralf/Nohl, Arnd-Michael (2001b): Exemplarische Textinterpretation. Die Se-quenzanalyse der dokumentarischen Methode. In: Bohnsack/Nentwig-Gesemann/Nohl 2001, S. 303-307.

Bohnsack, Ralf/Schäffer, Burkhard (2001): Exemplarische Textinterpretation: Diskursorga-nisation und dokumentarische Methode. In: Bohnsack/Nentwig-Gesemann/Nohl 2001. Opladen, S. 309-321.

Bohnsack, Ralf/Schäffer, Burkhard (2002): Generation als konjunktiver Erfahrungsraum. Eine empirische Analyse generationsspezifischer Medienpraxiskulturen. In: Burkart, Günter/Wolf, Jürgen (Hg.): Lebenszeiten. Erkundungen zur Soziologie der Generationen (Martin Kohli zum 60. Geburtstag). Opladen, S. 249-273.

Bordwell, David (2000): Visual Style in Cinema. Vier Kapitel Filmgeschichte. Frankfurt a.M.

Bordwell, David/Thompson, Kristin (1997): Filmart. London.

Bourdieu, Pierre (1974): Zur Soziologie der symbolischen Formen. Frankfurt a.M.

Bourdieu, Pierre (1976): Entwurf einer Theorie der Praxis. Frankfurt a.M.

Bourdieu, Pierre (1984): Die feinen Unterschiede. Kritik der gesellschaftlichen Urteilskraft. Frankfurt a.M.

Bourdieu, Pierre/Wacquant, Loic J. D. (1996): Reflexive Anthropologie. Frankfurt a.M. (Original 1992).

Boydston, Jo Ann (Hg.) (1982): Dewey, John: The Middle Works. 1899-1924, Vol. 11: 1918-1919. Carbondale/Edwardsville.

Breitenbach, Eva (2000): Mädchenfreundschaften in der Adoleszenz. Eine fallrekonstruktive Untersuchung von Gleichaltrigengruppen. Opladen.

Brinkmann, Christian/Deeke, Axel/Völkel, Brigitte (Hg.) (1995): Experteninterviews in der Arbeitsmarktforschung. Diskussionsbeiträge zu methodischen Fragen und praktischen Erfahrungen. Beiträge zur Arbeitsmarkt- und Berufsforschung 191. Nürnberg.

Brown, Mary Ellen (1994): Soap Opera and Womens's Talk. The Pleasure of Resistance. London/Thousand Oaks/New Dehli.

Bude, Heinz (1987): Deutsche Karrieren. Lebenskonstruktionen sozialer Aufsteiger aus der Flakhelfer-Generation. Frankfurt a.M.

Bude, Heinz (2002a): Lebenskonstruktionen. Für eine neue Sozialforschung. Frankfurt a.M.

Bude, Heinz (2002b): Das Prinzip der Verallgemeinerung. In: Bude 2002a.

Bulmer, Martin (1984): The Chicago School of Sociology. Institutionalization, Diversity, and the Rise of Sociological Research. Chicago/London.

Bulmer, Martin (1985): The Chicago School of Sociology: What Made it a „School"? In: The History of Sociology. An International Review, Vol. 5, No. 2, S. 61-77.

Campbell, Donald T./Fiske, Donald W. (1959): Convergent and Discriminant Validation by the Multitrait-Multimethod Matrix. In: Psychological Bulletin 56, S. 81-105.

Campbell, James (1983): American Sociology and Pragmatism: Mead, Chicago Sociology and Symbolic Interaction. In: Symbolic Interaction 6, S. 155-164.

Carey, James T. (1975): Sociology and public affairs. The Chicago school. Beverly Hills/London.

Churchill, Lindsey (1971): Ethnomethodology and Measurement. In: Social Forces 50, S. 182-191.

Cicourel, Aaron V. (1964): Method and Measurement in Sociology. New York.

Cicourel, Aaron V. (1970): Methode und Messung in der Soziologie. Frankfurt a.M.

Cicourel, Aaron V. (1976): The Social Organization of Juvenile Justice. New York (2. Aufl.).

Clifford, James (1993): Über ethnographische Autorität. In: Berg, Eberhard/Fuchs, Martin (Hg.): Kultur, soziale Praxis, Text. Die Krise der ethnographischen Repräsentation. Frankfurt a.M., S.109-157.

Coffey, Amanda/Holbrook, Beverley/Atkinson, Paul (1996): ‚Qualitative data analysis: technologies and representations', Sociological Research Online, vol. 1, no.1 <http://www.socresonline.org.uk/socresonline/1/1/4html>.

Cressey, Paul G. (1932): The Taxi-Dance Hall. A Sociological Study in Commercialized Recreation and City Life. Chicago.

Culler, Jonathan (1999): Dekonstruktion. Derrida und die poststrukturalistische Literaturtheorie. Reinbek.

D'Andrade, Roy (1995): The Development of Cognitive Anthropology. Cambridge.

D'Andrade, Roy/Strauss, Claudia (1992): Human Motives and Cultural Models. Cambridge.

De France, Claudine (1982): Cinema et Anthropologie. Paris

De Laine, Marlene (2000): Fieldwork, Participation and Practice. Ethics and Dilemmas in Qualitative Research. Thousand Oaks/London/New Dehli.

Denzin, Norman K. (1970a): Symbolic Interactionism and Ethnomethodology. In: Douglas, Jack (Hg.): Understanding Everyday Life. Chicago, S. 259-284.

Denzin, Norman K. (1970b): The Research Act in Sociology. London.

Denzin, Norman K. (1977): Childhood Socialization. Studies in the Development of Language, Social Behavior, and Identity. San Francisco/Washington/London.

Denzin, Norman K. (1978): The Research Act. A Theoretical Introduction to Sociological Methods. New York (2. Aufl.).

Denzin, Norman K. (2000): Reading Film – Filme und Videos als sozialwissenschaftliches Erfahrungsmaterial. In: Flick, Uwe/v. Kardoff, Ernst/Steinke, Ines (Hg.) (2000): Qualitative Forschung. Ein Handbuch. Reinbek bei Hamburg, S. 416-428.

Denzin, Norman K./Lincoln, Yvonna S. (1994): Introduction: Entering the Field of Qualitative Research. In: Dies. (Hg.): Handbook of Qualitative Research. London/Thousand Oaks/New Delhi, S. 1-17.

Denzin, Norman K./Lincoln, Yvonna S. (Hg.) (2000): Handbook of Qualitative Research. Thousand Oaks/London/New Dehli (2. Aufl.).

Denzin, Norman K./Lincoln, Yvonna S. (Hg.) (2002): The Qualitative Inquiry Reader. Thousand Oaks/London/New Dehli.

Deppermann, Arnulf (1999): Gespräche analysieren. Eine Einführung in konversationsanalytische Methoden. Opladen.

Dewey, John (1922): Human nature and conduct. An introduction to social psychology. New York.

Dewey, John (1931): The development of american pragmatism. In: Ders.: Philosophy and civilization. New York, S. 13-35.

Dewey, John (1938): Logic, the Theory of Inquiry. New York:

Dewey, John (1972): The reflex arc concept in psychology. In: Ders.: The early works. Vol. 5. Carbondale 1972, S. 96-109.

Dewey, John (1980): Kunst als Erfahrung. Frankfurt a.M.

Dewey, John (1982a): Preliminary Confidential Memorandum on Polish Conditions. In: Boydston 1982, S. 248-254.

Dewey, John (1982b): Second Preliminary Confidential Memorandum on Polish Conditions. In: Boydston 1982, S. 255-258.

Dewey, John (1982c): Confidential Report of Conditions among the Poles in the United States. In: Boydston 1982, S. 259-330.

Dewey, John (1986): Logic: The Theory of Inquiry. In: Boydston, Jo Ann (Hg.): Dewey, John: The Later Works, 1925-1953, Vol. 12: 1938, Carbondale, S. 1-527.

Dewey, John (1993): Demokratie und Erziehung. Weinheim.

Dewey, John (1995): Erfahrung und Natur. Frankfurt a.M.

Dewey, John (1998): Die Suche nach Gewißheit. Eine Untersuchung des Verhältnisses von Erkenntnis und Handeln. Frankfurt a.M.

Dey, Ian (1999): Grounding Grounded Theory: Guidelines for Qualitative Inquiry. London/Boston.

Dilthey, Wilhelm (1982): Gesammelte Schriften, Bd. 5: Die geistige Welt. Einleitung in die Philosophie des Lebens. Abhandlungen zur Grundlegung der Geisteswissenschaften. Stuttgart (7. Aufl.).

Dittmar, Norbert (2002): Transkription. Opladen.

Döring, Nicola (1999): Sozialpsychologie des Internet. Die Bedeutung des Internet für Kommunikationsprozesse, Identitäten, soziale Beziehungen und Gruppen. Göttingen.

Dörner, Andreas (2000): Politische Kultur und Medienunterhaltung. Konstanz.

Douglas, Jack D. (1976): Investigative Social Research. Beverly Hills u.a.

Douglas, Jack D./Johnson, John M. (Hg.) (1977): Existential Sociology. Cambridge u.a.

Dreitzel, Hans Peter (1972): Die gesellschaftlichen Leiden und das Leiden an der Gesellschaft. Stuttgart.

Drew, Paul/Heritage, John C. (Hg.) (1992): Talk at Work. Cambridge.

Eberle, Thomas S. (1984): Sinnkonstitution in Alltag und Wissenschaft. Bern.

Eberle, Thomas S. (1993): Schütz' Lebensweltanalyse: Soziologie oder Protosoziologie? In: Bäumer, Angelica/Benedikt, Michael (Hg.): Gelehrtenrepublik – Lebenswelt. Wien, S. 293-320.

Eberle, Thomas S. (1997): Ethnomethodologische Konversationsanalyse. In: Hitzler/Honer 1997, S. 245-279.

Eckert, Roland/Vogelgesang, Waldemar/Wetzstein/Thomas A./Winter, Rainer (1991): Auf digitalen Pfaden. Die Kulturen von Hackern, Programmierern, Crackern und Spielern. Wiesbaden.

Eco, Umberto (1977): Zeichen. Einführung in einen Begriff und seine Geschichte. Frankfurt a.M. (Original 1973).

Eco, Umberto (1994): Einführung in die Semiotik. München (8. Aufl.) (Original 1968).

Egger, Rudolf (1995): Biografie und Bildungsrelevanz. Wien.

Elias, Norbert (1969): Über den Prozeß der Zivilisation. 2 Bde. Frankfurt a.M.

Elwert, Georg u.a. (Hg.) (1990): Im Lauf der Zeit. Saarbrücken.

Englisch, Felicitas (1991): Bildanalyse in strukturhermeneutischer Absicht. Methodische Überlegungen und Analysebeispiele. In: Garz, Detlef/Kraimer, Klaus (Hg.): Qualitativ-Empirische Sozialforschung. Konzepte, Methoden, Analysen, S. 133-176.

Esser, Hartmut (1996): Die Definition der Situation. In: Kölner Zeitschrift für Soziologie und Sozialpsychologie 48, S. 1-34.

Ezzy, Douglas (1998): Theorizing Narrative Identity: Symbolic Interactionism and Hermeneutics. In: Sociological Quarterly 39, No. 2.

Fagerhaugh, Shizuko Y./Strauss, Anselm L. (1977): Politics of Pain Management: Staff-Patient Interaction. Menlo Park.

Fairclough, Norman (1989): Language and Power. New York.

Fairclough, Norman (1995): Critical Discourse Analysis. The critical study of language. New York.

Faris, Robert (1970): Chicago sociology 1920-1932. Chicago/London.

Faris, Robert (1978): Theoretical Sensitivity. Advances in the Methodology of Grounded Theory. Mill Valley.

Faßler, Manfred (1997): Was ist Kommumikation? München.

Faßler, Manfred (1999): Cyber-Moderne. München.

Faught, Jim (1980): Presuppositions of the Chicago school in the work of Everett Hughes. In: The American Sociologist 15, S. 72-82.

Faulstich, Werner (1998): Grundwissen Medien. München (3. Aufl.).

Faulstich, Werner/Faulstich, Ingeborg (1977): Modelle der Filmanalyse. München.

Fengler, Christa/Fengler, Thomas (1980): Alltag in der Anstalt. Wenn Sozialpsychiatrie praktisch wird. Eine ethnomethodologische Untersuchung. Rehburg-Loccum.

Fielding, Nigel G./Lee, Raymond M. (1998): Computer Analysis and Qualitative Research. London.

Fine, Gary A. (Hg.) (1995): A Second Chicago School? The Development of a Postwar American Sociology. Chicago/London.

Fischer, Wolfgang/Kohli, Martin (1987): Biografieforschung, in: Voges, Wolfgang (Hg.): Methoden der Biografie- und Lebenslaufforschung. Opladen, S. 25-50.

Fischer-Rosenthal, Wolfram/Rosenthal, Gabriele (1997): Narrationsanalyse biografischer Selbstpräsentation. In: Hitzler/Honer 1997, S. 133-164.

Fisher, Berenice M./Strauss, Anselm L. (1978): Interactionism. In: Bottomore, Tom/Nisbet, Robert (Hg.): A History of Sociological Analysis. London, S. 457-498.

Flick, Uwe (1992): Triangulation Revisited – Strategy of or Alternative to Validation of Qualitative Data. In: Journal for the Theory of Social Behavior 22, S. 175-197.

Flick, Uwe (1995): Qualitative Forschung. Theorie, Methoden, Anwendung in Psychologie und Sozialwissenschaften. Reinbek.

Flick, Uwe (2000a): Konstruktion und Rekonstruktion. Methodologische Überlegungen zur Fallrekonstruktion. In: Kraimer, Klaus (Hg.): Die Fallrekonstruktion. Frankfurt a.M., S. 179-200.

Flick, Uwe (2000b): Triangulation in der qualitativen Forschung. In: Flick/Kardoff/Steinke 2000, S. 309-319.

Flick, Uwe (2002): Qualitative Sozialforschung. Eine Einführung. Reinbek.

Flick, Uwe/Kardorff, Ernst von/Keupp, Heiner/Rosenstiel, Lutz von/Wolff, Stephan (Hg.) (1991): Handbuch qualitative Sozialforschung. Grundlagen, Konzepte, Methoden. München.

Flick, Uwe/Kardorff, Ernst von/Steinke, Ines (Hg.) (2000): Qualitative Forschung. Ein Handbuch. Reinbek.

Fohrmann, Jürgen/Müller, Harro (Hg.) (1988): Diskurstheorien und Literaturwissenschaft. Frankfurt a.M.

Foucault, Michel (1971): Die Ordnung der Dinge. Eine Archäologie der Humanwissenschaften. Frankfurt a.M. (Original 1966).

Foucault, Michel (1990): Archäologie des Wissens. Frankfurt a.M. (4. Aufl.).

Foucault, Michel (1991): Die Ordnung des Diskurses. Frankfurt a.M. (zuerst 1972).

Frake, Charles O. (1973). „Die ethnographische Erforschung kognitiver Systeme. In: Arbeitsgruppe Bielefelder Soziologen 1973b, S. 323-337.

Freidson, Eliot (1975/76): The division of labor as social interaction. In: Social Problems 23, S. 304-313.

Freidson, Eliot (1979): Der Ärztestand. Berufs- und wissenssoziologische Durchleuchtung einer Profession. Stuttgart.

Freud, Sigmund (1971a): Bruchstück einer Hysterie-Analyse. Studienausgabe Bd. 6. Frankfurt a.M., S. 83-186 (zuerst 1905).

Freud, Sigmund (1971b): Bemerkungen über einen Fall von Zwangsneurose. Studienausgabe Bd. 7. Frankfurt a.M., S. 31-103 (zuerst 1909).

Freud, Sigmund (1975): Ratschläge für den Arzt bei der psychoanalytischen Behandlung. In: Ders.: Studienausgabe, Erg. Bd., Frankfurt a.M., S. 169-180 (zuerst 1912).

Friebertshäuser, Barbara (1997): Interviewtechniken – ein Überblick. In: Friebertshäuser, Barbara/Prengel, Annedore (Hg.): Handbuch Qualitative Forschungsmethoden in der Erziehungswissenschaft. Weinheim/München, S. 371-395.

Frindte, Wolfgang/Köhler, Thomas (1999): Kommunikation im Internet. Frankfurt a.M.

Fröhlich, Gerhard/Mörth, Ingo (Hg.) (1998): Symbolische Anthropologie der Moderne. Kulturanalysen nach Clifford Geertz. Frankfurt a.M., New York.

Früh, Werner (1998): Inhaltsanalyse. Theorie und Praxis. Konstanz (4. Aufl.).

Gabriel, Karl/Keller, Sabine/Nuscheler, Franz/Treber, Monika (1995): Christliche Dritte Welt Gruppen: Praxis und Selbstverständnis. Mainz.

Gabriel, Karl/Treber, Monika (1996): Deutungsmuster christlicher Dritte–Welt–Gruppen. In: Gabriel, K. (Hg.): Religiöse Individualisierung oder Säkularisierung. Biografie und Gruppe als Bezugspunkte moderner Religiösität. Gütersloh, S.173-197.

Gadamer, Hans-Georg (1972): Wahrheit und Methode. Grundzüge einer philosophischen Hermeneutik. Tübingen (3. Aufl.).

Garfinkel, Harold (1961a): Common Sense Knowledge of Social Structures. The Documentary Method of Interpretation in Lay and Professional Fact Finding. In: Scheer, J. M. (Hg.): Theories of the Mind. New York.

Garfinkel, Harold (1961b): Aspects of Common-Sense Knowledge of Social Structures. In: Transactions of the Fourth World Congress of Sociology, Vol. IV; S. 51-65

Garfinkel, Harold (1967): Studies in Ethnomethodology. Englewood Cliffs, N.J.

Garfinkel, Harold (1973): Das Alltagswissen über soziale und innerhalb sozialer Strukturen. In: Arbeitsgruppe Bielefelder Soziologen 1973a, S. 189-262.

Garfinkel, Harold (Hg.) (1986): Ethnomethodological Studies of Work. London.

Gast, Wolfgang (1993): Grundbuch. Einführung in Begriffe und Methoden der Filmanalyse. Frankfurt a.M.

Gebauer, Gunter/Wulf, Christoph (1992): Mimesis. Kultur-Kunst-Gesellschaft. Reinbek.

Gebauer, Gunter/Wulf, Christoph (1998): Spiel, Ritual, Geste: Mimetische Grundlagen sozialen Handelns. Reinbek.

Geer, Blanche (1964): First Days in the Field. In: Hammond, Phillip E. (Hg.): Sociologists at Work. Garden City/New York.

Geertz, Clifford (1983): Dichte Beschreibung. Beiträge zum Verstehen kultureller Systeme. Frankfurt a.M.

Geertz, Clifford (1984): From the Native's Point of View. In: Shweder, Richard A./LeVine, Robert Alan (Hg.): Culture Theory. Cambridge, S. 123-136.

Geertz, Clifford (1993): Die künstlichen Wilden. Der Anthropologe als Schriftsteller. Frankfurt a.M. (Original 1988).

Genette, Gérard (1966): Figures. In: Ders.: Figures. Paris, S. 205-221.

Gergen, Kenneth (1999): An Invitation to Social Construction. London.

Gerhardt, Uta (1984): Typenkonstruktion bei Patientenkarrieren. In: Kohli, Martin/Günther, Robert (Hg.): Biografie und soziale Wirklichkeit. Stuttgart, S. 53-77.

Gerhardt, Uta (1986): Verstehende Strukturanalyse: Die Konstruktion von Idealtypen als Analyseschritt bei der Auswertung qualitativer Forschungsmaterialien. In: Soeffner, Hans-Georg (Hg.): Sozialstruktur und soziale Typik. New York, S. 31-83

Giddens, Anthony (1988): Die Konstitution der Gesellschaft. Frankfurt a.M./New York.

Gieschler, Sabine (1999): Leben erzählen. Von der Wiederbelebung einer Kulturtätigkeit in postmoderner Zeit. Münster.

Gillespie, M. (1995): Television, Ethnicity and Cultural Change. London/New York.

Glaser Barney G. (1972): The Patsy and the Subcontractor. A study of the Expert-Layman Relationship. Mill Valley.

Glaser, Barney G. (1978): Theoretical sensitivity. Advances in the methodology of grounded theory. Mill Valley.

Glaser, Barney G./Strauss, Anselm (1967): The Discovery of Grounded Theory. Strategies for qualitative research. Chicago.

Glaser, Barney G./Strauss, Anselm (1968): Time for dying. Chicago.

Glaser, Barney G./Strauss, Anselm (1974): Interaktion mit Sterbenden. Göttingen.

Glaser, Barney G./Strauss, Anselm (1998): Grounded Theory. Strategien qualitativer Forschung. Bern (Original 1967).

Glaserfeld, Ernst von (1996): Radikaler Konstruktivismus. Ideen, Ergebnisse, Probleme. Frankfurt a.M.

Goffman, Erving (1961): Encounters. Two studies in the sociology of interaction. Indianapolis.

Goffman, Erving (1967): Stigma. Über Techniken der Bewältigung beschädigter Identität. Frankfurt a.M.

Goffman, Erving (1971): Interaktionsrituale. Über Verhalten in direkter Kommunikation. Frankfurt a.M.

Goffman, Erving (1972): Asyle. Frankfurt a.M.

Goffman, Erving (1977): Rahmen-Analyse. Ein Versuch über die Organisation von Alltagserfahrung. Frankfurt a.M.

Goffman, Erving (1979): Gender Advertisements. New York u.a. (deutsch: 1981).

Goodenough, Ward Hunt (1957): Cultural Anthropology and Linguistics. In: Hymes, Dell H. (Hg.): Language in Culture and Society. A Reader in Linguistics and Anthropology. New York, S. 36-39.

Goodenough, Ward Hunt (1971): Culture, Language and Society. Reading.

Grathoff, Richard (1989): Milieu und Lebenswelt. Frankfurt a.M.

Gruschka, Andreas/Geissler, Harald (1976): Über die Fähigkeit von Untersuchten und Wissenschaftlern, interpretative Urteile zu validieren. In: Zeitschrift für Pädagogik 28, S. 625-634.

Gubrium, Jaber/Holstein, James A. (1997): The New Language of Qualitative Method. New York.

Gubrium, Jaber F./Holstein, James A./Buckholdt, David R. (1994): Constructing the Life Course. Dix Hills, New York.

Gumbrecht, Hans U./Pfeiffer, Karl L. (Hg.) (1988): Materialität der Kommunikation. Frankfurt a.M.

Gumperz, John J. (Hg.) (1972): Directions in Sociolinguistics. The Ethnography of Communication. Englewood Cliffs. New Jersey

Gumperz, John J. (1992): Contextualization and understanding. In: Duranti, Alessandro/Goodwin, Charles (Hg.): Rethinking Context. Language as an Interactive Phenomenon. Cambridge, S. 229-252.

Gumperz, John J./Cook-Gumperz, Jenny (1981): Ethnic Differences in Communicative Style. In: Fergusan, C.A./Heath, S.H. (Hg.): Language in the USA. Cambridge, S. 430-445.

Gumperz, John J./Hymes, Dell H. (1964): The Ethnography of Communication. Special Publication of the American Anthropologist 66/6.

Günthner, Susanne (1993): Diskursstrategien in der interkulturellen Kommunikation. Tübingen.

Günthner, Susanne/Knoblauch, Hubert (1997): Gattungsanalyse. In: Hitzler/Honer 1997, S. 281-307.

Habermas, Jürgen (1973): Erkenntnis und Interesse. Mit einem neuen Nachwort. Frankfurt a.M.

Habermas, Jürgen (1974): Erkenntnis und Interesse. In: Ders.: Technik und Wissenschaft als ‚Ideologie'. Frankfurt a.M., S. 146-169.

Habermas, Jürgen (1981): Theorie des kommunikativen Handelns. 2 Bde. Frankfurt a.M.

Habermeyer, Wolfgang (1996): Schreiben über fremde Lebenswelten. Das postmoderne Ethos einer kommunikativ handelnden Ethnologie. Köln.

Hachmeister, Lutz/Lingemann, Jan (1999): Das Gefühl VIVA. In: Neumann-Braun, Klaus (Hg.): VIVA MTV. Frankfurt a.M., S. 132-172.

Hafner, Katie (2001): The Well. A Story of Love, Death & Real Life in the Seminal Online Community. New York.

Hareven, Tamara K. (1982): Family Time and Industrial Time. Cambridge.

Hattendorf, Manfred (1999): Dokumentarfilm und Authentizität. Ästhetik und Pragmatik einer Gattung. Stuttgart.

Heidegger, Martin (1984): Sein und Zeit. Tübingen (15. Aufl.).

Heinze, Thomas (2001): Qualitative Sozialforschung. Einführung, Methodologie und Forschungspraxis. München/Wien.

Heinze, Thomas/Heinze-Prause, Roswitha (1996): Kulturwissenschaftliche Hermeneutik. Opladen.

Heinze, Thomas/Thiemann, Friedrich (1982): Kommunikative Validierung und das Problem der Geltungsbegründung. In: Zeitschrift für Pädagogik 28, S. 635-642.

Hepp, Andreas (1999): Cultural Studies und Medienanalyse. Opladen.

Heritage, John (1984): Garfinkel and Ethnomethodology. Cambridge.

Heritage, John (1988): Explanations As Accounts: A Conversation Analytic Perspective. In: Antaki, Charles (Hg.): Analysing Everyday Explanations. A Casebook of Methods. London, S. 127-144.

Hermanns, Harry (2000): Interviewen als Tätigkeit. In: Flick/Kardoff/Steinke 2000, S. 360-368.

Hickethier, Knut (1996): Film- und Fernsehanalyse. Stuttgart/Weimar (2. Aufl.).

Hiebel, Hans H. u.a. (1998): Die Medien. München.

Hine, Christine (1998): Virtual Ethnography. In: International Conference: 25-27 March 1998, Bristol, UK IRISS '98: Conference Papers Proceedings. <http://www.sosig.ac.uk/iriss/papers/paper16.htm> (20.11.2000).

Hirschauer, Stefan (2001): Ethnographisches Schreiben und die Schweigsamkeit des Sozialen. Zu einer Methodologie der Beschreibung. In: Zeitschrift für Soziologie 30, S. 429-451.

Hirschauer, Stefan/Amann, Klaus (Hg.) (1997): Die Befremdung der eigenen Kultur. Frankfurt a.M.

Hitzler, Ronald (1997): Perspektivenwechsel. Über künstliche Dummheit, Lebensweltanalyse und Allgemeine Soziologie. In: Soziologie 4/1997, S. 5-18.

Hitzler, Ronald (1999a): Konsequenzen der Situationsdefinition. In: Hitzler/Reichertz/Schröer 1999, S. 289-308.

Hitzler, Ronald (1999b): Welten erkunden. In: Soziale Welt 50, S. 473-483.

Hitzler, Ronald (2000): Sinnrekonstruktion: Zum Stand der Diskussion (in) der deutschsprachigen interpretativen Soziologie. In: Schweizerische Zeitschrift für Soziologie 26, S. 459-484.

Hitzler, Ronald (2001): Künstliche Dummheit. In: Franz, Heike/Kogge, Werner/Möller, Torger/Wilholt, Torsten (Hg.): Wissensgesellschaft. IWT-Papier 25. Bielefeld 2001 <http://archiv.ub.uni-bielefeld.de/wissensgesellschaft>.

Hitzler, Ronald/Bucher, Thomas/Niederbacher, Arne (2001): Leben in Szenen. Formen jugendlicher Vergemeinschaftung heute. Opladen.

Hitzler, Ronald/Eberle, Thomas S. (2000): Phänomenologische Lebensweltanalyse. In: Flick/Kardoff/Steinke 2000, S. 109-118.

Hitzler, Ronald/Honer, Anne (1984): Lebenswelt – Milieu – Situation. In: Kölner Zeitschrift für Soziologie und Sozialpsychologie 36, S. 56-74.

Hitzler, Ronald/Honer, Anne (1988): Der lebensweltliche Forschungsansatz. In: Neue Praxis. 18. Jg., S. 496-501.

Hitzler, Ronald/Honer, Anne (1994): Bastelexistenz. Über subjektive Konsequenzen der Individualisierung. In: Beck, Ulrich/Beck-Gernsheim, Elisabeth (Hg.), Riskante Freiheiten, Frankfurt a.M., S. 307-315.

Hitzler, Ronald/Honer, Anne (Hg.) (1997): Sozialwissenschaftliche Hermeneutik. Eine Einführung. Opladen.

Hitzler, Ronald/Honer, Anne/Maeder, Christoph (Hg.) (1994): Expertenwissen. Die institutionalisierte Kompetenz zur Konstruktion von Wirklichkeit. Opladen.

Hitzler, Ronald/Reichertz, Jo/Schröer, Norbert (Hg.) (1999): Hermeneutische Wissenssoziologie. Standpunkte zur Theorie der Interpretation. Konstanz.

Hoberg, Almuth (1999): Film und Computer. Wie digitale Bilder den Spielfilm verändern. Frankfurt a.M./New York.

Höflich, Joachim R. (1999): „Sex, Lügen und das Internet". In: Rössler, Patrick/Wirth, Werner (Hg.): Glaubwürdigkeit im Internet. Frankfurt a.M., S. 141-156.

Hoffmann, Dietrich (Hg.) (1991): Bilanz der Paradigmendiskussion in der Erziehungswissenschaft. Leistungen, Defizite, Grenzen. Weinheim.

Hoffmann, Dietrich/Heid, Helmut (Hg.) (1991): Bilanzierungen erziehungswissenschaftlicher Theorieentwicklung: Erfolgskontrolle durch Wissenschaftsforschung. Weinheim.

Hoffmann-Riem, Christa (1984): Das adoptierte Kind. Familienleben mit doppelter Elternschaft. München.

Holland, Dorothy/Quinn, Naomi (Hg.) (1987): Cultural Models in Language and Thought. Cambridge.

Holzer, Horst (1994): Medienkommunikation. Opladen.

Honegger, Claudia (1991): Die Ordnung der Geschlechter. Die Wissenschaften vom Menschen und das Weib. Frankfurt a.M./New York.

Honer, Anne (1993a): Das Perspektivenproblem in der Sozialforschung. In: Jung, Thomas/ Müller-Doohm, Stefan (Hg.): ‚Wirklichkeit' im Deutungsprozeß. Frankfurt a.M., S. 241-257.

Honer, Anne (1993b): Lebensweltliche Ethnografie. Wiesbaden.

Honer, Anne (1994): Einige Probleme lebensweltlicher Ethnografie. In: Schröer 1994a, S. 85-106.

Honer, Anne (1999): Bausteine zu einer lebensweltorientierten Wissenssoziologie. In: Hitzler/Reichertz/Schröer 1999, S. 51-67.

Honer, Anne (2000): Lebensweltanalyse in der Ethnografie. In: Flick/Kardoff/Steinke 2000, S. 194-204.

Hughes, Everett C. (1928): A Study of a Secular Institution: The Chicago Real Estate Board. Unpublished Ph. D. Dissertation. University of Chicago.

Hughes, Everett C. (1943): French Canada in Transition. Chicago.

Hughes, Everett C. (1971): The Sociological Eye. Bd. 1: Selected Papers on Institutions and Race. – Bd. 2: Selected Papers on Work, Self, and the Study of Society. Chicago/New York.

Hughes, Everett C. (1972): The Linguistic Division of Labor in Industrial and Urban Societies. In: Fishman, Joshua A. (Hg.): Advances in the Sociology of Language. Vol. II: Selected Studies and Applications. The Hague/Paris, S. 296-309.

Hughes, Everett C. (1984): The Sociological Eye. Selected Papers. New Brunswick/London.

Hurrelmann, Klaus (1977): Kritische Überlegungen zur Entwicklung der Bildungsforschung. In: betrifft: erziehung 10, (Heft 4), S. 58-62.

Husserl, Edmund (1954): Die Krisis der europäischen Wissenschaften und die transzendentale Phänomenologie. Den Haag.

Imdahl, Max (1994): Ikonik. Bilder und ihre Anschauung. In: Boehm, Gottfried (Hg.): Was ist ein Bild? München, S. 300-324.

Imdahl, Max (1996a): Giotto – Arenafresken. Ikonografie – Ikonologie – Ikonik. München.

Imdahl, Max (1996b): Wandel durch Nachahmung. Rembrandts Zeichnung nach Lastmanns „Susanna im Bade". In: Ders.: Zur Kunst der Tradition. Gesammelte Schriften. Bd. 2. Frankfurt a.M., S. 431-456.

Imhof, Kurt/Schulz, Peter (Hg.) (1998): Die Veröffentlichung des Privaten – die Privatisierung des Öffentlichen. Opladen.

Inowlocki, Lena (2000): Sich in die Geschichte Hineinreden. Fallanalysen rechtsextremer Gruppenzugehörigkeit. Frankfurt a.M.

Jäger, Siegfried (1993): Kritische Diskursanalyse. Eine Einführung. Duisburg.

Jakob, Gisela (1997): Das narrative Interview in der Biografieforschung. In: Friebertshäuser, Barbara/Prengel, Annedore (Hg.): Handbuch Qualitative Forschungsmethoden in der Erziehungswissenschaft. Weinheim/München, S. 445-458.

Jakob, Gisela/Wensierski, Hans Jürgen von (Hg.) (1997): Rekonstruktive Sozialpädagogik. Konzepte und Methoden sozialpädagogischen Verstehens in Forschung und Praxis. Weinheim/München.

James, William (1997): Die Vielfalt religiöser Erfahrung. Frankfurt a.M./Leipzig.

Joas, Hans (1978): George Herbert Mead. In: Käsler, Dirk (Hg.): Klassiker des soziologischen Denkens. Bd. 2. München, S. 7-39.

Joas, Hans (Hg.) (1985): Das Problem der Intersubjektivität. Neuere Beiträge zum Werk George Herbert Meads. Frankfurt a.M.

Joas, Hans (1988): Symbolischer Interaktionismus. In: Kölner Zeitschrift für Soziologie und Sozialpsychologie 40, S. 417-445.

Joas, Hans (1999): Pragmatismus und Gesellschaftstheorie. Frankfurt a.M.

Jones, Steve (Hg.) (1999): Doing Internet Research. Critical Issues and Methods for Examining the Net. London u.a.

Jorgensen, Danny L. (1989): Participant Observation. A Methodology for Human Studies (Applied Social Research Methods Series, Vol. 15). Newbury Park/London/New Dehli.

Kallmeyer, Werner/Schütze, Fritz (1977): Zur Konstitution von Kommunikationsschemata der Sachverhaltsdarstellung. In: Wegner, Dirk (Hg.): Gesprächsanalysen. IKP-Forschungsberichte, Reihe 1. Bd. 65. Hamburg, S. 159-274.

Kardorff, Ernst von (2000): Qualitative Evaluationsforschung. In: Flick/Kardorff/Steinke 2000, S. 238-250.

Kelle, Helga (1997): Die Komplexität sozialer und kultureller Wirklichkeit als Problem qualitativer Forschung. In: Friebertshäuser, Barbara/Prengel, Annedore (Hg): Handbuch Qualitative Forschungsmethoden in der Erziehungswissenschaft. Weinheim/München, S. 192-208.

Kelle, Udo (1995): Computer-Aided Qualitative Data Analysis. Theory, Methods and Practice. Unter Mitarbeit von Gerald Prein und Katherine Bird. London/Thousand Oaks/ New Delhi.

Kelle, Udo (1997a): Theory Building in Qualitative Research and Computer Programs for the Management of Textual Data, Sociological Research Online, 2 (2) <http://www. socresonline.org.uk/socresonline/2/2/1.html>.

Kelle, Udo (1997b): Empirisch begründete Theoriebildung. Zur Logik und Methodologie interpretativer Sozialforschung. Weinheim (2. Aufl.).

Kelle, Udo/Erzberger, Christian (1999): Integration qualitativer und quantitativer Methoden: methodologische Modelle und ihre Bedeutung für die Forschungspraxis. In: Kölner Zeitschrift für Soziologie und Sozialpsychologie 51, S. 509-531.

Kelle, Udo/Erzberger, Christian (2000): Qualitative und quantitative Methoden: kein Gegensatz. In: Flick/Kardorff/Steinke 2000, S. 299-308.

Kelle, Udo/Kluge, Susann (1999): Vom Einzelfall zum Typus. Fallvergleich und Fallkontrastierung in der qualitativen Sozialforschung. Opladen.

Keller, Reiner (1997): Diskursanalyse. In: Hitzler/Honer 1997, S. 309-335.

Keppler, Angela (1994): Wirklicher als die Wirklichkeit? Das neue Realitätsprinzip der Fernsehunterhaltung. Frankfurt a.M.

Keupp, H. (1988): Riskante Chancen. Heidelberg.

Kiener, Wilma (1999): Die Kunst des Erzählens. Narrativität in dokumentarischen und ethnografischen Filmen. Stuttgart.

Kittler, Friedrich (1986): Grammophon, Film, Typewriter. Berlin.

Klafki, Wolfgang (1976): Aspekte kritisch-konstruktiver Erziehungswissenschaft. Weinheim.

Klemm, Michael (2000): Zuschauerkommunikation. Frankfurt.

Kling, Rob/Gerson, Elihu M. (1978): Patterns of segmentation and intersection in the computing world. In: Symbolic Interaction 1, S. 24-43.

Kluge, Susann (1999): Empirisch begründete Typenbildung. Zur Konstruktion von Typen und Typologien in der qualitativen Sozialforschung. Opladen.

Knoblauch, Hubert (1991a): Die Welt der Wünschelrutengänger und Pendler. Frankfurt a.M./New York.

Knoblauch, Hubert (1991b): Kommunikation im Kontext. Zeitschrift für Soziologie 20, S. 446-462.

Knoblauch, Hubert (1995): Kommunikationskultur. Die kommunikative Konstruktion kultureller Kontexte. Berlin.

Knoblauch, Hubert (1996): Soziologie als strenge Wissenschaft? In: Preyer, Gerhard/Peter, Georg/Ulfig, Alexander (Hg.): Protosoziologie im Kontext. Würzburg, S. 93-105.

Knoblauch, Hubert (1999): Berichte aus dem Jenseits. Mythos und Realität der Nahtoderfahrung. Freiburg i. Br.

Knoblauch, Hubert (2000): Zukunft und Perspektiven qualitativer Forschung. In: Flick/Kardorff/Steinke 2000, S. 623-632.

Knoblauch, Hubert (2001): Fokussierte Ethnografie. In: Sozialer Sinn 1, S. 123-141.

Knoblauch, Hubert/Heath, Christian (1999): Technologie, Interaktion und Organisation. Die Workplace Studies. In: Schweizerische Zeitschrift für Soziologie 25, S.163-181.

Knoblauch, Hubert/Luckmann, Thomas (2000): Gattungsanalyse. In: Flick/Kardorff/Steinke (2000), S. 538-545.

Knorr-Cetina, Karin (1984): Die Fabrikation von Erkenntnis. Frankfurt a.M.

Knorr-Cetina, Karin (1989): Spielarten des Konstruktivismus. Einige Notizen und Anmerkungen. In: Soziale Welt 40, S. 86-96.

Köhler, Gabriele (1992): Methodik und Problematik einer mehrstufigen Expertenbefragung. In: Hoffmeyer-Zlotnik, Jürgen H. P. (Hg.): Analyse verbaler Daten. Über den Umgang mit qualitativen Daten. Opladen, S. 318-332.

König, Hans-Dieter (1993): Die Methode der tiefenhermeneutischen Kultursoziologie. In: Jung, Thomas/Müller-Doohm, Stefan (Hg.): „Wirklichkeit" im Deutungsprozeß. Verstehen und Methoden in den Kultur- und Sozialwissenschaften. Frankfurt a.M., S. 190-222.

König, Hans-Dieter (1996): Methodologie und Methode der tiefenhermeneutischen Kultursoziologie in der Perspektive von Adornos Verständnis kritischer Sozialforschung. In: Ders. (Hg.): Neue Versuche, Becketts Endspiel zu verstehen. Sozialwissenschaftliches Interpretieren nach Adorno. Frankfurt a.M., S. 314-387.

König, Hans-Dieter (1997): Tiefenhermeneutik als Methode kultursoziologischer Forschung. In: Hitzler /Honer 1997, S. 213-241.

König, Hans-Dieter (2000): Tiefenhermeneutik. In: Flick/Kardoff/Steinke 2000, S. 556-569.

König, Hans-Dieter (2001): Tiefenhermeneutik als Methode psychoanalytischer Kulturforschung. In: Appelsmeyer, Heide/Billmann-Mahecha, Elfriede (Hg.): Kulturwissenschaft. Köln, S. 168-194.

Kohli, Martin (Hg.) (1978a): Soziologie des Lebenslaufs. Darmstadt/Neuwied.

Kohli, Martin (1978b): „Offenes" und „geschlossenes" Interview: Neue Argumente zu einer alten Kontroverse. In: Soziale Welt 29, S. 1-25.

Kohli, Martin (1985): Die Institutionalisierung des Lebenslaufs. In: Kölner Zeitschrift für Soziologie und Sozialpsychologie 37, S. 1-29.

Kohli, Martin (1988): Normalbiografie und Individualität. Zur institutionellen Dynamik des gegenwärtigen Lebenslaufregimes. In: Brose, Hans-Georg/Hildenbrandt, Bruno (Hg.): Vom Ende des Individuums zur Individualität ohne Ende. Opladen, S. 33-53.

Kokemohr, Rainer/Koller, Hans-Christoph (1996): Die rhetorische Artikulation von Bildungsprozessen. Zur Methodologie erziehungswissenschaftlicher Biografieforschung. In: Krüger, Heinz-Hermann/Marotzki, Winfried (Hg.): Erziehungswissenschaftliche Biografieforschung. Opladen (2. Aufl.), S. 90-102.

Koller, Hans-Christoph (1994): Schlüsselerlebnisse. Zur Rhetorik autobiografischer Erzählungen und ihrer Bedeutung für Bildungsprozesse. In: Sabban, Annette/Schmitt, Christian (Hg.): Sprachlicher Alltag. Linguistik – Rhetorik – Literaturwissenschaft. Festschrift für Wolf-Dieter Stempel. Tübingen, S. 245-263.

Kopperschmidt, Josef (Hg.) (1990): Rhetorik, Bd. 1: Rhetorik als Texttheorie. Darmstadt.

Kopperschmidt, Josef (Hg.) (1991): Rhetorik, Bd. 2: Wirkungsgeschichte der Rhetorik. Darmstadt.

Korte, Helmut (1999): Einführung in die Systematische Filmanalyse. Berlin.

Kotarba, Joseph A./Fontana, Andrea (Hg.) (1984): The Existential Self in Society. Chicago/London.

Kowal, Sabine/O'Connell, Daniel C. (2000): Zur Transkription von Gesprächen. In: Flick/Kardoff/Steinke 2000, S. 437-446.

Kracauer, Siegfried (1959): The Challenge of Qualitative Content Analysis. In: Public Opinion Quarterly 16, S. 631-641.

Kraucauer, Siegfried (1964): Theorie des Films. Die Errettung der äußeren Wirklichkeit. Frankfurt a.M.

Krüger, Heinz-Hermann/Marotzki, Winfried (Hg.) (1999): Handbuch der erziehungswissenschaftlichen Biografieforschung. Opladen.

Kuckartz, Udo (1996): MAX für WINDOWS: Ein Programm zur Interpretation, Klassifikation und Typenbildung. In: Bos, Wilfried/Tarnai, Christian (Hg.): Computerunterstützte Inhaltsanalyse in den Empirischen Sozialwissenschaften. Münster/New York, S. 229-243.

Kuhn, Manford H. (1964): Major Trends in Symbolic Interaction Theory in the Past Twenty-Five Years. In: Sociological Quarterly 5. S. 61-84.

Kuhn, Thomas S. (1973): Die Struktur wissenschaftlicher Revolutionen. Frankfurt a.M.

Kurtz, Lester R. (1984): Evaluating Chicago Sociology: A Guide to the Literature, with an Annotated Bibliografy. Chicago.

Labov, William/Waletzky, Joshua (1973): Erzählanalyse: mündliche Versionen persönlicher Erfahrung. In: Ihwe, Jens (Hg.): Literaturwissenschaft und Linguistik. 2 Bde., Frankfurt a.M., S. 78-126.

Lämmert, Eberhard (Hg.) (1982): Erzählforschung. Stuttgart.

Lakoff, George/Johnson, Mark (1980): Metaphors we Live by. Chicago/London.

Lakoff, George/Johnson, Mark (1999): Philosophy in the Flesh: The Embodied Mind and its Challenge to Western Thought. New York.

Lamnek, Siegfried (1989): Qualitative Sozialforschung: Bd. 2: Methoden und Techniken. München/Weinheim.

Lamnek, Siegfried (1998): Gruppendiskussion. Theorie und Praxis. Weinheim.

Landwehr, Achim (2001): Geschichte des Sagbaren. Einführung in die Historische Diskursanalyse. Tübingen.

Larson, Magali S. (1977): The Rise of Professionalism. A Sociological Analysis. London.

Latour, Bruno/Woolgar, Steve (1979): Laboratory Life: The Social Construction of Scientific Facts. Beverly Hills.

Lauer, Robert/Handel, Warren (1977): Social Psychology. The Theory and Application of Symbolic Interactionism. Boston.

Lausberg, Heinrich (1990): Handbuch der literarischen Rhetorik. Eine Grundlegung der Literaturwissenschaft. Stuttgart (3. Aufl.).

Leithäuser, Thomas/Volmerg, Birgit (1979): Anleitung zur Empirischen Hermeneutik. Psychoanalytische Textinterpretation als sozialwissenchaftliches Verfahren. Frankfurt a.M.

Lejeune, Philippe (1973): Le pacte autobiografique. In: Poetique 14, S. 137-162.

Lenk, Hans (1993): Kulturinterpretation nach Clifford Geertz. In: Ders.: Philosophie und Interpretation. Frankfurt a.M., S. 179-183.

Lewin, Kurt (1930/31): Der Übergang von der aristotelischen zur galileischen Denkweise in Biologie und Psychologie. In: Erkenntnis 1, S. 421-466.

Lewis, James D./Smith, Richard L. (1980): American sociology and pragmatism. Mead, Chicago sociology, and symbolic interactionism. Chicago.

Lincoln, Yvonna S./Guba, Egon G. (1985): Naturalistic Inquiry. Beverly Hills/London/New Dehli.

Livingston, Eric (1987): Making Sense of Ethnomethodology. London.

Livingstone, Sonia M. /Lunt, Peter K. (1996): Rethinking the Fokus Group in Media and Communications Research. In: Journal of Communication 46, 2, S. 79-98.

Loer, Thomas (1994): Werkgestalt und Erfahrungskonstitution. Exemplarische Analyse von Paul Cézannes ‚Montaigne Sainte-Victoire' (1904/06) unter Anwendung der Methode der objektiven Hermeneutik und Ausblick auf eine soziologische Theorie der Aesthetik im Hinblick auf eine Theorie der Erfahrung. In: Garz, Detlef/Kraimer, Klaus (Hg.): Die Welt als Text. Theorie, Kritik und Praxis der objektiven Hermeneutik. Frankfurt a.M., S. 341-382.

Lofland, John/Lofland, Lyn H. (1984): Analyzing Social Settings: A Guide to Qualitative Observation and Analysis. Belmont, CA.

Loos, Peter (1998): Mitglieder und Sympathisanten rechtsextremer Parteien. Wiesbaden.

Loos, Peter (1999): Zwischen pragmatischer und moralischer Ordnung. Der männliche Blick auf das Geschlechterverhältnis im Milieuvergleich. Opladen.

Loos, Peter/Schäffer, Burkhard (2001): Das Gruppendiskussionsverfahren. Theoretische Grundlagen und empirische Anwendung. Opladen.

Lorenzer, Alfred (1970): Sprachzerstörung und Rekonstruktion. Vorarbeiten zu einer Metatheorie der Psychoanalyse. Frankfurt a.M.

Lorenzer, Alfred (1972): Zur Begründung einer materialistischen Sozialisationstheorie. Frankfurt a.M.

Lorenzer, Alfred (1973): Über den Gegenstand der Psychoanalyse oder: Sprache und Interaktion. Frankfurt a.M. (2. Aufl.).

Lorenzer, Alfred (1974): Die Wahrheit der psychoanalytischen Erkenntnis. Ein historisch-materialistischer Entwurf. Frankfurt a.M.

Lorenzer, Alfred (1981): Zum Beispiel ‚Der Malteser Falke‘. Analyse der psychoanalytischen Untersuchung literarischer Texte. In: Urban, Bernd/Kudszus, Winfried (Hg.): Psychoanalytische und psychopathologische Literaturinterpretation. Darmstadt, S. 23-46.

Lorenzer, Alfred (1984): Intimität und soziales Leid. Archäologie der Psychoanalyse. Frankfurt a.M.

Lorenzer, Alfred (1986): Tiefenhermeneutische Kulturanalyse. In: Ders./König, Hans-Dieter u.a.: Kultur-Analysen. Psychoanalytische Studien zur Kultur. Frankfurt a.M., S. 11-98.

Lorenzer, Alfred (1990): Verführung zur Selbstpreisgabe – psychoanalytisch-tiefenhermeneutische Analyse des Gedichtes von Rudolf Alexander Schröder. In: Kulturanalysen 2, S. 261-277.

Luckmann, Benita (1978): The Small Life-Worlds of Modern Man. In: Luckmann, Thomas (IIg.): Phenomenology and Sociology, Harmondsworth, S. 275-290.

Luckmann, Thomas (Hg.) (1978): Phenomenology and Sociology. Harmondsworth.

Luckmann, Thomas (1979): Phänomenologie und Soziologie. In: Sprondel, Walter/Grathoff, Richard (Hg.): Alfred Schütz und die Idee des Alltags in den Sozialwissenschaften. Stuttgart, S. 196-206.

Luckmann, Thomas (1980a): Philosophie, Sozialwissenschaft und Alltagsleben. In: Ders.: Lebenswelt und Gesellschaft. Paderborn u.a, S. 9-54.

Luckmann, Thomas (1980b): Aspekte einer Theorie der Sozialkommunikation. In: Ders.: Lebenswelt und Gesellschaft. Paderborn u.a, S. 93-121.

Luckmann, Thomas (1986): Grundformen der gesellschaftlicher Vermittlung des Wissens: Kommunikative Gattungen. In: Neidhardt, Friedhelm/Lepsius, Rainer/Weiß, Johannes (Hg.): Kultur und Gesellschaft (Kölner Zeitschrift für Soziologie und Sozialpsychologie, SB 27), S. 191-213.

Luckmann, Thomas (1988): Alltägliche Verfahren der Rekonstruktion kommunikativer Ereignisse. Trier (Manuskript eines Vortrages vor der Sektion ‚Sprachsoziologie‘).

Luckmann, Thomas (1989): Kultur und Kommunikation. In: Haller, Hax/Hoffmann-Nowottny, Hans-Jürgen/Zapf, Wolfgang (Hg.): Kultur und Gesellschaft. Frankfurt a.M./New York, S.33-45.

Luckmann, Thomas (1990): Lebenswelt: Modebegriff oder Forschungsprogramm. In: Grundlagen der Weiterbildung 1, S. 9-13.

Luckmann, Thomas (1993): Schützsche Protosoziologie? In: Bäumer, Angelica/Benedikt, Michael (Hg.): Gelehrtenrepublik – Lebenswelt. Wien, S. 321-326.

Luckmann, Thomas (1999): Remarks on the Description and Interpretation of Dialogue. In: International Sociology 14, S. 387-402.

Lüders, Christian (1991): Deutungsmusteranalyse. Annäherung an ein risikoreiches Konzept. In: Garz, Detlef/Kraimer, Klaus (Hg.): Qualitativ-empirische Sozialforschung. Opladen, S. 377-408.

Lüders, Christian (1995): Von der teilnehmenden Beobachtung zur ethnographischen Beschreibung. In: König, Eckard/Zedler, Peter (Hg.): Bilanz qualitativer Forschung. Bd. II: Methoden. Weinheim, S. 311-342.

Lüders, Christian/Haubrich, Karin (2003): Qualitative Evaluationsforschung. In: Schweppe, Cornelia (Hg.) (2003): Qualitative Forschung in der Sozialpädagogik. Opladen.

Lüders, Christian/Meuser, Michael (1997): Deutungsmusteranalyse. In: Hitzler/Honer 1997, S. 57-79.

Lüders, Christian/Reichertz, Jo (1986): Wissenschaftliche Praxis ist, wenn alles funktioniert und keiner weiß warum – Bemerkungen zur Entwicklung qualitativer Sozialforschung. In: Sozialwissenschaftliche Literatur Rundschau 9, S. 90-102.

Luhmann, Niklas (1984): Soziale Systeme. Frankfurt a.M.

Luhmann, Niklas (1988): Soziologische Aufklärung I. Opladen.

Luhmann, Niklas (1990): Die Wissenschaft der Gesellschaft. Frankfurt a.M.

Maeder, Christoph (1997): „Schwachi und schwierigi Lüüt". Inoffizielle Insassenkategorien im offenen Strafvollzug. In: Hirschauer, Stefan/Amann, Klaus (Hg.): Die Befremdung der eigenen Kultur – Beiträge zur Erneuerung soziologischer Empirie. Frankfurt a.M., S. 218-239.

Maeder, Christoph (2000): Brauchbare Artefakte. Statistiksoftware für das Pflegemanagement im Spital als das Produkt ethnographischer Arbeit. In: Schweizerische Zeitschrift für Soziologie 26, S. 637-662.

Maeder, Christoph (2002): Alltagsroutine, Sozialstruktur und soziologische Theorie: Gefängnisforschung mit ethnografischer Semantik. In: Forum Qualitative Sozialforschung 3/1. >www.qualitative-research.net/fqs-texte/1-02/1-02maeder-d.htm<

Maeder, Christoph/Brosziewski, Achim (1997): Ethnographische Semantik: Ein Weg zum Verstehen von Zugehörigkeit. In: Hitzler/Honer 1997, S. 335-362.

Maines, David (1977): Social Organization and Social Structure in Symbolic Interactionist Thought. In: Annual Review of Sociology 3, S. 235-259.

Maletzke, Gerhard (1959): Fernsehen im Leben der Jugend. Hamburg.

Mangold, Werner (1960): Gegenstand und Methode des Gruppendiskussionsverfahrens. Frankfurt a.M.

Mann, Chris/Stewart, Fiona (2000): Internet Communication and Qualitative Research. A Handbook for Researching Online. London u.a.

Mannheim, Karl (1952a): Ideologie und Utopie. Frankfurt a.M.

Mannheim, Karl (1952b): Wissenssoziologie. In: Mannheim 1952a, S. 227-267 (zuerst 1931).

Mannheim, Karl (1964a): Wissenssoziologie. Neuwied/Berlin.

Mannheim, Karl (1964b): Beiträge zur Theorie der Weltanschauungsinterpretation. In: Mannheim 1964a, S. 388-407.

Mannheim, Karl (1964c): Das Problem der Generationen. In: Mannheim 1964a, S. 91-154 (zuerst 1921-1922).

Mannheim, Karl (1980): Strukturen des Denkens. Frankfurt a.M.

Manning, Peter K./Cullum-Swan, Betsy (1994): Narrative, Content, and Semiotic Analysis. In: Denzin, Norman K./Lincoln, Yvonne S. (Hg.): Handbook of Qualitative Research. Thousand Oaks u.a, S. 463-477.

Markowitz, Jürgen (1979): Die soziale Situation. Frankfurt a.M.

Marotzki, Winfried (1990): Entwurf einer strukturalen Bildungstheorie. Biografietheoretische Auslegung von Bildungsprozessen in hochkomplexen Gesellschaften. Weinheim.

Marotzki, Winfried (1991a): Aspekte einer bildungstheoretisch orientierten Biografieforschung. In: Hoffmann/Heid 1991, S. 119-134.

Marotzki, Winfried (1991b): Ideengeschichtliche und programmatische Dimensionen pädagogischer Biografieforschung. In: Hoffmann, Dietrich (Hg.) (1991): Bilanz der Paradigmendiskussion in der Erziehungswissenschaft. Leistungen, Defizite, Grenzen. Weinheim, S. 81-110.

Marotzki, Winfried (1999): Forschungsmethoden und -methodologie der Erziehungswissenschaftlichen Biografieforschung. In: Krüger/Marotzki 1999, S. 109-133.

Marotzki, Winfried (2001): Bildung unter den Bedingungen elektronischer Konfigurationen. In: Nieke, Wolfgang/Masschelein, Jan/Ruhloff, Jörg (Hg.) (2001): Bildung in der Zeit. Zeitlichkeit und Zukunft – pädagogisch kontrovers. Weinheim, S. 27-38.

Matt, Eduard (2001): Ethnographische Beschreibungen. Die Kunst der Konstruktion der Wirklichkeit des Anderen. Münster.

Matthes, Joachim (1992): The Operation Called „Vergleichen". In: Ders. (Hg.): Zwischen den Kulturen? (Soziale Welt, SB 8). Göttingen, S. 75-99.

Matthews, Fred H. (1977): Quest for an American Sociology. Robert E. Park and the Chicago school. Montreal.

Matthiesen, Ulf (1983): Das Dickicht der Lebenswelt und die Theorie des kommunikativen Handelns. München.

Maturana, Humberto/Varela, Francis (1987): Der Baum der Erkenntnis: Die biologischen Wurzeln des menschlichen Erkennens. Bern.

Mayer, Karl Ulrich (Hg.) (1990): Lebensverläufe und sozialer Wandel. In: Kölner Zeitschrift für Soziologie und Sozialpsychologie, Sonderheft 31.

Mayring, Philipp (1997): Qualitative Inhaltsanalyse. Grundlagen und Techniken. Weinheim (6. Aufl.).

Mayring, Philipp (2000): Qualitative Inhaltsanalyse. In: Flick/Kardorff/Steinke 2000, S. 468-475.

Mc Call, George J./Simmons, J. L. (Hg.) (1969): Issues in Participant Observation: A Text and Reader. Reading, Mass.

Mc Phail, Clark/Rexroat, Cynthia (1979): Mead vs. Blumer. The Divergent Methodological Perspectives of Social Behaviorism and Symbolic Interactionism. In: American Sociological Review 44, S. 449-467.

Mead, George Herbert (1928): The Philosophy of the Act. Chicago.

Mead, George Herbert (1934): Mind, Self, and Society. Chicago.

Mead, George Herbert (1938): The Philosophy of the Present. La Salle, Ill.

Mead, George Herbert (1964): Selected writings. Indianapolis.

Mead, George Herbert (1968): Geist, Identität und Gesellschaft. Frankfurt a.M.

Mead, George Herbert (1980): Gesammelte Aufsätze. Bd. 1. Frankfurt a.M.

Mead, George Herbert (1983a): Gesammelte Aufsätze. Bd. 2. Frankfurt a.M.

Mead, George Herbert (1983b): Wissenschaftliche Methode und individueller Denker. In: Mead 1983a, S. 296-336.

Mehan, Hugh/Wood, Houston (1975): The Reality of Ethnomethodology. New York.

Mehan, Hugh/Wood, Houston (1976): Fünf Merkmale der Realität. In: Weingarten, Elmar/Sack, Fritz/Schenkein, Jim (Hg.): Ethnomethodologie. Beiträge zur Soziologie des Alltagshandelns. Frankfurt a.M., S. 29-63.

Meltzer, Bernhard N./Petras, John W./Reynolds, Larry T. (1975): Symbolic Interactionism. Genesis, Varieties and Criticism. London/Boston.

Merten, Klaus (1995): Inhaltsanalyse. Einführung in Theorie, Methode und Praxis. Opladen (2. Aufl.).

Merton, Robert K. (1968): The Bearing of Empirical Research on Sociological Theory. In: Ders.: Social Theory and Social Structure. New York/London, S. 156-171.

Merton, Robert K. (1987): The Focussed Interview and Focus Group: Continuities and Discontinuities. In: Public Opinion Quarterly 51, S. 550-566.

Merton, Robert K./Kendall, Patricia L. (1979): Das fokussierte Interview. In: Hopf, Christel/ Weingarten, Elmar (Hg.): Qualitative Sozialforschung. Stuttgart, S. 171-204 (Original 1946).

Meulemann, Heiner/Birkelbach, Klaus (1999): ‚Biografizität' ist das Privileg der Jugend. In: BIOS 2, S. 169-190.

Meuser, Michael (1998): Geschlecht und Männlichkeit. Soziologische Theorie und kulturelle Deutungsmuster. Opladen.

Meuser, Michael (1999): Subjektive Perspektiven, habituelle Dispositionen und konjunktive Erfahrungen. Wissenssoziologie zwischen Schütz, Bourdieu und Mannheim. In: Hitzler/Reichertz/Schröer 1999, S. 121-146.

Meuser, Michael (2001): Repräsentation sozialer Strukturen im Wissen. Dokumentarische Methode und Habitusrekonstruktion. In: Bohnsack/Nentwig-Gesemann/Nohl 2001, S. 207-221.

Meuser, Michael/Nagel, Ulrike (1991): ExpertInneninterviews – vielfach erprobt, wenig bedacht. Ein Beitrag zur qualitativen Methodendiskussion. In: Garz, Delef/Kraimer, Klaus (Hg.): Qualitativ-empirische Sozialforschung. Konzepte, Methoden, Analysen, S. 441-471.

Meuser, Michael/Nagel, Ulrike (1994): Expertenwissen und Experteninterview. In: Hitzler/Honer/Maeder 1994, S.180-192.

Meuser, Michael/Nagel, Ulrike (2002): Vom Nutzen der Expertise. Experteninterviews in der Sozialberichterstattung. In: Bogner/Littig/Menz 2002, S. 257-272.

Meuser, Michael/Sackmann, Reinhold (1992): Zur Einführung: Deutungsmusteransatz und empirische Wissenssoziologie. In: Dies. (Hg.): Analyse sozialer Deutungsmuster. Beiträge zur empirischen Wissenssoziologie. Pfaffenweiler, S. 9-37.

Michel, Burkard (2001): Fotografien und ihre Lesarten. Dokumentarische Interpretation von Bildrezeptionsprozessen. In: Bohnsack/Nentwig-Gesemann/Nohl 2001, S. 91-120.

Michel, Burkard (2003): Dimensionen der Offenheit. Kollektive Sinnbildungsprozesse bei der Rezeption von Fotografien. In: Ehrenspeck, Yvonne/Schäffer, Burkhard (Hg.): Film- und Photoanalyse in der Erziehungswissenschaft. Ein Handbuch, S. 227-249.

Miles, Matthew B./Huberman, A. Michael (1994): Qualitative Data Analysis: An Expanded Sourcebook. Newbury Park.

Miller, Daniel/Slater, Don (2000): The Internet. An Ethnographic Approach. Oxford/New York.

Misch, Georg (1949ff.): Geschichte der Autobiografie. Bern.

Mitchell, William J. T. (1994): Picture Theory. Essays on Verbal and Visual Representation. Chicago/London.

Mitchell, William J. T. (1997): Der Pictorial Turn. In: Kravagna, Christian (Hg.): Privileg Blick. Kritik der visuellen Kultur. Berlin, S. 15-40.

Mohn, Elisabeth (2002): Realismus als nützliche Fiktion. Spielarten des Dokumentierens in der Kulturanalyse. Stuttgart.

Mollenhauer, Klaus (1983): Streifzug durch fremdes Terrain. Interpretation eines Bildes aus dem Quattrocento in bildungstheoretischer Absicht. In: Zeitschrift für Pädagogik 30, S. 173-194.

Monaco, James (1997): Film verstehen. Kunst, Technik, Sprache, Geschichte und Theorie des Films und der Medien. Reinbek bei Hamburg.

Morley, David (1980): The Nationwide Audience: Structure and Decoding (British Film Institute Television Monograph No. 11). London.

Morley, David (1986): Family Television. Cultural Power and Domestic Leisure. London.

Morley, David (1996): Medienpublika aus der Sicht der Cultural Studies. In: Hasebrink, Uwe/Krotz, Friedrich (Hg.): Die Zuschauer als Fernsehregisseure? Zum Verständnis individueller Nutzungs- und Rezeptionsmuster. Baden Baden.

Morris, Charles W. (1973): Zeichen, Sprache und Verhalten. Düsseldorf (Original 1946).

Morris, Charles W. (1979): Grundlagen der Zeichentheorie. Ästhetik und Zeichentheorie. Frankfurt a.M./Berlin/Wien (Original 1938/1939).

Müller-Doohm, Stefan (1993): Visuelles Verstehen. Konzepte kultursoziologischer Bildhermeneutik. In: Jung, Thomas/Müller-Doohm, Stefan (Hg.): „Wirklichkeit" im Deutungsprozeß. Verstehen und Methoden in den Kultur- und Sozialwissenschaften. Frankfurt a.M., S. 434-475.

Müller-Doohm, Stefan (1997): Bildinterpretation als struktural-hermeneutische Bildanalyse. In: Hitzler/Honer 1997, S. 81-108.

Nassehi, Armin/Weber, Georg (1990): Zu einer Theorie biografischer Identität. Epistemologische und systemtheoretische Argumente. In: BIOS 2, S. 153-187.

Nentwig-Gesemann, Iris (1999): Krippenerziehung in der DDR. Alltagspraxis und Orientierungen von Erzieherinnen im Wandel. Opladen.

Nentwig-Gesemann, Iris (2001): Die Typenbildung der dokumentarischen Methode. In: Bohnsack/Nentwig-Gesemann/Nohl 2001, S. 275-300.

Nentwig-Gesemann, Iris (2002): Gruppendiskussionen mit Kindern. Die dokumentarische Interpretation von Spielpraxis und Diskursorganisation. Opladen.

Neumann-Braun, Klaus (1993): Rundfunkunterhaltung. Tübingen.

Neumann-Braun, Klaus (2000a): Medien – Medienkommunikation. In: Ders./Müller-Doohm, Stefan (Hg.) (2000): Medien- und Komunikationssoziologie. Weinheim/München.

Neumann-Braun, Klaus (2000b): Publikumsforschung. In: Ders./Müller-Doohm, Stefan (Hg.) (2000): Medien- und Kommunikationssoziologie. Weinheim/München, S. 181-204.

Nieke, Wolfgang/Masschelein, Jan/Ruhloff, Jörg (Hg.) (2001): Bildung in der Zeit. Zeitlichkeit und Zukunft – pädagogisch kontrovers. Weinheim.

Nießen, Manfred (1977): Gruppendiskussion. Interpretative Methodologie, Methodenbegründung, Anwendung. München.

Niethammer, Lutz (1978): Oral History in USA. Zur Entwicklung und Problematik diachroner Befragungen, Archiv für Sozialgeschichte 18, S. 457-501.

Niethammer, Lutz (1985): Fragen – Antworten Fragen. In: Ders./Plato, Alexander v.: „Wir kriegen jetzt andere Zeiten." Auf der Suche nach der Erfahrung des Volkes in nachfaschistischen Ländern. Berlin/Bonn, S. 256-304.

Nittel, Dieter (1992): Gymnasiale Schullaufbahn und Identitätsentwicklung. Eine biografieanalytische Studie. Weinheim.

Nöth, Winfried (1995): Stichwort „Semiotik, Semiologie". In: Ritter, Joachim/Gründer, Karlfried (Hg.): Historisches Wörterbuch der Philosophie, Bd. 9. Basel. Sp. 601.

Nöth, Winfried (2000): Handbuch der Semiotik. Stuttgart/Weimar (2. Aufl.).

Nohl, Arnd-Michael (1996): Jugend in der Migration. Türkische Banden und Cliquen in empirischer Analyse. Baltmannsweiler.

Nohl, Arnd-Michael (2001a): Komparative Analyse: Forschungspraxis und Methodologie der dokumentarischen Methode. In: Bohnsack/Nentwig-Gesemann/Nohl 2001, S. 253-274.

Nohl, Arnd-Michael (2001b): Migration und Differenzerfahrung. Junge Einheimische und Migranten im rekonstruktiven Milieuvergleich. Opladen.

Oevermann, Ulrich (1979): Ansätze zu einer soziologischen Sozialisationstheorie und ihre Konsequenzen für die allgemeine soziologische Analyse. In: Lüschen, Günther (Hg.): Deutsche Soziologie seit 1945. Kölner Zeitschrift für Soziologie und Sozialpsychologie, Sonderheft 21, S. 143-168.

Oevermann, Ulrich (1991): Genetischer Strukturalismus und das sozialwissenschaftliche Problem der Erklärung der Entstehung des Neuen. In: Müller-Doohm, Stefan (Hg.): Jenseits der Utopie. Frankfurt a.M., S. 267-336.

Oevermann, Ulrich (1993): Die objektive Hermeneutik als unverzichtbare methodologische Grundlage für die Analyse von Subjektivität. Zugleich eine Kritik der Tiefenhermeneutik. In: Jung, Thomas/Müller-Doohm, Stefan (Hg.): „Wirklichkeit" im Deutungsprozeß. Frankfurt a.M., S. 106-189.

Oevermann, Ulrich (1998a): Die Philosophie von Charles Sanders Peirce als Philosophie der Krise. Ms 30 S. Frankfurt a.M.

Oevermann, Ulrich (1998b): Lebenspraxis, Krisenbewältigung und Konstitution von Erfahrung (Abduktion) als Grundprobleme in der Peirce'schen Philosophie und der modernen Soziologie. (Unveröffentlichtes Manuskript, 54 S.). Frankfurt a.M.

Oevermann, Ulrich (2000a): Die Methode der Fallrekonstruktion in der Grundlagenforschung sowie der klinischen und pädagogischen Praxis. In: Kraimer, Klaus (Hg.): Die Fallrekonstruktion. Sinnverstehen in der sozialwissenschaftlichen Forschung, Frankfurt a.M., S. 58-156.

Oevermann, Ulrich (2000b): Vorlesungen zur Einführung in die soziologische Sozialisationstheorie. Von R. Burkholz tanskribierte Vorlesungen vom SS 1995 u. WS 1996. Frankfurt a.M.

Oevermann, Ulrich (2001a): Zur Analyse der Struktur von sozialen Deutungsmustern. In: Sozialer Sinn 2, S. 3-33.

Oevermann, Ulrich (2001b): Die Struktur sozialer Deutungsmuster – Versuch einer Aktualisierung. In: Sozialer Sinn 2, S. 35-81.

Oevermann, Ulrich/Allert, Tilman/Konau, Elisabeth (1980): Zur Logik der Interpretation von Interviewtexten. Fallanalyse anhand eines Interviews mit einer Fernstudentin. In: Heinze, Thomas et al. (Hg.): Interpretationen einer Bildungsgeschichte. Bensheim, S. 15-69.

Oevermann, Ulrich/Allert, Tilman/Konau, Elisabeth/Krambeck, Jürgen (1979): Die Methodologie einer „objektiven Hermeneutik" und ihre allgemeine forschungslogische Bedeutung in den Sozialwissenschaften. In: Soeffner, Hans-Georg (Hg.): Interpretative Verfahren in den Sozial- und Textwissenschaften. Stuttgart, S. 352-434.

Paccagnella, Luciano (1997): Getting the Seats of Your Pants Dirty: Strategies for Ethnographic Research on Virtual Communities. In: Journal of Computer Mediated Communication 3(1) June 1997.    <http://www.ascusc.org/jcmc/vol3/issue1/paccagnella.html> (8.9.2002).

Palmer, Vivien M. (1928): Field Studies in Sociology. A Student's Manual. Chicago.

Panofsky, Erwin (1932): Zum Problem der Beschreibung und Inhaltsdeutung von Werken der bildenden Kunst. In: Logos. Internationale Zeitschrift für Philosophie und Kultur. Bd. XXI, S. 103-119.

Panofsky, Erwin (1964): Zum Problem der Beschreibung und Inhaltsdeutung von Werken der bildenden Kunst. In: Ders.: Aufsätze zu Fragen der Kunstwissenschaft. Berlin, S. 85-97 (zuerst 1932).

Panofsky, Erwin (1975): Ikonografie und Ikonologie. Eine Einführung in die Kunst der Renaissance. In: Ders.: Sinn und Deutung in der bildenden Kunst. Köln, S. 36-67 (Original 1955).

Panofsky, Erwin (1989): Gotische Architektur und Scholastik. Zur Analogie von Kunst, Philosophie und Theologie im Mittelalter. Köln (Original 1951).

Park, Robert E. (1904): Masse und Publikum. Eine methodologische und soziologische Untersuchung. Bern.

Park, Robert E. (1916): The City: Suggestions for the Investigation of Human Behavior in the Urban Environment. In: American Journal of Sociology 20, S. 577-612.

Park, Robert E. (1936): Human Ecology. In: American Journal of Sociology 42, S. 1-15.

Park, Robert E. (1950/55): Collected papers. 3 Bde. Glencoe.

Park, Robert E./Burgess, Ernest W. (1921): Introduction to the Science of Sociology. Chicago.

Patton, Michael Quinn (1987): How to Use Qualitative Methods in Evaluation. Newbury Park/London/New Dehli (2. Aufl.).

Patton, Michael Quinn (2002): Qualitative Research & Evaluation Methods. Thousand Oaks/London/New Dehli (3. Aufl.).

Peirce, Charles S. (1931ff.): Collected Papers. Cambridge.

Peirce, Charles S. (1967): Schriften zum Pragmatismus und Pragmatizismus. Frankfurt a.M.

Peirce, Charles S. (1968): Über die Klarheit unserer Gedanken – How To Make Our Ideas Clear. Frankfurt a.M.

Peirce, Charles S. (1986): Semiotische Schriften. 3 Bde. Frankfurt a.M.

Peirce, Charles S. (1993): Phänomen und Logik der Zeichen. Frankfurt a.M. (2. Aufl.).

Perinbanayagam, Robert S. (1985): Signifying Acts. Structure and Meaning in Everyday Life. Carbondale.

Peukert, Reinhard (1984): Gesprächs-Hermeneutik. Gruppendiskussionen als Methode zur Rekonstruktion der Lebenswelt von Lehrlingen. Band I. Frankfurt a.M.

Pilarczyk, Ulrike/Mietzner, Ulrike (2000): Bildwissenschaftliche Methoden in der erziehungs- und sozialwissenschaftlichen Forschung. In: Zeitschrift für qualitative Bildungs-, Beratungs- und Sozialforschung 1, S. 343-364.

Pitman, Mary Anne/Maxwell, Joseph A. (1992): Qualitative Approaches to Evaluation: Models und Methods. In: LeCompte, Margaret D./Millroy, Wendy L./Preissle Judith (Hg.): The Handbook of Qualitative Research in Education. San Diego/New York/Boston/London/Sydney/Tokyo/Toronto, S. 729-770.

Plato, Alexander v. (1991): Oral History als Erfahrungswissenschaft. Zum Stand der „mündlichen Geschichte" in Deutschland. In: Jarausch, Konrad H./Rüsen, Jörn/ Schleier, Hans (Hg.): Geschichtswissenschaft vor 2000. Perspektiven der Historiografiegeschichte, Geschichtstheorie, Sozialgeschichte. Festschrift für Georg Iggers. Hagen.

Plato, Alexander v. (1998): Geschichte und Psychologie – Oral History und Psychoanalyse. In: BIOS 11, S. 171-200.

Plato, Alexander v. (2000): Zeitzeugen und die historische Zunft. In: BIOS 13, S. 5-29.

Polanyi, Michael (1985): Implizites Wissen. Frankfurt a.M.

Pollock, Friedrich (Hg.) (1955): Gruppenexperiment. Ein Studienbericht. Frankfurter Beiträge zur Soziologie. Band 2. Frankfurt a.M.

Popper, Karl (1971): Logik der Forschung. Tübingen.

Posner, Roland (1997): Semiotics and its Presentation in this Handbook. In: Posner/Robering/Sebeok (1997/98). Bd. 1, S. 1-14.

Posner, Roland/Robering, Klaus/Sebeok, Thomas A. (1997/98): Semiotik. Ein Handbuch zu den zeichentheoretischen Grundlagen von Natur und Kultur. Berlin/New York.

Prawat, Richard S. (2001): Dewey and Peirce, the Philosopher's Philosopher. In: Teacher College Record 103, S. 667-721.

Prokop, Dieter (Hg.) (1985): Medienforschung. Bd. 1. Frankfurt.

Psathas, George (1989): Phenomenology and Sociology. Washington, D.C.

Reckwitz, Andreas (2000): Die Transformation der Kulturtheorien. Zur Entwicklung eines Theorieprogramms. Weilerswist.

Reichertz, Jo (1986): Probleme qualitativer Sozialforschung. Frankfurt a.M.

Reichertz, Jo (1988): Verstehende Soziologie ohne Subjekt? In: Kölner Zeitschrift für Soziologie und Sozialpsychologie 40, S. 207-222.

Reichertz, Jo (1991): Aufklärungsarbeit. Kriminalpolizisten und Feldforscher bei der Arbeit. Stuttgart.

Reichertz, Jo (1992): Der Morgen danach. Hermeneutische Auslegung einer Werbefotografie in zwölf Einstellungen. In: Hartmann, Hans A./Haubl, Rolf (Hg.): Bilderflut und Sprachmagie. Fallstudien zur Kultur der Werbung. Opladen, S. 141-163.

Reichertz, Jo (1993): Abduktives Schlussfolgern und Typen(re)konstruktion. Abgesang auf eine liebgewonnene Hoffnung. In: Jung, Thomas/Müller-Doohm, Stefan (Hg.): „Wirklichkeit" im Deutungsprozess. Frankfurt a.M., S. 258-282.

Reichertz, Jo (1997): Plädoyer für das Ende einer Methodologiedebatte bis zur letzten Konsequenz. In: Sutter, Tilmann (Hg.): Beobachtung verstehen – Verstehen beobachten, S. 98-133.

Reichertz, Jo (1999): Über das Problem der Gültigkeit von Qualitativer Sozialforschung. In: Hitzler /Reichertz /Schröer 1999, S. 319-348.

Reichertz, Jo (2000): Die frohe Botschaft des Fernsehens. Konstanz.

Reim, Thomas/Riemann, Gerhard (1997): Die Forschungswerkstatt. Erfahrungen aus der Arbeit mit Studentinnen und Studenten der Sozialarbeit/Sozialpädagogik und der Supervision. In: Jakob, Gisela/von Wensierski, Hans-Jürgen (Hg.): Rekonstruktive Sozialpädagogik. Konzepte und Methoden sozialpädagogischen Verstehens in Forschung und Praxis. Weinheim und München, S. 223-238.

Reinharz, Shulamit (1995): The Chicago School of Sociology and the Founding of the Breandeis University Graduate Program in Sociology: A Case Study in Cultural Diffusion. In: Fine, Gary A. (1995), S. 273-321.

Rheingold, Howard (1993): The Virtual Community. New York.

Ricœur, Paul (1978): Der Text als Modell: hermeneutisches Verstehen. In: Gadamer, Hans-Georg/Boehm, Gottfried (Hg.): Seminar: Die Hermeneutik und die Wissenschaften. Frankfurt a.M., S. 83-117.

Ricœur, Paul (1983): Temps et récit, Bd. 1. Paris.

Ricœur, Paul (1991): Zeit und Erzählung. Bd. 3: Die erzählte Zeit. München.

Riemann, Gerhard (1986): Einige Anmerkungen dazu, wie und unter welchen Bedingungen das Argumentationsschema in biografisch-narrativen Interviews dominant werden kann. In: Soeffner, Hans-Georg (Hg.): Sozialstruktur und soziale Typik. Frankfurt/New York, S. 112-157.

Riemann, Gerhard (1987): Das Fremdwerden der eigenen Biografie. München.

Riemann, Gerhard (2000): Die Arbeit in der sozialpädagogischen Familienberatung. Interaktionsprozesse in einem Handlungsfeld der sozialen Arbeit. Weinheim/München.

Riemann, Gerhard (2003): A Joint Project Against the Backdrop of a Research Tradition: An Introduction to „Doing Biografical Research". Erscheint in: Forum Qualitative Sozialforschung/Forum: Qualitative Social Research. On-line Journal, 4 (3).

Riemann, Gerhard/Schütze, Fritz (1987): Some Notes on a Student Research Workshop on „Biografy Analysis, Interaction Analysis, and Analysis of Social Worlds". In: Newsletter No. 8, Research Committee 38 (Biografy and Society) der „International Sociological Association", S. 54-70.

Riemer, Ines (1988): Konzeption und Begründung der Induktion. Würzburg.

Ritsert, Jürgen (1972): Inhaltsanalyse und Ideologiekritik. Ein Versuch über kritische Sozialforschung. Frankfurt a.M.

Rochberg-Halton, E. (1983): The real nature of pragmatism and Chicago sociology. In: Symbolic interaction 6, S. 139-145.

Rock, Paul (1979): The Making of Symbolic Interactionism. London.

Rorty, Richard (1981): Der Spiegel der Natur. Frankfurt a.M.

Rorty, Richard (1982): Consequences of Pragmatism. Essays 1972-1980. Minneapolis.

Rose, Arnold M. (1967): Systematische Zusammenfassung der Theorie der symbolischen Interaktion. In: Hartmann, Heinz (Hg.): Moderne amerikanische Soziologie. Neuere Beiträge zur soziologischen Theorie. Stuttgart, S. 219-231.

Rosenthal, Gabriele (1995): Erlebte und erzählte Lebensgeschichte. Gestalt und Struktur biografischer Selbstbeschreibungen. Frankfurt a.M./New York.

Rosenthal, Gabriele (Hg.) (1997): Der Holocaust im Leben von drei Generationen. Familien von Überlebenden der Shoah und von Nazi-Tätern. Gießen.

Rucker, Darnell (1969): The Chicago Pragmatists. Minneapolis.

Sacks, Harvey (1992): Lectures on Conversation. 2 Bde. Oxford (zuerst 1964ff.).

Sacks, Harvey/Schegloff, Emanuel/Jefferson, Gail (1974): A Simplest Systematics for the Organization of Turn-Taking for Conversation. In: Language 50, S. 696-735.

Sandbothe, Mike/Marotzki, Winfried (Hg.) (2000): Subjektivität und Öffentlichkeit. Kulturwissenschaftliche Grundlagenprobleme virtueller Welten. Köln.

Sartre, Jean-Paul (1977): Der Idiot der Familie. Gustave Flaubert 1821 bis 1857. Reinbek.

Saussure, Ferdinand de (1967): Grundfragen der allgemeinen Sprachwissenschaft. Berlin (2. Aufl.). (Original 1916).

Schäffer, Burkard (1996): Die Band. Stil und ästhetische Praxis im Jugendalter. Opladen.

Schäffer, Burkhard (2001): Generation, neue Medien und handlungspraktisches Wissen. Zur empirischen Rekonstruktion generationsspezifischer Medienpraxiskulturen und intergenerationeller Bildungsprozesse (unveröffentlichte Habilitationsschrift). Magdeburg.

Schäffer, Burkhard (2003): Generationen – Medien – Bildung. Medienpraxiskulturen im Generationenvergleich. Opladen.

Schändlinger, Robert (1998): Erfahrungsbilder. Visuelle Soziologie und dokumentarischer Film. Stuttgart.

Schegloff, Emanuel (1997): ‚Narrative Analysis': Thirty Years Later. In: Journal of Narrative and Life History 7, S. 97-106.

Scheler, Max (1926): Die Wissensformen und die Gesellschaft. Leipzig.

Schelle, Carla (1995): Schülerdiskurse über Gesellschaft. „Wenn Du ein Ausländer bist". Untersuchungen zur Neuorientierung schulisch-politischer Bildungsprozesse. Schwalbach/Taunus.

Schleiermacher, Friedrich D. E. (1990): Hermeneutik und Kritik. Frankfurt a.M. (4. Aufl.).

Schmidt, Axel (1999): Sound and Vision go MTV. In: Neumann-Braun 1993, S. 93-131.

Schmidt, Lucia (2000): Varianten des Konstruktivismus in der Soziologie sozialer Probleme. In: Soziale Welt 51, S. 153-171.

Schmidt, Siegfried (1987): Der Diskurs des Radikalen Konstruktivismus. Frankfurt a.M.

Schnettler, Bernt (1999): Millenniumswechsel und populare Apokalyptik. Prophetische Visionen an der Schwelle zum Jahr 2000. In: Honer, Anne/Kurt, Ronald/Reichertz, Jo (Hg.): Diesseitsreligion. Zur Deutung der Bedeutung moderner Kultur. Konstanz, S. 385-413.

Schröer, Norbert (Hg.) (1994a): Interpretative Sozialforschung. Auf dem Weg zu einer hermeneutischen Wissenssoziologie. Opladen.

Schröer, Norbert (1994b): Einleitung: Umriß einer hermeneutischen Wissenssoziolgogie. In: Schröer (1994a), S. 109-129.

Schröer, Norbert (1994c): Routiniertes Expertenwissen. Zur Rekonstruktion des strukturalen Regelwissens von Vernehmungsbeamten. In: Hitzler/Honer/Maeder 1994, S.214-231.

Schröer, Norbert (1997): Wissenssoziologische Hermeneutik. In: Hitzler/Honer 1997, S. 109-132.

Schütz, Alfred (1971a): Gesammelte Aufsätze, Bd. 1: Das Problem der sozialen Wirklichkeit. Den Haag.

Schütz, Alfred (1971b): Wissenschaftliche Interpretation und Alltagsverständnis menschlichen Handelns. In: Ders. (1971a), S. 3-54.

Schütz, Alfred (1971c): Über die mannigfaltigen Wirklichkeiten. In: Ders. (1971a) S. 237-298.

Schütz, Alfred (1971d): Phänomenologie und die Sozialwissenschaften. In Ders. (1971a) S. 136-161.

Schütz, Alfred (1972a): Der Fremde. In: Ders.: Gesammelte Aufsätze. Bd 2. Den Haag, S. 53-69.

Schütz, Alfred (1972b): Der gut informierte Bürger. In: Ders.: Gesammelte Aufsätze, Bd. 2. Den Haag, S.85-101.

Schütz, Alfred (1974): Der sinnhafte Aufbau der sozialen Welt. Frankfurt a.M.

Schütz, Alfred (1977): Parsons' Theorie sozialen Handelns. In: Ders./Parsons, Talcott: Zur Theorie sozialen Handelns. Ein Briefwechsel. Frankfurt a.M., S. 25-76.

Schütz, Alfred/Luckmann, Thomas (1979): Strukturen der Lebenswelt. Bd 1. Frankfurt a.M.

Schütz, Alfred/Luckmann, Thomas (1984): Strukturen der Lebenswelt. Bd 2. Frankfurt a.M.

Schütze, Fritz (1976a): Zur Hervorlockung und Analyse von Erzählungen thematisch relevanter Geschichten im Rahmen soziologischer Feldforschung. In: Arbeitsgruppe Bielefelder Soziologen: Kommunikative Sozialforschung. München, S. 159-260.

Schütze, Fritz (1976b): Zur soziologischen und linguistischen Analyse von Erzählungen. In: Internationales Jahrbuch für Wissens- und Religionssoziologie. Bd. 10, S. 7-41.

Schütze, Fritz (1981): Prozessstrukturen des Lebensablaufs. In: Matthes, Joachim u.a. (Hg.): Biografie in handlungswissenschaftlicher Perspektive. Nürnberg, S. 67-156.

Schütze, Fritz (1982): Narrative Repräsentation kollektiver Schicksalsbetroffenheit. In: Lämmert, Eberhard (Hg.): Erzählforschung. Ein Symposion. Stuttgart, S. 568-590.

Schütze, Fritz (1983): Biografieforschung und narratives Interview. In: Neue Praxis 13, S. 283-293.

Schütze, Fritz (1984): Kognitive Figuren des autobiografischen Stegreiferzählens. In: Kohli, Martin/Robert, Günther (Hg.): Biografie und soziale Wirklichkeit. Neue Beiträge und Forschungsperspektiven. Stuttgart, S. 78-117.

Schütze, Fritz (1987a): Das narrative Interview in Interaktionsfeldstudien I. Studienbrief der Fernuniversität Hagen, Fachbereich Erziehungs- und Sozialwissenschaften

Schütze, Fritz (1987b): Symbolischer Interaktionismus. In: Ammon, Ulrich u.a. (Hg.): Soziolinguistik. Ein internationales Handbuch zur Wissenschaft von Sprache und Gesellschaft. Berlin/New York, S. 520-553.

Schütze, Fritz (1992): Pressure and Guilt: War Experiences of a Young German Soldier and their Biografical Implications. In: International Sociology 7, S. 187-208, 347-367.

Schütze, Fritz (1993): Die Fallanalyse. Zur wissenschaftlichen Fundierung einer klassischen Methode der Sozialen Arbeit. In: Rauschenbach, Thomas/Ortmann, Friedrich/Karsten, Maria-E. (Hg.): Der sozialpädagogische Blick. Lebensweltorientierte Methoden in der Sozialen Arbeit. Weinheim und München, S. 191-221.

Schütze, Fritz (1994): Ethnografie und sozialwissenschaftliche Methoden der Feldforschung. Eine mögliche methodische Orientierung in der Ausbildung und Praxis der Sozialen Arbeit. In: Groddeck, Norbert/Schumann, Michael (Hg.): Modernisierung Sozialer Arbeit durch Methodenentwicklung und -reflexion. Freiburg i. B, S. 189-297.

Schütze, Fritz (1995): Verlaufskurven des Erleidens als Forschungsgegenstand der interpretativen Soziologie. In: Krüger, Hans-Hermann/Marotzki, Winfried (Hg.): Erziehungswissenschaftliche Biografieforschung. Opladen, S. 116-157.

Schütze, Fritz (2001): Ein biografieanalytischer Beitrag zum Verständnis von kreativen Veränderungsprozessen. Die Kategorie der Wandlung. In: Burkholz, Roland/Gärtner, Christel/Zehentreiter, Ferdinand (Hg.): Materialität des Geistes. Zur Sache Kultur – im Diskurs mit Ulrich Oevermann. Weilerswist.

Schütze, Fritz/Meinefeld, Werner/Springer, Werner/Weymann, Ansgar (1973): Grundlagentheoretische Voraussetzungen methodisch kontrollierten Fremdverstehens. In: Arbeitsgruppe Bielefelder Soziologen 1973b, S. 433-495.

Schütze, Yvonne (1986): Die gute Mutter. Zur Geschichte des normativen Musters „Mutterliebe". Bielefeld.

Schulenberg, Wolfgang (1957): Ansatz und Wirksamkeit der Erwachsenenbildung. Stuttgart.

Schuller, Tom (1996): Modelling the Lifecourse: Age. Time and Education. Bremen.

Schulze, Theodor (1997): Interpretation von autobiografischen Texten. In: Friebertshäuser, Barbara/Prengel, Annedore (Hg.): Handbuch qualitativer Forschungsmethoden in der Erziehungswissenschaft. Weinheim/München, S. 323-340.

Schulze, Theodor (1999): Erziehungswissenschaftliche Biografieforschung. Anfänge, Fortschritt, Ausblicke. In: Krüger, Heinz-Hermann/Marotzki, Winfried (Hg.) (1999): Handbuch erziehungswissenschaftliche Biografieforschung. Opladen, S. 33-56.

Schulze, Theodor (2002): Biografieforschung und Allgemeine Erziehungswissenschaft. In: Kraul, Margret/Marotzki, Winfried (2002): Biografische Arbeit. Opladen, S. 22-48.

Schwab-Trapp, Michael (2002): Kriegsdiskurse. Die politische Kultur des Krieges im Wandel 1991-1999. Opladen.

Schweizer, Thomas (1999): Wie versteht und erklärt man eine fremde Kultur? In: Kölner Zeitschrift für Soziologie und Sozialpsychologie 51, S. 1-33.

Sempsey, James (1997): Psyber Psychology: A Literature Review pertaining to the Psycho/Social Aspects of Multi-User Dimensions in Cyberspace. In: Journal of MUD Research. Vol. 2, No. 1 <http://journal.tinymush.org/~jomr> (August 1997).

Shalin, Dmitri N. (1986): Pragmatism and social interactionism. In: American Sociological Review 51, S. 9-29.

Shaw, Clifford R. (1930): The Jack-Roller. A Delinquent Boy's Own Story. Chicago/London.

Shaw, Ian F. (1999): Qualitative Evaluation. London/Thousand Oaks/New Dehli.

Shaw, Ian/Gould, Nick (2001): Qualitative Research in Social Work. London.

Shibutani, Tamotsu (1961): Society and personality. An interactionist approach to social psychology. Englewood Cliffs.

Shimada, Shingo (1994): Grenzgänge – Fremdgänge. Japan und Europa im Kulturvergleich. Frankfurt a.M./New York.

Siefkes, Dirk/Eulenhöfer, Peter/Stach, Heike/Städtler, Klaus (Hg.) (1998): Sozialgeschichte der Informatik. Kulturelle Praktiken und Orientierungen. Wiesbaden.

Silverman, David (2001): Interpreting Qualitative Data. Methods for Analysing Talk, Text and Interaction. London/Thousand Oaks/New Dehli.

Simpson, I.H. (1972): Continuities in the Sociology of Everett Hughes. In: Sociological Quarterly 13, S. 547-559.

Smith, Marc/Kollock, Peter (Hg.) (1999): Communities in Cyberspace. London/New York.

Soeffner, Hans-Georg (1989): Auslegung des Alltags – Der Alltag der Auslegung. Frankfurt a.M.

Soeffner, Hans-Georg (1992a): Die Ordnung der Rituale. Frankfurt a.M.

Soeffner, Hans-Georg (1992b): Luther – Der Weg von der Kollektivität des Glaubens zu einem lutherisch-protestantischen Individualitätstypus. In: Ders.: Die Ordnung der Rituale. Frankfurt a.M., S. 20-76.

Soeffner, Hans-Georg (1999): ‚Strukturen der Lebenswelt‘ – ein Kommentar. In: Hitzler/Reichertz/Schröer 1999, S. 29-38.

Soeffner, Hans-Georg/Hitzler, Ronald (1994): Hermeneutik als Haltung und Handlung. In: Schröer 1994a, S. 28-55.

Spöhring, Walter (1989): Qualitative Sozialforschung. Stuttgart.

Spradley, James P. (1970): You Owe Yourself a Drunk: An Ethnography of Urban Nomads. Boston.

Spradley, James P. (1972): Adaptive strategies of urban nomads: the ethnoscience of tramp culture. In: Weaver, Thomas/White, Douglas (Hg.): The Anthropology of Urban Environments. Washington, S. 21-38.

Spradley, James P. (1973): An Ethnographic Approach to the Study of Organizations: The City Jail. In: Brinkerhoff, Merlin B./Kunz, Phillip R. (Hg.): Complex Organisations and their Environments. Dubuque (Iowa), S. 94-105.

Spradley, James P. (1979): The Ethnographic Interview. New York.

Spradley, James P. (1980): Participant Observation. New York.

Spradley, James P./Mann, Brenda J. (1975): The Cocktail Waitress. Woman's Work in a Man's World. New York.

Spradley, James P./McCurdy, David W. (1988): The Cultural Experience. Ethnography in Complex Society. Prospects Height. Illinois.

Spradley, James P./McCurdy, David W. (1990): Culture and Conflict. Readings in Social Anthropology. New York.

Spradley, Thomas S./Spradley, James P. (1978): Deaf Like Me. New York.

Sprondel, Walter M. (1979): ‚Experte‘ und ‚Laie‘: Zur Entwicklung von Typenbegriffen in der Wissenssoziologie. In: Ders./Grathoff, Richard (Hg.): Alfred Schütz und die Idee des Alltags in den Sozialwissenschaften. Stuttgart, S.140-154.

Srubar, Ilja (1988): Kosmion. Die Genese der pragmatischen Lebenswelttheorie von Alfred Schütz und ihr anthropologischer Hintergrund. Frankfurt a.M.

Stach, Heike (2001): Zwischen Organismus und Notation. Zur kulturellen Konstruktion des Computerprogramms. Wiesbaden.

Stegbauer, Christian (2001): Grenzen virtueller Gemeinschaft. Strukturen internetbasierter Kommunikationsforen. Wiesbaden.

Steinke, Ines (1999): Kriterien qualitativer Forschung. Ansätze zur Bewertung qualitativ-empirischer Sozialforschung. Weinheim/München.

Straub, Jürgen (1999): Handlung, Interpretation, Kritik. Grundzüge einer textwissenschaftlichen Handlungs- und Kulturpsychologie. Berlin/New York.

Strauss, Anselm L. (1968): Spiegel und Masken. Die Suche nach Identität. Frankfurt a.M.

Strauss, Anselm L. (1978a): A social world perspective. In: Denzin, Norman K. (Hg.): Studies in symbolic interaction, Vol. 4. Greenwich. Conn, S. 119-128.

Strauss, Anselm L. (1978b): Negotiations. San Francisco.

Strauss, Anselm L. (1982): Social worlds and legitimation processes. In: Denzin, Norman K. (Hg.): Studies in symbolic interaction, Vol 4. Greenwich, Conn, S. 171-190.

Strauss, Anselm L. (1984): Social worlds and their segmentation. In: Denzin, Norman K. (Hg.): Studies in symbolic interaction. Vol. 5, Greenwich, Conn. S. 123-139.

Strauss, Anselm L. (1985): Work and the division of labor. In: The Sociological Quarterly 26, S. 1-19.

Strauss, Anselm L. (1987): Qualitative Analysis for Social Scientists. New York.

Strauss, Anselm L. (1991): Grundlagen qualitativer Sozialforschung. Datenanalyse und Theoriebildung in der empirischen soziologischen Forschung. München.

Strauss, Anselm L. (1993): Continual Permutations of Action. New York.

Strauss, Anselm L. (1996): Everett Hughes: Sociology's Mission. In: Symbolic Interaction,
Vol. 19, S. 271-283.

Strauss, Anselm L./Corbin, Juliet (1996): Grounded Theory: Grundlagen qualitativer Sozialforschung. Weinheim (Original 1990).

Strauss, Anselm L./Corbin, Juliet (1999): Basics of Qualitative Research. Techniques and
Procedures for Developing Grounded Theory. Newbury Park/London.

Strauss, Anselm L./Glaser, Barney (1970): Anguish. The Case History of a Dying Trajectory. Mill Valley, CA.

Strauss, Anselm L. u.a. (1981): Psychiatric Ideologies and Institutions. New Brunswick/N.J./
London.

Strauss, Anselm L. u.a. (1985): Social Organization of Medical Work. Chicago/London.

Strübing, Jörg (2001): Just do it? Zur pragmatischen Herstellung und Sicherung von Qualität
in grounded theory-basierten Forschungsarbeiten. In: Kölner Zeitschrift für Soziologie
und Sozialpsychologie 54, S. 318-342.

Stryker, Sheldon (1970): Die Theorie des Symbolischen Interaktionismus. Eine Darstellung
und einige Vorschläge für die vergleichende Familienforschung. In: Lüschen, Günther/
Lupri, Eugen (Hg.): Soziologie der Familie. Kölner Zeitschrift für Soziologie und Sozi-
alpsycholgoie. SB 14, S. 49-67.

Strzelewicz, Willy u.a. (1966): Bildung und gesellschaftliches Bewußtsein. Stuttgart.

Taylor, Steven J./Bogdan, Robert (1984): Introduction to Qualitative Research Methods: The
Search for Meanings. New York.

Ten Have, Paul (1999): Doing Conversation Analysis. A Practical Guide. London.

Thiedeke, Udo (Hg.) (2000): Virtuelle Gruppen. Charakteristika und Problemdimensionen.
Wiesbaden.

Thomas, Konrad (1969): Analyse der Arbeit. Stuttgart.

Thomas, William I. (1978): The Definition of the Situation. In: Manis, Jerome/Meltzer, Bernard
N. (Hg.): Symbolic Interaction. Boston, S. 254-257.

Thomas, William I./Znaniecki, Florian (1918-1920): The Polish Peasant in Europe and
America. 5 Bde. Boston.

Thompson, Paul (1988): The Voice of the Past. Oral History. Oxford/New York.

Thrasher, Frederic (1927): The Gang. Chicago.

Titscher, Stefan/Wodak, Ruth/Meyer, Michael/Vetter, Eva (1998): Methoden der Textanalyse. Leitfaden und Überblick. Opladen.

Treichel, Bärbel (2001): Unter der eigenen Mehrsprachigkeit leiden. Autobiografisch-narrative Interviews mit Walisern. Habilitationsschrift. Otto-von-Guericke-Universität Magdeburg.

Turner, Graeme (1998): Film as Social Practice. London/New York.

Turner, Ralph (1970): Family interaction. New York.

Ueding, Gert /Steinbrink, Bernd (1994): Grundriss der Rhetorik. Geschichte, Technik, Methode. Stuttgart (3. Aufl.).

Van Dijk, Teun (1985): Handbook of Discourse Analysis. 4 Bde. London.

Vogelgesang, Waldemar (1994): Jugend- und Medienkulturen. Ein Beitrag zur Ethnografie
medienvermittelter Jugendwelten. In: Kölner Zeitschrift für Soziologie und Sozialpsychologie 46, S. 464-491.

Volmerg, Ute (1977): Kritik und Perspektiven des Gruppendiskussionsverfahrens in der Forschungspraxis. In: Leithäuser, Thomas u.a. (Hg.): Entwurf zu einer Empirie des Alltags-
bewußtseins. Frankfurt a.M., S. 184-216.

Wagner, Hans-Josef (1984): Wissenschaft und Lebenspraxis. Das Projekt der objektiven
Hermeneutik. Frankfurt a.M./New York.

Wagner, Hans-Josef (1993): Strukturen des Subjekts. Eine Studie im Anschluß an George Herbert Mead. Opladen.

Wagner, Hans-Josef (1999a): Rekonstruktive Methodologie – George Herbert Mead und die qualitative Sozialforschung. Opladen.

Wagner, Hans-Josef (1999b): Sinn als Grundbegriff in den Konzeptionen von George Herbert Mead und Pierre Bourdieu. Ein kritischer Vergleich. In: Gebauer, Gunter/Wulf, Christoph (Hg.): Praxis und Ästhetik. Neue Perspektiven im Denken Pierre Bourdieus. Frankfurt a.M., S. 317-340.

Wagner, Hans-Josef (2001): Bildung des Subjekts und objektive Hermeneutik – Neue Entwicklungen. Weilerswist.

Wagner-Willi, Monika (2001): Videoanalysen des Schulalltags. Die dokumentarische Interpretation schulischer Übergangsrituale. In: Bohnsack/Nentwig-Gesemann/Nohl 2001, S. 121-140.

Wallace, J. Brandon (1994): Life Stories. In: Gubrium, Jaber F./Sankar, Andrea (Hg.): Qualitative Methods in Aging Research. Thousend Oaks/London/New Dehli, S. 137-154.

Wartenberg, Gerd (1971): Logischer Sozialismus – Die Transformation der Kantschen Transzendentalphilosophie durch Ch. S. Peirce. Frankfurt a.M.

Webb, Eugene J./Campbell, Donald T./Schwartz, Richard D./Sechrest, Lee (1966): Unobstrusive Measures: Nonreactive Research in the Social Sciences. Chicago.

Weber, Max (1920): Die protestantische Ethik und der Geist der Kapitalismus. In: Ders.: Gesammelte Aufsätze zur Religionssoziologie I. Tübingen, S. 17-206.

Weber, Max (1968): Die ‚Objektivität‘ sozialwissenschaftlicher und sozialpolitischer Erkenntnis. In: Ders.: Gesammelte Aufsätze zur Wissenschaftslehre. Tübingen (3. Aufl.), S. 146-214 (zuerst 1904).

Weber, Max (1976): Wirtschaft und Gesellschaft. Grundriß der Verstehenden Soziologie. Tübingen (zuerst 1922).

Weller, Wivian (2003): Hip Hop in Berlin und São Paulo: Ästhetische Praxis und Ausgrenzungserfahrungen junger Schwarzer und Migranten. Opladen.

Werner, Oswald/Schoepfle, Mark G. (1986): Systematic Fieldwork. Foundations of Ethnography and Interviewing. Newbury Park/London/New Dehli.

Werner, Oswald/Schoepfle, Mark G. (1987): Systematic Fieldwork. Ethnographic Analysis and Data Management. Newbury Park/London/New Dehli.

Wernet, Andreas (2000): Einführung in die Interpretationstechnik der Objektiven Hermeneutik. Opladen.

White, Hayden (1986): Auch Klio dichtet oder Die Fiktion des Faktischen. Stuttgart.

White, Hayden (1991): Metahistory. Die historische Einbildungskraft im 19. Jahrhundert in Europa. Frankfurt a.M.

Wiedemann, Peter (1991): Gegenstandsnahe Theoriebildung. In: Flick/Kardorff/Keupp/Rosenstiel/Wolff 1991, S. 440-445.

Willis, Paul (1990): Common Culture. Symbolic Work at Play in the Everyday Cultures of the Young. Milton Keynes.

Wilson, Thomas P. (1970): Normative and Interpretive Paradigms in Sociology. In: Douglas, Jack D. (Hg.): Understanding Everyday Life. Toward the Reconstruction of Sociological Knowledge. London, S. 57-79.

Wilson, Thomas P. (1973): Theorien der Interaktion und Modelle soziologischer Erklärung. In: Arbeitsgruppe Bielefelder Soziologen 1973a, S. 54-79.

Winter, Rainer/Eckert, Roland (1990): Mediengeschichte und kulturelle Differenzierung. Opladen.

Wirth, Uwe (Hg.) (2000): Die Welt als Zeichen und Hypothese. Frankfurt a.M.

Wittgenstein, Ludwig (1960): Philosophische Untersuchungen. In: Ders.: Schriften, Bd. 1. Frankfurt a.M.

Witzel, Andreas (1982): Verfahren der qualitativen Sozialforschung. Überblick und Alterna-
    tiven. Frankfurt a.M./New York.
Witzel, Andreas (1985): Das problemzentrierte Interview. In: Jüttemann, Gerd (Hg.): Quali-
    tative Forschung in der Psychologie. Weinheim/Basel, S. 227-255.
Wodak, Ruth/de Cillia, Rudolf/Reisigl, Martin u.a. (Hg.) (1998): Zur diskursiven Konstruk-
    tion nationaler Identität. Frankfurt a.M.
Wodak, Ruth/Nowak, Peter/Pelikan, Johanna u.a. (Hg.) (1990): Wir sind all unschuldige
    Täter. Diskurshistorische Studien zum Nachkriegsantisemitismus. Frankfurt a.M.
Wohlrab-Sahr, Monika (1994): Vom Fall zum Typus: Die Sehnsucht nach dem „Ganzen"
    und dem „Eigentlichen" – „Idealisierung" als biografische Konstruktion. In: Diezinger,
    Angelika u.a. (Hg.): Erfahrung mit Methode – Wege sozialwissenschaftlicher Frauen-
    forschung. Freiburg i.Br., S. 269-299.
Wohlrab-Sahr, Monika (1999): Konversion zum Islam in Deutschland und den USA. Frankfurt
    a.M.
Wolff, Kurt H. (1976): Surrender and Catch. Dordrecht/Boston.
Wolff, Stephan (1992): Die Anatomie der Dichten Beschreibung. Clifford Geertz als Autor.
    In: Matthes, Joachim (Hg.): Zwischen den Kulturen? Die Sozialwissenschaften vor dem
    Problem des Kulturvergleichs. Göttingen, S. 339-361.
Woolgar, Steve (1988): Knowledge and Reflexivity. New Frontiers in the Sociology of
    Knowledge. London.
Woolgar, Steve/Pawluch, Dorothy (1985): Ontological Gerrymandering: The Anatomy of
    Social Problems Explanations. In: Social Problems 32, S. 214-227.
Wulf, Christoph (2001): Rituelles Handeln als mimetisches Wissen. In: Wulf/Althans/
    Audehm/Bausch/Göhlich/Sting/Tervooren/Wagner-Willi/Zirfas 2001, S. 325-333.
Wulf, Christoph/Althans, Birgit/Audehm, Kathrin/Bausch, Constanze/Göhlich, Michael/
    Sting, Stephan/Tervooren, Anja/Wagner-Willi, Monika/Zirfas, Jörg (2001): Das Soziale
    als Ritual. Zur performativen Bildung von Gemeinschaften. Opladen.
Wulf, Christoph/Göhlich, Michael/Zirfas, Jörg (Hg.) (2001): Grundlagen des Performativen.
    Eine Einführung in die Zusammenhänge von Sprache, Macht und Handeln. Weinheim/
    München.
Ziegler, Meinrad (1998): Überlegungen zur Forschungslogik eines methodologischen Non-
    konformisten. In: Fröhlich, Gerhard/Mörth, Ingo (Hg.): Symbolische Anthropologie der
    Moderne. Kulturanalysen nach Clifford Geertz. Frankfurt a.M./New York

# Autorenangaben

*Peter Alheit*, Jg. 1946, Dr. Dr., M.A.
Lehrstuhl für Allgemeine Pädagogik mit dem Schwerpunkt außerschulische Pädagogik am Pädagogischen Seminar der Georg-August-Universität Göttingen, Leiter der Abteilung Biographie- und Lebensweltforschung, Senior-Fellow des Internationalen Forschungszentrums Kulturwissenschaften (IFK) in Wien
Arbeitsschwerpunkte: Internationale vergleichende Bildungsforschung, (Auto-) Biographieforschung, Mentalitätsforschung, Avantgardeforschung
Universität Göttingen, Pädagogisches Seminar
Baurat-Gerber-Straße 4-6, 37037 Göttingen
e-mail: palheit@uni-goettingen.de

*Ralf Bohnsack*, Jg. 1948, Dr. rer.soc., Dr. phil. habil., Dipl.-Soz.
Professor am Arbeitsbereich Qualitative Bildungsforschung, Fachbereich Erziehungswissenschaft und Psychologie der Freien Universität Berlin
Arbeitsschwerpunkte: Rekonstruktive Sozialforschung und dokumentarische Methode, Gesprächsanalyse, Bild-, Video- und Filminterpretation, praxeologische Wissenssoziologie, Jugend- und Devianzforschung, Milieu- und Medienanalyse
Freie Universität Berlin
Arnimallee 11, 14195 Berlin
e-mail: bohnsack@zedat.fu-berlin.de

*Heinz Bude*, Jg. 1954, Dr. phil., Dipl.-Soz.
Lehrstuhl für Makrosoziologie an der Universität Kassel und Leiter des Bereichs „Bundesrepublik" am Hamburger Institut für Sozialforschung
Arbeitsschwerpunkte: Generations-, Exklusions- und Unternehmerforschung
Universität Kassel
Fachbereich Gesellschaftswissenschaften
Nora-Platiel-Straße, 34127 Kassel
e-mail: heinz.bude@his-online.de

*Juliet Corbin*, Jg. 1942, Ph, BS. MS. D.N. sc
Adjunct professor at the International Institute for Qualitative Methodology University of Alberta/Canada
Arbeitsschwerpunkte: Method teaching, research consulting, research in the area of chronic illness, body, sociology of work

International Institute for Qualitative Methodology
University of Alberta/Canada

*Uwe Flick*, Jg. 1956, Dr. phil. habil., Dipl-Psych., Dipl.-Soz.
Professor für Qualitative Forschung an der Alice-Salomon-Hochschule Berlin
Arbeitsschwerpunkte: Methoden qualitativer Sozialforschung, Jugendobdachlosig-
keit, Alter und Gesundheit, Alltagswissen
Alice-Salomon-Hochschule
Alice-Salomon-Platz 5, 12627 Berlin
e-mail: flick@ash-berlin.eu

*Barbara Friebertshäuser*, Jg. 1957, Dr. phil. habil.
Professorin am Fachbereich Erziehungswissenschaft der J.W. Goethe-Universität
Frankfurt/Main
Arbeitsschwerpunkte: Qualitative Forschungsmethoden (Schwerpunkt ethnografi-
sche Feldforschung und Kulturanalyse), empirisch-pädagogische Geschlechterfor-
schung, Jugendforschung, Hochschulsozialisationsforschung
Johann-Wolfgang-Goethe-Universität Frankfurt am Main, Institut für Allgemeine
Erziehungswissenschaft
Robert-Mayer-Straße 1, 60054 Frankfurt/Main
e-mail: B.Friebertshaeuser@em.uni-frankfurt.de

*Thomas Heinze*, Jg. 1942, Dr. phil. habil. M.A.
em. Universitätsprofessor an der Fernuniversität Hagen, bis Ende Februar 2010 Pro-
fessore Ordinario an der FU Bozen
Arbeitsschwerpunkte: Management von Kultur- und Non-Profit-Organisationen
(postgradualer Fernstudiengang an der TU Kaiserslautern), Experimentelle Pädagogik, Forschungsmethoden
Glückaufsegenstr. 105, 44265 Dortmund
e-mail: thomas.heinze@fernuni-hagen.de

*Stefan Hirschauer*, Jg. 1960, Dr. rer. soc. habil.
Professor für soziologische Theorie und Gender Studies an der Universität Mainz
Arbeitsschwerpunkte: Praxistheorien, Qualitative Methoden, Soziologie des Wis-
sens, des Körpers und der Geschlechterdifferenz
Universität Mainz, Institut für Soziologie
Colonel-Kleinmann-Weg 2, 55099 Mainz
e-mail: hirschau@uni-mainz.de

*Ronald Hitzler*, Jg. 1950, Dr. rer. pol. habil., M.A.
Universitätsprofessor für Allgemeine Soziologie an der Technischen Universität
Dortmund
Arbeitsschwerpunkte: Allgemeine Soziologie, Verstehende Soziologie, Modernisie-
rung als Handlungsproblem, Methoden der explorativ-interpretativen Sozialfor-
schung
Technische Universität Dortmund, Fakultät 12, Institut für Soziologie

Emil-Figge-Straße 50, 44221 Dortmund
e-mail: ronald@hitzler-soziologie.de

*Anne Honer*, Jg. 1951, Dr. rer. pol., M.A.
Professorin i.R. für Empirische Sozialforschung mit dem Schwerpunkt qualitative
Methoden
Arbeitsschwerpunkte: Ethnographie, Phänomenologie, Wissenssoziologie, Sozio-
logie des Körpers
Ehemals Hochschule Fulda, Fachbereich Sozial- und Kulturwissenschaften
Anne Honer ist derzeit nicht erreichbar. Bitte kontaktieren Sie bei Bedarf Ronald
Hitzler.

*Udo Kelle*, Jg. 1960, Dr. phil., Dipl.-Psych.
Professor für Methoden der empirischen Sozialforschung und Statistik an der Hel-
mut-Schmidt-Universität der Bundeswehr Hamburg
Arbeitsschwerpunkte: Methoden und Methodologie empirischer Sozialforschung,
sozialwissenschaftliche Handlungstheorie
Fakultät für Geistes- und Sozialwissenschaften,
Helmut-Schmidt-Universität Hamburg,
Holstenhofweg 85, 22043 Hamburg
e-mail: kelle@hsu-hh.de

*Hubert Knoblauch*, Jg. 1959, Dr. phil. habil., Dipl.-Soz.
Professor für Allgemeine Soziologie an der Technischen Universität Berlin
Arbeitsschwerpunkte: Allgemeine Soziologie, Kommunikation, Religion, Qualitati-
ve Methoden
Technische Universität Berlin, Institut für Soziologie, FR 2-5
Franklinstraße 28-29, 10587 Berlin
e-mail: hubert.knoblauch@tu-berlin.de

*Hans-Dieter König*, Jg. 1950, Dr. phil. habil., M.A.
Professor für Soziologie und Sozialpsychologie an der J.W. Goethe-Universität
Frankfurt/Main, Psychologischer Psychotherapeut und Psychoanalytiker in eige-
ner Praxis in Dortmund, Lehranalytiker und Supervisor am Institut für Psycho-
analyse und Psychotherapie Düsseldorf
Arbeitsschwerpunkte: Psychoanalytische Kultur- und Medienforschung, politi-
sche Psychologie, psychoanalytische Biographieforschung, Methoden qualitativer
Sozialforschung unter besonderer Berücksichtigung der Tiefenhermeneutik
Cobbenheimweg 18, 44388 Dortmund
e-mail: koenig@soz.uni-frankfurt.de

*Hans-Christoph Koller*, Jg. 1956, Dr. phil. habil., Dipl.-Päd.
Professor für Allgemeine Erziehungswissenschaft an der Universität Hamburg
Arbeitsschwerpunkte: Theoretische Grundlagen der Erziehungswissenschaft, Bildungstheorie, Qualitative Bildungsforschung (bes. erziehungswissenschaftliche Biographieforschung)

Universität Hamburg
Fakultät für Erziehungswissenschaft, Psychologie und Bewegungswissenschaft
Von-Melle-Park 8, 20146 Hamburg
e-mail: Hans-Christoph.Koller@uni-hamburg.de

*Christian Lüders*, Jg. 1953, Dr. phil.
Leiter der Abteilung Jugend und Jugendhilfe am Deutschen Jugendinstitut in München
Arbeitsschwerpunkte: Kinder- und Jugendhilfeforschung, Evaluationsforschung, qualitative Forschung, Wissenssoziologie
Deutsches Jugendinstitut
Nockherstraße 2, 81541 München
e-mail: lueders@dji.de

*Christoph Maeder*, Jg. 1956, Prof., Dr. oec. HSG
Professor und Leiter Forschung an der Pädagogischen Hochschule Thurgau, Schweiz
Arbeitsschwerpunkte: Bildungs- und Organisationssoziologie, Methoden ethnographischer Sozialforschung, Wissenssoziologie
PH Thurgau, Abteilung Forschung
Unterer Schulweg 3, CH 8280 Kreuzlingen 2
e-mail: christoph.maeder@phtg.ch

*Winfried Marotzki*, Jg. 1950, Dr. phil. habil.
Professor für Allgemeine Pädagogik an der Otto-von-Guericke-Universität Magdeburg
Arbeitsschwerpunkte: Biografieforschung, Bildungs- und Erziehungsphilosophie, Internet-Research
Otto-von-Guericke-Universität Magdeburg
Institut für Erziehungswissenschaft
Postfach 4120, 39016 Magdeburg
e-mail: winfried@marotzki.de

*Michael Meuser*, Jg. 1952, Dr. phil. habil., M.A.
Professor für Soziologie der Geschlechterverhältnisse an der Technischen Universität Dortmund
Arbeitsschwerpunkte: Soziologie der Geschlechterverhältnisse, Methoden qualitativer Sozialforschung, Wissenssoziologie, Soziologie des Körpers
Technische Universität Dortmund, Fakultät 12
Institut für Soziologie
Emil-Figge-Straße 50, 44221 Dortmund
e-mail: michael.meuser@tu-dortmund.de

*Ulrike Nagel*, Jg. 1947, Dr. phil. habil., Dipl.-Soz.
Außerplanmäßige Professorin für Mikrosoziologie an der Otto-von-Guericke-Universität Magdeburg

Arbeitsschwerpunkte: Berufs- und Professionssoziologie, Interpretative Sozialforschung, Soziologie des Lebenslaufs, Analyse kultureller Deutungsmuster
Otto-von-Guericke-Universität Magdeburg, Institut für Soziologie
Postfach 4120, 39016 Magdeburg
e-mail: ulrike.nagel@ovgu.de

*Iris Nentwig-Gesemann*, Jg. 1964, Dr. phil., Dipl.-Päd.
Professorin für Bildung im Kindesalter und Leiterin des Studiengangs Erziehung und Bildung im Kindesalter an der Alice-Salomon-Hochschule Berlin
Arbeitsschwerpunkte: Rekonstruktive Bildungs-, Sozial- und Evaluationsforschung, Kindheitsforschung, Sprache und Kommunikation, Hochschuldidaktik
Alice-Salomon-Hochschule Berlin
Alice-Salomom-Platz 5, 12627 Berlin
e-mail: nentwig-gesemann@ash-berlin.eu

*Klaus Neumann-Braun*, Jg. 1952, Dr. phil. habil., M.A.
Ordinarius für Medienwissenschaft am Institut für Medienwissenschaft der Universität Basel
Arbeitsschwerpunkte: Populärkulturanalysen, Publikumsforschung, Neue Medien/ Social Web, visuelle Kommunikation im Internet, Musik und Medien, empirische Methoden der Medien- und Sozialforschung
Universität Basel
Institut für Medienwissenschaft
Bernoullistraße 28, CH-4056 Basel
e-mail: www.mewi.unibas.ch

*Arnd-Michael Nohl*, Jg. 1968, Prof. Dr. phil. habil., M.A.
Professor für Erziehungswissenschaft, insbesondere systematische Pädagogik an der Helmut-Schmidt-Universität Hamburg
Arbeitsschwerpunkte: Qualitative Bildungsforschung, Allgemeine und Interkulturelle Erziehungswissenschaft
Helmut-Schmidt-Universität Hamburg, Fakultät für Geistes- und Sozialwissenschaften
Holstenhofweg 85, 22043 Hamburg
e-mail: nohl@hsu-hh.de

*Jo Reichertz*, Jg. 1949, Dr. phil habil., Dipl-Soz.
Professor für Kommunikationswissenschaft an der Universität Essen – zuständig für die Bereiche ‚Strategische Kommunikation‘, ‚Qualitative Methoden‘, ‚Kommunikation in Institutionen‘ und ‚Neue Medien‘, Gastprofessuren in Wien, Lehraufträge in Hagen, Witten/Herdecke, St. Gallen und Wien
Arbeitsschwerpunkte: Qualitative Text- und Bildhermeneutik, Kultursoziologie, Religionssoziologie, Mediennutzung
Universität Duisburg-Essen, FB 3 – Kommunikationswissenschaft
45117 Essen
e-mail: jo.reichertz@uni-due.de

*Gerhard Riemann*, Jg. 1951, Dr. rer. pol. habil., Dipl.-Soz.
Professor für Soziale Arbeit an der Georg-Simon-Ohm-Hochschule Nürnberg
Arbeitsschwerpunkte: Biographieforschung, sozialwissenschaftliche Erzählanaly-
sen, Ethnographie, Analyse professionellen Handelns
Georg-Simon-Ohm-Hochschule, Fakultät Sozialwissenschaften
Bahnhofstraße 87, 90402 Nürnberg
e-mail: gerhard.riemann@ohm-hoschule.de

*Eva Schäfer* (jetzt Eva Fritsch), Jg. 1960, Dr. phil, Dipl.-Päd.
Arbeitsschwerpunkte: Medienbildung, Filmwissenschaft, Qualitative Bildungsfor-
schung
Otto-von-Guericke-Universität Magdeburg, Institut für Erziehungswissenschaft
Postfach 4120, 39016 Magdeburg

*Burkhard Schäffer*, Jg. 1959, Dr. phil. habil., Dipl.-Päd.
Professor für Erwachsenenbildung/Weiterbildung an der Universität der Bundes-
wehr München
Arbeitsschwerpunkte: Medien- und Generationenforschung, Erwachsenen- und
Wieterbildungsforschung, Methoden qualitativ-rekonstruktiver Sozialforschung
Universität der Bundeswehr München, Fakultät für Pädagogik, Lehrgebiet Erwach-
senenbildung/Weiterbildung
Werner-Heisenberg-Weg 39, 85579 Neubiberg
e-mail: Burkhard.schaeffer@unibw.de

*Theodor Schulze*, Jg. 1926, Dr. phil. habil.
Professor em. an der Universität Bielefeld
Arbeitsschwerpunkte: Erziehungswissenschaftliche Biographieforschung, Pädagogi-
sche Ikonologie, Phänomenologie und Evolution des Lernens, Didaktik der Lehrkunst
Wemkamp 17, 33739 Bielefeld
e-mail: theodor.schulze@uni-bielefeld.de

*Michael Schwab-Trapp* †, Jg. 1957, Dr. phil. habil.
Zuletzt Privatdozent für Soziologie an der Universität Siegen

*Jörg Strübing*, Jg. 1959, Dr. rer. pol. habil., M.A.
Professor für Soziologie an der Universität Tübingen
Arbeitsschwerpunkte: Methodologie und Methoden qualitativer Sozialforschung,
Wissenschafts- und Techniksoziologie, Interaktionismus und Pragmatismus
Universität Tübingen, Wirtschafts- und Sozialwissenschaftliche Fakultät
e-mail: joerg.struebing@uni-tuebingen.de

*Alexander von Plato*, Jg. 1942, Dr. habil.
Rentner
Arbeitsschwerpunkte: Mentalitätsgeschichte, Methodologie der Oral History, Na-
tionalsozialismus und Zweiter Weltkrieg, Nachkriegsgeschichte in beiden Teilen
Deutschlands, Wiedervereinigung

Altenschleuse 9, 21640 Neuenkirchen
e-mail: alexander.vonplato@fernuni-hagen.de

*Hans-Josef Wagner* †, Jg. 1951, Dr. phil. habil, Dipl.-Soz.
Zuletzt Vertretungsprofessor für Soziologie/Sozialpsychologie am Fachbereich Gesellschaftswissenschaften der Johann-Wolfgang Goethe-Universität Frankfurt am Main

*Monika Wohlrab-Sahr*, Jg. 1957, Dr. phil. habil., Dipl.-Soz.
Professorin für Kultursoziologie an der Universität Leipzig
Arbeitsschwerpunkte: Religionssoziologie, Kultursoziologie, Qualitative Methoden
Universität Leipzig, Institut für Kulturwissenschaften
Beethovenstraße 15, 04107 Leipzig
e-mail: wohlrab@uni-leipzig.de

*Christoph Wulf*, Jg. 1944, Dr. phil. habil., Dipl.-Päd.
Professor für Erziehungswissenschaft und Anthropologie an der Freien Universität Berlin
Arbeitsschwerpunkte: Emotions- und Ritualforschung, historische und pädagogische Anthropologie, ästhetische Bildung
Freie Universität Berlin
Sophie-Charlotte-Straße 35, 14169 Berlin
e-mail: christoph.wulf@fu-berlin.de

**Eigene Notizen**

**Eigene Notizen**

**Eigene Notizen**

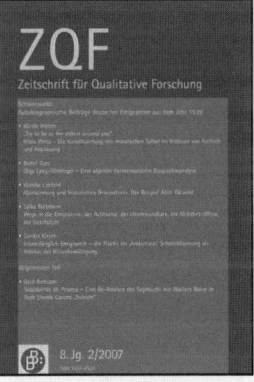

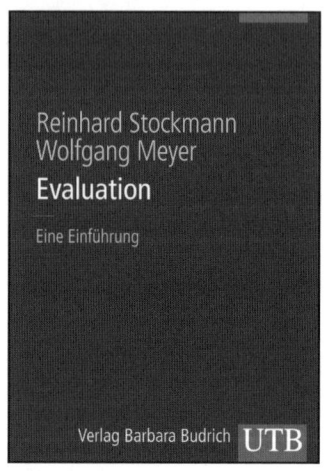